So löst du die Arbeitsaufträge in diesem Buch:

(Fortsetzung auf der hinteren Umschlagklappe)

Arbeitsauftrag = Operator (alphabetisch) **AFB**	**Das tust du:**	**Tipps und Formulierungsvorschläge:**
analysieren II, III	Du untersuchst einen historischen Sachverhalt oder eine Quelle, indem du gezielt Fragen stellst und Materialien auswertest.	**Tipp:** Nutze die Methodentabellen im Buch, z. B. Textquellen, S. 47, 131 Karikaturen, S. 65 Fotografien, S. 157 Verfassungsschaubilder, S. 69 Statistiken, S. 145
begründen II	Du führst Argumente und Quellenzitate an, die deine Aussage untermauern. Wenn du eine Aussage oder das Handeln einer anderen Person begründen sollst, führst du Motive und passende Quellenzitate der Person an.	*Die Aussage in Zeile xy zeigt, dass ...* *Seine politische Einstellung änderte sich, weil ...*
belegen II	siehe **begründen**	
beschreiben I	Du gibst den Inhalt eines Materials (z. B. Bild, Text, Karte) mit eigenen Worten schlüssig wieder.	*Es zeigt .../In der Mitte sieht man ...* *Mir fällt auf, ...* *Hier wird deutlich, ...*
beurteilen III	Du schätzt die Aussagen, Maßnahmen oder Vorschläge einer Person/Personengruppe in ihrem historischen Zusammenhang ein. Berücksichtige dafür die unterschiedlichen Sichtweisen und den Kenntnisstand der Personen. Auf dieser Grundlage formulierst du ein begründetes „**Sachurteil**“.	*Die eigentliche Absicht des Redners war es, ...* *Diese Sichtweise führte dazu, dass, ...* *Diese Entscheidung hatte negative Folgen: ...*
bewerten III	Du entwickelst zu einem historischen Sachverhalt oder Ereignis eine eigene Meinung und formulierst aus dem Blickwinkel heutiger Maßstäbe und Werte ein begründetes „**Werturteil**.“	*Aus meiner Sicht ...* *Nach heutigen Maßstäben (z. B. demokratisch, christlich, muslimisch) ...* *Andere sind möglicherweise der Ansicht, dass ...*
charakterisieren III	Du bestimmst einen historischen Sachverhalt oder eine Situation in ihren Grundzügen und nennst die typischen Merkmale.	*Ein typisches Kennzeichen für ...* *Allgemeine Merkmale waren ...*
darstellen II	Du verdeutlichst einen historischen Sachverhalt oder ein historisches Ereignis und zeigst dessen Zusammenhänge in chronologischer Reihenfolge auf.	*Es ging um die Frage ...* *Daraus entwickelte sich ...* *Die Folgen waren ...*

Europa heute
500 km
Alb. = Albanien
And. = Andorra
BH. = Bosnien und Herzegowina
K. = Kosovo (zzt. nur von 62 Staaten anerkannt)
Li. = Liechtenstein
Lib. = Libanon
Lux. = Luxemburg
Mc. = Monaco
Mol. = Moldawien
Mt. = Montenegro
Mz. = Mazedonien
Slw. = Slowenien
SM. = San Marino
Europäisches Nordmeer
Barents-see
Atlantischer Ozean
Nordsee
Ostsee
Schwarzes Meer
Kaspisches Meer
Mittelmeer
Island
Reykjawík
Färöer-Inseln
Norwegen
Oslo
Schweden
Stockholm
Finnland
Helsinki
Estland
Tallin
Lettland
Riga
Litauen
Wilna
Russland
Moskau
Irland
Dublin
Großbritannien
London
Dänemark
Kopenhagen
Niederlande
Amsterdam
Belgien
Brüssel
Lux.
Frankreich
Paris
Loire
Deutschland
Berlin
Elbe
Rhein
Donau
Oder
Polen
Warschau
Weißrussland
Minsk
Ukraine
Kiew
Dnjepr
Tschechien
Prag
Slowakei
Bratislava
Li.
Schweiz
Bern
Österreich
Wien
Ungarn
Budapest
Mol.
Chisinau
Rumänien
Bukarest
Slw.
Kroatien
BH.
Sarajevo
Serbien
Belgrad
Mt.
K.
Mz.
Alb.
Tirana
Bulgarien
Sofia
Griechenland
Athen
Kreta
Portugal
Lissabon
Spanien
Madrid
Tajo
And.
Mc.
Po
SM.
Italien
Rom
Korsika
Sardinien
Balearen
Sizilien
Malta
Marokko
Algerien
Tunesien
Türkei
Ankara
Bosporus
Zypern
Nikosia
Syrien
Lib.
Irak
Tigris
Euphrat
Iran
Georgien
Armenien
Aserbaidschan
Turkmenistan
Usbekistan
Kasachstan
Aral-see
Ural
Wolga
Don
Ob

Karte 2

Abkürzungen in Asien:
Ar. = Armenien
As. = Aserbaidschan
Ba. = Bahrain
Isr. = Israel
Jd. = Jordanien
Kt. = Katar
Ku. = Kuwait
Lib. = Libanon
Syr. = Syrien
VAE. = Vereinigte Arabische Emirate

Abkürzungen in Afrika:
ÄGu. = Äquatorial Guinea
Be. = Benin
Bu. = Burundi
Ru. = Ruanda
To. = Togo
ZAR. = Zentralafrikanische Republik

7/8

Forum Geschichte

Niedersachsen

Vom Dreißigjährigen Krieg bis zum Ersten Weltkrieg

Cornelsen

Forum Geschichte

Band 7/8 wurde erarbeitet von:
Dagmar Bäuml-Stosiek, Timo Berghoff, Nicky Born, Hans-Joachim Cornelißen, Susanna Heim-Taubert, Götz Schwarzrock, Fabian Sternel, Dr. Sonja Tophofen, Kai Willig, Dr. Silvia Wimmer

Redaktion: Matthias Vogel
Bildassistenz: Franziska Becker
Grafik und Illustration: Erfurth Kluger Infografik, Berlin; Hans Wunderlich, Berlin
Karten: Carlos Borrell Eiköter, Berlin
Technische Umsetzung: zweiband.media, Berlin
Layoutkonzept und Umschlaggestaltung: Ungermeyer – grafische Angelegenheiten, Berlin
Umschlagbild: Völklingen, Gasgebläsehalle der stillgelegten Hütte (UNESCO-Weltkulturerbe), © ullstein bild – Knigge

www.cornelsen.de

1. Auflage, 1. Druck 2016

Alle Drucke dieser Auflage sind inhaltlich unverändert und können im Unterricht nebeneinander verwendet werden.

Druck: Mohn Media Mohndruck, Gütersloh

ISBN 978-3-06-245006-8

8 **So arbeitest du erfolgreich mit Forum Geschichte**

1 Der Fürstenstaat in der Frühen Neuzeit

12 **Auftakt**
14 **Orientierung im Kapitel**
16 Welche Entwicklungen bereiteten den modernen Staat vor?
18 Dreißig Jahre Krieg um Glauben und Macht
20 **Methode:** Informationen präsentieren
22 Welche Bedeutung hatte der Westfälische Frieden?
24 Wie regierte der französische König Ludwig XIV. in seinem absolutistischen Staat?
26 Ludwig XIV.: Ein Bild und seine Geschichte
28 Die französische Gesellschaft in der Frühen Neuzeit
30 Der Merkantilismus: Ein neues Wirtschaftssystem im absolutistischen Staat
32 **Landesgeschichte:** Absolutismus in Nordwestdeutschland
34 **Wähle aus:** Europa im 18. Jahrhundert: Vorherrschaft oder Gleichgewicht?
36 **Zusammenfassung**
38 **Kompetenzen prüfen**

2 Die Zeit der Aufklärung und der bürgerlichen Revolutionen

40 **Auftakt**
42 **Orientierung im Kapitel**
44 Die Aufklärung: Aufbruch in die Moderne?
46 **Methode:** Philosophische Textquellen erarbeiten und vergleichen
48 Wie regiert ein aufgeklärter König? – Friedrich II. von Preußen
50 England: Adel und Bürgertum begrenzen die Macht des Königs
52 Die „Glorious Revolution“: England wird eine konstitutionelle Monarchie
54 „No taxation without representation“ – die amerikanischen Kolonien rebellieren
56 Auf welchen Grundlagen ruhte der neue Staat USA?
58 **Wähle aus:** Amerikanische Demokratie – ohne Rechte für alle?
60 Warum geriet Frankreich in die Krise?
62 Frankreich: Die drei Revolutionen des Sommers 1789
64 **Methode:** Eine Karikatur analysieren
66 Die Menschen- und Bürgerrechte: Forderungen der Aufklärer werden Gesetz
68 **Methode:** Ein Verfassungsschaubild auswerten
70 Aus der Republik wird eine Schreckensherrschaft
72 Die Herrschaft Napoleons
74 **Landesgeschichte:** Die Auswirkungen der Französischen Revolution auf das heutige Niedersachsen
76 **Zusammenfassung**
78 **Kompetenzen prüfen**

3 Längsschnitt: Die Entstehung des deutschen Nationalstaats

80 **Auftakt**
82 **Orientierung im Kapitel**
84 Gegen Napoleon – für die Freiheit?
86 Der Wiener Kongress: Ein sicheres Gleichgewicht für Europa?
88 Kampf der Ideen in der Zeit des Vormärz
90 **Wähle aus:** Das Hambacher Fest: Volksfest oder politische Demonstration?
92 1848 – Märzrevolution in Deutschland
94 Welche Verfassung soll Deutschland bekommen?
96 **Landesgeschichte:** Die Revolution in Niedersachsen
98 **Geschichte kontrovers:** Warum scheiterte die Revolution 1848/49?
100 Nicht nur politische, sondern auch soziale Gleichheit?
102 Wie entstand 1871 das Deutsche Reich?
104 Die Verfassung von 1871
106 **Methode:** Ein Denkmal interpretieren
108 Die nationale Frage in Europa
110 **Zusammenfassung**
112 **Kompetenzen prüfen**

4 Das Kaiserreich – der erste deutsche Nationalstaat

114 **Auftakt**
116 **Orientierung im Kapitel**
118 Nationalismus und Militarismus
120 Veränderung und Beharrung im Kaiserreich
122 Konflikte mit Katholiken und Sozialdemokraten
124 Frauen fordern Rechte
126 Antisemitismus im ausgehenden 19. Jahrhundert
128 **Wähle aus:** Nationale Minderheiten im Deutschen Reich
130 **Methode:** Kontroverse Texte untersuchen
132 **Zusammenfassung**
134 **Kompetenzen prüfen**

5 Industrialisierung und Soziale Frage

136 **Auftakt**
138 **Orientierung im Kapitel**
140 Warum begann die Industrialisierung in England?
142 Industrialisierung in Deutschland
144 **Methode:** Eine Statistik auswerten
146 **Landesgeschichte:** Aufbau einer Agrarindustrie in Niedersachsen
148 **Landesgeschichte:** Vom Dorf zum Industriestandort – das Beispiel Nordhorn
150 Warum begann die Industrialisierung nicht in China?
152 Arbeit statt Freizeit und Schule
154 **Wähle aus:** Wie wirkte sich die Fabrikarbeit auf die Menschen aus?
156 **Methode:** Eine historische Fotografie analysieren
158 Der Not entgehen – durch Auswanderung?
160 Wer löst die Soziale Frage?
163 **Stationenlernen:** Die Nutzung der Energie – ein Längsschnitt
164 **Station 1:** Die Muskeln spielen lassen
165 **Station 2:** „Hör ich das Mühlrad gehen …"
166 **Station 3:** Auf dem Holzweg
167 **Station 4:** Mit Volldampf voraus
168 **Station 5:** Energie – sauber und nachhaltig?
169 **Wahlstation 5:** Zurück zur Natur?
170 Wandel in der Stadt und auf dem Land
172 **Zusammenfassung**
174 **Kompetenzen prüfen**

6 Imperialismus und Erster Weltkrieg

176 **Auftakt**
178 **Orientierung im Kapitel**
180 Wie rechtfertigten die Großmächte ihren Imperialismus?
181 **Stationenlernen:** Das Zeitalter des Imperialismus
182 **Station 1:** Großbritannien – Handel und indirekte Herrschaft
183 **Station 2:** Frankreich – Kolonialismus als „Zivilisierung"
184 **Station 3:** Russland – Imperialismus auf dem Kontinent
185 **Station 4:** USA – Imperialismus der „offenen Tür"
186 **Wahlstation 5:** Kolonialwarenhandel – edle Produkte aus Übersee
187 Das Deutsche Reich: Ein Sonderfall
188 Deutsches Reich – Streben nach Weltmacht unter Kaiser Wilhelm II.
189 **Geschichte kontrovers:** Stimmen zum Imperialismus: Erklärungsversuche und Kritik

190 Widerstand gegen die Kolonialmacht – das Beispiel Deutsch-Südwestafrika
192 **Wähle aus:** Großprojekte zur Erschließung neuer Wirtschaftsräume
194 Bündnisse statt Weltkrieg? – Deutsche Außenpolitik unter Bismarck
196 Ein neuer außenpolitischer Kurs in Deutschland
198 Der Weg in den Weltkrieg
200 Wie verlief der Erste Weltkrieg?
202 Der Erste Weltkrieg: Ein „moderner" Krieg?
204 **Methode:** Kriegerdenkmäler erkunden – in Niedersachsen
206 **Zusammenfassung**
208 **Kompetenzen prüfen**

Anhang

210 Zusatzaufgaben
217 Lösungshinweise
222 Übersicht der Fachmethoden aus Band 5, 6 und 7/8
226 Unterrichtsmethoden
228 Lexikon
233 Register
236 Bildquellen

Umschlag

Übersicht über die Operatoren (alphabetisch)
Karte 1: Die Welt heute
Karte 2: Europa heute
Karte 3: Exkursionsziele: Technik- und Bergbaumuseen in Niedersachsen
Karte 4: Mitteleuropa 1866–1914

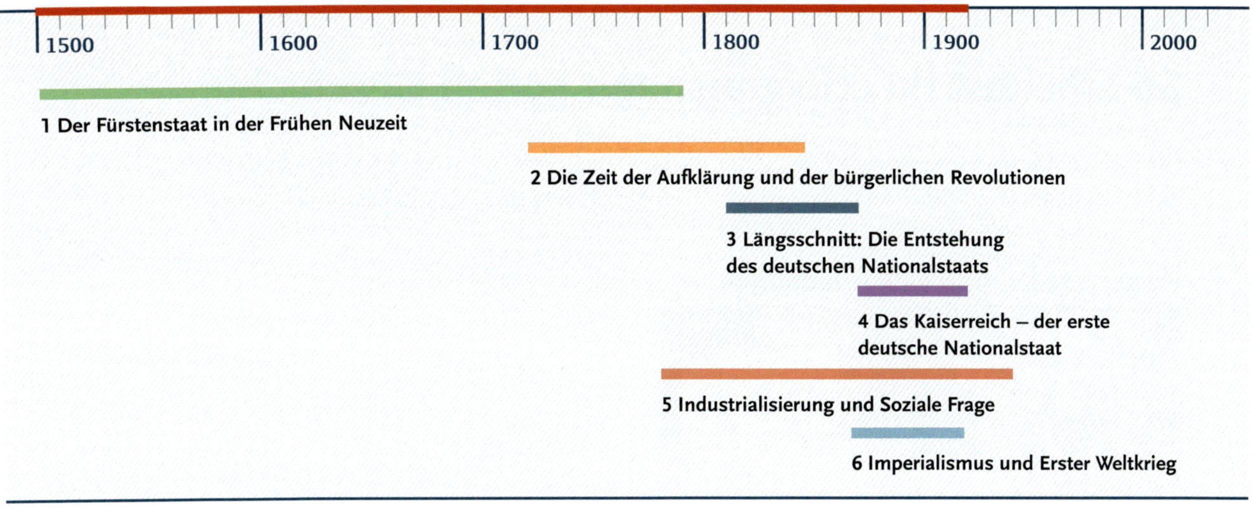

1 Der Fürstenstaat in der Frühen Neuzeit

1555	Augsburger Religionsfrieden
1618–1648	Dreißigjähriger Krieg
1648	Westfälischer Frieden
1643–1715	Ludwig XIV. König in Frankreich; Absolutismus

2 Die Zeit der Aufklärung und der bürgerlichen Revolutionen

1688/89	England wird eine konstitutionelle Monarchie
ab 1700	Die Aufklärung breitet sich aus
1787	Amerikanische Verfassung
1789	Französische Revolution

3 Längsschnitt: Die Entstehung des deutschen Nationalstaats

1815	Sieg über Napoleon, Wiener Kongress
1815–1848	Zeit des Vormärz
1832	Hambacher Fest
1848/49	Revolutionen, Parlament der Paulskirche

4 Das Kaiserreich – der erste deutsche Nationalstaat

1871	Gründung des Kaiserreichs Bismarck wird Reichskanzler
1872–1890	Kulturkampf, Sozialistengesetze
1888	Wilhelm II. wird Kaiser
1896-1908	Frauen erkämpfen sich das Recht auf Abitur und Studium

5 Industrialisierung und Soziale Frage

1764	„Spinning Jenny“
1769	Erfindung der Dampfmaschine
ab 1770	Industrialisierung in England
ab 1830	Industrialisierung in Deutschland
1848	„Kommunistisches Manifest“ von Karl Marx

6 Imperialismus und Erster Weltkrieg

ab 1884	Aufteilung Afrikas
1890	Flottenbauprogramm Wilhelms II. Ende der Bündnisse Bismarcks
1914	Attentat in Sarajewo, Kriegsbeginn
1916	Schlacht von Verdun

So arbeitest du erfolgreich mit Forum Geschichte

Hier bekommst du einige Hinweise, wie du dich in Forum Geschichte am besten zurechtfindest: zum Aufbau der Kapitel, zur Bedeutung der Farben, zu Texten, Materialien und Aufgaben.

Fragen stellen und sich orientieren

Jedes Kapitel beginnt mit der **Auftaktseite**. Dort kannst du erfahren, worum es in dem Kapitel geht.

Auf der **Orientierungsseite** erfährst du mehr: Der Zeitstrahl gibt dir den Zeitraum an, mit dem du dich beschäftigen wirst, die Karte zeigt dir den Ort. Der Orientierungstext führt dich in das Kapitelthema ein.

Ein Thema untersuchen

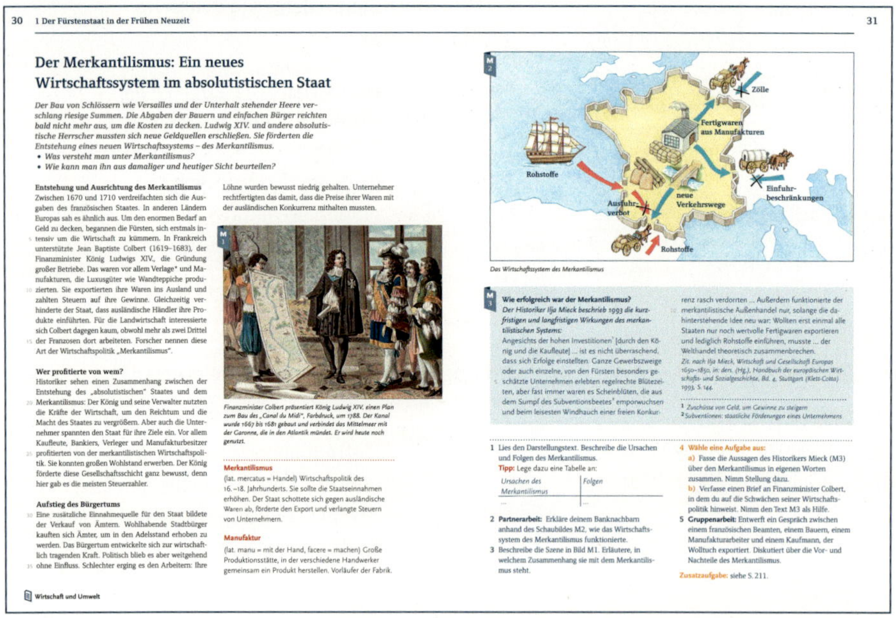

Auf den **Themenseiten** erklärt dir ein kurzer Text unterhalb der Überschrift, um welches Thema es auf der Doppelseite geht. Der Schulbuchtext (= Darstellungstext), die Abbildungen, die blau unterlegten „Quellentexte“ oder Begriffserklärungen helfen dir, ein geschichtliches Thema zu untersuchen. Die Arbeitsaufträge sind vielfältig: Oft kannst du eine Aufgabe auswählen oder du findest Hinweise zu Partner- oder Gruppenarbeit. Bei kniffligen Aufgaben findest du Tipps für die Lösung.

Differenzierung: Unterschiedliche Lernwege auswählen

Wähle-aus-Seiten

28 Wähle aus 4 Das Kaiserreich – der erste deutsche Nationalstaat

Nationale Minderheiten im Deutschen Reich

Das Deutsche Reich verstand sich als Nationalstaat der Deutschen. Aber im Reich lebten auch Minderheiten wie Polen, Dänen oder Elsässer. Entscheide dich für A, B, C oder D und untersuche:
- *Durften die Minderheiten ihre Muttersprache und Kultur pflegen oder gerieten sie unter den Druck der „Germanisierung"?*

Aufgabe für alle:
Findet heraus, welche besonderen Rechte der dänischen Minderheit im heutigen Deutschland eingeräumt werden.

Wer gehörte zur Nation?
Etwa drei Millionen Einwohner des Reichs, vor allem in der Provinz Posen (Poznań), sprachen Polnisch als Muttersprache. Diese Gebiete waren durch die Teilung Polens im 18. Jahrhundert an Preußen gefallen (siehe S. 108). Die polnischen Bewohner waren überwiegend katholisch. Auch in anderen Teilen des Reichs gab es Minderheiten: Im Norden hatte Preußen 1864 Schleswig erobert, einen Teil Dänemarks. Dort lebten viele Dänen, die nun preußische Untertanen wurden. Und im Westen des Reichs hatte Frankreich 1871 die Provinzen Elsass und Lothringen an das Deutsche Reich verloren. Hier pflegten viele die französische Sprache und Kultur. Die Reichsregierung versuchte, alle Minderheiten zu „germanisieren", also den Deutschen anzugleichen. Der Gebrauch der Muttersprachen wurde in den Schulen verboten, mit Ausnahme von Elsass-Lothringen. In den Behörden und Gerichten durfte man nur noch deutsch sprechen. Als das Polnische auch auf Ladenschildern, in Vereinen und Kirchen verboten wurde, kam es zu Protesten und Aufständen. Die Reichsregierung reagierte, indem sie Priester verhaftete, Menschen einschüchterte und Grundstücke enteignete. Unerwünschte Polen wurden nach Russland ausgewiesen. Deutsche Nationalisten forderten die Vertreibung der Polen. Die preußischen Grundbesitzer, darunter auch Bismarck, wollten sie dagegen als billige Arbeitskräfte in der Landwirtschaft behalten.

A

M1

Polnische Sprachgebiete im Deutschen Reich um 1900

1 Zeige anhand der Karte M1 auf, wo der Anteil der polnischsprachigen Bevölkerung besonders groß war.

M2
Ausweisung polnischer Landarbeiter aus Preußen 1886, Gemälde von Wojciech Kossak, 1909

2 a) Versetze dich in eine der drei Personen auf dem Bild M2 und beschreibe die Situation in einem Tagebucheintrag.
b) Erörtere, inwiefern sich hier beispielhaft der Umgang von Politik und Verwaltung des Reichs mit seinen Minderheiten zeigen könnte.

Herrschaft und Staatlichkeit

Wähle aus 17

B

M3
„Unsere Fahne – trotz allem". Straßenszene in Straßburg von 1871, Gemälde von A. Lemercie. Da die Farben der französischen Trikolore nicht getragen werden dürfen, zeigen sich junge Frauen nebeneinander jeweils in Blau, Weiß und Rot.

1 Beschreibe die Szene in M3 und erkläre das Verhalten der drei Frauen.
2 Stelle Vermutungen an, welche Reaktionen sie damit vor dem Hintergrund der Situation in Elsass-Lothringen bei Passanten auslösen könnten.

C

M4
Dänisch für Dänen?
Theodor Kaftan, ein hoher deutscher Kirchenbeamter, blickt zurück auf das Verbot der dänischen Sprache an deutschen Schulen:
Was erbitterte, war die Beseitigung jeglichen dänischen Sprachunterrichts. Das schädigte ... den in dänischer Sprache erteilten Religionsunterricht ... Aber nicht nur religiöse, auch humane und wirtschaftliche Interessen wurden ... schwer verletzt. Es ist grausam, die Dinge so zu gestalten, dass das die Heimat verlassende Kind nicht in den Stand gesetzt wurde, einen Brief zu schreiben, den seine Mutter ohne fremde Hilfe lesen konnte ... Wundert man sich wirklich, dass hier Erbitterung Platz griff? ... Eine Staatsgrenze ist nicht eine Chinesische Mauer und erst recht nicht dann, wenn sie da gezogen ist, wo jahrhundertelang freier Verkehr stattgefunden hat. Fäden nicht nur verwandtschaftlicher, sondern auch wirtschaftlicher Interessen verbanden das Hüben und Drüben ...
Zit. nach Reinhard Wittram, Die Nationalitätenkämpfe in Europa und die Erschütterung des europäischen Staatensystems 1848 bis 1917, Stuttgart (Ernst Klett Verlag) 1969, S. 38

1 a) Lies den Text M4. Stelle fest, welche Auswirkungen die Sprachpolitik der deutschen Regierung auf die dänische Minderheit hatte.
b) Überlege, welche Folgen diese Politik für das Zugehörigkeitsgefühl der Dänen zum Deutschen Reich hatte.

D

1 Der Historiker und Abgeordnete Heinrich von Treitschke hielt 1871 im Reichstag eine Rede. Darin erklärte er die Politik des Deutschen Reichs gegenüber Elsass-Lothringen: „Die Aufgabe, diese entfremdeten Stämme deutscher Nation unserem Lande wieder einzufügen, ist so groß und schwer, dass man sie nur erprobten Händen anvertrauen darf. Und wo ist eine politische Kraft im Deutschen Reiche, die die Gabe zu germanisieren erprobt hat wie das alte glorreiche Preußen?"
a) Analysiere die Haltung Treitschkes gegenüber nichtdeutschen Minderheiten im Deutschen Reich.
b) Verfasse einen Protestbrief eines Polen, Dänen oder Elsässers an Treitschke und erkläre, warum du dich von dieser Aussage verletzt fühlst.
Tipp: Nimm den Darstellungstext zu Hilfe.

Historische Fragen lassen sich auf verschiedene Weise beantworten. Auf den orangefarbenen **Wähle-aus-Seiten** ist deine Entscheidung gefragt: Traust du dir zu, eine längere Textquelle zu bearbeiten? Oder arbeitest du lieber mit Bildquellen? Interessieren dich Zahlen und Statistiken? Wähle aus, was zu dir passt! Bei einer abschließenden **Aufgabe für alle** könnt ihr trotz unterschiedlicher Lösungswege zu einem gemeinsamen Ergebnis kommen.

> **4 Wähle eine Aufgabe aus:**
> **a)** Fasse die Aussagen des Historikers Mieck (M3) über den Merkantilismus in eigenen Worten zusammen. Nimm Stellung dazu.
> **b)** Verfasse einen Brief an Finanzminister Colbert, in dem du auf die Schwächen seiner Wirtschaftspolitik hinweist. Nimm den Text M3 als Hilfe.

Auf vielen Seiten siehst du **„Wähle-aus-Aufgaben"**. Wie der Name schon sagt, darfst du hier a, b oder c auswählen. Die Aufgaben sind unterschiedlich, aber sie beziehen sich auf eine gemeinsame Frage.

> **Zusatzaufgaben**
>
> **Kapitel 1: Der Fürstenstaat in der Frühen Neuz**
>
> **zu S. 24/25:**
>
> M4
> 
>
> 5 Wähle eine Aufgabe aus:
> a) Gestalte Denkblasen für Szene M4. Versetze dich da

Wenn du dich für weitere Aspekte eines Themas interessierst, findest du im Anhang zu ausgewählten Doppelseiten **Zusatzaufgaben**. Du kannst sie entweder mit dem Inhalt der Doppelseite oder mit anderen Materialien lösen.

> **b)** Arbeite anhand des Fotos die Unterschiede zwischen dem Ersten Weltkrieg und Kriegen davor heraus.
> **Tipp:** Auf S. 20 und 84 findest du Bilder zum Vergleichen.

Bei manchen Aufgaben findest du **Tipps** zur Lösung. Nutze sie, wenn du möchtest.

Mit Methoden arbeiten

04 Methode — Kriegerdenkmäler erkunden – in Niedersachsen — Methode 205

Kriegerdenkmäler erkunden – in Niedersachsen

Zur Erinnerung an die vielen Millionen gefallenen Soldaten des Ersten Weltkrieges wurden überall in Europa Kriegerdenkmäler errichtet. Allein in Deutschland sollen sich über 100 000 befinden. Auch in Niedersachsen gehört das Kriegerdenkmal zum Landschaftsbild und man findet fast in jeder Ortschaft mindestens eines. Hier lernst du, wie man ein Kriegerdenkmal erkundet.

M1 Kriegerdenkmal in Diepholz, erbaut 1922, Foto

M2 Kriegerdenkmal in Hildesheim, erbaut 1936–1939, Foto

M3 **Auf einem Kriegerdenkmal am Theaterplatz in Göttingen von 1924 heißt es:**
So möge dies Denkmal den späteren Geschlechtern künden von todesfreudiger Vaterlandsliebe, aber auch von treuer Kameradschaft bis über das Grab hinaus: Zum Schutz des Vaterlands gabt Euer Leben ihr dahin, getreu dem Fahneneid, den ihr geschworen. Durch neid'ge Tat verlor die Heimat den Gewinn; doch nimmermehr ist Deutschland ganz verloren. Aus Euern Gräbern wird die Freiheit auferstehn, drum mög' die Ueberlebenden dies Denkmal mahnen: Nicht ruhn! bis über freiem Deutschland wehn, wie ihr's geglaubt, frei Eure alten Fahnen.
Vom Verfasser zusammengestellt.

1 Beschreibe und deute das Denkmal M1. Vervollständige dazu die Tabelle auf S. 205.
2 Formuliere, welche Aussagen mit den Denkmälern M1 und M2 über den Ersten Weltkrieg getroffen werden. Beziehe dabei M3 mit ein.
3 Recherchiere im Internet über die Denkmäler in Hildesheim (M2) und Göttingen (M3) und untersuche sie wie M1.
Tipp: Beachte auch den Webcode.
4 Suche ein Kriegerdenkmal in deinem Heimatort und recherchiere, wann und warum es errichtet wurde. Halte darüber ein Kurzreferat vor deiner Klasse.
5 Recherche: Finde heraus, was man heute mit den Begriffen „Volkstrauertag" und „Heldengedenktag" verbindet.

Webcode: FG450068-204

Arbeitsschritte „Kriegerdenkmäler erkunden"

Denkmal beschreiben	Lösungshinweise zu M1
1. Wie ist das Denkmal gestaltet (Statue, Statuengruppe, ohne Statuen, Inschriften, Gedenksprüche, Sprüche zur Mahnung, Namenstafeln), welchen ersten Eindruck vermittelt es?	• *auf einem altarartigen Sockel eine lebensgroße Plastik eines liegenden Kriegers* • …
2. Welche Einzelheiten und Symbole werden verwendet (Waffen, Adler, Stahlhelme, Ölzweig, Taube)?	• *unbekleidet, nur mit Helm, muskulös* • …
3. Welche Haltung nehmen die dargestellten Personen ein (nachdenklich, trauernd, betend, sterbend) bzw. welche Form hat das Objekt?	• *liegend, linkes Bein ruht auf dem Boden* • *Oberkörper ist erhoben, Kopf blickt zur Seite*
4. Nach welchen Gesichtspunkten wurde der Standort ausgewählt (Schlachtfeld, Friedhof, Kirchengarten, Ortskern, außerhalb der Ortschaft, Höhenlage)?	• *im Park (ehemaligen Friedhof) „Am Heldenhain" in Diepholz*
5. Welches Material wurde verwendet (Naturstein, z. B. Granit, Sandstein, Mauerwerk, Eisen, Bronze)?	• *Mauerwerk aus grauem Stein* • *Inschriften aus vergoldetem Metall*
Aussage deuten und Bedeutung klären	
6. Zu welchem Zweck wurde das Denkmal errichtet (Heldenverehrung, Totentrauer, Mahnung gegen den Krieg)? Von wem wurde es in Auftrag gegeben?	• *Gedenken an Gefallenen des Ersten Weltkriegs* • …
7. Welche Aussage kann man aus Form und Materialien ableiten?	• *liegende Gestalt erinnert an antike Marmorskulpturen, moderner Helm …* • *Der Adler steht für …*
8. Welche Information erhält man aus den Inschriften?	• *„Seinen im Weltkrieg gefallenen Söhnen in Dankbarkeit der Flecken Diepholz" (Flecken = kleines Dorf)* • *Namen der Gefallenen von 1914–1918 aus der Umgebung*
9. Wurde das Denkmal nach seiner Errichtung verändert, restauriert oder umgesetzt?	• *1960 Austausch der Namenstafeln und Ergänzung der Namen der Gefallenen und Vermissten im Zweiten Weltkrieg*
10. Welche Bedeutung hat das Denkmal heute? Wer kümmert sich um die Denkmalpflege?	• *Ort der Gedenkfeier zum Volkstrauertag* • *Internetrecherche*
Bewerten	
11. Hat sich die öffentliche Einstellung heute gegenüber damals verändert?	• *heute fehlt weitgehend die persönliche Betroffenheit, praktisch keine Gedenkfeiern mehr*
12. Wie denkst du über die Aussage des Kriegerdenkmals?	• …
13. Wie dokumentierst du deine Ergebnisse?	• *Fotografien, Zeichnungen, Inschrift-Abschriften* • *Anlegen einer Ergebnismappe* • *Erstellung einer Präsentation (Powerpoint u. Ä.)*

Herrschaft und Staatlichkeit

Auf den **Methodenseiten** lernst du schriftliche Quellen, Bilder oder Karten fachgerecht auszuwerten. Du findest auch Tipps, wie du Sachtexte gut verstehst. In der grünen Tabelle stehen links die Arbeitsschritte, nach denen du vorgehst. In der rechten Spalte gibt es Lösungshinweise zu dem Beispiel auf der Seite.

Landesgeschichte: Geschichte der eigenen Region erarbeiten

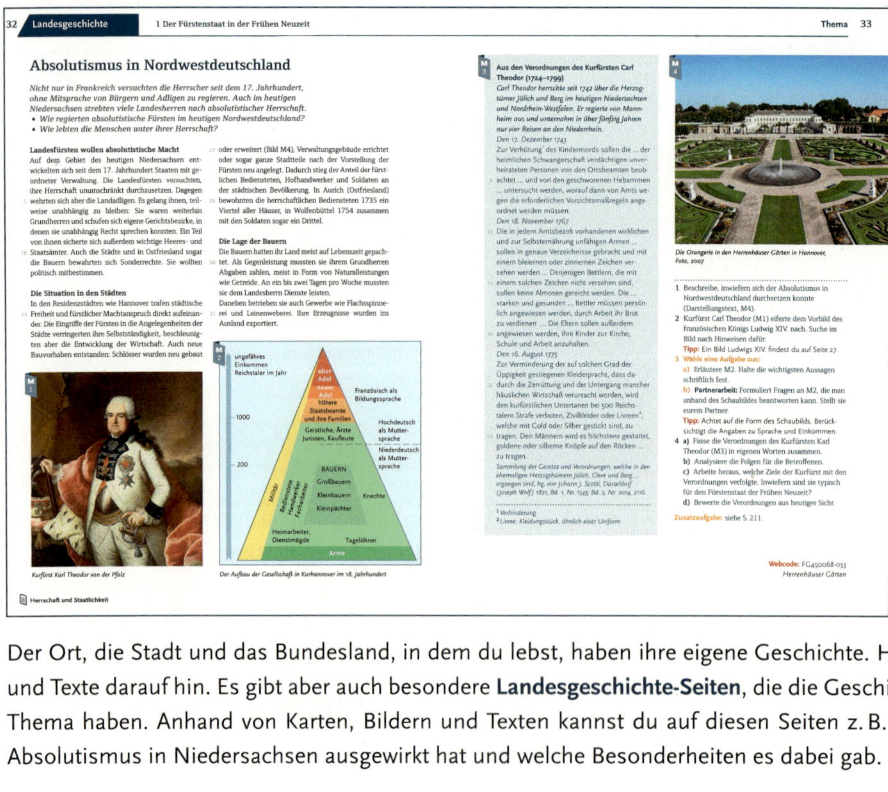
32 Landesgeschichte — 1 Der Fürstenstaat in der Frühen Neuzeit — Thema 33

Absolutismus in Nordwestdeutschland

Nicht nur in Frankreich versuchten die Herrscher seit dem 17. Jahrhundert, ohne Mitsprache von Bürgern und Adligen zu regieren. Auch im heutigen Niedersachsen strebten viele Landesherren nach absolutistischer Herrschaft.
- *Wie regierten absolutistische Fürsten im heutigen Nordwestdeutschland?*
- *Wie lebten die Menschen unter ihrer Herrschaft?*

M1 Kurfürst Karl Theodor von der Pfalz

M2 Der Aufbau der Gesellschaft in Kurhannover im 18. Jahrhundert

M4 Die Orangerie in den Herrenhäuser Gärten in Hannover, Foto, 2007

Webcode: FG450068-033 Herrenhäuser Gärten

Herrschaft und Staatlichkeit

Der Ort, die Stadt und das Bundesland, in dem du lebst, haben ihre eigene Geschichte. Häufig weisen dich Bilder und Texte darauf hin. Es gibt aber auch besondere **Landesgeschichte-Seiten**, die die Geschichte Niedersachsens als Thema haben. Anhand von Karten, Bildern und Texten kannst du auf diesen Seiten z. B. erarbeiten, wie sich der Absolutismus in Niedersachsen ausgewirkt hat und welche Besonderheiten es dabei gab.

Wiederholen und die eigenen Kompetenzen prüfen

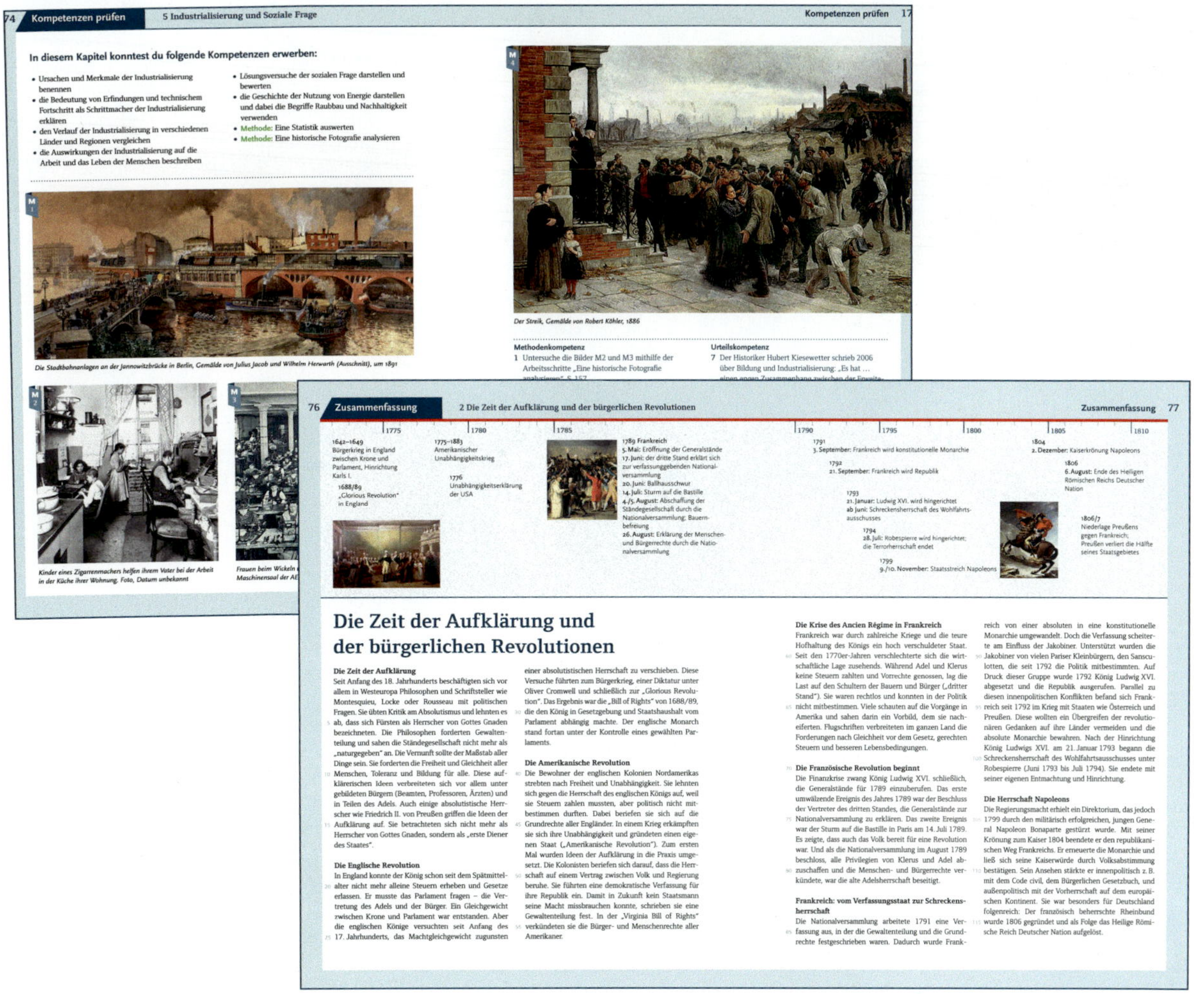

Auf der **Zusammenfassungsseite** am Schluss des Kapitels fasst ein Text den Inhalt noch einmal zusammen. Die Zeitleiste hilft dir, die wichtigsten Daten zu wiederholen. Wenn du wissen möchtest, was du im Kapitel gelernt hast, solltest du die Aufgaben auf der Seite **Kompetenzen prüfen** lösen. Falls du mit einzelnen Aufgaben Schwierigkeiten hast, liest du im Kapitel noch einmal nach. Lösungshilfen findest du im Anhang.

Hilfen im Anhang und im Umschlag

Der **Anhang** unterstützt dich bei der Arbeit.
Hier findest du:

- Zusatzaufgaben
- Lösungshilfen zu den Seiten „Kompetenzen prüfen“
- ein Lexikon mit Erklärungen schwieriger Begriffe
- ein Register zum schnellen Nachschlagen
- eine Methodenübersicht über alle Methoden aus Band 5, 6 und 7/8.

In den Umschlagklappen kannst du die „Operatoren“ nachschlagen, die in den Arbeitsaufträgen verwendet werden.

Weitere Hilfen

- Auf jeder Doppelseite findest du unten links einen Hinweis darauf, welche Problem- und Fragestellungen im Zentrum stehen (**strukturierende Aspekte**).
- Auf vielen Doppelseiten führt unten rechts ein **Webcode** ins Internet, z. B. FG450068-019.

So geht es:

1. Gehe auf www.cornelsen.de/webcodes
2. Gib dort den Webcode ein und du findest ein passendes Internetangebot.

1
Der Fürstenstaat in der Frühen Neuzeit

In anmutiger Haltung, nur leicht bekleidet, thront der Sonnengott Apoll inmitten seiner antiken Götterfamilie. Zu seiner Linken sitzt die antike Göttin Juno, umringt von ihren Kindern, und in der Mitte die Göttermutter Kybele mit einem Globus. Man könnte meinen, das Gemälde stammt aus der Zeit der Renaissance, als sich Kunst und Wissenschaft der Antike zuwandten. Doch es ist ein Gemälde, das der französische König Ludwig XIV. 1670 bei seinem Hofmaler bestellt hat. Es zeigt die französische Königsfamilie verkleidet als antike Göttinnen und Götter.

Welche Stimmung vermittelt das Bild?
Stelle Vermutungen darüber an, warum sich Ludwig XIV. mit seiner Familie so malen ließ.

Ludwig XIV. und die königliche Familie. Gemälde von Jean Nocret, 1670 (Ausschnitt)

1 Der Fürstenstaat in der Frühen Neuzeit

1500 1550 1600

1517 95 Thesen Martin Luthers; Beginn der Reformation

Wandel fürstlicher Herrschaft

1555 Augsburger Religionsfrieden

Ende des 13. Jh.–17. Jh. Renaissance und Humanismus

Der Fürstenstaat in der Frühen Neuzeit

Seit Beginn der Frühen Neuzeit versuchten Herrscher überall in Europa, ihre Macht auszubauen. Sie setzten Beamte ein und schufen Verwaltungen, um ihre Untertanen stärker zu kontrollieren. So entstanden frühe Fürstenstaaten – die Vorläufer unserer heutigen Staatsgebilde.

Das Vorbild vieler Herrscher wurde der französische König Ludwig XIV. (1643–1715). Auf der vorherigen Doppelseite hast du gesehen, wie glanzvoll und mächtig er sich mit seiner Familie abbilden ließ. In seiner Regierungszeit entwickelte sich Frankreich zum mächtigsten Staat Europas, Ludwig selbst herrschte unumschränkt. Er hatte eine neue Form der Herrschaft geschaffen: den Absolutismus*. Während im Mittelalter Städte, Adel und Klerus die Politik mitbestimmten, wollte der Fürst nun ganz allein entscheiden. Mit dem Absolutismus verbindet man auch eine besondere Gesellschafts- und Wirtschaftsform: den Ständestaat und den Merkantilismus*. Der Absolutismus blieb kein französisches Phänomen, sondern fand auch im Heiligen Römischen Reich seine Nachahmer. Das Heilige Römische Reich war in dieser Zeit allerdings deutlich geschwächt. Dort gab es schon seit längerer Zeit Konflikte, die mit Fragen des Glaubens verknüpft waren. Anhänger und Gegner der Reformation, Adlige und der Kaiser bekämpften sich. Die Spannungen entluden sich im Dreißigjährigen Krieg (1618–1648). Weite Teile Deutschlands wurden dabei verwüstet und entvölkert. Es dauerte einige Zeit, bis sich auch hier der Absolutismus durchsetzen konnte.

In diesem Kapitel erfährst du,
- welche Grundlagen moderner Staaten sich in der Frühen Neuzeit herausbildeten, die für uns heute noch wichtig sind,
- wie absolutistische Fürsten im 17. und 18. Jahrhundert ihren Machtanspruch begründeten,
- wie sich die Lebensbedingungen der Menschen und die Gesellschaft veränderten.

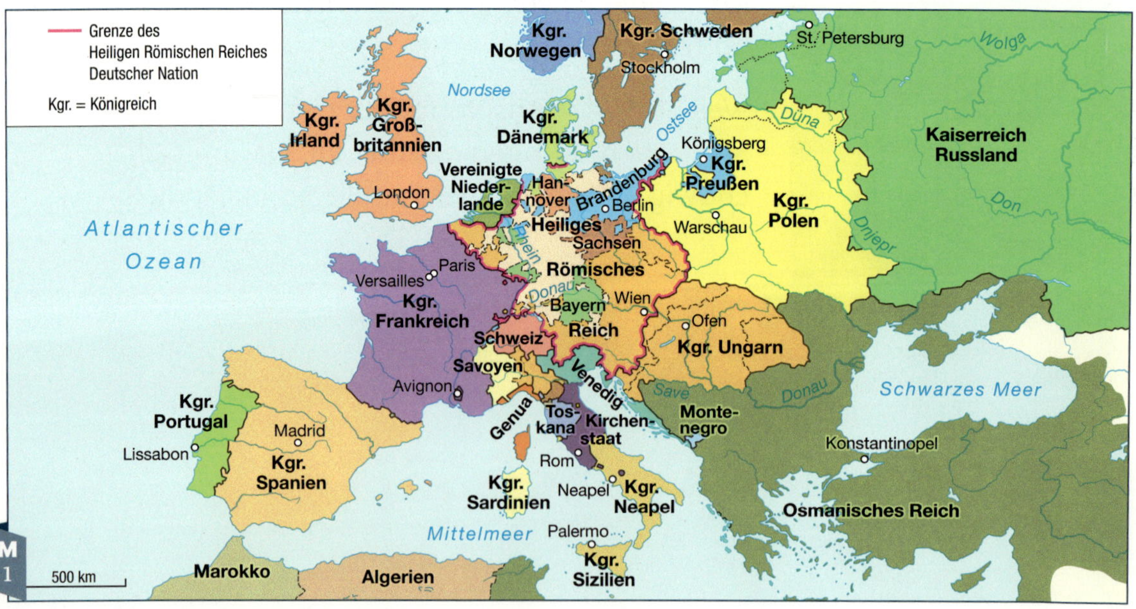

Politische Karte Europas um 1740

1650 | 1700 | 1750

1643–1715 Ludwig XIV. in Frankreich; Absolutismus

Dreißigjähriger Krieg

1648 Westfälischer Frieden

Wirtschaftsform des Merkantilismus

17.–18. Jh. Aufklärung

1789 Französische Revolution

M 2

Untertanen müssen im Pariser Rathaus erstmals eine Kopfsteuer an den König abliefern, kolorierter Stich von 1695.

M 3

Gedenkmedaille für die erste Militärparade König Ludwigs XIV., 1666. Bei diesem Großereignis traten 18 000 Soldaten an. Sie unterstanden dem König und waren das ganze Jahr im Dienst. Die Inschriften lauten übersetzt: „Vorspiel zu Siegen" (oben) und „Wiederherstellung der Militärdisziplin" (unten).

M 4

Betrieb zur Herstellung von Rasiermessern, um 1750. In solchen Betrieben stellten verschiedene Handwerker gemeinsam ein Produkt her. Der Besitzer war entweder ein bürgerlicher Kaufmann oder der König selbst.

1 **a)** Schau dir die Karte M1 an. Beschreibe die Unterschiede zu heutigen Staatsgrenzen in Europa.
Tipp: Du kannst die Karte vorne im Buch zu Hilfe nehmen.
b) Vergleiche die Gebiete Frankreichs und des Heiligen Römischen Reichs. Was fällt dir im Unterschied zu heute auf?

2 **a)** Wähle von den Bildern M2, M3 oder M4 eines aus, das dein Interesse weckt. Begründe, warum, und beschreibe das Bild genau.
b) Stelle anhand deines Bildes Vermutungen an, was im Fürstenstaat in der Frühen Neuzeit neu war.
c) Sammelt eure Vermutungen in der Klasse.

Welche Entwicklungen bereiteten den modernen Staat vor?

Heute nehmen Staaten Steuern ein, werden von demokratisch gewählten Personen regiert und gleichen die Interessen ihrer Bürger aus. Eine solche Vorstellung hatten Fürsten und Untertanen in der Frühen Neuzeit um 1500 noch nicht. Es gab damals jedoch einige Veränderungen im Bereich der Herrschaft. Sie förderten die Entstehung von Staaten, wie wir sie heute kennen – ein Vorgang, der Jahrhunderte dauerte.

- ***Auf dieser Doppelseite kannst du untersuchen, wie sich das Verständnis von Herrschaft seit dem 16. Jahrhundert veränderte.***

Herrschaft durch persönliche Beziehungen im Mittelalter

Im Mittelalter sicherten Herrscher ihre Macht durch das Erbrecht, die göttliche Legitimation* und das Lehnswesen*. Der Kaiser verkörperte die höchste Macht im Reich. Er war aber auf die Kurfürsten und Reichsfürsten angewiesen. Als Lehnsherr verlieh er Land an sie und gewährte Schutz. Die Fürsten leisteten ihm dafür Dienste und Abgaben. Beide Seiten waren zu gegenseitiger Treue verpflichtet. Das System basierte also auf einer persönlichen Bindung.

Wie versuchten die Fürsten, ihre Macht zu vergrößern?

Seit dem Spätmittelalter betrachteten Fürsten ihre Gebiete immer mehr als ihr Eigentum. Sie wollten mehr Macht und Kontrolle über ihre Untertanen erhalten. Dazu mussten sie Gesetze erlassen, Verwaltungsbehörden und Gerichte aufbauen. Außerdem strebten sie danach, ihr Herrschaftsgebiet zu vergrößern. Dafür brauchten sie oft ein großes Heer, das ständig verfügbar war. Sie wollten ein zusammenhängendes Territorium herstellen, um lange Reisewege und Zollgrenzen zu vermeiden. Diesen Vorgang nennt man Territorialisierung*. Das bedeutet, die Herrschaft über ein Fürstentum wurde ausgebaut und vereinheitlicht. Untertanen wurden registriert, Steuern und Abgaben eingezogen. Diese Steuern brauchten die Fürsten dringend, denn Soldaten und Beamte kosteten viel Geld.

Welchen Nutzen zogen Fürsten aus der Reformation?

Die Thesen Martin Luthers und die Bewegung der Reformation hatten zu einer Spaltung des Reichs geführt. Katholiken und Kaiser standen auf der einen Seite, protestantische Fürsten auf der anderen. 1555 wurde der Augsburger Religionsfrieden beschlossen. Er erlaubte jedem Landesherrn, über die Religion seiner Untertanen zu bestimmen. Viele Fürsten nutzten das, um ihre Macht auszubauen: Wenn sie evangelisch wurden, konnten sie den Besitz von Kirchen und Klöster einziehen und so ihr Herrschaftsgebiet abrunden. Alle Untertanen mussten ihren Glauben annehmen. Das sorgte für noch mehr Einheitlichkeit.

Was bedeutete der Ausbau der Herrschaft für die Menschen?

Im 16. Jahrhundert waren Kaiser, Fürsten und Landesherren für die einfachen Menschen weit weg. In erster Linie sahen sie sich als Untertanen ihres Grundherrn und waren diesem verpflichtet. Er war oft auch ihr Gerichtsherr oder Richter. Im Lauf der Territorialisierung wurden Bauern, Bürger, Dörfer und Städte immer häufiger mit Regeln und Anordnungen konfrontiert, die von „oben" kamen. Die Landesherren versuchten, Recht und Glauben ihrer Untertanen nach ihren eigenen Vorstellungen zu regeln. Manche dieser Vorgaben griffen tief in die täglichen Lebensgewohnheiten ein. Sie bestimmten, wer wen heiraten durfte, wie Eltern ihre Kinder erziehen sollten, wie viele Gäste bei Hochzeiten oder Taufen erlaubt waren oder welche Tänze und Vergnügungen mit dem Glauben vereinbar waren.

Souverän und Untertan

In der Frühen Neuzeit (um 1550–1750) gewannen die Landesfürsten immer mehr Macht. Sie wurden zum Souverän*, also zum Inhaber der höchsten Gewalt in ihrem Gebiet. Um ihre Vorgaben durchzusetzen, entwickelten sie staatliche Einrichtungen, die heute noch wichtig sind: zentrale Verwaltungsbehörden und Gerichte. Die Landesbewohner mussten sich ihnen immer mehr unterordnen. Sie waren der Kontrolle des Landesfürsten unterworfen, wurden also zu Untertanen.

M 1

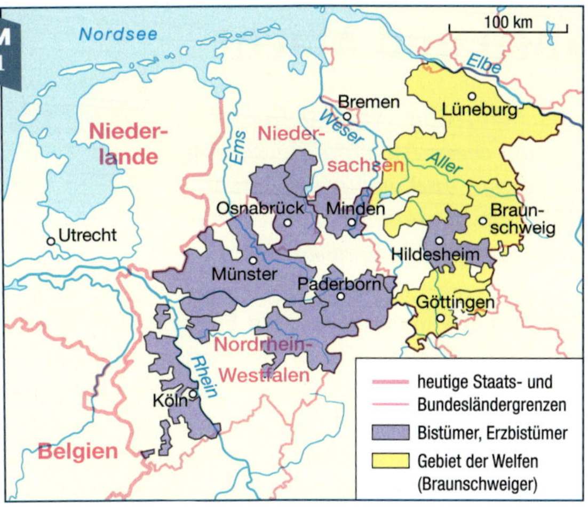

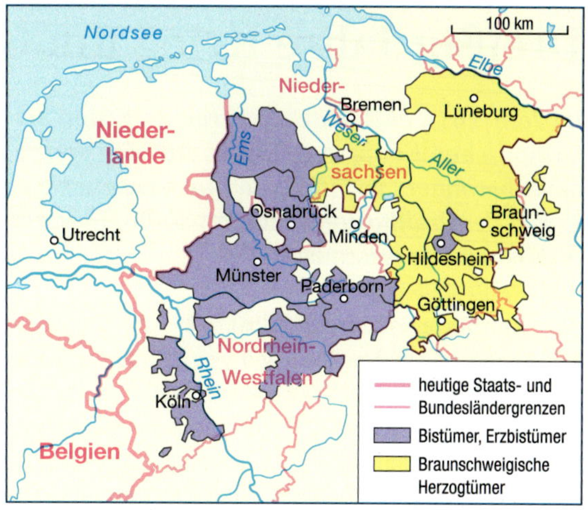

Herrschaftsgebiete in Nordwestdeutschland 1387 und 1648, heutige Grenzen des Bundeslandes Niedersachsen

M 2

Aus dem Landesgesetz eines Kurfürsten von 1700

Die Untertanen erfuhren von den Regeln durch Vorlesen, oft in den Kirchen. Amtsleute kontrollierten die Einhaltung der Vorschriften. Im Landesgesetz heißt es:

Nachdem ... viel guter einfältiger Leut / sonderlich [*besonders*] die liebe Jugend / durch gemeldte falsche Spieler und Lotterbuben listiglich hindergangen / und oft in endliches Verderben gesetzet werden / [soll beschlossen werden,] daß allenthalben [an allen Orten] Unseres Fürstenthumbs / sonderlich an denen Enden / da die Landstrassen ... durchgehen / bey denn Wirthen ... ernstliche Versehung [*Überwachung*] beschehe [*durchgeführt wird*] / daß solches lose Gesinde mit nichten geduldet / gehauset oder beherberget werde / ... was solche falsche Spieler an Geld oder Gelds werth [*Wertsachen*] andern Ein- und Außländischen abgewonnen / oder sonsten durch ihre Listen an sich gebracht / das alles soll ihnen abgenommen / eingezogen / und ... in das Allmosen [*für die Armenfürsorge*] selbigen Orts verwendet und verrechnet werden.

Churfürstlicher Pfaltz bey Rhein etc. Ernewert und Verbessertes Land-Recht, Weinheim (J. Meyer) 1700. Zit. nach http://www.uni-mannheim.de/mateo/desbillons/land.html, S. 134f. (Stand: 09. 03. 2016).

1 a) Erkläre die Begriffe „Territorialisierung“ und „Ausbau der Herrschaft“ mithilfe des Darstellungstextes und der Karten (M1).

Tipp: Lege eine Tabelle an:

Territorialisierung	*Herrschaftsgebiete werden vergrößert ...*
Ausbau der Herrschaft	...

b) Begründe, warum die Entwicklungen in der Frühen Neuzeit wichtig für unsere heutigen modernen Staaten und Bundesländer waren.

2 a) Schreibe die Rechtsvorschriften aus dem Landrecht M2 in einem gut verständlichen, modernen Deutsch auf.

b) Charakterisiere mithilfe der Rechtsvorschriften (M2) die Art und Weise, wie der Kurfürst über seine Untertanen herrschte.

Tipp: Entscheide dich zwischen folgenden Eigenschaften: Strenge – Fürsorglichkeit – Unerbittlichkeit – Unduldsamkeit – Ausgrenzung – Vorverurteilung – Kontrollsucht.

Dreißig Jahre Krieg um Glauben und Macht

Im Jahr 1618 entfachte ein Streit zwischen protestantischen Adligen und dem katholischen König in Böhmen. Auf den ersten Blick schien diese Auseinandersetzung nicht besonders wichtig – dennoch führte sie zu einem langen und verheerenden Krieg, der dreißig Jahre dauern sollte. Er veränderte Europa grundlegend.

- ***Welche Interessen und Ziele verfolgten die Gegner im Dreißigjährigen Krieg?***

Alte Konflikte sind nicht gelöst

Der Augsburger Religionsfrieden von 1555 erlaubte es jedem Landesfürsten, frei über die Religion seiner Untertanen zu entscheiden. Die Spannungen zwischen den Fürsten waren damit aber nicht beseitigt. Immer wieder gab es Konflikte um Gebiete, die sich protestantische Landesherren angeeignet hatten. Ein funktionierendes Gericht, das den Streit zwischen Fürsten hätte schlichten können, gab es nicht mehr. Im Jahr 1608 schlossen sich die protestantischen Fürsten zur „Union" zusammen, die katholischen Fürsten zur „Liga". Beide standen sich verfeindet gegenüber. Es war ein explosives Gemisch aus Glaubensfragen und Machtkonflikten. In dieser Situation wurde 1617 der katholische Ferdinand II. der neue König von Böhmen. Er nahm die politischen und konfessionellen Freiheiten wieder zurück, die sein Vorgänger Rudolf II. den protestantischen Adligen Böhmens eingeräumt hatte.

Der Prager Fenstersturz – ein Ereignis mit Folgen

Im ganzen Reich war 1618 die Stimmung äußerst gereizt. Da ereignete sich in Prag ein scheinbar belangloser Zwischenfall: Protestanten errichteten eine Kirche auf einem Grundstück, das den Katholiken gehörte. Es kam zu einem Gerichtsprozess, den die Protestanten verloren. Die Kirche wurde abgerissen. Daraufhin stürmten empörte protestantische Adlige in die königliche Burg von Prag und warfen zwei hohe Beamte und ihren Sekretär aus dem Fenster. Dieser Vorfall heizte die gespannte Stimmung noch weiter an. Als Ferdinand II. auch noch Kaiser des Reichs wurde (1619–1637), erreichte der Konflikt einen ersten Höhepunkt. Die böhmischen Adligen setzten Ferdinand als König von Böhmen ab. An seiner Stelle wählten die Kurfürsten den Führer der protestantischen Union, Friedrich von der Pfalz, zu ihrem König. Kaiser Ferdinand wollte aber auf seine Herrschaft in Böhmen nicht verzichten.

M 1

Der Dreißigjährige Krieg im Überblick:

Böhmisch-Pfälzischer Krieg (1618–1623)

1618 Prager Fenstersturz
1619 Der katholische Ferdinand II. wird Kaiser; Adlige wählen den Protestanten Friedrich V. zum Gegenkönig von Böhmen.
1620 Die kaiserlich-spanische Armee unter Graf Tilly besiegt in der Schlacht am Weißen Berg die Truppen der böhmischen Adligen; Friedrich V. wird aus Böhmen vertrieben; Ferdinand II. befiehlt die Rekatholisierung Böhmens.

Niedersächsisch-Dänischer Krieg (1625–1629)

1625 Der dänische König Christian IV. führt das protestantische Heer; England und die Niederlande unterstützen das Bündnis.
1626 Niederlage des protestantischen Heeres; Herzog Albrecht von Wallenstein unterstützt den Kaiser mit einem eigenen Söldnerheer.
1628 Wallenstein wird Herzog von Mecklenburg.
1629 Friede zu Lübeck: Christian IV. zieht sich zurück.
1630 Die Reichsfürsten erzwingen vom Kaiser die Entlassung Wallensteins.

Schwedischer Krieg (1630–1635)

1630 Der protestantische Schwedenkönig Gustav II. Adolf landet mit Truppen in Vorpommern.
1631 Tilly erobert Magdeburg; Niederlage gegen Gustav II. Adolf; Siegeszug der Schweden.
1632 Nach dem Tod Tillys wird Wallenstein wieder eingesetzt; der Schwedenkönig fällt in der Schlacht bei Lützen.
1634 Wallenstein wird abgesetzt und ermordet; Niederlage der Schweden bei Nördlingen.
1635 Friede zu Prag zwischen Kaiser Ferdinand II. und den protestantischen Ständen

Schwedisch-Französischer Krieg (1635–1648)

1635 Ferdinand II. erklärt Frankreich den Krieg, das sich mit Schweden verbündet hat; 1637 Beginn von Friedensgesprächen; der Krieg geht währenddessen weiter.
1644 Beginn der Friedensverhandlungen in Osnabrück (Kaiser-Schweden) und Münster (Kaiser-Frankreich)
1648 Westfälischer Frieden (24. Okt.)

M 2

Der Kunsthistoriker Ernst Gombrich (1909–2001) erzählte 1985 die Geschichte des Krieges für Jugendliche:

Unzufriedene Protestanten haben damals im Jahr 1618 drei Vertreter des Kaisers aus der Burg in Prag zum Fenster hinausgeworfen. Sie fielen auf einen Misthaufen, und so ist zweien von ihnen nicht viel geschehen. Trotzdem war es der Auftakt zu dem entsetzlichen Krieg, der jetzt ausbrach und 30 Jahre lang gedauert hat. 30 Jahre! Stell dir das vor! Wenn ein Mensch zehn Jahre alt war, als er von dem Fenstersturz erfahren hatte, war er ein Mann von 40 Jahren, als er endlich den Frieden erlebte. Falls er ihn erlebte! Denn es war bald gar kein Krieg mehr, sondern ein entsetzliches Gemetzel von schlechtbezahlten, wilden Soldatenhorden aller Länder, denen es hauptsächlich auf das Rauben und Plündern ankam. Das roheste und grausamste Gesindel aus allen Gegenden trat in jenes Heer ein, mit dem man am meisten Beute zu machen hoffte. Längst war der Glaube vergessen. Protestanten traten in katholische Heere, Katholiken in protestantische. Sie waren für das Land, für das sie angeblich kämpften, fast ebenso entsetzlich wie für die Feinde. Denn wo sie ihre Zeltlager aufschlugen, da holten sie sich bei den Bauern der Umgebung zu essen und vor allem zu trinken. Gab der Bauer nicht freiwillig, so zwang man ihn oder brachte ihn um. In ihren phantastischen Kostümen mit bunten Lappen und großen Federbüschen, den Degen umgeschnallt, die Pistole in der Hand, ritten sie sengend und mordend durchs Land und quälten die wehrlosen Menschen aus bloßer Schlechtigkeit und Rohheit.

Ernst H. Gombrich, Eine kurze Weltgeschichte für junge Leser. Aktualisierte Neuausgabe des Originals von 1935, Köln (Dumont) 1985, S. 223f.

M 3

Bevölkerungsverluste im Dreißigjährigen Krieg

M 4

Söldner plündern einen Bauernhof. Gemälde von Sebastian Vrancx, um 1620

1 Wähle eine Aufgabe aus:

a) Vergleiche die Erzählung M2 mit dem Überblick über die Daten und Fakten (M1). Lege dazu eine Liste an und benenne darin die Besonderheiten der jeweiligen Information.

b) Diskutiert: Welche Informationen (M1 oder M2) erscheinen euch nützlicher, welche könnt ihr euch besser merken, welche sind zuverlässiger, welchen könnt ihr mehr Glauben schenken?

2 Partnerarbeit: Überlege mit deinem Banknachbarn: Welche Inhalte über den Dreißigjährigen Krieg sollten Schüler wissen?

3 Betrachte das Bild M4 und beschreibe das Verhalten der Söldner gegenüber der Zivilbevölkerung.

4 Begründe mit Blick auf den Kriegsverlauf (M1) die hohen Bevölkerungsverluste in den einzelnen Regionen Deutschlands (M3).

Webcode: FG450068-019
Film: Dreißigjähriger Krieg

Informationen präsentieren

Ein Kurzreferat informiert knapp und anschaulich über ein historisches Ereignis, einen Vorgang oder einen Sachverhalt. Für den Zuhörer ist es leichter, wenn Bilder oder Grafiken die Aussagen unterstützen („Visualisierung"). Kombiniert man einen Vortrag mit solchen Medien, nennt man das Präsentation.
Aus dem Dreißigjährigen Krieg gibt es viele anschauliche Zeugnisse von Zeitgenossen über ihren Alltag. Auf dieser Doppelseite findest du eine Anleitung, wie du aus solchen Textquellen und Bildern eine spannende Präsentation vorbereiten kannst.

M 1

Reiterschlacht am Waldrand, Gemälde von Jacob Martsen, 1646 (Ausschnitt)

M 2

Tagebucheintrag des Söldners Peter Hagendorf:
Nachher bin ich in das Lager geführt worden, verbunden, denn einmal bin ich durch den Bauch vorne durchgeschossen worden, zum andern durch beide Achseln, sodass die Kugel ist in dem Hemd gelegen. Also hat mir der Feldscher (Militärarzt) die Hände auf den Rücken gebunden, damit er hat können den Meißel einbringen. So bin ich in meine Hütte gebracht worden halbtot ... Wie ich nun verbunden bin, ist mein Weib in die Stadt (Magdeburg) gegangen ... und hat wollen ein Kissen holen und Tücher zum Verbinden und worauf ich liegen könnte ... Sie kommt nach anderthalb Stunden ... So hat sie mir auch gebracht eine große Kanne ... Wein und ... zwei silberne Gürtel ... und Kleider.

Jan Peters (Hg.), Peter Hagendorf – Tagebuch eines Söldners aus dem Dreißigjährigen Krieg, Göttingen (V&R uni-press) 2012, S. 41. Text modernisiert.

M 3

Wallenstein (1583–1634), Gemälde von Anthony von Dyck, ca. 1636

Arbeitsschritte „Informationen präsentieren"

Referat vorbereiten	Lösungshinweise zu M1
1. Informationen aus Büchern und digitalen Medien sammeln	• *Bibliotheksbesuch, Internetrecherche (siehe Hinweise auf S. 222)*
2. Quellenmaterial schon bei der Vorbereitung des Referats auswählen; überlegen, an welcher Stelle des Referats es am besten eingebaut werden soll	• *Bilder sollten aussagekräftig und gut erkennbar sein; sie sollten den Vortragenden überzeugen* • *Bildunterschriften und Texteinführungen beachten; sie enthalten oft wichtige Informationen!* • *Bilder auswählen, die einen selbst ansprechen, die man gut interpretieren kann*
3. Gliederung erstellen, Inhalt erarbeiten	• *Einleitung, Hauptteil und Schluss/Auswertung*
4. Zeitvorgabe beachten	• *maximal zehn Minuten*
Bild-/Textquelle aufbereiten	
5. zuerst nach dem Inhalt, dann erst nach den Einzelheiten fragen; die Zuhörer Vermutungen anstellen lassen, z. B. „Was ist zu erkennen?"	• *Angreifer in schwarzen Rüstungen, Kampf vom Pferd aus mit Pistolen, aber auch Degen; schwarze Panzerung = kaiserliche Soldaten; rote Schleife (Schärpe): Befehlshaber; Unterlegene sind ein bunt gewürfelter Haufen, zum Teil beritten, unterschiedlich bewaffnet (Stichwaffen, Lanzen)* • *Mehr zu Bildquellen findest du auf S. 224.*
6. Was sagt das Bild über den Alltag der Soldaten aus?	• *kleinere Gefechte neben größeren Schlachten; gefährlicher Nahkampf, wenig einheitliche Truppen*
Aussagen visualisieren/Präsentation vorbereiten	
7. Wie stelle ich mein Referat vor? Welches Medium nutze ich dafür?	• *wichtige Informationen kurz gefasst an die Tafel schreiben oder Poster, Mindmap bzw. PowerPoint-Folien erstellen*
Präsentieren	
8. Liegen alle Materialien vor, die ich für den Vortrag brauche?	• *Blickkontakt zu den Zuhörern, ruhig und konzentriert sprechen; Zeit für Fragen oder für eine Diskussion einplanen*

1 Wähle ein Thema aus und bereite dazu eine Präsentation vor:
- Der Alltag von Soldaten im Dreißigjährigen Krieg
- Die Pfalz im Böhmisch-Pfälzischen Krieg
- Wallenstein – ein mächtiger Heerführer
- Die Schlacht bei Lützen: Wie starb Gustav Adolf von Schweden?

2 Lass deine Zuhörer den Bericht eines verwundeten Soldaten lesen und sprich mit ihnen darüber. Du kannst dazu folgende Aspekte einbringen: Wie wurden Verwundete versorgt? Welche Rolle hatten Frauen im Lager? Welche Vorstellungen habt ihr vom „Familienleben" der Soldaten?
Tipp: hohe Sterblichkeit der Kinder, Tod des Partners; Hagendorf hatte zwei Frauen und insgesamt zehn Kinder, zwei davon lebten noch 1649: Ende des Tagebuchs in diesem Jahr

3 Formuliere je zwei Fragen zu den Bildern M1 und M3, die du deinen Zuhörern stellen würdest.

Welche Bedeutung hatte der Westfälische Frieden?

Als der Friedensvertrag unterschrieben ist, läuten die Kirchenglocken und die 70 Kanonen auf der Stadtmauer feuern dreimal Salut. Flugblätter verbreiten die Nachricht im ganzen Land: Fortan gilt die allgemeine und ewige Waffenruhe! Einiges wird nun anders werden, um diese Waffenruhe zu gewährleisten.

- ***Erarbeite die Bestimmungen des Westfälischen Friedensvertrags und ihre Bedeutung.***

M 1

„Freud- und friedensbringender Postreiter", Ausschnitt aus einem Flugblatt, Oktober 1648. Solche Reiter verbreiteten in ganz Europa die Nachricht vom Ende des Dreißigjährigen Krieges. Rechts oben sieht man den Götterboten Hermes. Er hält einen Brief mit der Aufschrift „Pax" (= Friede).

Warum verhandelte man an zwei Orten?

Seit 1643 tagten in den westfälischen Städten Münster und Osnabrück Hunderte von Gesandten. Sie kamen aus vielen deutschen und europäischen Staaten, um sich zu beraten. Man hatte diese Städte ausgewählt, weil Münster katholisch und Osnabrück evangelisch war. Außerdem lagen sie ungefähr in der Mitte zwischen Paris und Stockholm. Die Trennung nach Konfessionen war ein Zugeständnis an den Papst. Er war als Vermittler tätig, wollte aber nicht öffentlich mit Protestanten verhandeln. Gesandte des Kaisers waren an beiden Orten vertreten.

Welche Rolle spielten die Reichsstände?

Die Reichsstände waren die geistlichen und weltlichen Vertreter der über 300 Territorien im Reich (Fürstentümer, Grafschaften und Reichsstädte). Der Kaiser zögerte, sie zu den Friedensverhandlungen einzuladen, weil er das Reich alleine vertreten wollte. So wollte er seine Macht deutlicher ausspielen. Frankreich hoffte allerdings darauf, dass die deutschen Landesherren zu Friedensverhandlungen bereit wären, und drängte den Kaiser, die Reichsstände einzuladen. Schließlich musste der Kaiser nachgeben, denn militärisch hatte er schwere Niederlagen zu erleiden. Der Krieg tobte nämlich trotz der Verhandlungen weiter in Mitteleuropa.

Die wichtigsten Ergebnisse

Der Frieden hatte tief greifende Folgen:
Frankreich, Schweden und die deutschen Reichsfürsten setzten sich gegen die Habsburger durch, die den Kaiser stellten.

- Die Schweiz und die Niederlande schieden aus dem Reich aus. Sie wurden selbstständige Staaten.
- Die Fürsten des Reichs wurden politisch selbstständig. Damit zerfiel das Reich in 300 Einzelstaaten. Die Fürsten wirkten an der Gesetzgebung des Reichs und an Reichsbeschlüssen zu Steuererhebungen mit. Der Kaiser konnte fortan nicht mehr ohne die Reichsstände Kriege erklären und Frieden schließen.
- Der Augsburger Religionsfrieden von 1555 wurde bestätigt und erweitert. Neben den Anhängern Luthers wurden noch andere Gruppen gleichberechtigt, zum Beispiel die Anhänger des Reformators Calvin. Die Regelung wurde aufgehoben, dass sich die Bevölkerung nach der Religion des Landesherrn richten musste.

M 2

Die Bedeutung des Westfälischen Friedens

Der Historiker Franz-Josef Jakobi nannte 1998 als wichtigste Ergebnisse des Friedensschlusses:

1. Lösung der konfessionellen Konflikte

Der Westfälische Frieden bedeutete das Ende des Zeitalters der Glaubenskriege in Deutschland und schuf die Voraussetzungen für religiöse Toleranz[1].

2. Beilegung des deutschen Verfassungskonflikts

Das Verhältnis der deutschen Zentralgewalt (des Kaisers) zu den Partikulargewalten [Landesfürsten] wurde endgültig zugunsten der Letzteren geregelt. Dies verhinderte im Gegensatz zu Frankreich, Spanien und Schweden die Ausbildung des Reichs zu einem zentralistischen Einheitsstaat.

3. Neuregelung der europäischen Machtverhältnisse

Nach dem Westfälischen Frieden galt in Europa als Ordnungsprinzip nicht mehr die Einheit des christlichen Abendlandes mit Kaiser und Papst an der Spitze, sondern die auf Verträgen und Völkerrecht beruhende Ordnung prinzipiell gleichberechtigter Staaten. Das barg ständig neue Konflikte und Kriegsgefahren in sich, öffnete aber den Weg ... in das [18. Jahrhundert] und die Entfaltung einer ungeheuren Entwicklungskraft im Wettlauf der Mächte und Staaten.

Zit. nach Münster damals, hg. v. Stadtarchiv/Presse- und Informationsamt der Stadt Münster, März 1998, S. 14. Vereinf. v. Verf.

[1] *Duldung verschiedener Glaubensrichtungen*

M 3

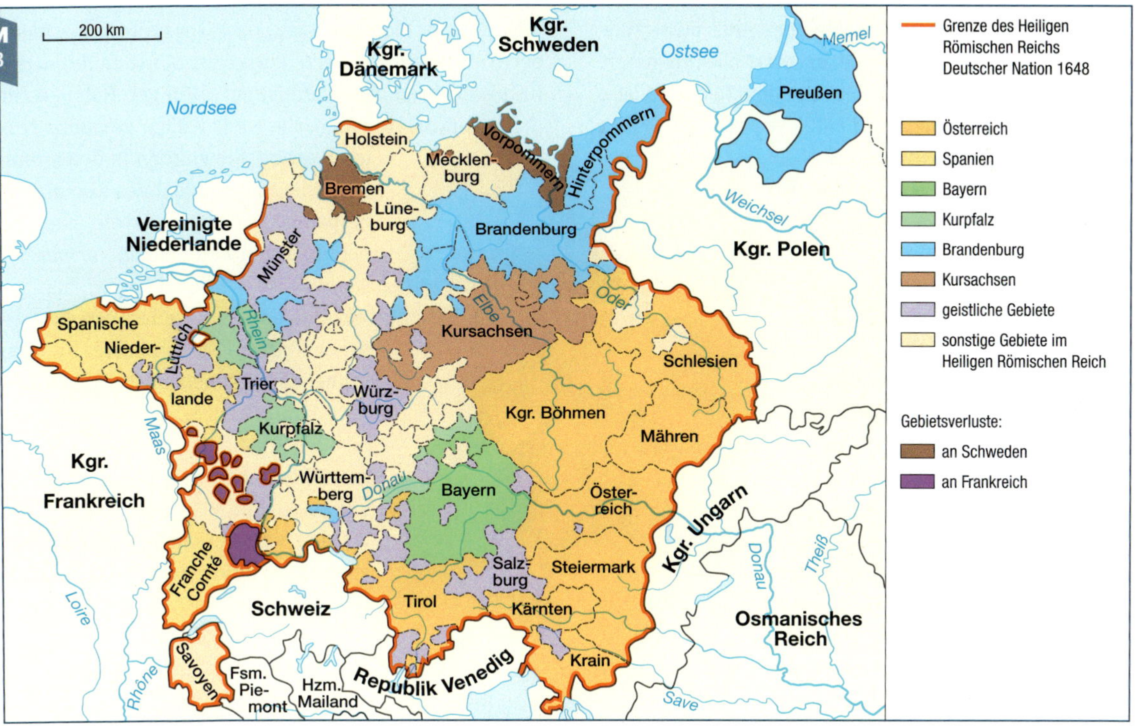

Das Heilige Römische Reich nach dem Westfälischen Frieden von 1648

1 a) Stell dir vor, ein Freund von dir sieht das Flugblatt M1 und versteht es nicht. Erkläre ihm mit Hilfe des Darstellungstextes den Zusammenhang.

b) Beschreibe das Flugblatt M1 genauer. Welche Mittel nutzt der Künstler, um eine „Friedensstimmung" zu erzeugen?

Tipp: Achte auf Figuren und ihre Haltung, auf Gegenstände und Gesten.

2 Gib den Text des Historikers Jakobi (M2) in eigenen Worten wieder. Verwende dafür folgende Zwischenüberschriften: „Das Verhältnis der Konfessionen zueinander", „Folgen für die Struktur des Reiches", „Gab es eine europäische Einheit?".

3 Diskutiert: Kann man von Gewinnern und Verlierern des Dreißigjährigen Krieges sprechen? Begründet euren Standpunkt und nutzt dazu den Darstellungstext, den Text M2 und die Karte M3.

Webcode: FG450068-023
Virtuelle Ausstellung zum Westfälischen Frieden

Wie regierte der französische König Ludwig XIV. in seinem absolutistischen Staat?

Der Westfälische Frieden hatte bewirkt, dass der römisch-deutsche Kaiser an Macht verlor. In Frankreich entwickelte sich die Situation in die entgegengesetzte Richtung: Hier gelang es dem König, die Adligen immer mehr zu entmachten. Unter Ludwig XIV., dem „Sonnenkönig", erreichte die königliche Macht einen Höhepunkt.

- *In diesem Kapitel lernst du, wie Ludwig XIV. regierte und worauf er seine Macht stützte.*

Ein junger Thronfolger

Ludwigs Vater starb, als er selbst noch ein Kind war. So wurde Ludwig schon mit vier Jahren der neue König von Frankreich. Seine Kindheit war von Aufständen des Adels überschattet: Zweimal musste Ludwig aus Paris fliehen, bis es gelang, die Unruhen zu beenden. Forscher vermuten, dass Ludwig deshalb später dem Adel misstraute. 1661 erklärte Ludwig, er wolle ab sofort allein regieren. Er lenkte die Staatsgeschäfte bis zu seinem Tod 1715, also 54 Jahre lang, und prägte die Politik, Wirtschaft und Kultur weit über Frankreich hinaus. Viele europäische Fürsten orientierten sich an seinem Vorbild.

„L'État c'est moi!" – der Staat bin ich

Dass Ludwig das wörtlich gesagt hat, gilt als unwahrscheinlich. Der Ausspruch gibt seine Auffassung jedoch treffend wieder. Ludwig leitete seine Herrschaft unmittelbar von Gott ab. Nur ihm gegenüber wollte er sich rechtfertigen (Gottesgnadentum*). Er fühlte sich zwar an göttliche Gebote gebunden, aber losgelöst von menschlichen Gesetzen (lat. legibus absolutus). Man nennt diese Herrschaftsweise Absolutismus*. Ludwig wählte die Sonne als sein Zeichen und wurde „Sonnenkönig" genannt.

M1

Ludwig trat im Ballett „Die Nacht" mehrfach in der Rolle der Sonne auf, 1654

Die Stützen seiner Macht

Ludwig konnte Frankreich nicht alleine regieren. Er hatte Minister, die ihm beratend zur Seite standen. Entscheidungen traf er aber in der Regel allein. Um das Land zu verwalten, Gesetze auszuführen und Steuern einzutreiben, brauchte er Beamte. Sie stammten aus dem Bürgertum und waren dem König treu ergeben, weil sie ihm ihr Amt verdankten. Andernfalls wurden sie ersetzt. Ludwig gelang es so, seine Untertanen zu kontrollieren und eine zentrale Verwaltung aufzubauen. Damit schuf er die Grundlagen für einen modernen Staat.

Der Adel im goldenen Käfig?

Der „Sonnenkönig" versammelte den Adel in seinem Schloss Versailles außerhalb von Paris. Ludwig hatte das kleine Jagdschloss nach und nach zur größten Residenz der Welt ausbauen lassen. Versailles sollte den Ruhm des Königs mehren. Es bildete einen würdigen Rahmen für das luxuriöse Hofleben, das viele Adlige geradezu magisch anzog. Sie wurden in den streng geregelten Tagesablauf des Königs eingespannt. Ludwig erwartete, dass sie bei höfischen Zeremonien* anwesend waren. Die Adligen untereinander wachten eifersüchtig darüber, wer besonders ehrenvolle Dienste für den König übernehmen durfte. Dazu gehörte zum Beispiel, ihm beim Anziehen das Hemd zu reichen. Am Hof herrschte ungeheurer Luxus. Dadurch verschuldeten sich viele Adlige und wurden von Geschenken des Königs abhängig. Ludwig gelang es so, sie zu „disziplinieren", also zu zähmen.

Ein hoher Preis für die Macht

König Ludwig führte viele Kriege, um die Vorherrschaft über Europa zu sichern. Dafür ließ er ein stehendes Heer aufstellen. Es bestand aus Berufssoldaten, die ständig einsatzbereit waren. Sie trugen zum ersten Mal einheitliche Uniformen, wurden vom König finanziert und unterstanden nur ihm. Die Verwaltung, der Bau von Versailles, die Hofhaltung und das Heer kosteten enorm viel Geld. Ludwig förderte deshalb eine neue Wirtschaftspolitik, den Merkantilismus (siehe S. 30). Trotz einiger Erfolge hinterließ der König seinem Nachfolger einen riesigen Schuldenberg.

M 2

Das Schloss Versailles, Gemälde aus dem Jahr 1722 von Pierre Denis Martin. Teilweise arbeiteten bis zu 30 000 Männer am Bau des Schlosses mit, 1687 starben mehrere Tausend an Sumpffieber.

M 3

Ludwig XIV. sagte in seinen Memoiren über die Sonne:

Ich war der Meinung, dass sich das Zeichen nicht bei irgendetwas Untergeordnetem und Gewöhnlichem aufhalten, sondern gewissermaßen die Pflichten eines Herrschers darstellen und mich selber ständig an ihre Erfüllung mahnen sollte. Man wählte daher als Figur die Sonne, die ... durch ihre Einzigartigkeit, durch den Glanz, der sie umgibt, durch das Licht, das sie den anderen, sie wie ein Hofstaat umgebenden Sternen mitteilt, durch die gleichmäßige Gerechtigkeit, mit der sie dieses Licht allen Zonen der Erde zuteilt, durch das Gute, das sie allerorten bewirkt, indem sie unaufhörlich auf allen Seiten Leben, Freude, Tätigkeit weckt, durch ihre unermüdliche Bewegung, die gleichwohl als ständige Ruhe erscheint, durch ihren gleichbleibenden und unveränderlichen Lauf, von dem sie sich nie entfernt und niemals abweicht, sicher das lebendigste und schönste Sinnbild eines großen Herrschers darstellt.

Gott, der die Könige über die Menschen gesetzt hat, wollte, dass man sie als seine Stellvertreter achte ... Es ist sein Wille, dass, wer als Untertan geboren ist, willenlos zu gehorchen hat.

Louis XIV., Mémoires. Zitiert nach: Memoiren. Ludwig XIV., Basel/Leipzig (Kompass-Verlag) 1931, S. 187. Übers v. Leopold Steinfeld.

1 Das Schaubild zeigt Ludwigs Stützen der Macht. Fülle es mit Hilfe des Darstellungstextes aus.

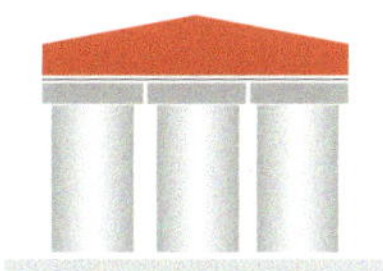

2 **Partnerarbeit:** Arbeitet aus Text M3 heraus, welche Eigenschaften Ludwig XIV. der Sonne zuschreibt – und damit sich selbst. Findet mindestens einen Gesichtspunkt, der euch nicht überzeugt, und begründet eure Meinung.

3 Nach Ludwigs Tod 1715 waren viele Franzosen erleichtert und freuten sich. Finde ausgehend vom Darstellungstext (Z. 67 ff.) und Bild M2 Gründe dafür.

4 Plant einen Spaziergang im Schloss Versailles. Suchte euch Hilfe auf der offiziellen Homepage des Schlosses.

Zusatzaufgabe: siehe S. 210.

Webcode: FG450068-025
Versailles

Ludwig XIV.: Ein Bild und seine Geschichte

Ludwig XIV. war ein Genie in Sachen Eigenwerbung. Bilder sollten seinen Ruhm in ganz Europa verbreiten. Das bis heute bekannteste Gemälde kannst du hier näher kennenlernen. Es wurde Vorbild für viele andere Herrscherdarstellungen.

- ***Was ist das Besondere an diesem Bild und wie ist es entstanden?***

M1

Madame de Maintenon, langjährige Geliebte Ludwigs XIV., schrieb am 11. März 1701 aus Versailles:

Schon zweimal bin ich nach dem Abendessen aus Saint-Cyr [dem von ihr gegründeten Internat für verarmte Mädchen] hierher zurückgekommen, um den König dazu zu bringen, sich malen zu lassen. Die Gicht [eine Krankheit mit heftigen Gelenkschmerzen] ist uns hier zu Hilfe gekommen, ohne sie hätten wir ihn nicht dazu gebracht, drei bis vier Stunden stillzuhalten.

Lettres de Madame de Maintenon, Bd. 3, 1698–1706, hg. v. Hans Bots u. Eugénie Bots-Estourgie, Paris (Honoré Champion) 2011, S. 288. Übers. v. Verf.

M2

Der französische Historiker Olivier Chaline über das Gemälde Rigauds (2005):

Der König ist 63 Jahre alt. Eine aufmerksame Betrachtung des Gesichts zeigt, dass die Zeit ihre Spuren hinterlassen hat, vor allem um die Augen und den Mund herum. Dennoch hat der von Gicht geplagte König, der sich in seinem Park mit einem Rollstuhl bewegt, eine jung gebliebene und graziöse Erscheinung. Er streckt das Bein vor, als wolle er einen Tanz beginnen. Doch das Tanzen musste er schon 30 Jahre zuvor aufgeben. Alles atmet Würde und Erhabenheit aus.

Olivier Chaline, Le règne de Louis XIV., Bd. 1, Paris (Edition Flammarion) 2005, S. 368f. Übers. v. Verf.

Hyacinthe Rigaud (1659–1743)

Rigaud war aufgrund seiner lebensechten Porträts einer der gefragtesten Künstler seiner Zeit. Er fertigte rund 400 Gemälde bevorzugt von Mitgliedern der europäischen Königshäuser, Vertretern des französischen Hochadels und der hohen Geistlichkeit an. Für das Porträt Ludwigs XIV. von 1701 erhielt er 40 000 Franc. Sein Jahreseinkommen lag bei etwa 30 000 Franc. Ludwig XIV. wollte dieses Gemälde ursprünglich seinem Enkel Philipp V., der gerade König von Spanien geworden war, schenken. Er entschloss sich aber, es selbst zu behalten. Rigaud fertigte mehrere Kopien an, eine davon erhielt Philipp. In Versailles durfte kein Untertan dem Gemälde den Rücken zukehren.

M3 *Grobianix, Häuptling der rechten Dorfhälfte, aus dem Asterix-Band „Der große Graben", gezeichnet von Uderzo, 1980*

1 **Gruppenarbeit:**

a) Informiert euch mithilfe von M1 und der Biografie Rigauds über die Entstehung des Bildes M4.

b) Standbild: Stellt die Pose des Herrschers (M4) nach. Einer versucht die Haltung exakt nachzumachen, die anderen geben Anweisungen. Beachtet die Größe des Gemäldes: Warum ist es schwer, den Blickwinkel zwischen König und Betrachtern korrekt wiederzugeben?

Tipp: Verwendet die Methode „Standbild" (siehe S. 227).

2 **Wähle eine Aufgabe aus:**

a) Beschreibe und deute das Bild M4.

Tipp: Nutze M2, M3 und die Arbeitsschritte „Eine Bildquelle auswerten" (S. 224).

b) Gestalte ein Gespräch zwischen Ludwig XIV. und Rigaud, in dem der König präzise Anweisungen zum Auftrag des Gemäldes formuliert (Zeichen seiner Macht, beabsichtigte Wirkung) und der Maler seine eigenen Vorstellungen (z. B. Lebensechtheit) darlegt.

Zusatzaufgabe: siehe S. 210.

M 4

Ludwig XIV., Gemälde von Hyacinthe Rigaud, 1701, Größe: 297 x 190 cm

Lilien: Zeichen des französischen Herrschergeschlechts der Bourbonen
Schwert: aus dem Besitz Karls des Großen
Hermelinpelz: hergestellt aus dem Winterfell des Großen Wiesels, selten und damit teuer

Vorhang: Verwendung üblicherweise bei Darstellungen des auferstandenen Christus, hier Zeichen für die Göttlichkeit des Herrschers
Säule mit Relief der Göttin Justitia: Justitia als römische Göttin der Gerechtigkeit

Die französische Gesellschaft in der Frühen Neuzeit

Auf den letzten Seiten hast du erfahren, wie der französische König in Versailles den Adel um sich scharte und mit enormem Luxus an sich band. Ein Großteil der Bevölkerung Frankreichs bekam davon nichts ab, im Gegenteil – er musste hohe Abgaben entrichten, um den teuren Hofstaat des Königs zu finanzieren.

- ***Wie war die französische Gesellschaft in der Frühen Neuzeit gegliedert?***
- ***War sie starr aufgebaut oder hatten die Menschen Chancen zum Aufstieg?***

Der Wandel der Gesellschaft

Die französische Gesellschaft im 16.–18. Jahrhundert war eine Ständegesellschaft: der erste Stand war der Klerus*, der zweite der Adel, der dritte die Bürger und Bauern. Unter Ludwig XIV. entstand die „absolute" Monarchie* mit einer zentral gesteuerten Verwaltung. Das veränderte die Machtverhältnisse zugunsten des Königs. Gleichzeitig wandelte sich auch die Gesellschaft des 18. Jahrhunderts: Medizinische und hygienische Fortschritte erhöhten in ganz Europa die Lebenserwartung der Bevölkerung. Die Überlebenschancen der Kinder und die Geburtenraten stiegen an, die Einwohnerzahl wuchs. Außerdem wanderten junge, unversorgte und unverheiratete Menschen vom Land in die Städte, wo sie sich bessere Lebens- und Berufschancen erhofften. Diesen Prozess der Verstädterung nennt man Urbanisierung*. In Frankreich wuchs die Stadtbevölkerung zwischen 1740 und 1800 etwa fünfmal stärker als die Landbevölkerung.

M 1

Das Austernfrühstück. Gemälde von Jean François de Troy, 1734

M 2

Sébastian Vauban, der berühmte Festungsbaumeister Ludwigs XIV., schrieb 1698 über die französische Gesellschaft:

Durch diese langjährigen Studien ... bin ich zu der Wahrnehmung gelangt, dass in der letzten Zeit fast ein Zehntel der Bevölkerung ... sich tatsächlich durch Betteln erhält; dass von den übrigen... [viele] nicht in der Lage sind, das erste Zehntel durch Almosen zu unterstützen, weil sie selber diesem Elendszustand um Haaresbreite nahe sind. ... Ich glaube ..., dass es keine zehntausend ... Familien gibt, von denen man sagen könnte, dass es ihnen wirklich gutgeht ... Nun ist es aber die untere Schicht des Volkes, die durch ihre Arbeit, ihren Handel, ihre Abgaben den König und sein ganzes Reich emporbringt. Sie stellt Soldaten und Matrosen für Flotte und Heer, dazu zahlreiche Offiziere, alle Kaufleute und unteren Justizbeamten. Sie übt alle Künste und Gewerbe aus, sie betreibt den gesamten Handel und die Manufakturen* des Königreiches, sie stellt die Arbeiter, Weingärtner und Tagelöhner auf dem Lande, sie pflegt und füttert das Vieh, sät und erntet das Korn, bestellt die Weingärten und keltert den Wein; mit einem Wort: Sie verrichtet alle große und geringe Arbeit in Stadt und Land.

Zit. nach Fritz Dickmann, Renaissance, Glaubenskämpfe, Absolutismus, München (bsv) 1966, S. 460f., übers. von F. Dickmann.

M 3

Bauernfamilie, Gemälde von Louis Le Nain, 1643

M 4

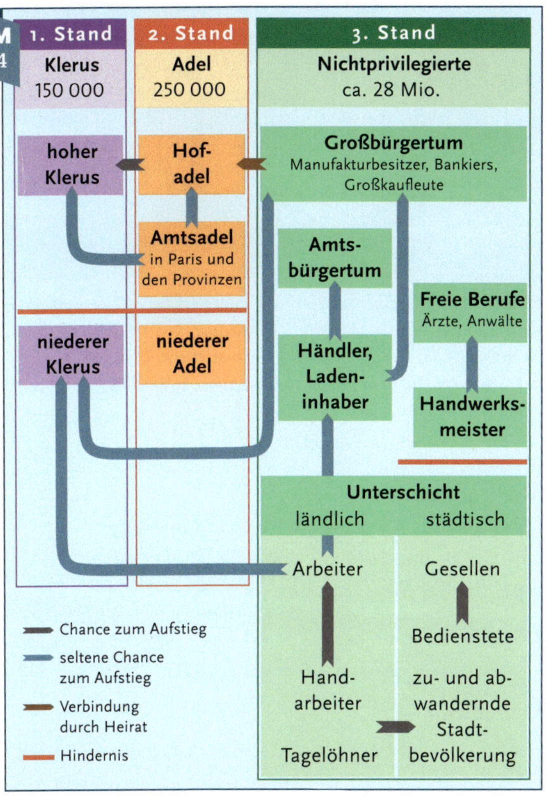

Die Struktur der französichen Gesellschaft im 18. Jahrhundert

1 Beschreibe den Wandel der französischen Gesellschaft in der Frühen Neuzeit (Darstellungstext).
Tipp: Stelle deine Ergebnisse als Mindmap dar:

Wandel der franz. Gesellschaft

2 **Partnerarbeit: a)** Erklärt euch gegenseitig M4:
- Wie war die Gesellschaft aufgebaut?
- Wo gab es Chancen zum Aufstieg?
- Wo gab es Hindernisse?

b) Diskutiert, ob heute alle Menschen die Chance zum Aufstieg haben oder es immer noch Hindernisse gibt.

3 **a)** Fasse zusammen, wie der Festungsbaumeister Vauban (M2) die Gesellschaft beschreibt.
b) Vergleiche seine Beobachtungen mit M4.

4 **Wähle eine Aufgabe aus:**
a) Beschreibe das Bild M1 in Stichworten. Nenne dabei Adjektive, die die Stimmung wiedergeben.
b) Stell dir vor, du stehst im Museum vor M3. Verfasse eine E-Mail an einen Freund, in der du das Bild und seine Wirkung genau beschreibst.

Zusatzaufgabe: siehe S. 211.

Der Merkantilismus: Ein neues Wirtschaftssystem im absolutistischen Staat

Der Bau von Schlössern wie Versailles und der Unterhalt stehender Heere verschlang riesige Summen. Die Abgaben der Bauern und einfachen Bürger reichten bald nicht mehr aus, um die Kosten zu decken. Ludwig XIV. und andere absolutistische Herrscher mussten sich neue Geldquellen erschließen. Sie förderten die Entstehung eines neuen Wirtschaftssystems – des Merkantilismus.
- ***Was versteht man unter Merkantilismus?***
- ***Wie kann man ihn aus damaliger und heutiger Sicht beurteilen?***

Entstehung und Ausrichtung des Merkantilismus

Zwischen 1670 und 1710 verdreifachten sich die Ausgaben des französischen Staates. In anderen Ländern Europas sah es ähnlich aus. Um den enormen Bedarf an Geld zu decken, begannen die Fürsten, sich erstmals intensiv um die Wirtschaft zu kümmern. In Frankreich unterstützte Jean Baptiste Colbert (1619–1683), der Finanzminister König Ludwigs XIV., die Gründung großer Betriebe. Das waren vor allem Verlage* und Manufakturen, die Luxusgüter wie Wandteppiche produzierten. Sie exportierten ihre Waren ins Ausland und zahlten Steuern auf ihre Gewinne. Gleichzeitig verhinderte der Staat, dass ausländische Händler ihre Produkte einführten. Für die Landwirtschaft interessierte sich Colbert dagegen kaum, obwohl mehr als zwei Drittel der Franzosen dort arbeiteten. Forscher nennen diese Art der Wirtschaftspolitik „Merkantilismus".

Wer profitierte von wem?

Historiker sehen einen Zusammenhang zwischen der Entstehung des „absolutistischen" Staates und dem Merkantilismus: Der König und seine Verwalter nutzten die Kräfte der Wirtschaft, um den Reichtum und die Macht des Staates zu vergrößern. Aber auch die Unternehmer spannten den Staat für ihre Ziele ein. Vor allem Kaufleute, Bankiers, Verleger und Manufakturbesitzer profitierten von der merkantilistischen Wirtschaftspolitik. Sie konnten großen Wohlstand erwerben. Der König förderte diese Gesellschaftsschicht ganz bewusst, denn hier gab es die meisten Steuerzahler.

Aufstieg des Bürgertums

Eine zusätzliche Einnahmequelle für den Staat bildete der Verkauf von Ämtern. Wohlhabende Stadtbürger kauften sich Ämter, um in den Adelsstand erhoben zu werden. Das Bürgertum entwickelte sich zur wirtschaftlich tragenden Kraft. Politisch blieb es aber weitgehend ohne Einfluss. Schlechter erging es den Arbeitern: Ihre Löhne wurden bewusst niedrig gehalten. Unternehmer rechtfertigten das damit, dass die Preise ihrer Waren mit der ausländischen Konkurrenz mithalten mussten.

M 1

Finanzminister Colbert präsentiert König Ludwig XIV. einen Plan zum Bau des „Canal du Midi", Farbdruck, um 1788. Der Kanal wurde 1667 bis 1681 gebaut und verbindet das Mittelmeer mit der Garonne, die in den Atlantik mündet. Er wird heute noch genutzt.

Merkantilismus
(lat. mercatus = Handel) Wirtschaftspolitik des 16.–18. Jahrhunderts. Sie sollte die Staatseinnahmen erhöhen. Der Staat schottete sich gegen ausländische Waren ab, förderte den Export und verlangte Steuern von Unternehmern.

Manufaktur
(lat. manu = mit der Hand, facere = machen) Große Produktionsstätte, in der verschiedene Handwerker gemeinsam ein Produkt herstellen. Vorläufer der Fabrik.

Wirtschaft und Umwelt

M2

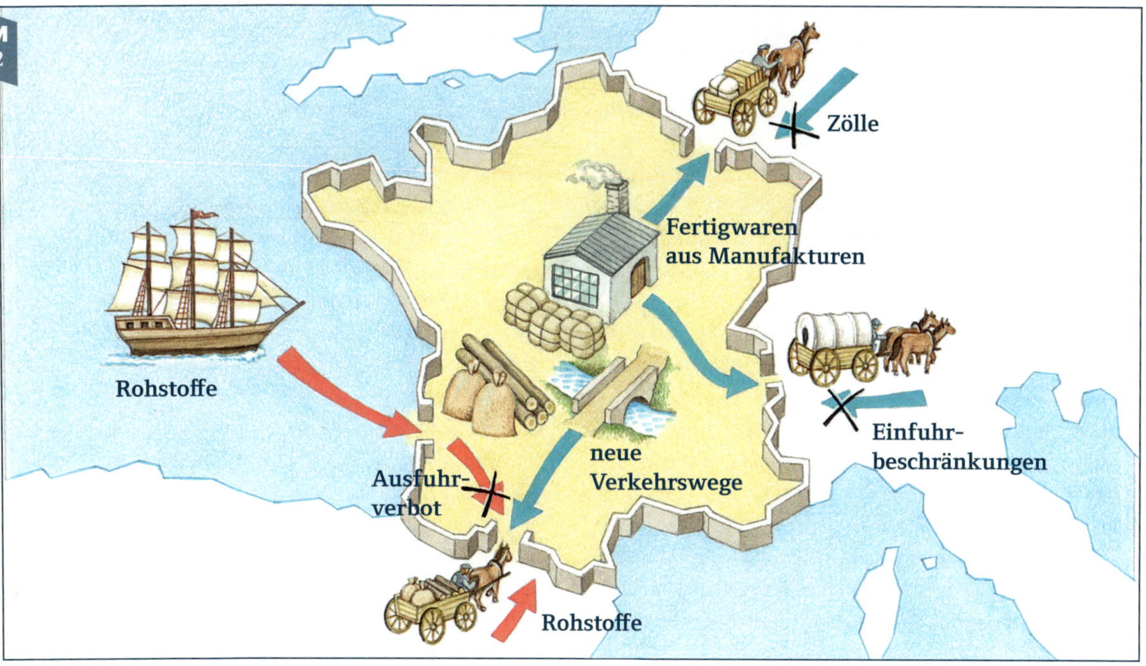

Das Wirtschaftssystem des Merkantilismus

M3

Wie erfolgreich war der Merkantilismus?

Der Historiker Ilja Mieck beschrieb 1993 die kurzfristigen und langfristigen Wirkungen des merkantilistischen Systems:

Angesichts der hohen Investitionen[1] [durch den König und die Kaufleute] ... ist es nicht überraschend, dass sich Erfolge einstellten. Ganze Gewerbszweige oder auch einzelne, von den Fürsten besonders geschätzte Unternehmen erlebten regelrechte Blütezeiten, aber fast immer waren es Scheinblüten, die aus dem Sumpf des Subventionsbeetes[2] emporwuchsen und beim leisesten Windhauch einer freien Konkurrenz rasch verdorrten ... Außerdem funktionierte der merkantilistische Außenhandel nur, solange die dahinterstehende Idee neu war: Wollten erst einmal alle Staaten nur noch wertvolle Fertigwaren exportieren und lediglich Rohstoffe einführen, musste ... der Welthandel theoretisch zusammenbrechen.

Zit. nach Ilja Mieck, Wirtschaft und Gesellschaft Europas 1650–1850, in: ders. (Hg.), Handbuch der europäischen Wirtschafts- und Sozialgeschichte, Bd. 4, Stuttgart (Klett-Cotta) 1993, S. 144.

1 *Zuschüsse von Geld, um Gewinne zu steigern*
2 *Subventionen: staatliche Förderungen eines Unternehmens*

1 Lies den Darstellungstext. Beschreibe die Ursachen und Folgen des Merkantilismus.
Tipp: Lege dazu eine Tabelle an:

Ursachen des Merkantilismus	*Folgen*
...	...

2 **Partnerarbeit:** Erkläre deinem Banknachbarn anhand des Schaubildes M2, wie das Wirtschaftssystem des Merkantilismus funktionierte.

3 Beschreibe die Szene in Bild M1. Erläutere, in welchem Zusammenhang sie mit dem Merkantilismus steht.

4 **Wähle eine Aufgabe aus:**
a) Fasse die Aussagen des Historikers Mieck (M3) über den Merkantilismus in eigenen Worten zusammen. Nimm Stellung dazu.
b) Verfasse einen Brief an Finanzminister Colbert, in dem du auf die Schwächen seiner Wirtschaftspolitik hinweist. Nimm den Text M3 als Hilfe.

5 **Gruppenarbeit:** Entwerft ein Gespräch zwischen einem französischen Beamten, einem Bauern, einem Manufakturarbeiter und einem Kaufmann, der Wolltuch exportiert. Diskutiert über die Vor- und Nachteile des Merkantilismus.

Zusatzaufgabe: siehe S. 211.

Absolutismus in Nordwestdeutschland

Nicht nur in Frankreich versuchten die Herrscher seit dem 17. Jahrhundert, ohne Mitsprache von Bürgern und Adligen zu regieren. Auch im heutigen Niedersachsen strebten viele Landesherren nach absolutistischer Herrschaft.

- ***Wie regierten absolutistische Fürsten im heutigen Nordwestdeutschland?***
- ***Wie lebten die Menschen unter ihrer Herrschaft?***

Landesfürsten wollen absolutistische Macht

Auf dem Gebiet des heutigen Niedersachsen entwickelten sich seit dem 17. Jahrhundert Staaten mit geordneter Verwaltung. Die Landesfürsten versuchten, ihre Herrschaft unumschränkt durchzusetzen. Dagegen wehrten sich aber die Landadligen. Es gelang ihnen, teilweise unabhängig zu bleiben: Sie waren weiterhin Grundherren und schufen sich eigene Gerichtsbezirke, in denen sie unabhängig Recht sprechen konnten. Ein Teil von ihnen sicherte sich außerdem wichtige Heeres- und Staatsämter. Auch die Städte und in Ostfriesland sogar die Bauern bewahrten sich Sonderrechte. Sie wollten politisch mitbestimmen.

Die Situation in den Städten

In den Residenzstädten wie Hannover trafen städtische Freiheit und fürstlicher Machtanspruch direkt aufeinander. Die Eingriffe der Fürsten in die Angelegenheiten der Städte verringerten ihre Selbstständigkeit, beschleunigten aber die Entwicklung der Wirtschaft. Auch neue Bauvorhaben entstanden: Schlösser wurden neu gebaut oder erweitert (Bild M4), Verwaltungsgebäude errichtet oder sogar ganze Stadtteile nach der Vorstellung der Fürsten neu angelegt. Dadurch stieg der Anteil der fürstlichen Bediensteten, Hofhandwerker und Soldaten an der städtischen Bevölkerung. In Aurich (Ostfriesland) bewohnten die herrschaftlichen Bediensteten 1735 ein Viertel aller Häuser, in Wolfenbüttel 1754 zusammen mit den Soldaten sogar ein Drittel.

Die Lage der Bauern

Die Bauern hatten ihr Land meist auf Lebenszeit gepachtet. Als Gegenleistung mussten sie ihrem Grundherren Abgaben zahlen, meist in Form von Naturalleistungen wie Getreide. An ein bis zwei Tagen pro Woche mussten sie dem Landesherrn Dienste leisten.
Daneben betrieben sie auch Gewerbe wie Flachsspinnerei und Leinenweberei. Ihre Erzeugnisse wurden ins Ausland exportiert.

M 1

Kurfürst Karl Theodor von der Pfalz. Zeitgenössisches Gemälde

M 2

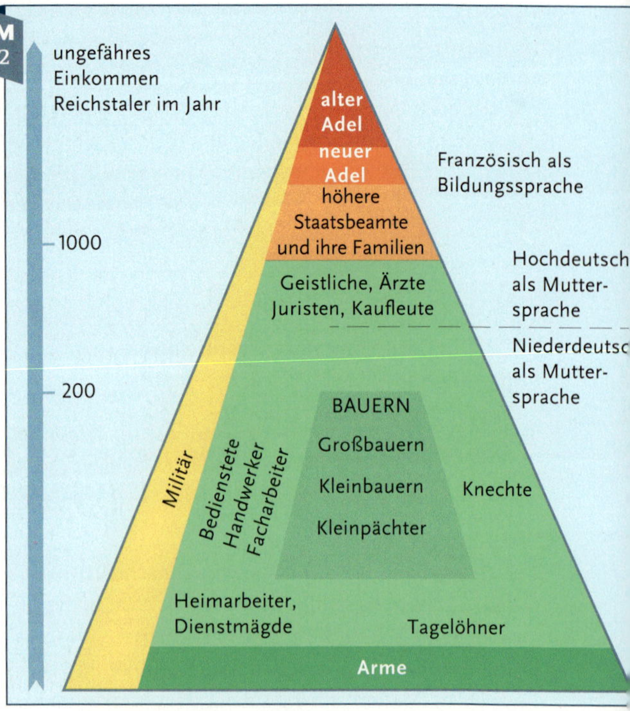

Der Aufbau der Gesellschaft in Kurhannover im 18. Jahrhundert

M 3

Aus den Verordnungen des Kurfürsten Carl Theodor (1724–1799)

Carl Theodor herrschte seit 1742 über die Herzogtümer Jülich und Berg im heutigen Niedersachsen und Nordrhein-Westfalen. Er regierte von Mannheim aus und unternahm in über fünfzig Jahren nur vier Reisen an den Niederrhein.

Den 17. Dezember 1743
Zur Verhütung[1] des Kindermords sollen die ... der heimlichen Schwangerschaft verdächtigen unverheirateten Personen von den Ortsbeamten beobachtet ... und von den geschworenen Hebammen ... untersucht werden, worauf dann von Amts wegen die erforderlichen Vorsichtsmaßregeln angeordnet werden müssen.

Den 18. November 1767
Die in jedem Amtsbezirk vorhandenen wirklichen und zur Selbsternährung unfähigen Armen ... sollen in genaue Verzeichnisse gebracht und mit einem bleiernen oder zinnernen Zeichen versehen werden ... Denjenigen Bettlern, die mit einem solchen Zeichen nicht versehen sind, sollen keine Almosen gereicht werden. Die ... starken und gesunden ... Bettler müssen persönlich angewiesen werden, durch Arbeit ihr Brot zu verdienen .... Die Eltern sollen außerdem angewiesen werden, ihre Kinder zur Kirche, Schule und Arbeit anzuhalten.

Den 16. August 1775
Zur Verminderung der auf solchen Grad der Üppigkeit gestiegenen Kleiderpracht, dass dadurch die Zerrüttung und der Untergang mancher häuslichen Wirtschaft verursacht worden, wird den kurfürstlichen Untertanen bei 500 Reichstalern Strafe verboten, Zivilkleider oder Livreen[2], welche mit Gold oder Silber gestickt sind, zu tragen. Den Männern wird es höchstens gestattet, goldene oder silberne Knöpfe auf den Röcken ... zu tragen.

Sammlung der Gesetze und Verordnungen, welche in den ehemaligen Herzogthümern Jülich, Cleve und Berg ... ergangen sind, hg. von Johann J. Scotti, Düsseldorf (Joseph Wolf) 1821, Bd. 1, Nr. 1543; Bd. 2, Nr. 2014, 2116.

[1] *Verhinderung*
[2] *Livree: Kleidungsstück, ähnlich einer Uniform*

M 4

Die Orangerie in den Herrenhäuser Gärten in Hannover, Foto, 2007

1 Beschreibe, inwiefern sich der Absolutismus in Nordwestdeutschland durchsetzen konnte (Darstellungstext, M4).
2 Kurfürst Carl Theodor (M1) eiferte dem Vorbild des französischen Königs Ludwig XIV. nach. Suche im Bild nach Hinweisen dafür.
Tipp: Ein Bild Ludwigs XIV. findest du auf Seite 27.
3 **Wähle eine Aufgabe aus:**
a) Erläutere M2. Halte die wichtigsten Aussagen schriftlich fest.
b) **Partnerarbeit:** Formuliert Fragen an M2, die man anhand des Schaubildes beantworten kann. Stellt sie eurem Partner.
Tipp: Achtet auf die Form des Schaubilds. Berücksichtigt die Angaben zu Sprache und Einkommen.
4 **a)** Fasse die Verordnungen des Kurfürsten Karl Theodor (M3) in eigenen Worten zusammen.
b) Analysiere die Folgen für die Betroffenen.
c) Arbeite heraus, welche Ziele der Kurfürst mit den Verordnungen verfolgte. Inwiefern sind sie typisch für den Fürstenstaat der Frühen Neuzeit?
d) Bewerte die Verordnungen aus heutiger Sicht.

Zusatzaufgabe: siehe S. 211.

Webcode: FG450068-033
Herrenhäuser Gärten

Europa im 18. Jahrhundert: Vorherrschaft oder Gleichgewicht?

Mit dem Westfälischen Frieden endete das Zeitalter der Glaubenskriege. Aber die Kriege in Europa hörten deshalb nicht auf. Im Gegenteil: Im Jahrhundert darauf herrschte fast ununterbrochen Krieg.

- ***Warum wurden Anfang des 18. Jahrhunderts so viele Kriege geführt?***
- ***Welche Merkmale kennzeichnete die Außenpolitik der absolutistischen Staaten?***

Französische Vorherrschaft

In der zweiten Hälfte des 17. Jahrhunderts war das oberste Ziel der Außenpolitik absolutistischer Herrscher, die Macht ihres Staates zu vergrößern. Vor allem Ludwig XIV. strebte rücksichtslos danach, die Vorherrschaft in Europa zu erlangen. War dies durch diplomatische Mittel wie Heirat und Erbschaft nicht zu erreichen, ließ er sein Heer in fremde Länder einmarschieren. Während seiner Regierungszeit (1661–1715) führte Ludwig insgesamt 29 Kriege. Erst am Anfang des 18. Jahrhunderts gelang es den anderen Mächten, Frankreichs Streben nach Vorherrschaft erfolgreich zu stoppen.

Gleichgewicht der Mächte

In zwei großen Kriegen stießen die Interessen der Großmächte Anfang des 18. Jahrhunderts aufeinander: Im Spanischen Erbfolgekrieg (1701–1713) gelang es einer großen Allianz von Staaten, Frankreich Einhalt zu gebieten. Im Frieden von Utrecht setzte England ein neues Prinzip für die Lösung zwischenstaatlicher Konflikte durch: Das europäische Staatensystem sollte in einem Gleichgewicht der Mächte gehalten werden.

Im Nordischen Krieg (1700–1721) ging es um die Vormachtstellung im Ostseeraum. Schweden wurde hier als führende Macht von Russland abgelöst. Gleichzeitig begann Preußens Aufstieg zur europäischen Macht. Nach diesen beiden Kriegen gab es für längere Zeit eine stabile Mächtekonstellation. Fünf Großmächte bestimmten nun die europäische Politik: England, Frankreich, Preußen, Österreich und Russland.

A

M1 **Wichtige Kriege Ludwigs XIV.**

	Kriegsgrund	Kriegführende Staaten	Ergebnis
1667/68 Krieg gegen die spanischen Niederlande	Erbansprüche	Frankreich gegen Spanien, Republik der Niederlande, England	Frankreich erhält Grenzgebiete von spanischen Niederlanden
1672–78 Krieg gegen die Niederlande	Ausschaltung der Niederlande als Handelskonkurrenz	Frankreich u. Schweden gegen Niederlande, dt. Reichsfürsten, Spanien	Frankreich gewinnt Burgund, Grenzgebiete von spanischen Niederlanden
1688–97 Pfälzer Erbfolgekrieg	Erbansprüche Frankreichs an die Pfalz	Frankreich gegen Österreich, Spanien, Schweden, England, Niederlande	Frankreich verliert bisherige Eroberungen bis auf Elsass u. Straßburg
1701–1713/14 Spanischer Erbfolgekrieg	Französische u. österreichische Erbansprüche nach Aussterben der spanischen Habsburger	Frankreich gegen Österreich, England, Niederlande, deutsche Reichsfürsten	Verbot der Personalunion Frankreich-Spanien; Österreich und England erhalten Gebiete von Spanien

1 Vergleiche anhand von M1 die Kriegsgründe, Kriegsgegner und Ergebnisse der einzelnen Kriege.

2 Erläutere mithilfe des Darstellungstextes und M1 die Ziele der Außenpolitik Ludwigs XIV.

B

M 2

Silbermedaille zum Frieden von Utrecht, 1713. Auf der Vorderseite verschließt die Friedensgöttin Pax den Janustempel als Symbol dafür, dass jetzt Frieden herrscht; im Hintergrund ist Merkur als Gott des Handels abgebildet mit dem Spruchband „Europa Pax Reddita“ = „Den Frieden in Europa wieder hergestellt“. Auf der Rückseite blickt Europa als Göttin auf das Meer.

1 Beschreibe Vorder- und Rückseite von M2 genau und liste die Einzelheiten auf.
Tipp: Kläre die Bedeutung der Einzelheiten mithilfe von Internet und Lexika.

2 Erläutere, warum der Frieden von Utrecht in dieser Form dargestellt wurde.

C

M 3

Der Historiker Veit Veltzke schrieb 2013 über den Frieden von Utrecht:

Vor 300 Jahren beendeten der Utrechter Frieden und seine Folgeverträge den Spanischen Erbfolgekrieg, der den europäischen Kontinent zwischen 1701 und 1713 erschütterte und die territorialen Karten neu mischte. Das allein beantwortet freilich die Frage noch nicht, warum dieser Friedensschluss unsere allgemeine Aufmerksamkeit verdient. Tatsächlich aber leitete dieses Friedenswerk eine neue Ära der europäischen Außenpolitik ein, legte den Grund für die britische Weltmachtstellung und schuf ein neues Ordnungsmuster für die Regelung europäischer Machtfragen und Konflikte. Zum ersten Mal tauchte hier in einem zwischenstaatlichen Vertragstext der Begriff des europäischen Gleichgewichts, der Balance of Power, mit völkerrechtlichem Anspruch auf, der in Wirklichkeit die Stellung Großbritanniens als Herrscherin auf den Weltmeeren und im Welthandel absicherte und vor der Konkurrenz einer europäischen Hegemonialmacht schützen sollte. Das britische Inselreich als eigentlicher Architekt des Utrechter Friedens wuchs nun in die Rolle als Kontrollmacht ... hinein.

Veit Velske, Vor 300 Jahren: Der Friede von Utrecht, zit. nach: http://docplayer.org/4256929-Vor-300-jahren-der-friede-von-utrecht-1713.html (Stand: 25. 05. 2016).

1 Beschreibe mithilfe von M3, warum der Friede von Utrecht eine große historische Bedeutung hat.

2 Erkläre mithilfe des Darstellungstextes und M3, wie sich durch den Utrechter Frieden die europäische Mächtekonstellation änderte.

Aufgabe für alle:
Tragt Merkmale zusammen, die die europäische Außenpolitik Anfang des 18. Jahrhunderts kennzeichneten. Stellt den Wandel vom Streben nach Vorherrschaft zur Politik des Gleichgewichts dar.

1500 1550 1600

Territorialisierung und Herrschaftsverdichtung

Entstehung einer geordneten Verwaltung

Der Fürstenstaat in der Frühen Neuzeit

Was war neu im Fürstenstaat der Frühen Neuzeit?

Frühe Neuzeit nennen Historiker die Jahrhunderte zwischen 1500 und 1800. In diesen dreihundert Jahren veränderte sich Europa grundlegend. Die Herrschaft der Fürsten und Monarchen über ihr Land wandelte sich. Zuvor, im Mittelalter, hatte die persönliche Beziehung zwischen Herren und Gefolgsleuten die Politik bestimmt. Nun entstanden straff organisierte, zentral gesteuerte Herrschaften über zusammenhängende Gebiete (Territorialisierung). Es entwickelten sich Einrichtungen, die heute immer noch unser Zusammenleben bestimmen: eine Verwaltung, aufgeschriebene Gesetze, Steuern und Gerichte.

Der Dreißigjährige Krieg verändert Europa

Die Frühe Neuzeit wurde anfangs von Glaubensstreitigkeiten und Machtkonflikten überschattet: Anhänger der Reformation stritten mit Katholiken, deutsche Fürsten mit dem Kaiser. Diese Konflikte entluden sich im verheerenden Dreißigjährigen Krieg (1618–1648). Auslöser war der Prager Fenstersturz: Protestantische böhmische Adlige stießen Beamte des katholischen Kaisers aus einem Fenster der Prager Burg. Sie wollten ihren Glauben frei ausüben und selbstständiger sein. Die Könige von Dänemark, Schweden und Frankreich verfolgten ebenfalls Machtinteressen in Deutschland. Sie traten zu unterschiedlichen Zeiten in den Krieg ein. Und ein mächtiger Heerführer, der Adlige Albrecht von Wallenstein, strebte nach eigenen Gebietsgewinnen. Er wollte Herzog werden, indem er seine Truppen in den Dienst des Kaisers stellte. Mord, Raub und Krankheit dezimierten die Bevölkerung in Mitteleuropa in manchen Regionen um zwei Drittel. Mehrfach zog die Pest eine tödliche Spur durch die Kriegsgebiete. Noch viele Jahre litt die überlebende Bevölkerung unter den verheerenden Folgen des Krieges. 1648 schlossen die Kriegsparteien nach langen Verhandlungen endlich Frieden. Der Westfälische Frieden wurde im katholischen Münster und im evangelischen Osnabrück unterzeichnet. Er veränderte die Machtverhältnisse in Europa nachhaltig: Neue Staaten entstanden (Schweiz und die Niederlande), die deutschen Landesfürsten wurden unabhängiger vom Kaiser. Dessen Position wurde entscheidend geschwächt.

Neue Herrschaftsformen – der Absolutismus

Ein Gewinner des Dreißigjährigen Krieges war der französische König. Er konnte seine Machtposition gegenüber den Adligen stärken und entwickelte einen neuen Herrschaftsanspruch. Der französische König sah sich fortan als Herrscher, der über dem Gesetz stand (Absolutismus, von lat. absolutus – losgelöst). Der Monarch fühlte sich von Gottes Gnaden eingesetzt und übte alleine die Regierungs-, Gesetzgebungs- und Richtergewalt aus. Bei uns heute sind diese Aufgaben auf verschiedene Einrichtungen aufgeteilt. Der absolutistische König stützte sich auf drei wichtige Säulen: die Verwaltung, das Heer und die Kirche, die seine Herrschaft rechtfertigte. Besonders der „Sonnenkönig" Ludwig XIV. (1643–1715)

1650 | 1700 | 1750

Absolutismus nach französischem Vorbild in Deutschland

Wirtschaftspolitik des Merkantilismus

1618 bis 1648 Dreißigjähriger Krieg

1643–1715 Ludwig XIV. von Frankreich regiert absolut

1648 Westfälischer Frieden

verkörperte die neue Herrschaftsform des Absolutismus. Er konnte die Adligen seines Reichs kontrollieren und entmachten, indem er sie in Versailles versammelte und in sein Hofzeremoniell einband. Viele Adlige verschuldeten sich durch das kostspielige Leben am Hof und wurden vom König abhängig.

Neue Wirtschaftsformen – der Merkantilismus

Mit dem Absolutismus entstand auch ein neues Wirtschaftssystem: der Merkantilismus. Erstmals begannen Fürsten, aktiv in die Belange der Wirtschaft einzugreifen. Sie brauchten Geld für ihren teuren Hofstaat und die stehenden Heere. Der Merkantilismus entwickelte sich vor allem in Frankreich. Seine Kennzeichen waren:

- Abschottung gegen Waren aus dem Ausland durch Einfuhrverbote und Zölle
- Export eigener Waren ins Ausland
- Bau von Manufakturen mit staatlichem Geld. Diese Großbetriebe waren die Vorläufer unserer heutigen Fabriken und stellten z. B. Textilien her.
- große Bauprojekte, um die Wirtschaft zu fördern (Straßen, Kanäle).

Leben im Zeitalter des Absolutismus

Gewinner der neuen Wirtschaftspolitik war eine kleine Schicht von Kaufleuten, Manufakturbesitzern, Verlegern und Bankiers. Arbeiter und Bauern dagegen lebten oft weiter in Armut. So blieb die französische Gesellschaft streng in drei Stände gegliedert (Klerus, Adel und einfache Bürger), auch wenn einige Menschen sozial aufsteigen konnten – etwa durch den Umzug vom Land in die Stadt oder die Heirat mit Höhergestellten. Viele absolutistische Fürsten begnügten sich nicht damit, prunkvolle Schlösser zu errichten. Sie griffen ganz aktiv in das Leben ihrer Untertanen ein und versuchten es bis ins kleinste Detail zu regeln. Sie erließen Verordnungen und Vorschriften, zum Beispiel über das richtige Verhalten oder die angemessene Kleidung. Aus heutiger Sicht ist umstritten, wie erfolgreich diese Verordnungen durchgesetzt wurden.

Orientierung am Vorbild Frankreich

Der Absolutismus blieb nicht auf Frankreich beschränkt, sondern fand in ganz Europa seine Nachahmer. In Deutschland, das damals aus vielen Fürstentümern bestand, konnte sich der Kaiser nicht gegen die Landesfürsten durchsetzen. Ihre Position war durch den Westfälischen Frieden sogar noch gestärkt worden. So entwickelten sich viele kleine absolutistische Herrschaftsgebiete. Die Folgen davon kannst du heute noch sehen: Die meisten unserer Bundesländer sind aus ehemaligen Fürstentümern hervorgegangen. Sie genießen große Unabhängigkeit und entscheiden über vieles selbst – anders als in Frankreich, das zentral von Paris aus regiert wird.

In diesem Kapitel konntest du folgende Kompetenzen erwerben:

- Zusammenhänge zwischen Glaubensfragen und Machtstreben bei Konflikten und Kriegen erkennen
- Formen der Rechtfertigung und Durchsetzung von Herrschaft am Beispiel des Absolutismus untersuchen
- ein Herrscherbild beschreiben und analysieren
- ein Wirtschaftssystem und seine Funktionsweise erklären
- ein Gesellschaftsmodell erläutern und dabei Begriffe wie Gleichheit und Aufstiegschancen verwenden
- Auswirkungen von Herrschaft auf das alltägliche Leben erkennen
- **Methode**: Informationen präsentieren

M1

König Ludwig XIV. schrieb in seinen Lebenserinnerungen an seinen Sohn:

Denn schließlich, mein Sohn, müssen wir das Wohl unserer Untertanen weit mehr im Auge haben als unser eigenes. Man kann sagen, dass sie ein Teil unserer eigenen Person sind; wir sind gleichsam das Haupt des Körpers, dessen Glieder sie sind. Wenn wir ihnen Gesetze geben, so geschieht dies nur zu ihrem eigenen Nutzen; die Macht, die wir über sie haben, darf uns nur dazu dienen, mit umso größerem Eifer für ihren Wohlstand zu arbeiten. Wie schön ist es, wenn man es verdient, dass sie einen nicht nur als ihren Herrn, sondern auch als ihren Vater betrachten! Mögen wir auch kraft unserer Abstammung ihre Herren sein, darf doch unser Ehrgeiz kein schöneres Ziel kennen, als von ihnen Vater genannt zu werden. Ich weiß wohl, wie viel Mühe es macht, diesen schönen Titel zu erringen; aber wie bei allen Unternehmungen, die uns Ruhm und Ehre einbringen können, so darf uns auch hier keine Schwierigkeit aufhalten.

Ludwig XIV., Memoiren, zit. nach Wolfgang Hug (Hg.), Geschichtliche Weltkunde, Quellenlesebuch, Bd. 2, Frankfurt a. M. (Diesterweg) 1980, S. 74 f.

M2

Im Jahr 1671 weigerte sich die Ständeversammlung der französischen Provence, eine hohe Steuer zu genehmigen. Finanzminister Colbert schrieb daraufhin an den dortigen Verwaltungsbeamten:

Ich habe dem König [Ludwig XIV.] über das fortgesetzt schlechte Betragen der Ständeversammlung der Provence berichtet, und da Seine Majestät nicht länger geneigt ist, dies zu dulden, hat er die nötigen Befehle gegeben, sie nach Hause zu schicken und zugleich zehn Lettres de cachet[1] zu erlassen, um die am übelsten Gesinnten unter den Deputierten[2] nach Grandville, Cherbourg, St. Malo, Morlaix und Concarneau[3] zu verschicken.

Zit. nach Geschichte in Quellen, Wolfgang Lautemann u. a. (Hg.), Bd. 3, 3. Aufl., München (bsv) 1982, S. 435.

[1] *Haftbefehle*
[2] *Deputierter: Beauftragter, Gesandter*
[3] *Namen verschiedener Gefängnisse*

M3

Fleiß und Faulheit, Kupferstich von C. Böhme nach einer Vorlage des englischen Künstlers William Hogarth, um 1780

M 4

Ordne die Begriffe der richtigen Erklärung zu:

1) Manufaktur	a) Monarch mit unumschränkter Gewalt
2) Gottesgnadentum	b) Wirtschaftssystem des Absolutismus
3) Merkantilismus	c) Vertreter der deutschen Fürstentümer
4) Souverän	d) Vorstellung, der Herrscher sei von Gott eingesetzt und nur ihm verantwortlich
5) Reichsstände	e) Produktionsstätte verschiedener Handwerker unter einem Dach

M 5

Richtig oder falsch?

1. Der Westfälische Frieden änderte nichts an der Machtverteilung in Europa.
2. Der Merkantilismus setzte vor allem auf die Ausfuhr von Luxusprodukten.
3. Im Dreißigjährigen Krieg starben in manchen Gegenden über 50 % der Bevölkerung.
4. König Ludwig XIV. entmachtete den Adel, indem er ihn an seinem Hof versammelte.
5. In der französischen Gesellschaft des 18. Jahrhunderts hatten alle die gleichen Chancen.
6. Absolutistische Landesfürsten versuchten, ihren Untertanen ein freies und unabhängiges Leben zu ermöglichen.

Methodenkompetenz

1 Sammle Informationen zu Jean-Baptiste Colbert (M2) und erstelle eine Präsentation zu seinem Leben und Werk. Wähle dazu Texte und Bilder aus, die du im Gespräch mit der Klasse analysierst und deutest. **Tipp:** Nimm die Arbeitsschritte S. 21 zu Hilfe.

2 Untersuche und deute das Bild „Fleiß und Faulheit" (M3). Überlege, was die Absicht des Künstlers gewesen sein könnte.

3 Fasse den Inhalt der Texte M1 und M2 zusammen. Arbeite alle Vergleiche heraus, die König Ludwig in M1 zieht.

Sachkompetenz

4 Korrigiere die falschen Aussagen aus M5. Formuliere sie richtig und begründe deine Antwort.

5 Benenne Ziele und Methoden des Absolutismus in Europa.

6 Fertige eine Tabelle an. Benenne in zwei Spalten, wie sich die Herrschaft im Heiligen Römischen Reich und in Frankreich zwischen 1600 und 1700 unterschiedlich entwickelte:

Herrschaft im Heiligen Römischen Reich	*Herrschaft in Frankreich*
…	…

Urteilskompetenz

7 **Wähle eine Aufgabe aus:**

a) Bewerte anhand der Texte M1 und M2 Anspruch und Wirklichkeit im Verhalten Ludwigs XIV.

b) Verfasse eine Flugschrift aus Sicht eines verhafteten Deputierten (M2), in der du zu den Aussagen Ludwigs in Text M1 Stellung nimmst.

Tipp: Beziehe bei den Aufgaben ein, was du auf S. 24 f. gelernt hast

8 Nimm Stellung zur Aussage: „In der Frühen Neuzeit wurden die Grundlagen der modernen Staaten gelegt."

Webcode: FG450068-039
Selbsteinschätzungsbogen

REVEIL DU TIERS

Ma feinte, il étoit tems que je me réveillisse, car l'opreſsion de mes fers me d

2

Die Zeit der Aufklärung und der bürgerlichen Revolutionen

Der Philosoph Jean-Jacques Rousseau stellte im 18. Jahrhundert fest: „Der Mensch wird frei geboren, und überall ist er in Ketten.“ Damit kritisierte er die absolutistische Herrschaft. Wie er forderten immer breitere Bevölkerungsteile Reformen. Die Voraussetzungen für dieses kritische Denken schuf die Aufklärung. Auf dem französischen Flugblatt erkennst du, dass sich der dritte Stand erhebt. Er schreckt nicht davor zurück, eine Revolution zu beginnen. Im Hintergrund stürmt er sogar die Bastille, ein Gefängnis und Symbol für die Macht des französischen Königs.

Beschreibe das Flugblatt genau.
Stelle Vermutungen darüber an, warum der dritte Stand „erwacht“.

Das Erwachen des dritten Standes, anonymes Flugblatt aus der Zeit der Französischen Revolution, Juli 1789. Unter der Zeichnung steht: „Es wurde verdammt Zeit, dass ich erwache, denn der Druck der Ketten sorgte für einen heftigen Alptraum.“

1600 | 1650

1642–1649
Bürgerkrieg in England

1688/89 „Glorious Revolution" in England

1618–1648
Dreißigjähriger Krieg

Die Zeit der Aufklärung und der bürgerlichen Revolutionen

Im 18. Jahrhundert begannen überall in Europa Wissenschaftler, Ärzte, Anwälte und Lehrer kritisch über die bestehenden Herrschaftsverhältnisse nachzudenken. Sie gehörten zum neu entstandenen Bildungsbürgertum, das den Absolutismus und die Vorrechte von Adel und Klerus hinterfragte. Beeinflusst waren sie von den Schriften der Aufklärer, die ein selbstbestimmtes und freies Leben forderten. Mit großem Interesse schauten die Kritiker der Königsherrschaft auf die Entwicklungen in England. Dort war es im 17. Jahrhundert zu einer Revolution gekommen, an deren Ende sogar der König hingerichtet wurde. Auch in Nordamerika hatten sich 1776 die Bewohner der britischen Kolonien gegen den König von England erhoben und einen neuen Staat freier Bürger gegründet. Begeistert las man in Europa die Schriften der Revolutionäre aus Amerika und sah dort die eigenen Vorstellungen verwirklicht.

Doch die große Revolution brach 1789 in Frankreich aus und führte zum gewaltsamen Ende der alten Ordnung (Ancien Régime) und neuen Herrschaftsformen. Die Vorrechte Weniger wurden abgeschafft und die Menschen- und Bürgerrechte gesetzlich verankert. Dieser Umbruch blieb nicht ohne Folgen für die angrenzenden Staaten. Auf den nächsten Seiten findest du Antworten auf folgende Fragen:

- Wer waren die „Aufklärer"?
- Warum und wie veränderten sich die Herrschaftsverhältnisse in England und Amerika?
- Welche Ursachen hatte die Französische Revolution und wie wirkte sie sich auf die Nachbarländer aus?
- Was bedeuteten die Menschen- und Bürgerrechte für die Zeitgenossen, welche Bedeutung haben sie heute?

M 1

Revolutionäre Ereignisse in Europa und Nordamerika 1640–1815

1750			1800		
700 anken der Aufklärer ten sich aus	**1775–1783 Amerikanische Revolution** **1776 Unabhängigkeitserklärung der USA**	**Frankreich:** **1789 Sturm auf die Bastille** **1791 Ende der absoluten Monarchie** **1794 Hinrichtung König Ludwigs XVI.**	**1804 Kaiserkrönung Napoleons** **1806 Ende des Heiligen Römischen Reichs Deutscher Nation**	1813 Niederlage Napoleons 1814/15 Wiener Kongress, Deutscher Bund	

M 2 *Die Statue des englischen Königs Georg III. wird 1776 in New York gestürzt. Gemälde von William Walcutt, 1854*

M 3 *Die Freiheit. Gemälde von Nanine Vallain, 1794*

M 4 *Parade zum französischen Nationalfeiertag am 14. Juli 2007, Foto*

1 Verschaffe dir mithilfe von M1 und des Zeitstrahls einen Überblick über die revolutionären Ereignisse im 17. und 18. Jahrhundert.
2 Ordne M2–M4 jeweils einer Revolution zu.
3 Wähle aus den Bildern M2-M4 eines aus, das dein Interesse weckt.
a) Liste Einzelheiten auf, die auf dem Bild dargestellt sind, das du ausgewählt hast.
b) Formuliere zu dieser Liste Fragen, die sich dir stellen. Vergleiche dein Ergebnis mit dem deiner Nachbarin oder deines Nachbars.
4 Recherchiere, warum der 14. Juli in Frankreich (M4) bis heute eine so große Bedeutung hat.

Die Aufklärung: Aufbruch in die Moderne?

1783 erhoben sich in Paris zwei Menschen in einem Heißluftballon in die Luft: Der Traum vom Fliegen war endlich in Erfüllung gegangen! Das spektakuläre Ereignis macht einen tief greifenden Wandel sichtbar: Viele Gelehrte des 18. Jahrhunderts vertrauten ganz auf die Kraft der Vernunft und erhofften sich von ihr einen Fortschritt für die Menschheit. Sie nannten sich selbst Aufklärer.

- ***Welche Ideen vertraten die Aufklärer des 18. Jahrhunderts?***

M 1 *Dieser Heißluftballon wurde von den französischen Brüdern Montgolfier entwickelt. Ein Testflug mit drei Tieren (Hahn, Ente, Hammel) verlief im September 1783 erfolgreich. Der erste bemannte Flug startete in Paris zwei Monate später und dauerte 25 Minuten. Kupferstich, um 1783*

Kritik an der Kirche und religiöser Verfolgung

Schon seit der Renaissance hatten Wissenschaftler die kirchlichen Ansichten zur Erklärung der Welt immer häufiger infrage gestellt und sich gegen religiöse Bevormundung ausgesprochen. Als es im 17. Jahrhundert in vielen Teilen Europas zu religiösen Verfolgungen kam, wuchs ihr Misstrauen. Von Verfolgung besonders betroffen waren die französischen Protestanten, Hugenotten genannt. Ausgehend von dem Motto „Ein Glaube, ein Gesetz, ein König" hatte Ludwig XIV. ihnen das Recht entzogen, ihren Glauben weiter auszuüben. Etwa 200 000 Menschen flohen daraufhin in andere Länder, manche von ihnen bis nach Amerika.

Die Verfolgungen im Namen der Religion führten dazu, dass Gelehrte ab dem Ende des 17. Jahrhunderts Toleranz* gegenüber anderen Meinungen und Freiheit bei der Ausübung des Glaubens forderten.

Der Begriff „Aufklärung"

Die Zeitgenossen verstanden unter Aufklärung einen Prozess, der die Menschheit aus der Dunkelheit – dem Zustand der Unwissenheit – zum Licht der Erkenntnis führen sollte. Dies setzte voraus, dass sich der Mensch von bestehenden Vorurteilen löste. Er sollte sich ganz auf seine Vernunft verlassen und sich zu allen Bereichen des Lebens, also auch zu Kirche und Staat, eine eigene Meinung bilden. Das klingt für uns heute selbstverständlich, war damals aber ein Wagnis. „Habe Mut, dich deines Verstandes zu bedienen!", forderte deshalb der Philosoph Immanuel Kant. Dann könne der Mensch sich – so die Aufklärer – weiterentwickeln und zum Fortschritt für die ganze Menschheit beitragen.

Besondere Hoffnungen ruhten auf den Naturforschern, die tatsächlich bahnbrechende Entdeckungen machten. Sie leiteten aus Beobachtungen Theorien ab, die sie anhand von Experimenten überprüften. Dies war der Beginn der modernen Naturwissenschaften.

Die gelehrte Gesellschaft der Aufklärung – eine Lesegesellschaft

Viele der Aufklärer waren Ärzte und Juristen, stammten also aus dem gehobenen Bürgertum. Auch viele Frauen beteiligten sich aktiv an der Aufklärung. Sie verfassten Beiträge für die neu gegründeten Zeitschriften, lasen sich diese vor und diskutierten darüber. Die Anzahl der schriftlichen Veröffentlichungen stieg im 18. Jahrhundert enorm an, obwohl nach wie vor nur ein geringer Teil der Bevölkerung lesen und schreiben konnte. Eine wichtige Forderung der Aufklärerinnen und Aufklärer war deshalb der Zugang aller Menschen zur Bildung. Manche Herrscher standen den Ideen der Aufklärung aufgeschlossen gegenüber: Friedrich II. von Preußen führte 1763 in seinem Staat für alle Kinder vom 5. bis zum 13. Lebensjahr die Schulpflicht ein. Er gilt unter anderem deshalb als Vertreter des aufgeklärten Absolutismus*.

Webcode: FG450068-044
Gewaltenteilung

Eine neue Auffassung vom Staat

Viele Philosophen der Aufklärung kritisierten die bestehenden Herrschaftsverhältnisse. So stellten John Locke, Charles de Montesquieu und Jean-Jacques Rousseau das Gottesgnadentum der absolutistischen Herrscher infrage. John Locke vertrat die Theorie, dass ursprünglich alle Menschen, bevor es Staaten gegeben habe, gleich und frei gewesen seien. Später hätten die Menschen ihr Recht auf Freiheit und Gleichheit freiwillig in einem Gesellschaftsvertrag an den Herrscher abgetreten. Dieser habe sich im Gegenzug verpflichtet, für die Sicherheit der Untertanen zu sorgen. Aus dieser Annahme resultierten konkrete Forderungen der Philosophen: Die Untertanen sollten das Recht haben, den Herrscher abzusetzen, wenn dieser gegen Gesetze verstieß und den Willen des Volkes missachtete (Widerstandsrecht). Zudem sollte der König nicht mehr über alle Bereiche des Staates verfügen können. Vielmehr sollte die Staatsgewalt aufgeteilt werden. Das Prinzip der Gewaltenteilung ist bis heute eine wichtige Grundlage moderner demokratischer Verfassungen.

M 2 **Der französische Rechtsgelehrte und Aufklärer Charles de Montesquieu (1689–1755) schrieb 1748 über die Verteilung der Macht in einem Staat:**

Es gibt in jedem Staat drei Arten von Gewalt ... Aufgrund der ersten erlässt der Herrscher ... Gesetze auf Zeit oder für die Dauer, ändert geltende Gesetze oder schafft sie ab. Aufgrund der zweiten stiftet er Frieden oder Krieg, sendet oder empfängt Botschaften, stellt die Sicherheit her, sorgt gegen Angriffe vor. Aufgrund der dritten bestraft er Verbrechen oder sitzt zu Gericht über die Streitfälle der Einzelpersonen ... Alles wäre verloren, wenn ein und derselbe Mann folgende drei Machtvollkommenheiten ausübte: Gesetze erlassen, öffentliche Beschlüsse in die Tat umsetzen, Verbrechen und private Streitfälle aburteilen.

Charles de Montesquieu, Vom Geist der Gesetze 1748, hg. und übers. v. Kurt Weigand, Stuttgart (Reclam) 1994, S. 216f. Bearb. v. Verf.

M 3

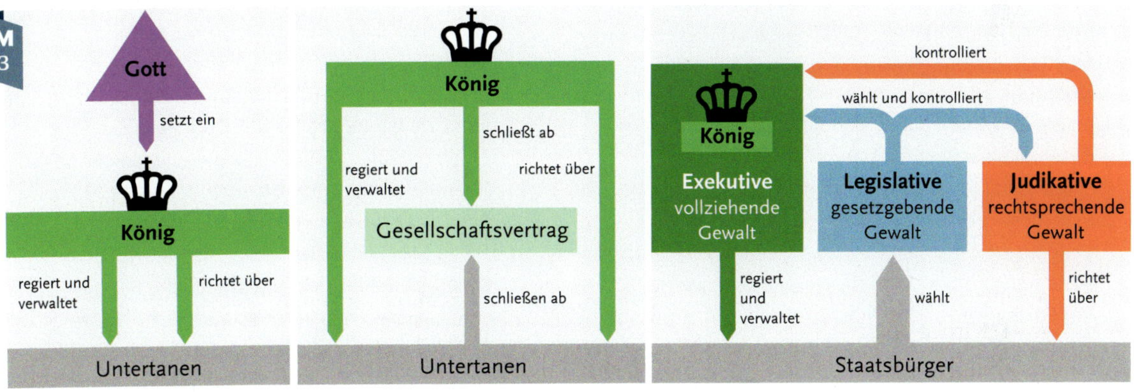

Drei Herrschaftsmodelle

1 Nenne die Forderungen der Aufklärer, die im Darstellungstext genannt werden.

2 Erkläre anhand von M1 den Zusammenhang zwischen der Aufklärung und der Entstehung der Naturwissenschaften.

3 **Wähle eine Aufgabe aus:**

a) Beschreibe mithilfe des Schaubildes M3, von wem die Herrschaft jeweils ausgeht. Welches Modell enthält Ideen der Aufklärung?

Tipp: Nutze die Informationen des Darstellungstextes.

b) Ordne Montesquieus Auffassung (M2) einem Herrschaftsmodell (M3) zu. Warum ist es seiner Meinung nach wichtig, dass nicht ein Einzelner alle drei Gewalten ausübt?

4 **Recherche:** Finde heraus, wer in der Bundesrepublik die drei Gewalten ausübt (Lexikon, Internet).

5 Diskutiert die Kapitelüberschrift. Inwieweit sind wir heute noch von den Ideen der Aufklärung geprägt?

Philosophische Textquellen erarbeiten und vergleichen

Die Aufklärer beschäftigten sich als Philosophen mit dem menschlichen Denken und strebten nach Reformen für die Gesellschaft, in der sie lebten. Ihre Schriften gehören zu den wichtigsten Quellen für die Zeit der Aufklärung. Quellen spiegeln immer die Sichtweise des Verfassers auf seine Zeit wider. Um sich jedoch ein objektives Urteil über vergangene Ereignisse bilden zu können, ist es wichtig, mehrere Textquellen zu einem Thema miteinander zu vergleichen.

M 1

Der englische Philosoph John Locke (1632–1704) schrieb 1690 zum Gesellschaftsvertrag:
Menschen befinden sich von Natur aus in einem Zustand vollkommener Freiheit innerhalb der Grenzen des Gesetzes der Natur ... Es ist darüber hinaus ein Zustand der Gleichheit ... Jeder Mensch, der mit einem anderen übereinkommt, einen einzigen politischen Körper[1] unter einer Regierung zu bilden, verpflichtet sich gegenüber jedem Einzelnen dieser Gesellschaft, sich dem Beschluss der Mehrheit zu unterwerfen und sich ihm zu fügen. Denn sonst würde dieser ursprüngliche Vertrag, durch den er sich mit anderen zu einer Gesellschaft vereinigt, keinerlei Bedeutung haben und kein Vertrag sein, wenn der Einzelne weiter frei bliebe und unter keiner anderen Verpflichtung stände als vorher im Naturzustand ... Die Menschen sind bereit, sich zum gegenseitigen Schutz ihres Lebens, ihrer Freiheiten und ihres Vermögens zu vereinigen.

John Locke, Zwei Abhandlungen über die Regierung. Zit. nach Norbert Hoerster (Hg.), Klassische Texte der Staatsphilosophie, 11. Auflage, München (dtv) 2001, S. 133ff. Bearb. v. Verf.

[1] *eine Gesellschaft*

M 2

Der französische Philosoph Jean-Jacques Rousseau (1712–1778) schrieb 1762 zum Gesellschaftsvertrag:
Wie findet man eine Gesellschaftsform, die mit der ganzen gemeinsamen Kraft die Person und das Vermögen jedes Gemeinschaftsmitgliedes verteidigt und schützt und in der jeder Einzelne frei bleibt wie vorher? Dies ist die Hauptfrage, deren Lösung der Gesellschaftsvertrag gibt ... Jeder von uns stellt sich und seine ganze Kraft unter die oberste Leitung des allgemeinen Willens ... An die Stelle der einzelnen Person ... setzt ein solcher Gesellschaftsvertrag sofort einen geistigen Gesamtkörper[1], dessen Mitglieder aus sämtlichen Stimmabgebenden bestehen ... Diese öffentliche Person [= die Gesellschaft], die sich auf solche Weise aus der Vereinigung aller übrigen bildet, ... heißt Republik ... Die Gesellschaftsgenossen [= die Gesellschaftsmitglieder] führen als Gesamtheit den Namen Volk ... Die wichtigste Schlussfolgerung ist, dass der allgemeine Wille allein die Kräfte des Staates ... die Regierung leiten kann.

Jean-Jacques Rousseau, Du contrat social. Zit. nach Norbert Hoerster (Hg.), a. a. O., S. 197ff. Bearb. v. Verf.

[1] *eine Gesellschaft*

1 Wiederhole deine Kenntnisse über Menschenrechte und die Funktion des Gesellschaftsvertrags (S. 45).

2 Untersuche M1 und M2 mithilfe der Arbeitsschritte S. 47. Einige Fragen wurden schon beantwortet, bei den anderen sollst du die Antwort geben.

3 **Wähle eine Aufgabe aus:**

a) Arbeite aus M1 und M2 heraus, welche Kritik die Philosophen indirekt am Absolutismus üben.

b) Erkläre mithilfe von M1 und M2 die Bedeutung des Gesellschaftsvertrages. Welche Folgen hat so ein Vertrag für einen Monarchen?

Arbeitsschritte „Philosophische Textquellen erarbeiten und vergleichen“

	Lösungshinweise zu M1 und M2
Leitfrage formulieren	• *Wozu dient ein „Gesellschaftsvertrag“ und welche Bedeutung hat er?*
Formale Aspekte	
1. Wer sind die Autoren?	• …
2. Wann und wo sind die Texte veröffentlicht worden?	• *M1: 1690 in England* • *M2: 1762 in Frankreich*
3. Um welche Textarten handelt es sich?	• *Beide Texte sind Auszüge aus wissenschaftlichen Schriften des 17. bzw. 18. Jahrhunderts.*
4. Wovon handeln die Texte?	• …
5. An wen richten sich die Texte?	• *an die gebildeten Bürger der Zeit, aber auch an interessierte Adlige und Geistliche*
Inhalt erschließen	
6. Was sind die wesentlichen Textaussagen?	• …
7. Wie antworten beide Texte auf die Leitfrage?	• *M1: Der Gesellschaftsvertrag soll Freiheit, Gleichheit und Schutz der Menschen sichern; er dient dazu, eine Gesellschaft zu bilden* • *M2: Der Gesellschaftsvertrag soll Freiheit und Schutz des Einzelnen sichern; er dient dazu, eine Gesellschaft zu bilden, von der die Macht im Staat ausgeht*
Aussagen vergleichen	
8. Welche Unterschiede und Gemeinsamkeiten lassen sich feststellen?	• *Gemeinsamkeiten: beide Texte betonen, dass der Mensch von Natur aus gleich und frei ist; Gesetze müssen diesen Zustand sichern; …* • *Unterschiede: z. B. betont Rousseau die Macht der Gesellschaft über die Regierung.*
Beurteilen (sich in die Menschen der Zeit hineinversetzen und ein Urteil bilden)	
9. Welche Ziele verfolgten die Autoren?	• …
10. Welche Wirkung sollten die Texte beim Leser erzielen?	• *Zum Beispiel soll der Leser die Rechtmäßigkeit (Legitimation) der Herrschaft durch die Könige hinterfragen.*
Bewerten (ein Urteil aus heutiger Sicht mit Blick auf die Leitfrage bilden)	
11. Wie kann man die Ideen der Autoren aus heutiger Sicht bewerten?	• *Man könnte überlegen, ob es heute einen Gesellschaftsvertrag gibt. Ist er bei uns verwirklicht? In vielen Ländern sind die Menschen frei und gleich; in Demokratien bekommt die Regierung ihre Macht von der Gesellschaft durch Wahlen übertragen. In anderen Ländern sind Menschen immer noch unfrei …*

Wie regiert ein aufgeklärter König? – Friedrich II. von Preußen

Als Friedrich II. nach dem Tod seines Vaters 1740 König in Preußen wurde, unterschied sich seine Außenpolitik kaum von der seines Vaters. Allerdings setzte er innenpolitisch viele Ideen der Aufklärer um. Friedrich II. verstand sich als „erster Diener des Staates“.

- ***Auf dieser Doppelseite kannst du untersuchen, wie die Gedanken der Aufklärung Friedrichs Herrschaft beeinflussten.***

M 1

Brandenburg-Preußen 1640 bis 1786

Vom Kurfürstentum zum Königreich

Brandenburg-Preußen gehörte zu den Gewinnern des Dreißigjährigen Krieges. Mitte des 18. Jahrhunderts reichte es vom Niederrhein bis zur Ostsee. Herrscher über diese Ländereien waren die Hohenzollern: Sie mussten das stetig wachsende Kurfürstentum (seit 1701 Königtum) vereinheitlichen und kontrollieren. Außerdem mussten sie neue Gebiete eingliedern, die durch Kriege und Heiratspolitik hinzukamen. Nach dem Vorbild Ludwigs XIV. errichteten auch die preußischen Kurfürsten und Könige ein stehendes Heer und drängten den Einfluss des Adels zurück. So gelang es ihnen, das Territorium unter einer starken Herrschaft zu festigen.

Friedrich II. von Preußen (1740–1786)

Mit Friedrich II. kam ein Herrscher an die Regierung, der eine kriegerische Außenpolitik betrieb. Er eroberte Schlesien und Westpreußen und legte damit den Grundstein für Preußens Weg zur Großmacht in Europa. Für seine Eroberungen erhielt er den Beinamen „der Große“, obwohl eine halbe Million seiner Soldaten in den Kriegen den Tod fand. Andererseits war Friedrich, den der Vater mit äußerster Strenge erzogen hatte, ein begabter Musiker, ein Freund der schönen Künste und stand mit Philosophen in engem Briefkontakt.

„Alles für das Volk, nichts durch das Volk“

Friedrich teilte die Vorstellung der Aufklärer, dass ein Herrscher nicht von Gottes Gnaden eingesetzt sei, sondern durch Zufall in seine Stellung hineingeboren. Er sah sich als „erster Diener des Staates“. Trotzdem beanspruchte Friedrich die Macht ungeteilt – auch um die Forderungen der Aufklärer umzusetzen: etwa indem er seine Untertanen durch die Einführung der Schulpflicht zu vernünftigen, gebildeten Menschen erziehen wollte. Dadurch erhoffte er sich aber auch pflichtgetreue, gut ausgebildete Beamte zu erhalten. Friedrich sprach sich für Toleranz aus. Er ließ Glaubensflüchtlinge aus dem katholischen Frankreich in Preußen einwandern, sorgte für eine Verbesserung der Ernährung, ließ Straßen und

Kanäle bauen und förderte damit auch Handel und Gewerbe. Alle Bürger sollten vor dem Gesetz gleich sein, der Adel nicht mehr bevorzugt werden. Für die weit verstreuten Landesteile galt nun ein einheitliches Recht, das vereinfacht worden war. Es bot den Untertanen ein bis dahin unbekanntes Maß an Rechtssicherheit. Friedrich ging bei seinen Reformen nur so weit, wie dies das Staatsinteresse Preußens erlaubte. So hob er die Leibeigenschaft der Bauern nicht auf, weil er ihre adligen Grundherren als Offiziere im Heer brauchte. Im Heer behielt er die Prügelstrafe bei, um die Soldaten zu unbedingtem Gehorsam zu erziehen, auch wenn er sie im Allgemeinen abgeschafft hatte. Der Leitspruch eines anderen Herrschers, der wie Friedrich ein Vertreter des aufgeklärten Absolutismus war, gilt deswegen ebenso für den preußischen König: „Alles für das Volk, nichts durch das Volk." Die Worte werden Kaiser Joseph II. von Österreich zugeschrieben. Dieser führte in seinem Land ähnliche Reformen im Sinne der Aufklärung durch.

M 2

Der König ist überall, Gemälde von Robert Warthmüller, 1886. Friedrich II. setzte sich persönlich für die Anwendung fortschrittlicher Methoden in der Landwirtschaft ein. So ermunterte er die Bauern zur Anpflanzung der in Preußen noch unbekannten Kartoffel.

M 3

Friedrich II. über die Grundlagen seiner Macht:

Die große Wahrheit, dass wir gegen die anderen so handeln sollen, wie wir von ihnen behandelt zu werden wünschen, wird zur Grundlage der Gesetze ... Da jedoch die Gesetze ohne unaufhörliche Überwachung weder fortbestehen noch Anwendung finden konnten, so bildeten sich Obrigkeiten heraus, die das Volk erwählte und denen es sich unterordnete ... Die Aufrechterhaltung der Gesetze war der einzige Grund, der die Menschen bewog, sich Obere zu geben, denn das bedeutet den wahren Ursprung der Herrschergewalt. Ihr Inhaber war der erste Diener des Staates.

Friedrich II., Regierungsformen und Herrscherpflichten (1777). In: Die Werke Friedrichs des Großen, hg. v. Gustav Berthold Volz, Bd. 7, Berlin (Reimar Hobbing) 1913, S. 226.

M 4

Im „Noth- und Hülfsbüchlein" (1788) schrieb ein Gutsherr über den preußischen Landesherrn:

Der weise, tapfre und gute König Friedrich arbeitet vielleicht mehr und lässt es sich saurer werden als mancher arme Bauer in seinen Landen ... Ein Hausvater braucht nur ein Wirtschaftswesen im Kopfe zu haben und nur für seine Frau, Kinder und Gesinde zu sorgen: Aber ein Regent muss dafür sorgen, dass viele tausend Haushaltungen unter seiner Regierung zufrieden leben können.

Rudolph Z. Becker, Noth- und Hülfsbüchlein für Bauersleute, Leipzig 1788. Nachdruck: Dortmund (Harenberg) 1980, S. 419.

1 **Wähle eine Aufgabe aus:**

a) Fertige eine Tabelle an und notiere unter den Begriffen Aufklärung und Absolutismus die jeweils passenden Maßnahmen Friedrichs II. aus dem Darstellungstext.

b) Diskutiert in Gruppen mit bis zu vier Teilnehmern: Regierte Friedrich II. mehr als absoluter Herrscher oder als Befürworter der Aufklärung (Darstellungstext)?

2 Beschreibe die territoriale Vergrößerung Brandenburg-Preußens zwischen 1415 und 1786 (M1).

3 **a)** Untersuche, welches Bild von Friedrich II. das Gemälde M2 und der Auszug aus dem „Noth- und Hülfsbüchlein" (M4) vermitteln sollen.

b) Erläutere, wie Friedrich seine Rolle als erster Diener des Staates begründet (M3).

4 Betrachte M2 genau und nutze das Gemälde, um einen Dialog zwischen einigen der dargestellten Personen auszuarbeiten und vor der Klasse vorzutragen. Beachte dazu die Informationen aus dem Darstellungstext.

Webcode: FG450068-049
Film: Friedrich II.

England: Adel und Bürgertum begrenzen die Macht des Königs

Fast überall in Europa entstanden seit dem 17. Jahrhundert absolutistische Fürstentümer nach dem Vorbild Frankreichs. Nur in England konnte sich der Absolutismus nicht durchsetzen.

- ***Wie unterschied sich die Situation in England von der im übrigen Europa?***

M 2

Statue Oliver Cromwells vor dem Parlamentsgebäude in London, aufgestellt 1899. In ihrer linken Hand hält die Figur eine Bibel.

Anfänge des Parlaments im Mittelalter

Im Unterschied zu anderen europäischen Staaten gab es in England schon seit dem Spätmittelalter ein Parlament mit einer starken Stellung. Fürsten und Bischöfe hatten 1215 dem König in der Magna Carta wichtige Rechte abgerungen. Im 13. Jahrhundert entwickelte sich aus dem Beratungsgremium des Königs und dem Gerichtshof ein Parlament mit zwei „Häusern“: Im „Oberhaus“ saß der Hochadel, im „Unterhaus“ saßen die Vertreter des niederen Adels und der Städte. Die beiden „Häuser“ erwarben sich wichtige Rechte: Ohne ihre Zustimmung durfte die Krone keine Steuern erheben, und sie wirkten bei der Gesetzgebung mit. So waren dem englischen König Grenzen gesetzt. König und Parlament standen in einem politischen Gleichgewicht und kontrollierten sich gegenseitig.

Der Konflikt zwischen König und Parlament

Zu Beginn des 17. Jahrhunderts gerieten Krone und Parlament in einen Konflikt. König Jakob I. aus dem Hause der katholischen Stuarts versuchte die politischen Verhältnisse in England in Richtung einer absolutistischen Herrschaft zu verändern. Er löste das widerspenstige Parlament auf und regierte jahrelang ohne es. Hinzu kam der Verdacht, der König sympathisiere mit den Katholiken, die im anglikanischen* England als Staatsfeinde galten. Als sein Sohn Karl I. 1625 die Herrschaft antrat, stand er einem misstrauischen Parlament gegenüber, das auf seine traditionellen Rechte pochte und nicht bereit war, sie dem König abzutreten. Das Parlament zwang Karl 1628, die „Petition of Right“ zu unterzeichnen (M5), in der seine Rechte festgelegt waren. Doch der König ließ sich dadurch nicht binden. Karl I. löste Ober- und Unterhaus zweimal auf und regierte elf Jahre lang ganz ohne Parlament.

Vom Bürgerkrieg zur Revolution

1640 sah sich Karl I. wegen eines schweren Konflikts mit den Schotten gezwungen, das Parlament wieder einzuberufen. Inzwischen waren die Gegensätze aber so stark, dass es zu einem Bürgerkrieg zwischen Truppen des Parlaments und des Königs kam. Dabei vermischten sich religiöse mit politischen Gegensätzen: Anglikaner kämpften gegen Katholiken, Teile des königstreuen Hochadels und Klerus gegen die parlamentstreue Gentry – bestehend aus reichen Bürgern, niederem Adel und freien Bauern. Der Bürgerkrieg zwischen „Parlamentariern“ und Royalisten“ (1642–1646) endete mit einem

M 1 *Hinrichtung Karls I. im Jahr 1649, Radierung von Jan Luyken.*

Sieg der Parlamentsheeres unter Führung Oliver Cromwells (M1). Diesen Sieg nutzte Cromwell zu einem Staatsstreich. Das „Rumpfparlament" – so genannt, weil es von Königstreuen und Katholiken gesäubert war – verkündete Anfang 1649, dass alle Gewalt vom Volk ausgehe und der König für Verbrechen zur Rechenschaft gezogen werde. Karl I. wurde als „Tyrann, Mörder und Feind des Gemeinwesens" verurteilt und hingerichtet. In einer Zeit, in der man glaubte, Könige seien von Gott eingesetzt, war dies eine unerhörte, revolutionäre Tat. Die „Königsmörder" riefen die Republik aus. Cromwell regierte 1653–1660 als Staatsoberhaupt („Lord Protector"). Er sicherte zwar dem Parlament Rechte zu, herrschte jedoch auf die Armee gestützt wie ein Diktator*.

M 3

Noch als König von Schottland schrieb Jakob I. 1598 anonym folgende Abhandlung über die Stellung des Königs:

Die Könige von Schottland waren schon da, bevor es Stände oder Rangabstufungen ... gab, bevor Parlamente gehalten oder Gesetze gemacht wurden. Sie verteilten das Land, das ursprünglich in seiner Gesamtheit ihnen gehörte, sie riefen Ständeversammlungen durch ihren Befehl ins Leben. ... Daraus folgt mit Notwendigkeit, dass die Könige Urheber und Schöpfer der Gesetze waren und nicht umgekehrt. ... Und wie der König ganz offensichtlich oberster Herr des ganzen Landes ist, so ist er auch Herr über jede Person, die darin wohnt, und hat Gewalt über Leben und Tod einer jeden von ihnen. ... Ein guter König wird nicht allein seine Freude daran haben, seine Untertanen nach Maßgabe des Gesetzes zu regieren, sondern er wird sich auch selber in seinen eigenen Handlungen danach richten. ... Deshalb können auch allgemeine Gesetze, die öffentlich im Parlament beschlossen wurden, aus Überlegungen, die dem König bekannt sind, und kraft seiner Autorität gemildert oder suspendiert [zeitweise aufgehoben] werden.

Geschichte in Quellen, Bd. 3, bearb. u. übers. v. Fritz Dickmann, München (bsv) 1966, S. 352.

M 4

Aus einem Schreiben des Unterhauses an den König im Jahr 1604:

1. Unsere Privilegien und Freiheiten sind unser wirklich ererbtes Recht, nicht anders als unsere Länder und Güter.
2. Sie können uns nicht entzogen, aberkannt oder geschmälert werden, es sei denn mit offenbarem Unrecht gegenüber dem Königreich. ...
5. Es gibt keinen höchsten Gerichtshof in diesem Lande, der sich nach Rang und Autorität mit diesem hohen Gerichtshof, dem Parlament, vergleichen könnte.

Geschichte in Quellen, Bd. 3, bearb. u. übers. v. Fritz Dickmann, München (bsv) 1966, S. 356.

M 5

Das Parlament zwang 1628 König Karl I., die „Petition of Right" zu unterzeichnen:

Unseren obersten Herrn, den König, machen wir ... untertänigst darauf aufmerksam, dass durch ein Gesetz aus der Zeit König Edwards I. erklärt und verfügt wurde, dass durch den König oder seine Erben in diesem Reich keine Steuer oder Beihilfe mehr auferlegt oder erhoben werden dürfe ohne guten Willen und Zustimmung der Erzbischöfe, Bischöfe, Earls, Barone, Ritter, Bürger und anderer freier Männer der Gesamtheit dieses Reiches. ... Es ist auch durch die Satzung „Der Große Freiheitsbrief von England" (die „Magna Charta" von 1215) erklärt und verfügt worden, dass kein freier Mann verhaftet, eingesperrt oder seiner persönlichen Freiheit, seiner Rechte oder seiner freien Bewegung beraubt werden oder geächtet oder verbannt oder in irgendeiner Weise geschädigt werden dürfe, außer nach gesetzlichem Urteil von seinesgleichen oder nach dem Landesgesetz.

Geschichte in Quellen, Bd. 3, bearb. v. Fritz Dickmann, übers. v. G. Guggenbühl, München (bsv) 1966, S. 364f.

1 Beschreibe das Verhältnis von König und Parlament in England seit dem Mittelalter (Darstellungstext, M1).

2 Diskutiert, warum man die Statue M2 vor dem Parlamentsgebäude aufgestellt hat.

3 Vergleiche die Argumente für die Stellung des Königs und des Parlaments in M3 und M4. Bewerte die Positionen.

4 Begründe, warum die Petition of Right (M5) als bedeutender Schritt auf dem Weg zum modernen Rechtsstaat gilt.

Die „Glorious Revolution" – England wird eine konstitutionelle Monarchie

1689 wurde der englische König Jakob II. abgesetzt. Die königlichen Rechte wurden zugunsten des Parlaments beschränkt. Schon Zeitgenossen bezeichneten diese Ereignisse als „Glorious Revolution": glorreich, weil sie unblutig verlaufen war, und Revolution*, weil etwas Einmaliges und Neues stattgefunden hatte.

- ***Welche grundlegenden Neuerungen brachte die Glorious Revolution?***

M1 *„Der protestantische Schleifstein" (1690): Abgebildet sind Wilhelm III. und Mary, kniend davor der Papst.*

M2 Englands Weg zur konstitutionellen Monarchie

1649–1660	Englische Republik („Commonwealth") unter Cromwell
1660–1685	Wiederherstellung der Monarchie unter Karl I., Versuche des Ausgleichs zwischen Krone und Parlament
1685–1688	Jakob II. löst Parlament auf und versucht katholischen Glauben einzuführen
1688/89	Glorious Revolution: Absetzung Jakobs II. und Berufung Wilhelms von Oranien
1689	Bill of Rights: Sicherung der Parlamentsrechte, konstitutionelle Monarchie

Die Wiederherstellung der Monarchie

Die von Cromwell nach dem Bürgerkrieg eingeführte Republik und seine diktatorische Herrschaft dauerten nur elf Jahre. Dann wurde 1660 die Monarchie wiederhergestellt und Karl II., der Sohn des hingerichteten Königs, bestieg den Thron. Doch die Angst des Parlaments vor einer Beschränkung seiner Rechte durch den König und einer prokatholischen Religionspolitik waren damit nicht beseitigt. Als Karl II. die Strafgesetze gegen die Katholiken aufhob und versuchte, die Rechte des Parlaments erneut zu beschneiden, zwang ihn das Parlament 1673 zu Zugeständnissen. Öffentliche Ämter durften nur noch an Personen vergeben werden, die dem Papst und Teilen der katholischen Lehre abgeschworen hatten. In der Habeas-Corpus-Akte von 1679 bestätigte der König den Schutz der persönlichen Freiheiten.

Die „Glorious Revolution"

Als 1685 Jakob II. seinem Bruder Karl II. auf dem Thron folgte, verschärfte sich der Konflikt zwischen König und Parlament erneut. Nicht nur, dass Jakob Katholik war, verbreitete Misstrauen, sondern auch sein Rückgriff auf das Mittel der Parlamentsauflösung. Die Angst vor einem neuen Bürgerkrieg wuchs, als Jakob versuchte, ein stehendes Heer aufzubauen. In dieser Situation wusste sich das Parlament nicht anders zu helfen, als Wilhelm von Oranien, den militärischen Oberbefehlshaber und Statthalter der Niederlande, zum Eingreifen aufzufordern. Als Verwandter Jakobs und überzeugter Protestant sollte er den Bürgerkrieg verhindern. Am 5. November 1688 landete er in England und zog mit seiner Armee gegen London. Er traf auf keinerlei Widerstand; Jakob floh nach Frankreich. Wilhelm und seiner Frau Mary, der Tochter Jakobs, wurde die Krone übertragen. Sie mussten vor ihrer Krönung aber noch die Rechte des Parlaments anerkennen („Bill of Rights", M3). Die Macht war jetzt zwischen Krone und Parlament geteilt. Der Monarch blieb Oberhaupt des Staates und behielt die Regierungsgewalt, aber das Parlament machte die Gesetze. Eine parlamentarische Monarchie* war entstanden.

M 3

Am 13. Februar 1689 wurde in Westminster vor der Krönung des neuen Königspaars folgende Erklärung der „Bill of Rights“ verkündet:

1. dass die angemaßte Befugnis, kraft königlicher Autorität und ohne die Zustimmung des Parlamentes Gesetze vorübergehend außer Kraft zu setzen oder ihre Vollstreckung auszusetzen, ungesetzlich ist,

2. dass die in der letzten Zeit angemaßte und ausgeübte Befugnis, kraft königlicher Autorität von der Befolgung oder Vollstreckung von Gesetzen zu entbinden, ungesetzlich ist, ...

4. dass die Erhebung von Geldern für und zum Nutzen der Krone ... ohne Zustimmung des Parlamentes insoweit ungesetzlich ist, als sie nur für kürzere Zeit oder in anderer Form bewilligt wurde oder bewilligt werden wird,

5. dass die Untertanen das Recht haben, Petitionen an den König zu richten, und dass eine jede Verhaftung oder gerichtliche Verfolgung wegen der Einreichung solcher Petitionen ungesetzlich ist,

6. dass die ohne die Zustimmung des Parlamentes in Friedenszeiten erfolgende Aushebung oder Unterhaltung eines stehenden Heeres innerhalb des Königreiches unrechtmäßig ist,

7. dass die Untertanen protestantischen Glaubens ihrer Stellung gemäß, und soweit das Gesetz es erlaubt, Waffen zu ihrer Verteidigung besitzen dürfen,

8. dass die Wahl der Parlamentsmitglieder frei sein sollte,

9. dass die Freiheit der Rede sowie der Inhalt von Debatten oder Verhandlungen im Parlament an keinem anderen Gerichtshof oder Orte außerhalb des Parlamentes unter Anklage oder in Frage gestellt werden sollte, ...

13. und dass zur Abhilfe aller Missstände und zur Änderung, Bestätigung und Aufrechterhaltung der Gesetze häufig Parlamentssitzungen abgehalten werden sollten.

Gesetz zur Erklärung der Rechte und Freiheiten der Untertanen und zur Festlegung der Thronfolge vom 23. Oktober 1689, zit. nach: http://www.verfassungen.eu/gb/gb1689.htm (Stand: 29.05.2016).

M 4

Das Unterhaus des englischen Parlaments, Foto, 2013

Parlament

(von franz. parler = reden) Eine gewählte Volksvertretung. Im Mittelalter und in der Frühen Neuzeit war es eine Ständevertretung, die den Herrscher beriet und mitbestimmte. Aus einer solchen Versammlung und einem Gerichtshof entwickelte sich im 13. Jahrhundert das älteste Parlament in England. Seine wichtigste Aufgabe war die Bewilligung von Steuererhebungen.

Konstitutionelle Monarchie

Staatsform, in der die absolute Macht des Monarchen durch eine Verfassung (Konstitution) beschränkt wird. Sie wurde zuerst in England verwirklicht („Bill of Rights“, 1689). Die Verfassung garantiert dem Parlament Rechte, z. B. Gesetze zu erlassen und die Finanzen zu kontrollieren.

1 Erarbeite, wie sich das Verhältnis von Krone und Parlament entwickelt hat (Darstellungstext, M2).
Tipp: Nutze dazu auch die Seiten 50–51.

2 Erläutere, welche Rolle die Religion bei der Auseinandersetzung zwischen Krone und Parlament spielte (Darstellungstext, M1).

3 Analysiere M3 im Hinblick auf die Einschränkung der königlichen Macht und die Rechte des Parlaments und der Bürger.

4 Hat die „Glorious Revolution“ in England zum Sieg des Parlamentarismus geführt? Nimm Stellung dazu.

5 Vergleiche die Stellung des Parlaments in England nach der „Glorious Revolution“ mit der in heutigen Demokratien.

6 **Recherche:** Informiere dich ausgehend von M4 über Mitglieder, Sitzordnung und Aufgaben des Unterhauses heute.

„No taxation without representation" – die amerikanischen Kolonien rebellieren

In den britischen Kolonien Nordamerikas lebten europäische Auswanderer als freie Bürger. Sie unterstanden zwar dem englischen König, aber verwalteten sich weitgehend selbst. Bald forderten sie, dass auch ihr Land frei und unabhängig sein sollte.

- *Um was genau stritten sich die Siedler mit dem König von Großbritannien?*
- *Was war das Ergebnis ihres Konfliktes?*

M 1

„Boston Tea Party", die bekannteste antienglische Boykott-Aktion. Am 16. Dezember 1773 warfen als „Indianer" verkleidete Bürger aus Boston eine Schiffsladung Tee ins Hafenbecken. Holzschnitt, 19. Jh.

Wie entstand der Konflikt mit England?

Ein britisch-französischer Krieg um die Kolonien in Nordamerika endete 1763 mit dem Sieg der Briten. Weil der Krieg viel Geld gekostet hatte, benötigte der König in London dringend neue Einnahmen. Seine Minister schlugen vor, Zölle und Steuern in den Kolonien zu erheben. Die vom britischen Parlament beschlossenen Abgaben, z.B. auf Tee und amtliche Dokumente, waren zwar nicht unbezahlbar hoch, aber den amerikanischen Siedlern ging es um das Prinzip: Sie weigerten sich grundsätzlich, Steuern an ihr Mutterland zu entrichten, weil sie keinen Vertreter ins Parlament in London entsenden durften. „No taxation without representation" wurde zum Schlachtruf der Siedler.

Die Kolonien führen Krieg für die Unabhängigkeit

Als 1770 britische Soldaten in Boston auf demonstrierende Siedler schossen und fünf Menschen starben („Boston Massacre"), verschärfte sich der Konflikt. Die Kolonien riefen zum Boykott aller britischen Waren auf. Zwischen 1774 und 1776 versammelten sich Vertreter der 13 Kolonien zu einem Kontinentalkongress in Philadelphia und einigten sich auf ihre politischen Forderungen. Die starre Haltung der britischen Regierung verhinderte aber einen Kompromiss. Am 4. Juli 1776 erklärten die Kolonien ihre Unabhängigkeit von Großbritannien. Ein Jahr später kam es zum Krieg: Die Briten verstärkten ihre Armee um 30 000 Soldaten, die sie in Hessen und Braunschweig kauften. Den Oberbefehl über die amerikanischen Truppen hatte George Washington inne, ein Tabakpflanzer aus Virginia. Seine Armee bestand zum größten Teil aus Bauern und Handwerkern, die ihre Waffen und Ausrüstung meist von zu Hause mitbrachten. Militärisch waren die Kolonisten unterlegen, aber sie waren motiviert, da sie für ihre Freiheit kämpften. Preußische und französische Militärexperten wie Friedrich Wilhelm von Steuben und Marie Joseph Lafayette unterstützten die Amerikaner. Frankreich half ihnen mit

Geld und behinderte den britischen Nachschub zur See. Am Ende standen zwei wichtige Ergebnisse:

- 1783 erkannte Großbritannien die Unabhängigkeit des neuen Staates USA an.
- Die vielen Kämpfer, die nach der „Amerikanischen Revolution" in ihre Heimat zurückkehrten, verbreiteten dort ihre freiheitlichen Ideen. Damit kam es zu einem folgenreichen Ideentransfer nach Europa, wie die Französische Revolution zeigen sollte.

M 2

Auszug aus der Unabhängigkeitserklärung der amerikanischen Kolonisten (4. Juli 1776):

Wir halten diese Wahrheiten für in sich einleuchtend: dass alle Menschen gleich geschaffen sind und dass sie von ihrem Schöpfer mit angeborenen und unveräußerlichen[1] Rechten ausgestattet sind. Dazu gehören Leben, Freiheit und das Streben nach Glück. Zur Sicherung dieser Rechte setzen die Menschen Regierungen ein, deren gerechte Vollmachten von der Zustimmung der Regierten abhängen. Wenn eine Regierungsform diese Rechte nicht garantieren kann, hat das Volk das Recht, eine andere Regierung zu wählen, die diese Grundsätze beachtet, um Sicherheit und Glück zu gewährleisten ... Das Volk hat das Recht und die Pflicht, eine despotische[2] Herrschaft abzuschütteln. Die Kolonien haben geduldig gelitten und sehen es jetzt als Notwendigkeit an, ihr früheres Regierungssystem zu beseitigen, wegen der unablässigen Beleidigungen und Anmaßungen des englischen Königs ... Wir, die Vertreter der Vereinigten Staaten von Amerika, rufen deshalb den höchsten Richter der Welt zum Zeugen für die Rechtmäßigkeit unserer Absichten an ... und erklären, dass diese Vereinigten Kolonien rechtlich freie und unabhängige Staaten sind, völlig losgelöst vom Staate Großbritannien.

Henry Steele Commager, Documents of American History, Zit. nach Geschichte in Quellen, Bd. 4, hg. v. W. Lautemann, München (bsv) 1981, S. 90, übers. v. F. Salomon.

[1] *Niemand darf den Menschen diese Grundrechte wegnehmen.*
[2] *ungerechte*

M 3

Der Historiker Thomas M. Fröschl über die Amerikanische Revolution (2000):

Die Amerikanische Revolution des Jahres 1776 verstand sich als wesentlicher Schritt zu einer freien und gleichen Gesellschaft ... Dabei war sich die amerikanische Gründergeneration des Gegensatzes zwischen dem Ideal einer Republik freier und gleicher Bürger und der rechtlichen und sozialen Lage eines großen Teils der Bevölkerung durchaus bewusst. Der Fortbestand der Sklaverei, der Ausschluss der indianischen Bevölkerung vom Gesellschaftsvertrag und die eingeschränkten Rechte der Frauen waren Hinweise auf diesen Widerspruch. Ausgeschlossen waren auch die weißen Männer ohne Eigentum. Weil volle Bürgerrechte nur den männlichen Bürgern mit Eigentum vorbehalten waren, können die USA als letzte der antiken Republiken angesehen werden. Erst die Beseitigung dieser Einschränkungen (Bürgerrecht nur für Besitzende) in den Verfassungen der amerikanischen Einzelstaaten eröffnete den Weg zur modernen Demokratie. Massachusetts änderte den Satz „All men are born free and equal" in „All men, white and black, are born free and equal"... Südlich von Pennsylvania blieb die Sklaverei noch drei Generationen bestehen.

Thomas M. Fröschl, Um 1776/91: Atlantische Revolution. In: Oldenbourg Lehrbuch Frühe Neuzeit, München (Oldenbourg Wissenschaftsverlag) 2010, S. 108f.

1 Wähle eine Aufgabe aus:

a) Erläutere den in M1 abgebildeten Konflikt. Nimm den Darstellungstext Z. 1–17 zu Hilfe.

b) Arbeite aus dem Darstellungstext die Gründe heraus, die zu dem Konflikt zwischen den Siedlern und Großbritannien führten.

2 Erläutere die Unabhängigkeitserklärung M2, indem du folgende Textanfänge verwendest: *Alle Menschen sind .../Diese Rechte sind im Einzelnen: .../Das Volk darf gegen ...*

3 a) Arbeite heraus, welchen Widerspruch der Verfasser von M3 beschreibt (Z. 11).

b) Nenne Textstellen, mit denen er diesen Widerspruch begründet.

4 Beurteile: Machte die Unabhängigkeitserklärung die USA zu einer freien und gleichen Gesellschaft?

Webcode: FG450068-055
Boston Tea Party

Auf welchen Grundlagen ruhte der neue Staat USA?

Die Siedler in Nordamerika hatten die Zahlung von Steuern verweigert und Krieg gegen ihren rechtmäßigen König geführt. Als freies und unabhängiges Volk nahmen sie sich das Recht, einen eigenen Staat zu gründen.
- ***Wie sah die neue Staatsform aus, auf die sich die Amerikaner einigten?***

M 1

„General George Washington Resigning His Commission", Ausschnitt aus einem Gemälde von John Trumbull, 1817. Das Gemälde ist heute im amerikanischen Parlament (Kapitol) zu sehen. Am 23. Dezember 1783 legte George Washington vor den Vertretern der 13 Staaten seine Kommandogewalt aus dem Unabhängigkeitskrieg nieder. Militärische Gewalt sollte der zivilen Gewalt untergeordnet sein.

Die Verfassung der USA

Die Unterzeichner der Unabhängigkeitserklärung vom 4. Juli 1776 handelten als Vertreter der dreizehn „Vereinigten Staaten von Amerika". Einen solchen Staat gab es zu jenem Zeitpunkt noch gar nicht, erst im Herbst 1777 entstand ein Bündnis, das den Aufbau der Wirtschaft und die Einführung einer gemeinsamen Währung vorantreiben sollte. Im Jahre 1787 kamen Abgesandte aus allen Staaten zusammen, um eine Bundesverfassung auszuarbeiten.

Viele Amerikaner standen einer zu starken Staatsgewalt aber misstrauisch gegenüber. Deshalb trat die Verfassung erst in Kraft, als sie durch einen Katalog von Bürgerrechten ergänzt wurde. Bis heute ist die Verfassung von 1787 die Grundlage des politischen Lebens in den USA. Zum ersten Präsidenten der Vereinigten Staaten wurde George Washington gewählt. Die neue Hauptstadt am Potomac-River erhielt seinen Namen.

In anderer Hinsicht standen die amerikanischen Ideale weiter nur auf dem Papier. Die Sklaverei in den Südstaaten wurde erst 1865, nach einem blutigen Bürgerkrieg der Nord- gegen die Südstaaten, abgeschafft. Die amerikanische Urbevölkerung wurde weiter verdrängt und nahezu vollständig ausgelöscht (siehe S. 58/59).

Trotz dieser Probleme wurden die USA zum bewunderten Vorbild für viele Menschen in Europa. Die erste Nation, die in Europa für dieselben Rechte und Freiheiten aufstand, war wenige Jahre später Frankreich.

M2

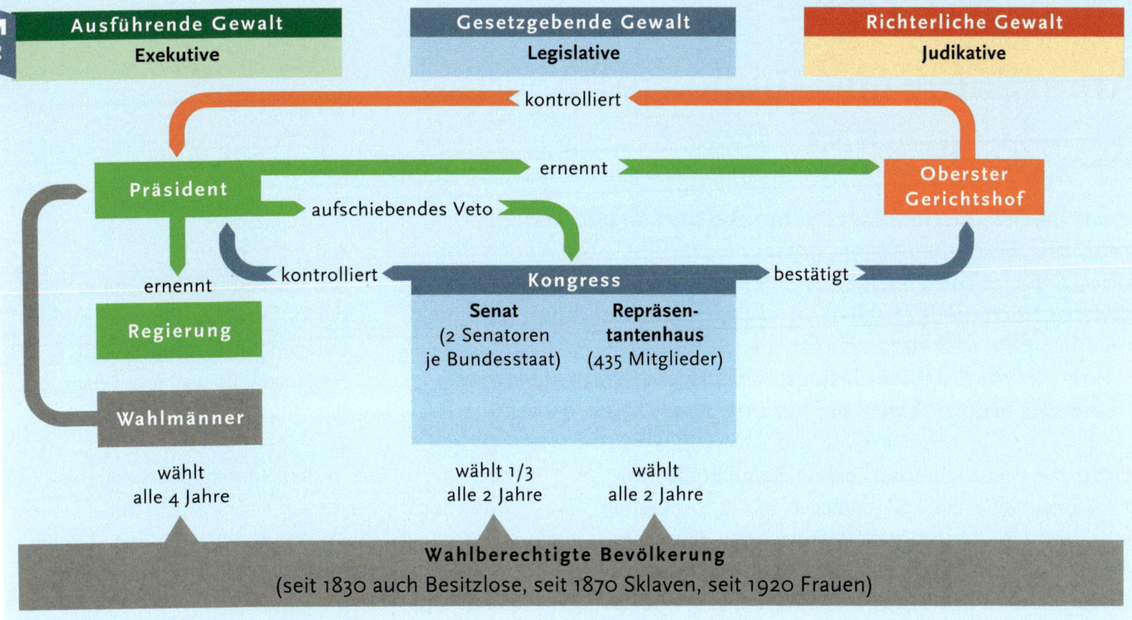

Die Verfassung der USA von 1787, Schaubild

M3

Bestimmungen aus der „Bill of Rights", dem Katalog der Bürgerrechte, die 1791 der amerikanischen Verfassung hinzugefügt wurden:

1. Der Kongress darf kein Gesetz verabschieden, das eine Staatsreligion einführt oder die freie Religionsausübung einschränkt – das die Freiheit der Rede oder die Pressefreiheit oder das Recht des Volkes, sich friedlich zu versammeln, einschränkt.

2. Da eine gut organisierte Miliz[1] für die Sicherheit eines freien Volkes notwendig ist, darf das Recht des Volkes, Waffen zu besitzen und zu tragen, nicht eingeschränkt werden ...

3. Das Recht des Volkes, dass Personen, Häuser, Dokumente und Besitz gegen ungerechtfertigte Durchsuchung und Beschlagnahmung sicher sind, darf nicht verletzt werden. Haftbefehle dürfen nur bei ausreichenden Gründen vollstreckt werden und müssen die Person, die verhaftet werden soll, genau kennzeichnen ...

5. Niemandem darf Leben, Freiheit und Besitz genommen werden ohne ein ordentliches Gerichtsverfahren. Privatbesitz darf nur gegen angemessene Entschädigung für den Gebrauch der Allgemeinheit enteignet werden.

8. Es dürfen weder überhöhte Geldstrafen noch grausame und unübliche Strafen verhängt werden.

Zit. nach Angela Adams/Willi Paul Adams (Hg.), Die Amerikanische Revolution und die Verfassung 1754–1791, München (dtv) 1987, S. 444ff. Sprachl. bearb. v. Verf.

[1] *bewaffnete Streitkräfte, die im Kriegsfall einberufen werden*

1 Ordne den einzelnen Artikeln der „Bill of Rights" (M3) die folgenden Begriffe zu: *Versammlungsfreiheit, Religionsfreiheit, Redefreiheit, rechtsstaatliches Gerichtsverfahren, Schutz des Privateigentums, Pressefreiheit*

2 **Wähle eine Aufgabe aus:**

a) Beschreibe das Schaubild M2.
Tipp: Folgende Formulierungen kannst du verwenden:
jemanden wählen/ernennen/entlassen/etwas bestätigen/ein Veto einlegen/Gewaltenteilung/die Amtszeit dauert ...

b) Erkläre mithilfe von M2, wie im amerikanischen System Absolutismus und Machtmissbrauch verhindert werden sollten.

3 Analysiere das Gemälde M1.
Tipp: Nutze die Arbeitsschritte „Bildquellen auswerten" auf S. 224.

4 Diskutiert in der Klasse, ob das Recht des Waffentragens ein Grundrecht des freien Bürgers sein soll.

Amerikanische Demokratie – ohne Rechte für alle?

In der amerikanischen Unabhängigkeitserklärung von 1776 steht, alle Menschen seien „gleich geschaffen". Die Regierung solle „Leben, Freiheit und das Streben nach Glück" der Bürger fördern. Doch die Menschen- und Bürgerrechte galten zunächst nur für weiße Männer.

- ***Wie war die Lage von Frauen, Ureinwohnern und Sklaven und was unternahmen sie, um ihre Position zu verbessern?***

Aufgabe für alle:
Sammelt eure Erkenntnisse über die Benachteiligung von Frauen, Sklaven und Ureinwohnern. Vergleicht sie mit dem Anspruch der Unabhängigkeitserklärung.

Politische, rechtliche und soziale Benachteiligung
Die Gründerväter der USA sprachen in der Verfassung zwar von den angeborenen Rechten aller Menschen, schlossen aber Sklaven davon aus. Das Wahlrecht galt nur für Männer mit Besitz, nicht für Frauen. Und die Gebiete der Ureinwohner („Native Americans") waren „Ausland", für das weder Verfassung noch Bürger- und Menschenrechte galten. Die politische, rechtliche und soziale Benachteiligung großer Bevölkerungsgruppen prägte die USA bis heute:

- Die Frauenrechtsbewegung kämpfte seit der zweiten Hälfte des 19. Jahrhunderts intensiv für das Frauenwahlrecht, das 1920 eingeführt wurde.
- Die Sklaverei war in den Nordstaaten verboten. In den Südstaaten bestand sie bis zum Ende des Bürgerkriegs 1865. Doch es dauerte noch über ein Jahrhundert, bis die Afroamerikaner zumindest rechtlich gleichgestellt waren.
- Die Ureinwohner wurden im 19. Jahrhundert ihres Landes und ihrer Lebensgrundlagen beraubt, als europäische Siedler nach Westen zogen. Sie wurden in Reservate abgedrängt und ihren Kulturen entfremdet. Erst Ende des 20. Jahrhunderts konnten die Native Americans ihr wiedergewonnenes Selbstbewusstsein in eine Politik für Gleichberechtigung umsetzen.

A

M 1

Abigail Adams war politisch sehr interessiert und engagierte sich für Frauenrechte.

A *Sie schrieb am 31. März 1776 an ihren Mann John:*
In dem Gesetzbuch, das ihr meiner Meinung nach notwendig machen müsst, solltet ihr – wie ich wünsche – an die Frauen denken und sie großzügiger und günstiger behandeln, als eure Vorfahren es taten. Gebt keine unbegrenzte Macht mehr in die Hände der Ehemänner. Erinnert euch, dass alle Männer Tyrannen wären, wenn sie könnten. Wenn den Frauen keine besondere Sorge und Berücksichtigung zuteil wird, sind wir entschlossen, einen Aufruhr zu schüren. Wir werden uns nicht durch irgendwelche Gesetze gebunden fühlen, bei denen wir kein Stimm- oder Vertretungsrecht haben.

B *John antwortete am 14. April 1776:*
Was dein außerordentliches Gesetzbuch betrifft, so kann ich nur lachen. Man hat uns erzählt, dass unser Kampf überall die Bande der Obrigkeit gelockert habe, dass Kinder und Lehrlinge ungehorsam würden, dass Schulen und Universitäten aufgewühlt würden, dass Indianer ihre Wächter missachten und Neger unverschämt gegen ihre Herren würden. Aber dein Brief war der erste Hinweis, dass noch ein anderer Klüngel – zahlreicher und mächtiger als alle anderen – zur Unzufriedenheit herangezüchtet wird. ... Verlass dich darauf, wir wissen etwas Besseres, als unsere männlichen Einrichtungen außer Kraft zu setzen ... und uns völlig dem Despotismus der Unterröcke untertänig zu machen.

Zit. nach: Bodo von Borries, Im „Paradies der Frauen"?, in: Anette Kuhn u. a. (Hg.): Fachwissenschaftliche Beiträge zur Sozialgeschichte der Frauen, Bd. II, Düsseldorf (Schwann) 1986, S. 129f.

1 Erläutere Abigail Adams' Meinung über Männer und erkläre ihre Vorschläge für Frauenrechte (M1A).

2 Charakterisiere die Haltung, die John Adams zu den Vorschlägen seiner Frau einnimmt.

B

Widerstand gegen die Sklaverei

Zu größeren Aufständen gegen die Sklaverei kam es nicht. Doch viele Sklaven praktizierten alltäglichen Widerstand. Dieser reichte von Gewalt gegen Plantagenbesitzer über Arbeitsverweigerung bis zur Zerstörung von Arbeitsgeräten. Tausende Sklaven entzogen sich der Ausbeutung und Misshandlung auf den Plantagen durch Flucht. Daraus entstand die „Underground Railroad", ein Netzwerk weißer und afroamerikanischer Fluchthelfer, dem es gelang, bis Mitte des 19. Jahrhunderts mehr als 100 000 Sklaven zur Flucht in den Norden zu verhelfen. Unter der Losung „Sklaverei ist Sünde" formierte sich seit 1830 eine breite religiös-politische Bewegung in den USA, die sich für das Verbot der Sklaverei in allen Bundesstaaten einsetzte. Auch nach dem Verbot der Sklaverei 1865 setzte sie ihre Aktivitäten gegen die Diskriminierung der Afroamerikaner fort und wurde eine Wurzel der Bürgerrechtsbewegung der 1960er Jahre.

M 3 *„Bin ich kein Mensch und Bruder?", Bild der Anti-Sklaverei-Bewegung, 1780*

M 2 **Afroamerikaner in den USA**

Jahr	Afroamerikaner (in Tausend)		
	gesamt	versklavt	frei
1790	757	698	60
1810	1378	1191	186
1830	2329	2009	320
1850	3639	3204	435
1860	4442	3954	488

United Bureau of the Census, Historical Statistics, Washington 1975, Serie A 94, A. 119, Z 1.

1 Erkläre, was M2 über die Entwicklung der Sklaverei in den USA 1790–1860 aussagt.
2 Diskutiert den individuellen und politischen Widerstand gegen die Sklaverei (M3, Darstellungstext).

C

M 4 **Die Cherokee sollten 1830 umgesiedelt werden, weil man Gold in ihrem Gebiet fand. Ihr Rat schrieb an die USA:**

Wir sind nicht willens umzusiedeln. Und wenn wir zu diesem Äußersten gezwungen werden können, so geschähe dies nicht aufgrund von Argumenten … und auch nicht, weil unsere Lebensbedingungen dadurch verbessert werden. Wir können es nicht ertragen, unserer nationalen und individuellen Rechte beraubt zu werden und einem Prozess intoleranter Unterdrückung unterworfen zu sein. Wir wünschen im Land unserer Väter zu bleiben. … Die Verträge mit uns und die Gesetze der Vereinigten Staaten garantieren unseren Aufenthalt in diesen Gebieten … und schützen uns gegen alle Eindringlinge. Unsere einzige Bitte ist, dass diese Verträge erfüllt und die bestehenden Gesetze ausgeführt werden. Sollten wir aber gezwungen werden, unser Land zu verlassen, so sehen wir nichts als den Untergang vor uns.

Cherokee Nation, Cherokee Address, Nile Weekly Register, 21. August 1830, zit. nach: Praxis Geschichte (Westermann), März 2008, S. 24ff., übers. v. H. Mannigel.

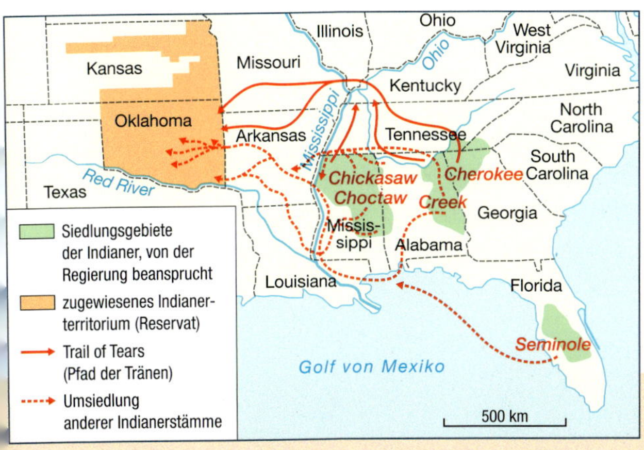

M 5 *Zwangsumsiedlung der Indianer 1830–1840 („Trail of Tears")*

1 Stelle die Argumente der Cherokee gegen die Umsiedlung zusammen (M5). Nimm dazu Stellung.
2 Beschreibe die Umsiedlung der Cherokee (M5). Recherchiere, wie es ihnen währenddessen und danach erging.

Webcode: FG450068-059
Trail of Tears – Pfad der Tränen

Warum geriet Frankreich in die Krise?

Bis in die Frühe Neuzeit war die französische Gesellschaft in drei Stände gegliedert, an deren Spitze ein Monarch stand. Diese alte Ordnung wurde im 18. Jahrhundert immer stärker kritisiert.

- ***Hier kannst du untersuchen, wie es zur Krise des französischen Absolutismus kam.***
- ***Du kannst herausfinden, wer sich benachteiligt fühlte und Reformen forderte.***

M 1

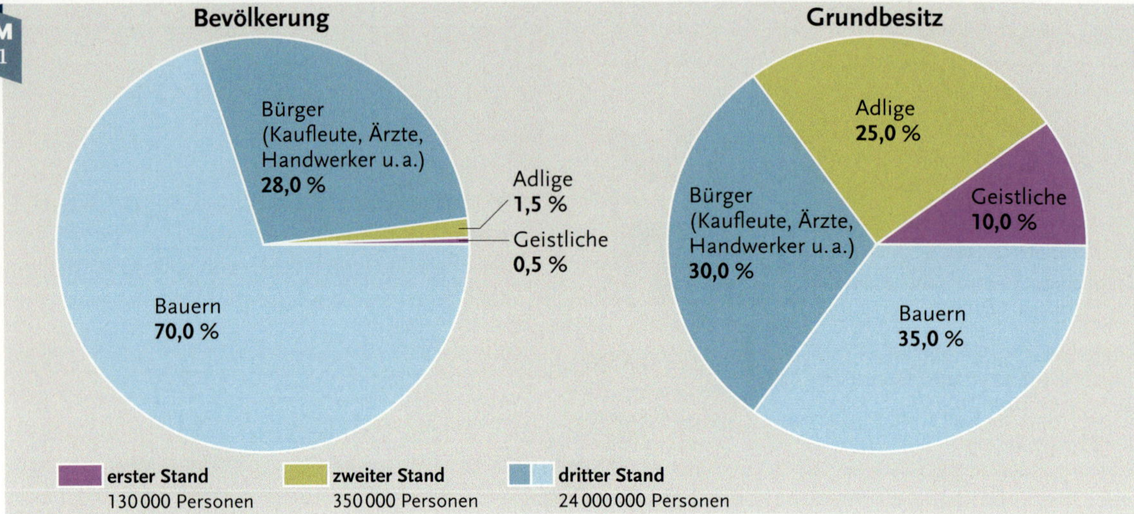

Die französische Ständegesellschaft (links) und die Verteilung des Grundbesitzes um 1780 (rechts)

Privilegien für wenige: Klerus und Adel

Als Ludwig XVI. 1774 den Thron bestieg, erbte er einen riesigen Schuldenberg. Um ihn abzubauen, erhob er immer neue Steuern. Damit sorgte er für Empörung in der Bevölkerung, denn die Steuerlast war ungleich verteilt: Klerus und Adel bezahlten fast nichts, während die Mehrheit, der „dritte Stand", hohe Steuern entrichten musste. Besonders die obere Schicht der Bürger wie Kaufleute, Beamte oder Unternehmer waren stark belastet. Alle Versuche der Finanzminister, den Adel und Klerus ebenfalls zur Steuerzahlung zu zwingen, scheiterten an deren Widerstand.

Dazu kam eine weitere Ungleichheit: Die Bürger waren wichtig für das Funktionieren des Staates, hatten aber politisch nichts zu sagen. Alle hohen Posten in Justiz, Militär und Kirche waren nämlich von Adligen besetzt. Bestärkt durch die Ideen der Aufklärer forderten die Bürger Reformen. Sie wollten politische Mitbestimmung und Gleichheit vor dem Gesetz. Ihren Forderungen verliehen sie in Schriften, Karikaturen und Flugblättern Ausdruck. Viele forderten die Wahl einer Volksvertretung. Zweifel an der absoluten Herrschaft des Königs wurden laut.

Die „Generalstände" sollen eine Lösung finden

Zwischen 1780 und 1789 verschärfte sich die Lage noch. Die Lebenshaltungskosten in Frankreich stiegen stark an. Tagelöhner, Arbeiter und Handwerker mussten den größten Teil ihres Einkommens für Brot ausgeben. Noch elender sah das Leben der meisten Bauern aus. Steuern, Abgaben und Frondienste für ihre Grundherren nahmen ihnen das Wenige, das sie erwirtschafteten. Missernten führten zu Hungerunruhen.

Doch der Staat brauchte Geld. Sollte der dritte Stand noch mehr Steuern zahlen? Oder ließen sich Adel und Klerus überzeugen, auch einen Beitrag zum Wohle des Staates zu leisten? Darüber sollte eine große Versammlung der drei Stände beraten. Diese Versammlung der „Generalstände" wurde im Mai 1789 in Versailles einberufen – das erste Mal nach 175 Jahren. Die Teilnehmer waren aufgerufen, die Beschwerden der Bevölkerung ihrer Landkreise zu sammeln und nach Versailles mitzubringen.

M 2

Die Bäuerin unter der Grundherrschaft, anonyme Karikatur aus Frankreich, 1789

M 3

Beschwerden der Bauern aus Letteguives in der Normandie (1789):

2. Die Großbauern bestimmen die Lebensmittelpreise und damit das Schicksal der Allgemeinheit. Sie halten das Getreide teilweise Jahre zurück und spekulieren damit … Wegen des hohen Getreidepreises wird es kaum noch gehandelt. Wenn man Brot gekauft hat, bleibt kein Geld mehr für den Kauf anderer Lebensmittel übrig. Einige wenige können sich gerade die Hälfte der nötigen Nahrung kaufen. Andere haben gar nichts und sterben an Hunger.

9. Großen Ärger erzeugt die Tatsache, dass die Armen für ihren Platz auf der Kirchenbank bezahlen müssen, damit die Kirche eine zusätzliche Einnahme hat.

10. Wir fordern das Ende des Getreideexports.

14. Die Salzsteuer sollte abgeschafft werden und der Verkauf von Salz sollte freigegeben werden.

15. Die Bestimmungen zur Wahl der Gemeindeversammlung sollen geändert werden. Der König soll zur Vermeidung der Korruption[1] erlauben, dass auch Repräsentanten gewählt werden können, die weniger als 30 Pfund Steuern im Jahr zahlen.

16. Alle drei Stände sollen gemäß ihren Einkünften Steuern zahlen.

18. Der König wird inständig gebeten, alle fünf Jahre die Generalstände einzuberufen, damit er von unserem Unglück erfährt.

Cahiers de doléances du Tiers État du Bailliage de Rouen pour les États généraux de 1789, Band II, Paris 1957, S. 212. Übers. v. Verf.

[1] *Bestechung, Bestechlichkeit*

M 4

Aus dem Beschwerdeheft der Bauern von Colmare in der Normandie (1789):

Nur die Adligen haben das Recht, auf die Jagd zu gehen. Wir verlangen, dass Hasen und Kaninchen, die uns die Ernte wegfressen, von uns Bauern getötet werden dürfen.

Cahiers de doléances du Tiers État du Bailliage de Rouen pour les États généraux de 1789, Band II, Paris 1957, S. 240f. Übers. v. Verf.

M 5

Aus einem Beschwerdeheft (1789):

Ein Adliger kann keinen Bauern vertreten und ein Bauer keinen Adligen. Also kann erst recht kein Mann die Frauen vertreten. Können Frauen durch jemand anderen als durch eine Frau vertreten werden? Wie ist es möglich, dass die Philosophie der Aufklärung zur Lage der Frauen schweigt und die Frauen weiterhin von oben herab und ungerecht behandelt werden?

Jean-Pierre Bertaud, La vie quotidienne en France au temps de la Révolution 1789–1795, Paris 1983, S. 185. Übers. v. Verf.

1 Untersuche M1. Erläutere die Probleme, die sich für Frankreich ergeben.
2 Gestalte zu M2 Sprechblasen, die die Situation der drei Stände wiedergeben.
3 **Wähle eine Aufgabe aus:**
   a) Arbeite aus M3 bis M5 in zwei Spalten die deiner Meinung nach wichtigen und eher unwichtigen Forderungen heraus. Begründe deine Entscheidungen.
   b) Gestalte ein Flugblatt mit den Forderungen des dritten Standes (M3–M5).
4 Erläutere die Beschwerde M5.
5 Beantworte die Frage aus der Überschrift. Begründe deine Antwort mit Informationen dieser Doppelseite.

Frankreich: Die drei Revolutionen des Sommers 1789

Die Not der französischen Bevölkerung wuchs, die Ausgaben des Königs stiegen und die aufgeklärten Bürger äußerten immer schärfere Kritik. Im Sommer 1789 spitzte sich die Lage in Frankreich zu. Historiker fassen die Ereignisse mit dem Begriff Revolution zusammen.

- ***Wie verlief die Französische Revolution von 1789?***
- ***Welche Gruppen waren beteiligt und was waren ihre Ziele?***

1. Revolution: Der dritte Stand erhebt sich

Die Berater König Ludwigs XVI. (1754–1793) hatten zur Lösung der Finanzkrise empfohlen, die Generalstände einzuberufen (siehe S. 60/61). Im Februar und März 1789 wählten deshalb alle drei Stände ihre Abgeordneten. Sie kamen am 5. Mai 1789 zur feierlichen Eröffnungssitzung in Versailles zusammen. In seiner Rede ging Ludwig XVI. jedoch nicht auf die umfassenden Beschwerden der Bevölkerung ein. Einige Wochen verhandelten die Generalstände ohne jeden Erfolg. Schließlich verloren die Abgeordneten des dritten Standes die Geduld. Sie wollten Steuererhöhungen nur zustimmen, wenn sie dafür Grundrechte wie Rede-, Gewissens- und Pressefreiheit und Gleichheit vor dem Gesetz erhielten. Gemeinsam mit Gleichgesinnten des ersten und zweiten Standes erklärten sie sich zur Nationalversammlung. Als der König deshalb wenige Tage später ihren Versammlungsraum schließen ließ, wichen die Abgeordneten in das Ballhaus des Hofes aus. Dort schworen sie sich, so lange nicht auseinanderzugehen, bis Frankreich eine Verfassung* habe. Mit dieser Verfassungsrevolution erklärte die Nationalversammlung die absolutistische Herrschaft und die Ständegesellschaft in Frankreich für abgeschafft. Ludwig XVI. ließ als Reaktion etwa 20 000 Soldaten um Paris zusammenziehen.

2. Revolution: Die städtische Revolution

Als die Menschen von den Truppenbewegungen hörten, gerieten sie in höchste Aufregung. Viele Einwohner bewaffneten sich. Am 14. Juli stürmte eine Menschenmenge die Bastille, das königliche Gefängnis in Paris, wo sie glaubte, Waffen zu finden (siehe S. 40/41). Die Festung mitten in der Stadt galt als ein Symbol der absolutistischen Herrschaft. Zum Schutz von Paris bildeten die Einwohner eine revolutionäre Bürgerwehr, die Nationalgarde. Auch in vielen anderen Städten verjagten die Bürger königliche Beamte und traten der königlichen Armee mit Gewalt entgegen. Damit hatte sich die Revolution auf die Straßen verlagert. Die Revolutionäre forderten Freiheit, Gleichheit und Brüderlichkeit (franz.: Liberté - Égalité - Fraternité).

M 1

Schwur im Ballhaus am 20. Juni 1789, Kupferstich aus dem Jahr 1820 von Jean-Pierre-Marie Jazet nach einer Federzeichnung von Jacques-Louis David

M 2

Ein Augenzeuge berichtete über den 14. Juli 1789:
Die Wut flammt auf. Nun gibt es in Paris nur noch einen Schrei: Zu den Waffen! ... Die Menge und die Verwegensten [Draufgänger] begeben sich zum Invalidenhaus [hier lebten ältere Soldaten, und Waffen der Armee wurden hier aufbewahrt]; man verlangt Waffen vom Gouverneur ... Kaum hat man Waffen, so geht's zur Bastille. Der Kommandant, Graf de Launay, der gewiss überrascht war, hunderttausend Flinten und Bajonette zu sehen, muss sehr in Verwirrung gewesen sein. Man knallt ein oder zwei Stunden drauflos, man schießt von den Türmen herunter, was sich dort sehen lässt; Graf Launay ergibt sich; er lässt die Zugbrücke herunter, aber er zieht sie sofort wieder hoch und schießt mit Kartätschen [Munition] drein ... binnen einer halben Stunde ist der Platz im Sturm genommen. Es grenzt ans Wunderbare, um halb drei Uhr war die Bastille schon genommen. Die Bastille hätte sich sechs Monate halten können, aber sie wurde von Bürgersleuten und führerlosen Soldaten genommen, ohne einen einzigen Offizier! ... Herrn de Launay macht man zum Gefangenen ... und ein Schlächter schneidet ihm den Kopf ab.

Zit. nach Wolf Dietrich Behschnitt, Die Französische Revolution, Stuttgart (Klett) 1979, S. 44. Vom Verf. gekürzt.

Revolution
Als Revolution (lat. revolutio = Umwälzung) bezeichnet man einen absichtlichen, zeitweise gewaltsamen und raschen Umsturz der bestehenden politischen und gesellschaftlichen Ordnung. Unterstützt wird eine Revolution durch breite Bevölkerungsschichten.

Webcode: FG450068-063
Französische Revolution

3. Revolution: Die Revolution der Bauern

Die Nachricht von den Ereignissen in Paris löste bei der Landbevölkerung Panik aus. Sie hatte Angst vor einer Verschwörung des Adels, zudem kursierten Gerüchte über plündernde Räuberbanden. Seit Monaten hatte sich ihre Lage nicht verbessert – Hunger und Armut bestimmten ihren Alltag. Aus Not weigerten sich viele, Steuern zu zahlen. Auch die Bauern wählten jetzt den Weg der Gewalt und erstürmten an vielen Orten mit Dreschflegeln, Stöcken und Mistgabeln bewaffnet die Schlösser und Klöster ihrer Grundherren. Dort verbrannten sie Urkunden über Grundbesitz, Abgaben und verhasste Frondienste. Die Nachrichten über die Bauernrevolte führten in Paris zu Bestürzung. Weil die Nationalversammlung fürchtete, dass die Lage völlig außer Kontrolle geraten könnte, beschloss sie über Nacht die Abschaffung der Privilegien des ersten und zweiten Standes.

M 3

Bauern stürmen das Schloss ihres Grundherrn. Stich eines unbekannten Künstlers

1 Analysiere M1. Ordne einzelnen Personen deiner Wahl Sprechblasen zu, in denen du ihre möglichen Ausrufe festhältst.

2 Erkläre anhand des Darstellungstextes sowie von M1, M2 und M3, worin sich die einzelnen Revolutionen des Sommers unterscheiden.

3 **Wähle eine Aufgabe aus:**
Du bist Journalist im Jahre 1789 und sollst in einem Zeitungsartikel über folgende Ereignisse berichten:
a) Im Ballhaus. Nutze dazu den Darstellungstext und M1.
b) Um die Bastille. Nutze dazu M2 und S. 40/41.
c) Auf dem Land. Beziehe dazu das Bild M3 mit ein.

4 Arbeite aus dem Darstellungstext Kennzeichen einer Revolution heraus.

Zusatzaufgabe: siehe S. 211.

Eine Karikatur analysieren

Karikaturen begegnen dir überall: in Zeitschriften und Zeitungen, auf Internetseiten oder auch als Quellen in deinem Schulbuch. Um eine Karikatur vollständig verstehen und beurteilen zu können, musst du sie genau beschreiben, einordnen und deuten. Wie dies funktioniert, kannst du auf dieser Doppelseite herausfinden.

M1

1 Es lebe der König, es lebe die Nation

2 Égalité et Liberté (Gleichheit und Freiheit)

3 Soulagement du Peuple (Erleichterung für das Volk)

4 Landessteuern (von allen drei Ständen zu zahlen)

5 unermüdlich

6 gefüllt mit Mut

7 Kokarde: das Symbol der Revolution

8 Paix et Concorde (Frieden und Einigkeit)

9 um die Nation zu schützen

„Wusste ich doch, dass ich auch mal drankomme", anonyme Karikatur, Juli 1789

Karikaturen

Karikaturen (von ital. caricare = etwas überladen, übertreiben) sind bildliche Darstellungen, bei denen gesellschaftliche, wirtschaftliche und politische Zustände oder Ereignisse bewusst übertrieben und bis ins Lächerliche verzerrt werden – es wird Kritik geübt. In Europa erschienen die ersten Karikaturen während der Reformation.

In der zweiten Hälfte des 18. Jahrhunderts entstanden in Frankreich Tausende von Karikaturen, die die politischen Zustände im Land kritisierten. Die Bilder waren beliebt, weil sie die Privilegierten und das Königshaus aufs Korn nahmen. Nur wenige Menschen konnten zu jener Zeit lesen und schreiben. Daher wurden die Karikaturen auf Flugblätter gedruckt, und die Ideen der Aufklärer fanden im ganzen Land Verbreitung.

1 Beschreibe und deute die Karikatur M1 mithilfe der Arbeitsschritte S. 65. Ergänze die Lösungshinweise in der rechten Spalte.

2 Vergleiche die Karikatur M1 mit S. 61, M2.

M 2

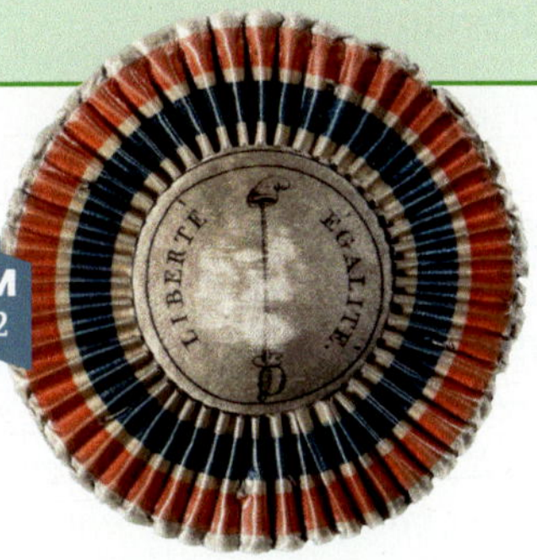

Kokarde. Blau und Rot waren die Stadtfarben von Paris, Weiß die Farbe des Königs. Auf dem Degen eine Mütze, die im Altertum von freigelassenen Sklaven getragen wurde.

Arbeitsschritte „Eine Karikatur analysieren“

Ersten Eindruck festhalten	**Lösungshinweise zu M1**
1. Wie wirkt die Karikatur auf dich?	• *Notiere Gedanken und Ideen, die dir beim ersten Betrachten einfallen.*
Einzelne Text- und Bildelemente beschreiben	
2. Welche Personen, Gegenstände und anderen Details lassen sich erkennen? Achte auf den Gesichtsausdruck, die Kleidung und die Körperhaltung. Beziehe die Beschriftungen neben der Karikatur mit ein.	• *Ein ärmlich gekleideter Mann, vermutlich ein Bauer, sitzt auf dem Rücken eines Adligen, der sich an einem Priester festhält. Der Bauer sagt ...* • *Die Umkehrung der alten politischen Verhältnisse zeigt sich daran, dass ...* • *Die Rebhühner am Boden und der Hase deuten an, dass das Vorrecht der Adligen für die Jagd entfallen ist. Alle drei Personen tragen die revolutionäre Kokarde, bei der allerdings die Farbe Weiß fehlt. Das könnte bedeuten, dass ...* • *Die einzelnen Beschriftungen lauten ...*
Zusätzliche Informationen heranziehen und erste Deutung vornehmen	
3. Wer ist der Zeichner?	• *anonyme Karikatur = unbekannter Künstler*
4. Wann und wo ist die Karikatur entstanden?	• *Sie ist im Juli 1789 entstanden, vermutlich in Paris.*
5. Gibt es einen Titel?	• *Der Titel lautet ...* • *Damit will der Zeichner ausdrücken ...*
6. Welches Thema hat die Karikatur?	• *Der dritte Stand in der Person eines Bauern kehrt die Ständeordnung um.*
7. Welche Bedeutung haben die Personen und Gegenstände?	• *Die drei Personen stehen jeweils für einen Stand. Die Gegenstände und die erlegten Tiere unterstreichen den Anspruch des dritten Standes auf ...*
8. Auf welches Ereignis bezieht sich die Karikatur?	• *Wiederhole deine Kenntnisse über die Ständegesellschaft und über die Situation in Frankreich im Sommer 1789.*
Aussage formulieren	
9. Was ist die Botschaft?	• *Eine Revolution kann die politischen Machtverhältnisse umkehren.*
10. Was wird kritisiert?	• ...
11. Welche Wirkung könnte die Karikatur haben?	• *Die Mitglieder des dritten Standes sollen sich mit dem Bauern identifizieren und eine Revolution beginnen.*

Die Menschen- und Bürgerrechte: Forderungen der Aufklärer werden Gesetz

In der Amerikanischen und Französischen Revolution wurden erstmals Ideen der Aufklärung in Gesetze gefasst, nach denen Menschen „von Natur aus" und weltweit mit unveräußerlichen Rechten ausgestattet sind. Dazu zählen die Menschenwürde, Meinungs- und Religionsfreiheit sowie die Gleichheit vor dem Gesetz. Bis heute werden die Menschenrechte immer wieder verletzt.

- *Welche Bedeutung hatte die Erklärung der Menschenrechte von 1789?*

M 1 *Die Erklärung der Menschen- und Bürgerrechte, Ölgemälde von Jean-Jacques-François Le Barbier, 1789/90. Die Erklärung wurde in Flugschriften tausendfach im Land verbreitet. Das Dreieck steht für das Auge Gottes, die Figur links stellt die Nation dar. Die Pike (Spieß) in der Mitte trägt die rote Mütze der freigelassenen Sklaven. Der Engel verkündet die neue frohe Botschaft.*

Ein wegweisender Beschluss

Nur wenige Tage nach der Abschaffung der Feudalrechte* benannte sich die Nationalversammlung in „Verfassunggebende Nationalversammlung" um. Als die Nationalversammlung am 26. August 1789 die „Erklärung der Menschen- und Bürgerrechte" verabschiedete, bedeutete dies das Ende der alten Ordnung des absolutistischen Staates und zeigte das neue Selbstbewusstsein der Bürger. Nach dem Willen der französischen Abgeordneten wollte man noch einen Schritt weitergehen als in Amerika 1776 und beanspruchte die weltweite Gültigkeit der Menschenrechte.

Sind doch nicht alle gleich?

Die Begeisterung für die Bürgerrechte nahm kurz nach ihrer Einführung jedoch ab: Die rund 600 000 Protestanten in Frankreich erhielten die staatsbürgerlichen Rechte erst am 14. Dezember 1789. Den rund 50 000 Juden Frankreichs wurden die Bürgerrechte noch später verliehen: den im Süden des Landes lebenden Familien („Sepharden") im Januar 1790 und den Juden in Nordfrankreich erst im September 1791. Heftige Debatten gab es bei der Frage, ob die Sklaverei in den Kolonien durch die Erklärung der Menschenrechte abgeschafft sei. Nachdem den Sklaven in den Kolonien der Karibik die Menschenrechte zunächst zugestanden worden waren, hob die Nationalversammlung die Beseitigung der Sklaverei auf Antrag der Plantagenbesitzer wieder auf. Einer der Gründe war, dass die Zuckerlieferungen nach Frankreich nach der Befreiung der Sklaven eingebrochen waren.

Den französischen Arbeitern wurde das Recht auf Streiks (Arbeitsniederlegungen) untersagt. Große Teile des Volkes waren von der politischen Mitbestimmung ausgeschlossen, denn nur wer eine gewisse Summe an Steuern zahlte, durfte das Wahlrecht ausüben. Abgeordneter konnte man nur werden, wenn man Grundbesitz besaß und Steuern zahlte. Kritiker sprachen davon, dass der alte Adel durch einen neuen Geldadel ersetzt worden sei.

M 2

Medaillon zur Sklavenbefreiung, 1789. Die französische Aufschrift heißt übersetzt: Freiheit auch für mich.

M 3

1989 erweiterten die Vereinten Nationen die Erklärung der Menschenrechte um weltweit geltende Kinderrechte, Plakat, o. J.

M 4

Die „Erklärung der Menschen- und Bürgerrechte" vom 26. August 1789

Die 17 Artikel wurden später der Verfassung von 1791 vorangestellt:

Art. 1: Die Menschen sind und bleiben von Geburt an frei und gleich an Rechten ...

Art. 2: Das Ziel einer jeden politischen Vereinigung besteht in der Erhaltung der natürlichen und unantastbaren Menschenrechte. Diese Rechte sind Freiheit, Eigentum, Sicherheit und Widerstand gegen Unterdrückung.

Art. 3: Die Nation bildet den hauptsächlichen Ursprung jeder Souveränität[1] ...

Art. 4: Die Freiheit besteht darin, alles tun zu können, was dem anderen nicht schadet ...

Art. 7: Kein Mensch kann anders als in den gesetzlich ... verfügten Fällen und vorgeschriebenen Formen angeklagt, verhaftet und gefangengenommen werden ...

Art. 10: Niemand darf wegen seiner Meinung, selbst religiöser Art, belangt werden ...

Art. 11: Die freie Mitteilung der Gedanken und Ansichten ist eines der kostbarsten Menschenrechte; jeder Bürger kann daher frei schreiben, reden und drucken, unter Vorbehalt des Missbrauchs dieser Freiheit ...

Art. 16: Eine Gesellschaft, in der die Garantie der Rechte nicht gesichert und die Gewaltenteilung nicht festgelegt ist, hat keine Verfassung.

Art. 17: Da das Eigentum ein unverletzliches und heiliges Recht ist, kann es niemandem genommen werden, außer im Falle öffentlicher Notwendigkeit unter der Bedingung einer gerechten ... Entschädigung.

Zit. nach Geschichte in Quellen, Bd. 4, hg. v. Wolfgang Lautemann u. a., München (bsv) 1981, S. 199ff. Bearb. v. Verf.

[1] *der höchsten Gewalt*

1 Beschreibe M1 und erkläre die verwendeten Symbole.

2 Erläutere an zwei Artikeln aus M4 den Zusammenhang zwischen den Ideen der Aufklärung und der Erklärung der Menschenrechte.

3 Stelle mithilfe des Darstellungstextes (Z. 20 ff.) und M2 die Haltung der französischen Nationalversammlung zu den Sklaven dar.

4 Bewerte am Beispiel von M3 die Bedeutung der Erklärung der Menschenrechte für die Gegenwart.

5 **Recherche:** Finde eine Organisation, die sich heute für Menschenrechte einsetzt und stelle sie in der Klasse vor.

Zusatzaufgaben: siehe S. 212.

Ein Verfassungsschaubild auswerten

Die Abgeordneten im Ballhaus hatten geschworen, erst auseinanderzugehen, wenn eine Verfassung geschaffen worden war. Alle waren sich einig, die Monarchie beizubehalten. Aber aus der absoluten Monarchie sollte eine „konstitutionelle Monarchie“ werden, nach dem lateinischen Wort „constitutio“ für Verfassung. Die neue Verfassung enthielt viele Gedanken der Aufklärung und veränderte die Stellung des Monarchen.
Verfassungen bestehen aus komplizierten Gesetzen, die man durch Schaubilder verständlich machen kann. Wie du so ein Verfassungsschaubild auswerten kannst, lernst du auf dieser Seite.

Von der absoluten zur konstitutionellen Monarchie

Am 3. September 1791 trat die Verfassung in Kraft, an der die französische Nationalversammlung seit 1789 gearbeitet hatte. Sie begrenzte die absolute Macht des Königs. Die neue Staatsform war eine konstitutionelle Monarchie*. Ihre Verfassung garantierte allen Bürgern Freiheit und Gleichheit vor dem Gesetz. Die Gesetze wurden von der Nationalversammlung verabschiedet, und alle Richter mussten nach ihnen urteilen. Auch für den König waren die Gesetze bindend. Sein neuer Titel lautete nun „König von Gottes Gnaden und der Staatsverfassung“.

Die Verfassung bringt Neuerungen im Alltag

An die Stelle der alten Provinzen traten 83 etwa gleich große Bezirke (Départements), die sich selber verwalteten. Jeder Bürger sollte längstens einen Tag zu Pferd unterwegs sein, um an seinen Ort des Gerichts und der Wahlen zu gelangen. Ein einheitliches Steuersystem ersetzte die vielen Sonderrechte der ehemaligen Provinzen. Im Alltag mussten sich die Menschen an neue Maße und Gewichte gewöhnen, denn diese wurden auf das Dezimalsystem umgestellt. Liter, Gramm und Meter galten nun im gesamten Land.
Ein oberster Gerichtshof in Paris sorgte für eine einheitliche Rechtssprechung in ganz Frankreich. Alle Schulen wurden unter staatliche Aufsicht gestellt. Die standesamtliche Trauung wurde eingeführt („Zivilehe“) und Ehescheidungen wurden ab September 1792 erlaubt.

M 1

Die französische Verfassung von 1791: eine konstitutionelle Monarchie

Arbeitsschritte „Ein Verfassungsschaubild auswerten“

Einzelne Elemente der Abbildung erfassen	Lösungshinweise zu M1
1. Welche Fachbegriffe werden genannt?	• *Vetorecht, Départements, Aktiv- und Passivbürger …*
2. Welche Bedeutung haben Farben, Pfeile etc.?	• …
Formale Aspekte	
3. Wie ist das Schaubild zu lesen (von unten nach oben, von links nach rechts)? Verändert sich die Aussage, wenn ich einen anderen Einstieg nutze?	• *alle Zugangsweisen sind denkbar; die Aussagen ändern sich dadurch nicht*
Inhalt erschließen	
4. Welche Verfassungsorgane sind dargestellt?	• *König, Minister, …, Nationalversammlung …*
5. Wie ist die Gewaltenteilung umgesetzt?	• *ausführende Gewalt/Exekutive = König, Minister, Verwaltung und Beamte;* *gesetzgebende Gewalt/Legislative = Nationalversammlung;* *richterliche Gewalt/Judikative = Hochgericht …* • *König: Vetorecht, Oberbefehl über die Armee …*
6. Wer kontrolliert wen?	• *Nationalversammlung: kontrolliert Minister …* • *Hochgericht: Anklage gegen Minister …*
7. Wer darf wen wie oft wählen?	• *Aktivbürger wählen aller zwei Jahre Wahlmänner, die wiederum die Nationalversammlung wählen*
8. Um welche Staatsform handelt es sich?	• *… Monarchie*
Aussagen überprüfen	
9. Sind die Angaben im Verfassungsschema historisch richtig?	• *Recherche, z. B. im Internet*
Urteilen	
10. Erkennt man „Stärken“ und „Schwächen“ dieser Verfassung?	• *Stärken: …* • *Schwächen: z. B. Wahlrecht nicht für alle*
11. Welche Fragen stellst du dir nach dem Untersuchen des Schaubildes? Was ist unklar?	• …

1 Analysiere M1 mithilfe der Arbeitsschritte aus der Tabelle. Kläre unbekannte Begriffe und vervollständige die fehlenden Einträge.

2 Nenne ein Beispiel dafür, dass aufklärerische Gedanken in die Verfassung von 1791 Eingang gefunden haben.

3 **Wähle eine Aufgabe aus:**

a) Erkläre die Stellung des Königs in der Verfassung und arbeite Unterschiede zur absoluten Monarchie heraus.

b) Erläutere unter Berücksichtigung des Darstellungstextes und M1, warum Ludwig XVI. kein Anhänger der Revolution war.

Aus der Republik wird eine Schreckensherrschaft

Mit den Ereignissen im Sommer 1792, die ihren Höhepunkt in der Ausrufung der Republik und der Hinrichtung Ludwigs XVI. fanden, veränderte sich die Revolution. Neue Personen und Gruppen übernahmen die Führung, die Gewalt und Schrecken als politische Mittel wählten.

- *Was waren die Merkmale dieser Schreckensherrschaft?*

M 1

Verhör vor einem Revolutionsgericht, Radierung, 1794

Krieg und Hinrichtung des Königs

Die königliche Familie versuchte im Juni 1791 außer Landes zu fliehen, wurde aber erkannt und nach Paris zurückgebracht. Dort stand sie nun unter Arrest. Die Herrscher Preußens und Österreichs drohten zum Schutz des Königs mit einem Einmarsch in Frankreich. Daraufhin erklärte ihnen die Nationalversammlung im April 1792 den Krieg: Die Revolutionsheere besetzten nach anfänglichen Niederlagen die Niederlande und das linke Rheinufer. In dieser für Frankreich gefährlichen Lage beschloss die Nationalversammlung ihre eigene Auflösung und Neuwahlen für einen „Nationalkonvent“, der eine republikanische Verfassung ausarbeiten sollte. Die Abgeordneten, die im September 1792 im „Nationalkonvent“ zusammentraten, waren jünger und radikaler als ihre Vorgänger. Sie verurteilten König Ludwig und seine Frau mit knapper Mehrheit zum Tode. Der König wurde am 21. Januar 1793 hingerichtet.

Jakobiner und Girondisten

Im Nationalkonvent bestimmten die Gruppen der Jakobiner und der Girondisten die Politik. Die Jakobiner, nach ihrem Versammlungsort, einem Jakobinerkloster, benannt, waren gebildete Bürger. Sie wurden unterstützt von den einfachen Arbeitern und Handwerkern. Diese trugen im Alltag lange Hosen statt der Kniebundhose der Adligen und wurden daher „Sansculotten“ – „Ohnehosen“ genannt. Die Sansculotten forderten das Wahlrecht für alle Männer unabhängig von der Höhe der Steuerzahlung, die direkte Volksherrschaft und gleichen Besitz für alle. Die Jakobiner unterstützten die Forderungen der Sansculotten. Die Girondisten benannten sich nach der Landschaft Gironde im Südwesten um die Stadt Bordeaux. Sie traten ebenfalls für eine Republik ein, aber auf der Grundlage des Schutzes der Menschen- und Bürgerrechte. Sie waren gegen eine direkte Volksherrschaft.

Mit Terror zur Freiheit und Gleichheit?

Die von den Sansculotten beherrschten Bezirksvertretungen in Paris forderten eine harte Bestrafung aller Gegner der Revolution. Auf Druck der Sansculotten schalteten die Jakobiner nach und nach ihre Gegner aus. Alle Macht lag nun in den Händen von zwei Ausschüssen: Der Wohlfahrtsausschuss unter Leitung von Maximilien Robespierre war für die Versorgung der

M 2

Guillotine, Modell, 20. Jh. Sie wurde 1792 auf Vorschlag des Arztes Joseph Guillotine für Hinrichtungen eingeführt.

Bevölkerung zuständig. Der Sicherheitsausschuss verfolgte alle, die als „Feinde der Revolution“ galten.

Die Zeit von Sommer 1793 bis Juli 1794 ging als Schreckensherrschaft (franz. „Terreur“) in die Geschichte ein. Jeder Franzose benötigte ein „Bürgerzeugnis“. Eine Zeit des Bespitzelns, der Verdächtigungen und des Mordens begann. Bauern in 60 Départements ergriffen Partei gegen die Revolution, oft unterstützt durch ihre Pfarrer, die den Eid auf die Verfassung verweigert hatten. Der Konvent schickte Truppen. Über 35 000 Personen wurden ohne Gerichtsverfahren hingerichtet.

Angesichts der vielen Verurteilungen ohne ordentliches Gerichtsverfahren wandten sich immer mehr Mitglieder des Nationalkonvents gegen die Terrorherrschaft der Ausschüsse. Mit der Hinrichtung Robespierres endete die Schreckensherrschaft.

Maximilien de Robespierre (1758–1794) war Rechtsanwalt und in der Nationalversammlung Abgeordneter des dritten Standes. Sein Name steht für die Zeit der Terrorherrschaft, die der Wohlfahrtsausschuss unter seinem Vorsitz ausübte. Am 27. Juli 1794 wurde Robespierre gestürzt und am folgenden Tag mit der Guillotine hingerichtet.

M 3

Fragen zum Bürgerzeugnis (1793):

Hast du seit dem 14. Juli 1789 ständig Zeichen deiner Bürgertreue gezeigt, indem du auf Wache gezogen bist, wenn die Freiheit bedroht war?
Wie alt bist du?
Welchen Beruf hast du?
Wo wohnst du?
Woher beziehst du deinen Lebensunterhalt?
Warst du jemals Mitglied in einem bürgerfeindlichen Club?
Hast du jemals einen Aufruf unterschrieben, der sich gegen die Rechte des Volkes aussprach?

Walter Markow/Albert Soboul, Die Sansculotten von Paris, Berlin Ost, 1957, S. 90f.

M 4

Aus dem Gesetz des Wohlfahrtsausschusses (17.9.1793):

Verdächtig sind
- alle, die durch mündliche oder schriftliche Äußerungen Sympathie für die Monarchie bekundet haben...
- alle, denen das Bürgerzeugnis verweigert wurde,
- alle ehemaligen Adligen, die nicht ständig ihre Verbundenheit mit der Revolution gezeigt haben.

Jean-Baptiste Duvergier, Collection complète des lois, décrets, ordonnances, Band VI, Paris 1834, S. 178. Übers. v. Verf.

1 Beschreibe anhand des Darstellungstextes die Etappen, die zur Schreckensherrschaft führten.

2 Arbeite aus dem Bild M1 heraus, welche politischen Ansichten die dargestellten Personen vertreten.
Tipp: Nutze den Darstellungstext Z. 19 ff.

3 **Partnerarbeit:**
a) Erläutert die Auswirkungen von M3 und M4.
b) Vergleicht M3 und M4 mit den Artikeln 10 und 11 der Menschenrechtserklärung auf S. 67.

4 **Wähle eine Aufgabe aus:**
Diskutiere eine der folgenden Thesen:
a) Die Revolution hat mit der Hinrichtung des Königs und der Herrschaft Robespierres die Menschen- und Bürgerrechte verraten.
b) Das Recht auf freie Meinungsäußerung und ordentliches Gerichtsverfahren darf aufgehoben werden, um ein übergeordnetes Ziel zu erreichen.

Webcode: FFG450068-071
Schreckensherrschaft

Zusatzaufgabe: siehe S. 212.

Die Herrschaft Napoleons

Nach dem Ende der Terrorherrschaft galt es, im Innern Ruhe und Ordnung wiederherzustellen und Frankreichs Macht gegenüber den europäischen Nachbarstaaten zu festigen. Die zentrale Person dabei war Napoleon Bonaparte (1769–1821).

- ***Wie gelangte Napoleon an die Herrschaft und wie sicherte er sie?***
- ***Welchen Einfluss hatte Napoleon auf Deutschland?***

M 1

Napoleon beim Überqueren der Alpen am Großen St. Bernhard, Gemälde von Jacques-Louis David, 1800

M 2

Napoleon zu dem französischen Gesandten in der Toskana (1. Juli 1797):

Glauben Sie vielleicht, dass ich eine Republik begründen will? ... Das ist eine Wahnvorstellung, in die die Franzosen vernarrt sind, die aber auch wie so manches andere vergehen wird. Was sie brauchen, ist Ruhm, die Befriedigung ihrer Eitelkeit, aber von der Freiheit verstehen sie nichts. Blicken Sie auf die Armee! Die Triumphe ... haben den wahren Charakter des französischen Soldaten wieder hervortreten lassen. Für ihn bin ich alles ... Die Nation braucht einen Führer und keine Reden von Ideologien*, die die Franzosen ... nicht verstehen.

Zit. nach Irmgard und Paul Hartig (Hg.): Die Französische Revolution, Stuttgart (Klett) 1984, S. 112f.

Napoleons Weg zur Alleinherrschaft

Nach dem Sturz Robespierres kamen die Vertreter des wohlhabenden Bürgertums an die Macht. Im August 1795 wurde die Regierung einem „Direktorium" übertragen, das seine Macht über Frankreich aber nicht festigen konnte. Bereits vier Jahre später, am 9./10. November 1799, übernahm der General Napoleon Bonaparte die Macht. Er führte einen Staatsstreich durch und erklärte sich zum Ersten Konsul Frankreichs. Dafür änderte er die Verfassung nach seinen Vorstellungen. Die Mehrheit des Volkes akzeptierte ihn aber als Alleinherrscher, weil er durch eine straffe Verwaltung für Ruhe und Ordnung sorgte. So konnte sich die Wirtschaft erholen. Mit dem Code civil* führte Napoleon ein Gesetzbuch ein, das die Gleichheit aller männlichen Bürger vor dem Gesetz festschrieb und Freiheitsrechte festlegte. Der katholischen Kirche gestand er wieder Rechte zu – dafür akzeptierte der Papst, dass sich Napoleon 1804 zum „Kaiser der Franzosen" krönen ließ. Mithilfe einer scharfen Pressezensur* und einer mächtigen Polizei unterdrückte Napoleon jegliche Kritik an seiner Politik. Außerdem nahm er den Franzosen fast vollständig das Recht auf politische Mitbestimmung.

Napoleon und Deutschland

Napoleons Kriegspolitik war zu Beginn sehr erfolgreich. Er beeinflusste damit die Machtverhältnisse in Europa und somit auch in den deutschen Monarchien. Bis 1801 eroberte Napoleon die deutschen Gebiete links des Rheins. Daraufhin schlossen sich 16 deutsche Fürstentümer 1806 zum Rheinbund zusammen. Die Monarchen wollten durch dieses Militärbündnis ihre Herrschaft sichern und unterstellten sich Napoleon. Franz II. legte auf Druck Napoleons die Kaiserkrone nieder; damit endete die fast tausendjährige Geschichte des Heiligen Römischen Reichs. Preußen, das sich diesem Bund nicht angeschlossen hatte, wurde von Frankreich 1806/07 geschlagen und verlor große Teile seines Staatsgebietes. In Preußen erkannten aufgeklärte Beamte, dass Reformen in Politik, Verwaltung, im Bildungswesen und Militär notwendig waren, um Frankreich in Zukunft zu besiegen.

M 3

Europa unter napoleonischer Herrschaft 1804 bis 1812

M 4

Aus dem Code civil

Die neue Gesetzgebung, die unter Napoleon 1804 in Kraft trat und auch in den von Frankreich besetzten Staaten galt, legte unter anderem fest:

8. Jeder Franzose soll Civil-Rechte[1] genießen.

9. Wer in Frankreich von einem Fremden geboren ist, ist berechtigt, ... die rechtliche Eigenschaft eines Franzosen in Anspruch zu nehmen; nur muss er ... (in Frankreich) sein Domizil (aufschlagen) ...

144. Mannspersonen können nicht heiraten, ehe sie das achtzehnte Jahr, Frauenzimmer nicht, ehe sie das fünfzehnte Jahr erreicht haben ...

146. Ohne Einwilligung gibt es keine Ehe.

147. Man kann keine zweite Ehe schließen, ohne dass die erste aufgelöst ist ...

165. Die Ehe soll öffentlich vor dem Civil-Beamten des Ortes ... geschlossen werden ...

213. Der Mann ist seiner Frau Schutz und die Frau ihrem Manne Gehorsam schuldig ...

215. Die Frau kann ohne die Erlaubnis ihres Mannes nicht vor Gericht stehen, selbst dann nicht, wenn sie öffentlich in ihrem eigenen Namen Handelsgeschäfte treibt, mit ihrem Manne in keiner Gütergemeinschaft lebt oder ihr Vermögen ausschließlich für sich allein genießt.

Zit. nach Bernd Sösemann, Revolution und Reform, Stuttgart (Klett) 1997, S. 54f.

[1] *Bürgerrechte*

1 **Partnerarbeit:** Gestaltet einen Zeitstrahl für Napoleons Weg zur Alleinherrschaft und seinen Einfluss auf Deutschland (Darstellungstext).

2 **Wähle eine Aufgabe aus:**

a) Beschreibe M1 und erkläre, welche Bildelemente Napoleon herrschaftlich erscheinen lassen.

b) Stelle Vermutungen darüber an, warum der Künstler in M1 Napoleon so darstellte.

3 Analysiere die Karte M3 und beurteile den Einfluss Napoleons auf die Herrschaftsverhältnisse in Europa.

4 Arbeite aus M2 zentrale politische Aussagen Napoleons und seine Einstellung zu den Idealen der Französischen Revolution heraus.

5 Untersuche, ob sich die Ideen der Französischen Revolution im Code civil widerspiegeln (M4).
Tipp: Schlage dazu auf S. 66/67 nach.

Die Auswirkungen der Französischen Revolution auf das heutige Niedersachsen

In den Leseclubs und Salons der gebildeten Bürger von Göttingen, Hannover und Braunschweig wurden Ideen und Ereignisse der Französischen Revolution heftig diskutiert. Zu Solidaritätsaktionen kam es aber nicht. Erst als Napoleons Truppen Nordwestdeutschland besetzten, deuteten sich Veränderungen an.

- *Wie wirkte sich die Französische Revolution auf Niedersachsen aus?*

M 1 *Tanz um den Freiheitsbaum, Ölgemälde, 1792, Ausschnitt*

Die Revolution als Vorbild

Die Französische Revolution fand anfangs viele Anhänger in Deutschland. Gebildete Bürger hofften, dass sich jetzt die Gedanken der Aufklärung in der praktischen Politik verwirklichen würden. Durch Zeitungen, Flugblätter und mündliche Berichte von Reisenden wurden die revolutionären Ereignisse von Paris verbreitet. In den Städten errichtete man Freiheitsbäume, im linksrheinischen Deutschland entstanden Jakobinerclubs nach französischem Vorbild. Hier wurde 1793 auch die „Mainzer Republik" ausgerufen. Österreichische und preußische Truppen lösten sie jedoch schon nach einem halben Jahr wieder auf. In der Universitätsstadt Göttingen, die dem Geist der Aufklärung verpflichtet war, tauchten revolutionäre Flugblätter auf. In Norddeutschland war die Stadt Altona ein Zentrum revolutionärer Aktivitäten. Die Begeisterung für die Ziele der Französischen Revolution erfasste jedoch nur einen kleinen Teil der Bevölkerung und einzelne Gebiete. Das Bürgertum war in Deutschland schwächer als in Frankreich. Außerdem war die Ausbeutung und Unterdrückung durch die Landesherren nicht so stark. Im Kurfürstentum Hannover hatten – wie in Preußen – die Landesherren Ideen der Aufklärung aufgegriffen und Reformen durchgeführt.

Der Bauernaufstand von Schaumburg-Lippe

Auch in Nordwestdeutschland waren Bauern und Bürger unzufrieden mit den sozialen und wirtschaftlichen Verhältnissen. Welche Rolle die Ideen der Französischen Revolution bei den vielen Protesten in Niedersachsen in der Zeit von 1789 bis 1793 spielten, lässt sich aber nicht mehr genau klären. Ausgangspunkt eines Bauernaufstandes in der kleinen Grafschaft Schaumburg-Lippe war – wie in Frankreich – der Versuch des Landesherrn, die Steuern drastisch zu erhöhen. Der Protest der Bauern radikalisierte sich 1792 bis hin zur Forderung, die Grundherrschaft aufzuheben. Als die Landesherrschaft im März 1793 begann, die Steuern gewaltsam einzutreiben, leisteten etwa 1000 Bauern Widerstand. Er wurde durch preußisches und hannoversches Militär niedergeschlagen.

Niedersachsen unter napoleonischer Besatzung

Größere Auswirkungen als die Französische Revolution hatten im Kurfürstentum Hannover die Kriege, in denen zuerst französische Revolutionstruppen und dann das Heer Napoleons große Teile Deutschlands eroberten. 1803 wurde Hannover unter französische Verwaltung gestellt und 1807 bis 1813 in das französisch regierte Königreich Westfalen eingegliedert. Die nördlichen Teile des heutigen Niedersachsens schloss Napoleon 1810 an sein Kaiserreich an. Das Königreich Westfalen sollte nach Napoleons Vorstellungen ein moderner Musterstaat werden. Entsprechend wurden wichtige Neuerungen wie Gewaltenteilung, Rechtsgleichheit, Abschaffung der Leibeigenschaft und Bauernbefreiung sowie die Gleichberechtigung der Juden durchgesetzt. Trotz dieser Reformen, die Vorbild für andere deutsche Länder wie Preußen waren, wurde die französische Herrschaft von großen Teilen der Bevölkerung nicht begeistert aufgenommen. Denn den Neuerungen standen hohe Steuerzahlungen, der Unterhalt der Besatzungsarmee und die Bereitstellung von 25 000 Soldaten für Napoleons Kriege gegenüber.

M 2

Der Historiker Carl-Hans Hauptmeyer schreibt über den Zusammenhang des Bauernaufstandes in Schaumburg-Lippe mit den Ideen der Französischen Revolution:

Der Landesherrschaft gelang es nie, die dörflichen Informationszirkel zu erfassen. Selbst bei den Amtmännern herrschte keine klare Kenntnis darüber, welche Personen zu den Aktivsten des Widerstandes gehörten und wie die Kommunikation zwischen ihnen erfolgte. Man ging irrtümlich von einer Rädelsführertheorie aus, war auf Denunzianten angewiesen, auch zufällig im Dorfkrug Aufgeschnapptes. Es gab also so etwas wie ein bäuerliches kommunikatives Netzwerk, das keine Führungspersonen im engeren Sinne verlangte. ... Unmittelbaren Einfluss aus Frankreich gab es aber nicht. Hier handelten keine Revolutionäre ... Immerhin war der Alphabetisierungsgrad der Landbevölkerung sehr hoch, es lief Schrifttum aus Frankreich und von deutschen Jakobinern um, und die relativ liberale* Pressezensur wurde erst zu Beginn der neunziger Jahre [des 18. Jahrhunderts] drastisch verschärft. ... Insofern trug die Französische Revolution zur Intensivierung der Konflikte vielleicht bei. Sie waren aber regionalinternen Ursprungs.

Carl-Hans Hauptmeyer: Niedersachen, Landesgeschichte und historische Regionalentwicklung im Überblick, hg. v. d. Niedersächsischen Landeszentrale für politische Bildung, Oldenburg (Isensee) 2004, S. 90f.

M 3

Napoleon schrieb 1807 an seinen 23-jährigen Bruder Jérome, den er kurz zuvor als König von Westfalen eingesetzt hatte:

Mein Bruder, beiliegend finden Sie die Verfassung Ihres Königreichs. ... Das Glück Ihres Volkes liegt mir nicht allein wegen des Einflusses am Herzen, das es auf Ihren und meinen Ruhm haben kann ... Ihr Volk muss sich einer Freiheit, einer Gleichheit, eines Wohlstandes erfreuen, die den übrigen Völkern Deutschlands unbekannt sind! ... Seien Sie ein konstitutioneller König! Und wenn es Ihnen die Vernunft und Aufgeklärtheit Ihres Jahrhunderts nicht böten, so müssten Sie es doch aus weiser Politik sein. Sie werden dadurch große Macht in der öffentlichen Meinung und eine natürliche Überlegenheit über Ihre Nachbarn gewinnen, die alle absolute Fürsten sind.

Zit. nach: Eckart Kleßmann (Hg.): Deutschland unter Napoleon in Augenzeugenberichten, Düsseldorf (Karl Rauch) 1965, S. 258.

M 4

Die Verfassung Westfalens wurde am 7. Dezember 1807 erlassen und in den Zeitungen veröffentlicht. Der „Braunschweiger Anzeiger" meldete:

1. Das Königreich Westfalen soll durch Konstitutionen regiert werden, welche die Gleichheit aller Untertanen vor dem Gesetz und die freie Ausübung des Gottesdienstes der verschiedenen Religionsgesellschaften festsetzen. ...

13. Alle Leibeigenschaft ... ist aufgehoben. ...

14. Der Adel soll in seinen verschiedenen Graden ... fortbestehen, ohne dass solcher jedoch ein ausschließendes Recht zu irgendeinem Amte, Dienste oder einer Würde, noch Befreiung von irgendeiner öffentlichen Last verleihen könne. ...

16. Es soll ein und dasselbe Steuersystem für alle Teile des Königreichs sein.

Zit. nach: Reinhard Oberschelp (Hg.): Niedersächsische Texte 1756–1820, Hildesheim (Niemeyer C.W.) 1983, S. 46f.

1 **a)** Beschreibe das Bild M1 detailliert und gib die ausgedrückte Stimmung wieder.
b) Welche Personen hättest du nicht erwartet? Begründe deine Meinung.
Tipp: Achte auf die Kleidung.

2 Erläutere mithilfe des Darstellungstextes und M2 die Auswirkungen der Französischen Revolution auf Niedersachen.

3 **a)** Erarbeite anhand von M3, welche Ziele Napoleon mit der französischen Herrschaft in Westfalen erreichen wollte.
b) Stelle einen Bezug zu M4 her.

1775 1780 1785

1642–1649
Bürgerkrieg in England zwischen Krone und Parlament, Hinrichtung Karls I.

1688/89
„Glorious Revolution“ in England

1775–1883
amerikanischer Unabhängigkeitskrieg

1776
Unabhängigkeitserklärung der USA

1789 Frankreich
5. Mai: Eröffnung der Generalstände
17. Juni: der dritte Stand erklärt sich zur verfassunggebenden Nationalversammlung
20. Juni: Ballhausschwur
14. Juli: Sturm auf die Bastille
4./5. August: Abschaffung der Ständegesellschaft durch die Nationalversammlung; Bauernbefreiung
26. August: Erklärung der Menschen- und Bürgerrechte durch die Nationalversammlung

Die Zeit der Aufklärung und der bürgerlichen Revolutionen

Die Zeit der Aufklärung
Seit Anfang des 18. Jahrhunderts beschäftigten sich vor allem in Westeuropa Philosophen und Schriftsteller wie Montesquieu, Locke oder Rousseau mit politischen Fragen. Sie übten Kritik am Absolutismus und lehnten es ab, dass sich Fürsten als Herrscher von Gottes Gnaden bezeichneten. Die Philosophen forderten Gewaltenteilung und sahen die Ständegesellschaft nicht mehr als „naturgegeben“ an. Die Vernunft sollte der Maßstab aller Dinge sein. Sie forderten die Freiheit und Gleichheit aller Menschen, Toleranz und Bildung für alle. Diese aufklärerischen Ideen verbreiteten sich vor allem unter gebildeten Bürgern (Beamten, Professoren, Ärzten) und in Teilen des Adels. Auch einige absolutistische Herrscher wie Friedrich II. von Preußen griffen die Ideen der Aufklärung auf. Sie betrachteten sich nicht mehr als Herrscher von Gottes Gnaden, sondern als „erste Diener des Staates“.

Die Englische Revolution
In England konnte der König schon seit dem Spätmittelalter nicht mehr alleine Steuern erheben und Gesetze erlassen. Er musste das Parlament fragen – die Vertretung des Adels und der Bürger. Ein Gleichgewicht zwischen Krone und Parlament war entstanden. Aber die englischen Könige versuchten seit Anfang des 17. Jahrhunderts, das Machtgleichgewicht zugunsten einer absolutistischen Herrschaft zu verschieben. Diese Versuche führten zum Bürgerkrieg, einer Diktatur unter Oliver Cromwell und schließlich zur „Glorious Revolution“. Das Ergebnis war die „Bill of Rights“ von 1688/89, die den König in Gesetzgebung und Staatshaushalt vom Parlament abhängig machte. Der englische Monarch stand fortan unter der Kontrolle eines gewählten Parlaments.

Die Amerikanische Revolution
Die Bewohner der englischen Kolonien Nordamerikas strebten nach Freiheit und Unabhängigkeit. Sie lehnten sich gegen die Herrschaft des englischen Königs auf, weil sie Steuern zahlen mussten, aber politisch nicht mitbestimmen durften. Dabei beriefen sie sich auf die Grundrechte aller Engländer. In einem Krieg erkämpften sie sich ihre Unabhängigkeit und gründeten einen eigenen Staat („Amerikanische Revolution“). Zum ersten Mal wurden Ideen der Aufklärung in die Praxis umgesetzt. Die Kolonisten beriefen sich darauf, dass die Herrschaft auf einem Vertrag zwischen Volk und Regierung beruhe. Sie führten eine demokratische Verfassung für ihre Republik ein. Damit in Zukunft kein Staatsmann seine Macht missbrauchen konnte, schrieben sie eine Gewaltenteilung fest. In der „Virginia Bill of Rights“ verkündeten sie die Bürger- und Menschenrechte aller Amerikaner.

1790 | 1795 | 1800 | 1805 | 1810

1791
3. September: Frankreich wird konstitutionelle Monarchie

1792
21. September: Frankreich wird Republik

1793
21. Januar: Ludwig XVI. wird hingerichtet
ab Juni: Schreckensherrschaft des Wohlfahrtsausschusses

1794
28. Juli: Robespierre wird hingerichtet; die Terrorherrschaft endet

1799
Staatsstreich Napoleons

1804
2. Dezember: Kaiserkrönung Napoleons

1806
6. August: Ende des Heiligen Römischen Reichs Deutscher Nation

1806/7
Niederlage Preußens gegen Frankreich; Preußen verliert die Hälfte seines Staatsgebietes

Die Krise des Ancien Régime in Frankreich

Frankreich war durch zahlreiche Kriege und die teure Hofhaltung des Königs ein hoch verschuldeter Staat. Seit den 1770er Jahren verschlechterte sich die wirtschaftliche Lage zusehends. Während Adel und Klerus keine Steuern zahlten und Vorrechte genossen, lag die Last auf den Schultern der Bauern und Bürger („dritter Stand"). Sie waren rechtlos und konnten in der Politik nicht mitbestimmen. Viele schauten auf die Vorgänge in Amerika und sahen darin ein Vorbild, dem sie nacheiferten. Flugschriften verbreiteten im ganzen Land die Forderungen nach Gleichheit vor dem Gesetz, gerechten Steuern und besseren Lebensbedingungen.

Die Französische Revolution beginnt

Die Finanzkrise zwang König Ludwig XVI. schließlich, die Generalstände für 1789 einzuberufen. Das erste umwälzende Ereignis des Jahres 1789 war der Beschluss der Vertreter des dritten Standes, die Generalstände zur Nationalversammlung zu erklären. Das zweite Ereignis war der Sturm auf die Bastille in Paris am 14. Juli 1789. Es zeigte, dass auch das Volk bereit für eine Revolution war. Und als die Nationalversammlung im August 1789 beschloss, alle Privilegien von Klerus und Adel abzuschaffen und die Menschen- und Bürgerrechte verkündete, war die alte Adelsherrschaft beseitigt.

Frankreich: Vom Verfassungsstaat zur Schreckensherrschaft

Die Nationalversammlung arbeitete 1791 eine Verfassung aus, in der die Gewaltenteilung und die Grundrechte festgeschrieben waren. Dadurch wurde Frankreich von einer absoluten in eine konstitutionelle Monarchie umgewandelt. Doch die Verfassung scheiterte am Einfluss der Jakobiner. Unterstützt wurden die Jakobiner von vielen Pariser Kleinbürgern, den Sansculotten, die seit 1792 die Politik mitbestimmten. Auf Druck dieser Gruppe wurde 1792 König Ludwig XVI. abgesetzt und die Republik ausgerufen. Parallel zu diesen innenpolitischen Konflikten befand sich Frankreich seit 1792 im Krieg mit Staaten wie Österreich und Preußen. Diese wollten ein Übergreifen der revolutionären Gedanken auf ihre Länder vermeiden und die absolute Monarchie bewahren. Nach der Hinrichtung König Ludwigs XVI. am 21. Januar 1793 begann die Schreckensherrschaft des Wohlfahrtsausschusses unter Robespierre (Juni 1793 bis Juli 1794). Sie endete mit seiner eigenen Entmachtung und Hinrichtung.

Die Herrschaft Napoleons

Die Regierungsmacht erhielt ein Direktorium, das jedoch 1799 durch den militärisch erfolgreichen, jungen General Napoleon Bonaparte gestürzt wurde. Mit seiner Krönung zum Kaiser 1804 beendete er den republikanischen Weg Frankreichs. Er erneuerte die Monarchie und ließ sich seine Kaiserwürde durch Volksabstimmung bestätigen. Sein Ansehen stärkte er innenpolitisch z. B. mit dem Code civil, dem Bürgerlichen Gesetzbuch, und außenpolitisch mit der Vorherrschaft auf dem europäischen Kontinent. Sie war besonders für Deutschland folgenreich: Der französisch beherrschte Rheinbund wurde 1806 gegründet und als Folge das Heilige Römische Reich Deutscher Nation aufgelöst.

In diesem Kapitel konntest du folgende Kompetenzen erwerben:

- die Ziele der Aufklärer einordnen und beurteilen
- die Entwicklung der konstitutionellen Monarchie in England beschreiben und die Bedeutung der „Bill of Rights“ beurteilen
- Ursachen, Verlauf und Ergebnisse der Französischen Revolution darstellen und beurteilen
- die Amerikanische Revolution charakterisieren und Einflüsse auf die Französische Revolution erläutern
- die Bedeutung der Menschen- und Bürgerrechte erläutern und im Blick auf die Gegenwart bewerten
- **Methoden:** Philosophische Textquellen erarbeiten, eine Karikatur analysieren, ein Verfassungsschaubild auswerten

M1 Wo steht das?

„Alle drei Stände sollen gemäß ihren Einkünften Steuern zahlen.“ (1)

„Es gibt in jedem Staat drei Arten von Gewalt.“ (4)

„Alle Menschen sind gleich geschaffen und mit unveräußerlichen Rechten ausgestattet – dazu gehören Leben, Freiheit und das Streben nach Glück.“ (5)

„Freiheit, Gleichheit, Brüderlichkeit!“ (2)

„No taxation without representation!“ (3)

„Verdächtig sind alle, die durch mündliche oder schriftliche Äußerungen Sympathie für die Monarchie bekundet haben.“ (6)

M2 Der amerikanische Politiker Thomas Jefferson schrieb am 8. Januar 1789 aus Paris:

Erst der amerikanische Unabhängigkeitskrieg hat den denkenden Teil der französischen Nation aus dem Schlaf des Absolutismus geweckt, in den man versunken war. Dabei hatten in Frankreich wie auch in anderen Ländern berühmte Philosophen gute Grundsätze für das Regierungswesen entworfen. Auch die hiesigen Offiziere, die in Amerika gekämpft hatten, waren zumeist junge Männer, die sich weniger an alte Gewohnheiten und Vorurteile gebunden fühlten und daher eher bereit waren, den Geboten des allgemeinen Menschenverstandes und des allgemeinem Rechts zuzustimmen. Sie brachten diese Ideen aus Amerika mit nach Hause. Trotz der Zensur verbreiteten Zeitungen die neuen Ideen. Diskussionen konnten offener geführt werden. Politik wurde zum Hauptthema aller Diskussionsrunden der Salons, ob diese von Männern oder Frauen geführt wurden …

Zur gleichen Zeit waren durch die Verschwendung des Hofes alle Finanzen und die Glaubwürdigkeit der Monarchie aufgebraucht … Um den Staatsbankrott [= Zahlungsunfähigkeit des Staates] zu vermeiden, wandte sich Finanzminister Calonnes daher an die gesamte Nation mit seinem Plan neuer Steuern, da er keinen Spielraum mehr durch Einsparungen sah …

Im Ganzen erscheint es mir so, dass der Grund für die augenblicklichen innenpolitischen Auseinandersetzungen in Frankreich die Aufklärung der Menschen über die Rechte der Nation ist. Das hat die öffentlichen Ansichten verändert und das wird sich nicht mehr zurückdrehen lassen. Der natürliche Verlauf der Dinge wird zur Ausarbeitung einer Verfassung führen, die Frankreich ein hohes Maß an Freiheit bringen wird.

Zit. nach http://www.let.rug.nl/usa/presidents/thomas-jefferson/letters-of-thomas-jefferson/jefl73.php (Stand: 27. 11. 2015). Übers. v. Verf.

M 3

Robespierre köpft den Henker, den vorletzten Franzosen, Karikatur, Frankreich 1794.
Auf dem Grabstein steht: „Hier ruht ganz Frankreich." Auf dem Boden liegen die Verfassungen von 1791 und 1793.

Sachkompetenz

1 Erkläre folgende Begriffe: Ständegesellschaft, Aufklärung, konstitutionelle Monarchie, Republik, Zensuswahlrecht, allgemeines Wahlrecht, Schreckensherrschaft.

2 Finde heraus, von wem oder woher die Aussagen in M1 stammen.
Tipp: Die Zitate findest du auf Seite: 45, 55, 61, 62, 71.

Methodenkompetenz

3 Untersuche die Karikatur M3 mithilfe der Arbeitsschritte S. 65.

Urteilskompetenz

4 In der Wechselwirkung zwischen Amerikanischer und Französischer Revolution sprechen Historiker von einem „Ideentransfer": Erläutere mithilfe des Briefs von Jefferson (M2), inwiefern die Amerikanische Revolution Vorbild für die Französische war.

5 **Wähle eine Aufgabe aus:**
a) Begründe aus M2, warum Jefferson als aufgeklärter Politiker galt.
b) Beurteile die Haltung, die Jefferson zu den im Brief M2 angesprochenen Ereignissen einnimmt.

6 Richtig oder falsch? Überprüfe, ob die folgenden Sätze zur Erklärung der Menschen- und Bürgerrechte passen:
A Straftäter können auch ohne Gerichtsverfahren bestraft werden.
B Jeder Bürger hat das Recht, seine Meinung frei zu äußern.
C Freiheit bedeutet: Jeder hat die Freiheit, alles zu tun, was er will.
D Alle Macht geht vom Volk aus.

Webcode: FG450068-079
Selbsteinschätzungsbogen

3
Längsschnitt: Die Entstehung des deutschen Nationalstaats

Das Bild zeigt Barrikadenkämpfe in Berlin 1848. Viele Menschen waren damals unzufrieden mit den politischen Verhältnissen in Deutschland. Sie glaubten an die Ideen der Französischen Revolution und wollten einen gesamtdeutschen Staat. Die unterschiedlichen Interessen der Bürger und der Fürsten prallten aufeinander. Es kam zu einer Revolution.

Welche Stimmung vermittelt das Bild? Welche Interessen und Ziele stoßen in der Szene aufeinander?

Straßenszene aus den „Frankfurter Linden" in Berlin, Lithografie, 1848

1790 | 1800 | 1810 | 1820 | 1830 | 1840 | 185

1789–1799 Französische Revolution

1799–1815 Napoleonische Herrschaft

1815–1848 Vormärz

1814/15 Wiener Kongress

1832 Hambacher Fest

1848/49 Revolutione und Aufstä in Europa

Längsschnitt: Die Entstehung des deutschen Nationalstaats

Die Ideen der Französischen Revolution verbreiteten sich schnell in ganz Europa. Auch in Deutschland faszinierte viele Menschen die Vorstellung, politisch mitzubestimmen. Außerdem hatten die Kriege gegen Napoleon das Gefühl geweckt, als Nation zusammenzugehören. Nach dem Sieg über Napoleon tagten die Großmächte Europas 1814 auf dem Wiener Kongress. Dort ordneten sie die Machtverhältnisse neu, aber die Ideen der Aufklärung lehnten sie ab. Auch ein deutscher Nationalstaat* kam nicht zustande. Das enttäuschten viele und befeuerten den Wunsch nach Veränderung. 1848 entbrannte schließlich an vielen Orten in Deutschland eine Revolution. Die Folge war die Bildung einer Nationalversammlung in Frankfurt: Sie entwarf eine Verfassung für ganz Deutschland. Doch als sie dem preußischen König die Kaiserkrone anbot, lehnte dieser ab. Die Revolution fiel darauf in sich zusammen. Erst 1871 kam es zur Gründung des deutschen Nationalstaats. Er sah aber anders aus, als viele sich gewünscht hatten.

- Welche Vorstellung hatten die Deutschen von ihrem Nationalstaat?
- Warum war die Entstehung des Staates so schwierig?
- Wie sah der erste deutsche Staat von 1871 aus?

M 1

Staatsformen und Revolutionen in Europa nach 1815

1860 | 1870 | 1880 | 1890 | 1900 | 1910 | 1920

1871–1918 Deutsches Reich

1871 Gründung des Deutschen Reichs

1914–1918 Erster Weltkrieg

M 2

Wartburgfest 1817, anonymer Holzschnitt von 1880. Studenten aus ganz Deutschland protestierten auf diesem Fest für einen Nationalstaat mit Verfassung. Sie verbrannten Bücher und Symbole ihrer Gegner.

M 4

Der preußische König Wilhelm I. wird 1871 zum Kaiser gekrönt. Kolorierte Lithografie von C. Rohling, 1900

M 3

Das erste Parlament zieht 1848 in die Frankfurter Paulskirche ein. Kolorierte Lithografie von J. N. Ventadour, 1848. Die Kirche wählte man als Versammlungsort, weil sie allen Abgeordneten Platz bot. Die Verfassung, die das Parlament ausarbeitete, trat nie in Kraft.

1 Schau dir die Karte M1 an. Gib wieder, wo es 1830/31 und 1848/49 zu Revolutionen und Aufständen gekommen ist.

2 **a) Partnerarbeit:** Wählt eines der Bilder M2, M3 oder M4 aus. Beschreibt die dargestellte Szene und die Stimmung, die vermittelt wird.

b) Tragt eure Ergebnisse in der Klasse zusammen.

Tipp: Haltet sie in einer Tabelle fest:

M2 Wartburgfest	*M3 Einzug des Parlaments*	*M4 Kaiserkrönung*
…	…	…

Gegen Napoleon – für die Freiheit?

Napoleon eroberte in einer langen Folge von Kriegen fast ganz Europa. Auch Deutschland stand unter seiner Kontrolle. Das Heilige Römische Reich existierte nicht mehr, Preußen hatte seine Großmachtstellung eingebüßt. Doch die französische Besatzung hatte unerwartete Folgen: Der gemeinsame Feind schweißte die Deutschen stärker zusammen – und zwang die Herrscher in den deutschen Staaten zu Reformen. Das waren wichtige Schritte für die Entstehung eines deutschen Nationalstaats.

- *Am Beispiel Preußens kannst du nachvollziehen, wie Napoleons Herrschaft Deutschland veränderte.*

M 1 *Napoleon zieht durch das Brandenburger Tor in Berlin ein, Historienbild des deutschen Malers R. Knoetel (1857–1914)*

Preußen ist besetzt – und der König erlaubt Reformen

Napoleon hatte 1806 bei Jena und Auerstedt über Preußen gesiegt. Er zwang das Land zu einem Frieden, durch den es fast die Hälfte seines Staatsgebietes verlor. Preußen musste seine Armee verkleinern, hohe Kriegsentschädigungen zahlen und blieb von französischen Truppen besetzt. In dieser Situation trat eine Reihe engagierter Reformer auf den Plan. Sie überzeugten den preußischen König zu Veränderungen: Ein absolutistischer Herrscher könne allein nicht so große Probleme lösen. Stattdessen sollte der König seine Bürger stärker beteiligen. Eine „Revolution von oben" sei nötig. Der König ließ sich darauf ein. Er beauftragte fortschrittlich denkende Männer wie den Freiherrn vom und zum Stein und den Fürsten von Hardenberg, Reformen durchzuführen. Im „Oktoberedikt"* von 1807 wurde die Leibeigenschaft* in einem Teil des Landes abgeschafft. Außerdem konnten Bürgerinnen und Bürger ihren Beruf nun frei wählen. Es folgten weitere Edikte, die die Verwaltung, Wirtschaft, Bildung und das Militär tief greifend veränderten.

Reformen zeigen Wirkung: Die Freiheitskriege 1813–1815

Napoleon hatte inzwischen mit Aufständen in ganz Europa zu kämpfen. 1812 war er außerdem in Russland einmarschiert. Der Feldzug endete in einer Katastrophe: Schlechte Versorgung, Kälte und feindliche Angriffe zwangen ihn zum Rückzug. Nur ein Bruchteil seiner Armee kehrte zurück. Für Europa war die Niederlage ein Signal. Überall regte sich der Wille nach Freiheit und nationaler Unabhängigkeit. Auch die preußischen Reformen trugen Früchte: Die Untertanen fühlten sich inzwischen viel stärker mit ihrem Staat verbunden. Sie konnten sich beteiligen und hatten größere Freiheiten. Viele waren zu Patrioten* geworden. Freiwillige Kämpfer schlossen sich zu Truppen zusammen und unterstützten die reguläre Armee. Preußen verbündete sich mit Österreich, England und Russland zu einer Koalition. Gemeinsam konnten sie zwischen 1813 und 1815 Napoleon besiegen. Die beiden entscheidenden Wendepunkte waren die „Völkerschlacht" bei Leipzig im Oktober 1813 und die Schlacht bei Waterloo im Juni 1815. Die Feldzüge Napoleons hatten dazu beigetragen, die Ideen der Französischen Revolution in Europa zu verbreiten. Gleichzeitig hatte der gemeinsame Widerstand gegen Napoleon das Nationalbewusstsein der Völker gestärkt, vor allem das der Deutschen.

Preußische Reformen (1807–1816)

Reform der Staatsverwaltung: Der König regierte nicht mehr allein mit persönlichen Beratern (Kabinettsregierung), sondern er ernannte Minister. Sie waren jeweils für einen bestimmten Bereich verantwortlich, z. B. Krieg, Innen- und Außenpolitik, Finanzen oder Justiz.

Bauernbefreiung: Bisher waren viele Bauern unfrei und abhängig von ihrem Grundherren. Sie mussten Abgaben und Dienste leisten. Jetzt waren sie davon befreit und durften ihren Wohnort selbst wählen. Ab 1811 mussten sie ihrem ehemaligen Herrn aber eine Entschädigung zahlen. Das stürzte viele Bauern für Jahrzehnte in Schulden.

Berufswahl und Aufhebung der Zünfte: In der Wirtschaft wurden Standesschranken aufgehoben. Jeder Adlige, Bürger oder Bauer konnte jetzt Land kaufen oder verkaufen. Alle hatten die freie Berufswahl. Die Zünfte* wurden abgeschafft.

Politische Mitspracherechte: Der Einzelne sollte mehr am politischen Leben teilhaben. Deshalb konnte nun jeder Bürger Stadtverordnete und Bürgermeister wählen – falls er ein bestimmtes Einkommen hatte. Tatsächlich besaßen aber nur wenige Stadtbewohner überhaupt das Bürgerrecht.

Bildungsrefom: Das Volksschulwesen wurde ausgebaut. Nach und nach wurde überall in Preußen die allgemeine Schulpflicht durchgesetzt. An den Gymnasien führte man das Abitur ein. Die Universitäten sollten von staatlichen Eingriffen frei bleiben.

Heeresreform: Missstände im alten stehenden Heer wurden abgeschafft, z. B. die Prügelstrafe. Wie in Frankreich sollten auch Bürger Offiziere werden. Die allgemeine Wehrpflicht wurde angestrebt.

Judenemanzipation: Juden wurden anderen Bürgern rechtlich gleichgestellt. Das galt allerdings nur von 1812 bis zum Wiener Kongress 1815.

M 2

Der leitende preußische Minister von Hardenberg formulierte 1807 auf Befehl des Königs eine Denkschrift. Darin heißt es:

Die Französische Revolution gab den Franzosen unter Blutvergießen einen ganz neuen Schwung. Alle schlafenden Kräfte wurden geweckt, das Elende und Schwache – freilich zugleich mit manchem Guten – [wurde] zerstört. Der Wahn, dass man der Revolution durch Festhalten am Alten entgegenstreben könne, hat besonders dazu beigetragen, die Revolution zu befördern. Also eine Revolution im guten Sinn, durch Weisheit der Regierung und nicht durch gewaltsame Impulsion[1] von innen oder außen, das ist unser Ziel. Demokratische Grundsätze in einer monarchischen Regierung: dieses scheint mir die angemessene Form. Ohne Macht ist keine Selbstständigkeit, also muss Preußen [danach] streben, diese wiederzuerlangen.

Zit. nach www.staatskanzler-hardenberg.de/quellentexte_riga.html (Stand: 09. 03. 2016), vom Verf. zusammengestellt und vereinfacht.

[1] *Druck*

1 Lies den Darstellungstext. Erstelle eine Mindmap: Welche Folgen hatte der Krieg gegen Napoleon in Deutschland?

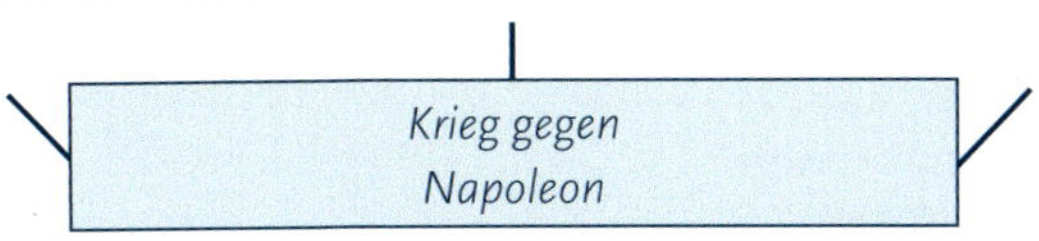

2 Beschreibe das Bild M1. Erkläre, welche Wirkung es auf einen Betrachter aus Deutschland ausgeübt haben könnte.

3 Informiere dich über die preußischen Reformen (oben). Arbeite heraus: Welche Ziele verfolgten die Reformer mit den einzelnen Maßnahmen?

Tipp: Lege dazu eine Tabelle an:

Art der Reform	*Mögliche Ziele*
Bauernbefreiung	...

4 Lies die Denkschrift von Minister Hardenberg (M2). Erläutere, was er mit einer „Revolution im guten Sinn" meint (Z. 9).

5 **Wähle eine Aufgabe aus:**
Versetze dich in die Lage **a)** eines Kaufmanns, **b)** eines Bauern, **c)** eines Adligen in Preußen. Liste die Vorteile und Nachteile der Reformen für dich auf.

6 Nimm aus heutiger Sicht Stellung zu den Reformen.

Der Wiener Kongress: Ein sicheres Gleichgewicht für Europa?

Nach der Niederlage Napoleons trafen sich 1814 die Fürsten und Staatsmänner Europas in Wien. Sie wollten eine neue Ordnung schaffen.

- ***Auf dieser Doppelseite kannst du die Ziele, Ergebnisse und Auswirkungen des Wiener Kongresses erarbeiten und beurteilen.***

Teilnehmer und Ziele

Am Wiener Kongress nahmen Vertreter aus fast 200 Ländern teil, darunter viele Kleinstaaten. Die wichtigsten Mächte am Tisch waren Frankreich, Österreich, Preußen, England und Russland. Geleitet wurde der Kongress vom österreichischen Außenminister Fürst von Metternich. Sein Ziel war die Restauration* – das bedeutet: die Wiederherstellung der politischen und sozialen Verhältnisse, wie sie vor der Französischen Revolution gewesen waren. Das betraf die Grenzen, die sich durch Napoleon verschoben hatten – aber auch die Situation innerhalb der Länder. Seit der Französischen Revolution hatte sich nämlich der Gedanke der Volkssouveränität* verbreitet: Untertanen forderten immer häufiger das Recht auf Mitbestimmung. Dem setzten die Staatsoberhäupter das Prinzip der Legitimität* entgegen: Nur eine Herrschaft, die sich von Gott ableitete, galt als rechtmäßig. Die Zustimmung des Volks war unnötig.

Was wurde beschlossen?

Nach hartem Ringen kam man schließlich zu einer Einigung: Es wurde ein Gleichgewicht zwischen den fünf Großmächten hergestellt. Kein Staat sollte mehr die Vorherrschaft auf dem Kontinent besitzen. Russland, Österreich und Preußen schlossen sich zu einer „Heiligen Allianz" zusammen. Sie sicherten sich gegenseitige Hilfe zu, falls in einem der Länder eine Revolution stattfinden sollte.

Das Heilige Römische Reich Deutscher Nation war nicht mehr zu restaurieren. Zu groß waren die Veränderungen durch Napoleon. Man beschloss, stattdessen einen Zusammenschluss unabhängiger Staaten zu gründen – den „Deutschen Bund". 35 souveräne Fürsten und 4 Freie Städte bildeten von nun an einen lockeren Staatenbund. Die Mitgliedsstaaten entsandten Vertreter zu einer Bundesversammlung nach Frankfurt. Dort hatte Österreich den Vorsitz. Ein gemeinsames Staatsoberhaupt wie z. B. einen Präsidenten gab es im Deutschen Bund aber nicht.

M 1

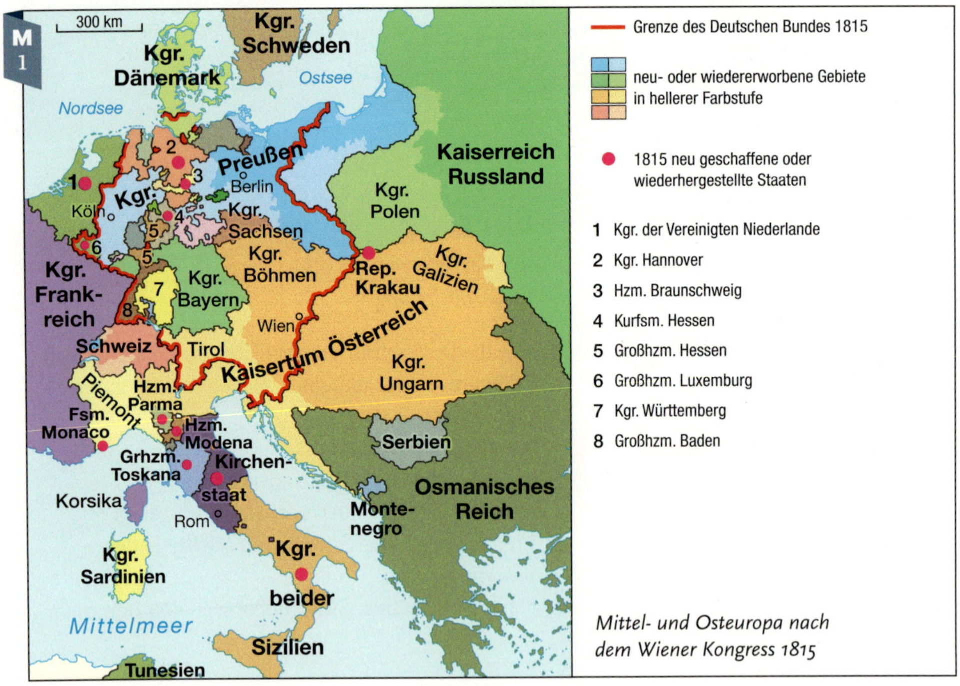

Mittel- und Osteuropa nach dem Wiener Kongress 1815

Zugeständnisse an das Volk?

Die Staatsoberhäupter stellten ihren Staaten zwar Verfassungen in Aussicht, allerdings machten nur wenige ihr Versprechen wahr – zum Beispiel Bayern und Baden. Diese Verfassungen waren außerdem Ständeverfassungen. Sie sahen keine demokratisch gewählten Parlamente vor. Die Staatsgewalt sollte weiterhin in den Händen der Fürsten bleiben. Wie viel Mitsprache die Bundesstaaten ihrer Bevölkerung jeweils erlaubten, war eine Machtfrage. Österreich und Preußen führten Verfassungen gar nicht erst ein.

Staatenbund und Bundesstaat

Ein Staatenbund ist ein Zusammenschluss selbstständiger Staaten. Seine Mitglieder gründen gemeinsame politische Organe, in die sie Gesandte schicken. Ein Bundesstaat ist ein Zusammenschluss nicht selbstständiger Länder. Sie betreiben z. B. nur gemeinsam Außenpolitik. Die Bundesrepublik Deutschland ist ein Bundesstaat, der Deutsche Bund war ein Staatenbund.

M 2

Friedrich Gentz (1764–1832), Schriftsteller und Berater Fürst Metternichs, schrieb über den Wiener Kongress:

Es ging ... um die Wiederherstellung dessen, was zwanzig Jahre voller Wirren zerstört hatten, ... um den Neuaufbau derjenigen Staaten, die in dem gesamten System notwendig waren ... Diese große Arbeit ist beendet. ... Umstrittene Fragen sind entschieden, entgegengesetzte Forderungen ausgeglichen, wichtige Probleme endgültig gelöst .... Wenn der Kongress übersteigerte Erwartungen der Zeitgenossen nicht erfüllt hat, ... so hat er doch seinen unmittelbaren Auftrag erfüllt ... Durchdrungen von der Bedeutung eines Augenblicks, mit dem eine neue Epoche der Weltgeschichte beginnen wird, erkennen es die Herrscher ... als ihre wichtigste Aufgabe an, diesen Frieden zu erhalten und zu befestigen ... Mögen religiöse Gefühle, Achtung vor den eingesetzten Obrigkeiten, Gehorsam gegenüber den Gesetzen und Abscheu gegen alles, was die öffentliche Ordnung stören könnte, die bürgerliche und die politische Welt wieder unauflöslich verbinden!

Tagebücher von Friedrich Gentz, Bd. 1, Leipzig (Nachdr. d. Allg. Brockhaus 1873) Olms-Weidmann 2004, S. 443ff.

M 3

„Gegen Napoleon hast du uns geholfen, o Herre Gott, nun helfe uns gegen unsere Völker!" Deutsche Karikatur, 1913. Abgebildet sind der russische Zar, der preußische König und der österreichische Kaiser (von links nach rechts).

1 Lies den Darstellungstext. Gestalte einen Steckbrief über den Wiener Kongress, auf dem du die wichtigsten Fakten festhältst (z. B. Anlass, Teilnehmer, Ziele ...).

2 Schau dir die Karte M1 an. Arbeite heraus, welche Staaten neu geschaffen wurden – und welche ihr Gebiet erweitert haben.

3 Beschreibe und interpretiere M3.
Tipp: Hilfe zu Karikaturen findest du auf S. 64.

4 Lies den Text von Friedrich Gentz (M2). Arbeite heraus, wie er den Wiener Kongress beurteilt.

5 **Wähle eine Aufgabe aus:**
a) Friedrich Gentz behauptet, „wichtige Probleme" seien durch den Kongress „endgültig gelöst" worden (M2, Z. 7). Nimm Stellung dazu.
b) Stell dir vor, du hättest als Deutscher im Krieg gegen Napoleon gekämpft. Schreibe einen Brief an Gentz (M2), in dem du ihm deine Meinung sagst.

Kampf der Ideen in der Zeit des Vormärz

Der Wiener Kongress hatte die alte Ordnung wiederhergestellt, im Deutschen Bund hatten die Fürsten die Macht.
- ***Welche Reaktionen rief der Wiener Kongress in Deutschland hervor?***
- ***Welche Ideen bestimmten die politische Auseinandersetzung nach 1815?***

Das Wartburgfest 1817

Seit 1815 schlossen sich deutsche Studenten zu „Burschenschaften" zusammen. Unter ihnen waren viele, die in den Befreiungskriegen gegen Napoleon gekämpft hatten. Sie empfanden es als besonders bitter, dass der Wiener Kongress ihre Hoffnungen auf Freiheit und Einheit nicht erfüllt hatte. Im Oktober 1817 lud die Jenaer Burschenschaft Vertreter deutscher Universitäten auf die Wartburg ein. Dort sollte ein „Nationalfest" stattfinden (siehe M2 auf S. 83). 500 Interessierte folgten ihrem Aufruf. „Freiheit" und „ein einiges Vaterland" lauteten die Forderungen der Studenten. Am Abend entzündeten sie ein Feuer und verbrannten fürstenfreundliche Bücher, einen Soldatenzopf und Uniformteile.

M2

Karl Ludwig Sand wird hingerichtet. Kolorierter Kupferstich, 1820

Ein politischer Mord und die Reaktion

August von Kotzebue war ein Autor, dessen Werke auf dem Wartburgfest verbrannt wurden. Er war ein erklärter Gegner der Burschenschaften und des Liberalismus. Außerdem stand er in russischen Diensten. Am 23. März 1819 wurde er von dem Theologiestudenten Karl Ludwig Sand als „Spion und Vaterlandsverräter" erstochen. Sand wurde für seine Tat hingerichtet. Viele feierten ihn daraufhin als Märtyrer und Symbolfigur der Nationalbewegung. Das zeigt die Stimmung, die damals in Deutschland herrschte. Sowohl das Wartburgfest als auch die Ermordung Kotzebues boten Fürst Metternich Anlass, Maßnahmen zu ergreifen. Unter seiner Leitung fassten die Vertreter der Landesregierungen 1819 die „Karlsbader Beschlüsse": Die Universitäten, insbesondere die Dozenten, wurden bundesweit überwacht, die Burschenschaften verboten und die Pressezensur eingeführt. Die Fronten in Deutschland verhärteten sich zunehmend.

Die Julirevolution in Paris wirkt auf Europa

In Frankreich versuchte König Karl X. seit 1824, die absolute Monarchie wieder einzuführen. Doch die Franzosen wehrten sich erfolgreich. Der König floh im Juli 1830, und an seiner Stelle wurde Louis Philippe als „Bürgerkönig" eingesetzt. Diese „Julirevolution" wurde zum Vorbild für andere Länder. Im November 1831 gab es einen Aufstand in Polen, das seit 1815 vom russischen Zaren beherrscht wurde. Der Aufstand wurde blutig niedergeschlagen und tausende Polen flohen nach Deutschland. Dort wurden sie als Freiheitshelden gefeiert. Die Wirkung war gewaltig: In Hannover, Hessen-Kassel, Sachsen und Braunschweig kam es zu Aufständen. Sie führten zur Einführung von Verfassungen. Am 27. Mai 1832 folgte die erste Massendemonstration für politische Freiheit und nationale Einheit in Deutschland: das Hambacher Fest (siehe S. 90).

M1 *Die Ermordung Kotzebues, Radierung, um 1819*

M 3

„Der Denkerclub", Karikatur, um 1820. Oben im Bild steht: „Wichtige Frage welche in heutiger Sitzung bedacht wird: Wie lange möchte uns das Denken wohl noch erlaubt bleiben?"

Kleine lateinische Wortkunde

lex, legis f.	das Gesetz
restaurare	wiederherstellen
liber	frei
natio, -nis f	Volk, Stamm
absolutus	losgelöst, uneingeschränkt

Nationalismus ist eine politische Einstellung. Nationalisten wollen, dass der eigene, souveräne Nationalstaat eine beherrschende Stellung hat. Entstanden ist der Begriff während der Französischen Revolution, als die Bürger eine Nationalversammlung bildeten. In Deutschland verbreitete sich der Nationalismus während der Kriege gegen Napoleon.

Liberalismus ist eine Einstellung, die großen Wert auf Freiheit in Staat und Gesellschaft legt. Der Mensch und seine Rechte stehen im Vordergrund. Der Staat soll die Bürger nur schützen und die Ordnung aufrechterhalten. Vertreter des Liberalismus nennt man Liberale. Sie wollen Gewaltenteilung, Rechtsstaat und Pressefreiheit.

Vormärz heißt die Epoche der Freiheitsbewegungen in Europa zwischen 1815 und 1848.

M 4

Die Wiener Schlussakte ergänzte die Verfassung des Deutschen Bundes. Sie trat im Juni 1820 in Kraft. Im Artikel 26 heißt es:

Wenn in einem Bundesstaate durch Widersetzlichkeit der Unterthanen gegen die Obrigkeit die innere Ruhe unmittelbar gefährdet und eine Verbreitung aufrührerischer Bewegungen zu fürchten oder ein wirklicher Aufruhr zum Ausbruch gekommen ist und die Regierung selbst ... den Beistand des Bundes anruft, so liegt der Bundes-Versammlung ob[1], die schleunigste Hülfe zur Wiederherstellung der Ordnung zu veranlassen. Sollte ... die Regierung notorisch[2] außer Stande seyn, den Aufruhr durch eigene Kräfte zu unterdrücken, zugleich aber durch die Umstände gehindert werden, die Hülfe des Bundes zu begehren, so ist die Bundes-Versammlung nichts desto weniger verpflichtet, auch unaufgerufen zur Wiederherstellung der Ordnung und Sicherheit einzuschreiten.

www.uni-leipzig.de/~staat/quellen/verf0607, Folie 23 (Stand: 23. 05. 2016).

[1] *liegt ... ob: ist sie dazu verpflichtet*
[2] *offenkundig*

1 a) Lies den Darstellungstext. Gestalte einen Zeitstrahl, auf dem du alle wichtigen Ereignisse des Vormärz einträgst und erklärst:

1815 ... *1832* →

b) Erkläre mit der „lateinischen Wortkunde" (oben) die Ideen des Wiener Kongresses und des Vormärz.

2 a) Untersuche M3 mithilfe der Arbeitsschritte „Karikaturen entschlüsseln" (S. 64).

b) Arbeite heraus, welche politische Einstellung der Zeichner vertritt.

Tipp: Nutze dabei die Begriffe oben auf dieser Seite.

3 a) Lies den Text aus der Wiener Schlussakte (M4). Gib die Aussage in eigenen Worten wieder.

b) Erkläre, unter welchen Umständen die Akte entstanden ist und welche Ziele sie verfolgte (M4, Darstellungstext).

4 Wähle eine Aufgabe aus:

a) Betrachte die Bilder M1, M2 und M3 als eine Bildergeschichte. Verfasse einen Text dazu.

b) Gestalte ein Streitgespräch zwischen einem Anhänger und einem Gegner Karl Ludwig Sands.

Das Hambacher Fest: Volksfest oder politische Demonstration?

Rund 30000 Menschen, vor allem Deutsche, aber auch Polen und Franzosen, zogen am 27. Mai 1832 auf das Hambacher Schloss. Sie trugen schwarz-rot-goldene Fahnen und sangen, begleitet von Instrumenten, politische Lieder.

- ***Welche Ziele und Ideale wurden auf dem Hambacher Fest vertreten?***
- ***Welche Bedeutung hatte das Fest? Diese Fragen könnt ihr auf drei Wegen (A, B oder C) untersuchen.***

Webcode: FG450068-090 *Hambacher Fest*

„Hinauf, Patrioten, zum Schloss, zum Schloss!"
Am 20. April 1832 veröffentlichten liberal und national gesinnte Männer in der „Neuen Speyrer Zeitung" einen Aufruf. Sie luden „zu einem Nationalfeste" auf der Schlossruine Hambach ein (damals Bayern, heute Rheinland-Pfalz). Obwohl die Regierung anfangs versuchte, das Fest zu verbieten, setzten sich die Liberalen schließlich durch. Die beiden Hauptredner des Festes waren Philipp Jakob Siebenpfeiffer und Johann August Wirth. Sie waren politische Journalisten und Gründer des „Deutschen Vaterlandsvereins zur Unterstützung der Freien Presse". Auf dem Hambacher Fest verliehen sie den neuen Ideen ihre Stimme.

A

M 1 *Der Zug auf das Hambacher Schloss am 27. Mai 1832, Radierung, 1832*

M 2 **Der Deutschen Mai, ein von Philipp Jakob Siebenpfeiffer gedichtetes Lied:**

1. Hinauf, Patrioten, zum Schloss,
zum Schloss!
Hoch flattern die deutschen Farben:
Es keimet die Saat und die Hoffnung
ist groß,
Schon binden im Geiste wir Garben:
Es reifet die Ähre mit goldenem
Rand,
Und die goldne Ernt' ist das –
Vaterland.
…
3. Auch wir, Patrioten, wir ziehen
aus in festgeschlossenen Reihen;
Wir wollen uns gründen ein Vater-
haus,
Und wollen der Freiheit es weihen:
Denn vor der Tyrannen Angesicht
Beugt länger der freie Deutsche
sich nicht.

Johann Georg August Wirth, Das Nationalfest der Deutschen zu Hambach, Neustadt 1832 (Nachdr. 1981), S. 12f.

1 Beschreibe die Stimmung, die von Bild M1 und M2 ausgeht.
2 Arbeite die politischen Ziele aus dem Lied M2 heraus.

B

M 3

Aus der Rede Philipp Jakob Siebenpfeiffers:
Und es wird kommen der Tag, ... wo der Deutsche vom Alpengebirg und der Nordsee, vom Rhein, der Donau und Elbe den Bruder im Bruder umarmt, wo die Zollstöcke und die Schlagbäume, wo alle Hoheitszeichen der Trennung und Hemmung und Bedrückung verschwinden, samt den Konstitutiönchen (kleinen Verfassungen), ... wo der Beamte, der Krieger statt mit der Bedientenjacke des Herrn mit der Volksbinde sich schmückt, ... wo das deutsche Weib, nicht mehr die dienstpflichtige Magd des herrschenden Mannes, sondern die freie Genossin des freien Bürgers, unsern Söhnen und Töchtern schon als stammelnden Säuglingen die Freiheit einflößt.

Zit. nach Gustav Adolf Süß, Das Hambacher Fest, Mainz (Informationen der LpB, Rheinland-Pfalz) 1981, S. 55.

1 Erarbeite die politischen Ziele Siebenpfeiffers aus M3.
2 Beschreibe anhand von M4 die Folgen des Hambacher Festes. Welches Klima herrschte in Deutschland?

C

M 5

Der ehemalige Bundespräsident Walter Scheel sagte bei der 150-Jahrfeier des Hambacher Festes:
Deutscher sein zu wollen, bedeutete damals nicht, deshalb Antifranzose oder Antipole zu sein. Im Gegenteil: Hier in Hambach wurde ein Stück europäischer Solidarität sichtbar. Man wusste genau, dass ich meine Freiheit und die meiner Mitbürger nicht mit Unfreiheit der Nachbarnationen erkaufen kann – und sie ihre Freiheit nicht mit meiner Unfreiheit. Man wusste damals in Hambach, dass Freiheit ein gemeinsames Anliegen der europäischen Völker ist. Deshalb gehörte der Ruf nach einem konföderierten, republikanischen Europa zu den politischen Forderungen.

Zit. nach Walter Scheel, Bekenntnis zu Europa. In: Manfred H. Däuwel (Hg.), Hambach in Europa – es lebe das confoederirte republikanische Europa, Bonn (Europa-Union-Verlag) 1983, S. 3.

1 Arbeite aus der Rede M5 heraus, wie Präsident Scheel das Hambacher Fest bewertet.
2 Erkläre, was er mit dem Begriff „europäische Solidarität" meint.

M 4

Maßregeln zur Aufrechthaltung der Ruhe und Ordnung im Deutschen Bunde, 5. Juli 1832:
Art. 2. Alle Vereine, welche politische Zwecke haben, ... sind ... zu verbieten ...
Art. 3. Außerordentliche Volksversammlungen und Volksfeste ... dürfen ... in keinem Bundesstaate ohne ... Genehmigung ... stattfinden ... Auch bei erlaubten Volksversammlungen und Volksfesten ist es nicht zu dulden, dass öffentliche Reden politischen Inhalts gehalten werden ...
Art. 4. Das ... Aufstecken von Fahnen und Flaggen, das Errichten von Freiheitsbäumen und dergleichen Aufruhrzeichen – ist unnachsichtlich zu bestrafen.
Art. 6. Die Bundesregierungen werden ... sich wechselseitig mit Notizen über alle Entdeckungen staatsgefährlicher geheimer Verbindungen und der darin verflochtenen Individuen ... unterstützen.
Art. 8. Die Bundesregierungen machen sich verbindlich, diejenigen, welche in einem Bundesstaat politische Vergehen oder Verbrechen begangen, und sich, um der Strafe zu entgehen, in andere Bundeslande geflüchtet haben, ... auszuliefern.
Art. 9. Die Bundesregierungen sichern sich gegenseitig auf Verlangen die prompteste militärische Assistenz[1] zu.

Zit. nach www.verfassungen.de/de/de06-66/bundesbeschluss24.htm#zehnartikel

[1] *Hilfe*

Aufgabe für alle:
Diskutiert: Warum druckte man in Deutschland 175 Jahre nach dem Hambacher Fest eine Gedenkbriefmarke?

M 6

Das Hambacher Fest 1832, Briefmarke, 2007

1848 – Märzrevolution in Deutschland

Am 24. Februar 1848 wurde in Paris der „Bürgerkönig" Louis Philippe gestürzt. Frankreich war nun wieder eine Republik. Dieses Ereignis wirkte auf Deutschland wie ein Funke im Pulverfass. Überall demonstrierten die Bürger und forderten von ihren Regierungen Reformen.

- ***Was waren die Forderungen der Revolutionäre von 1848?***
- ***Mit welchen Mitteln verfolgten sie ihre Ziele – und wie reagierten die Herrscher?***

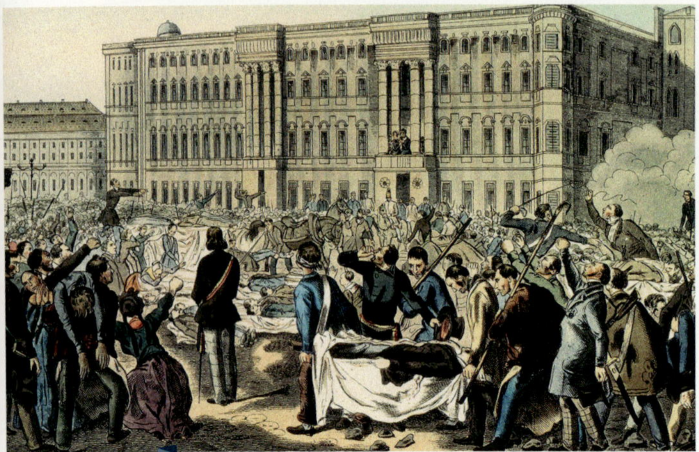

M 1 *Aufbahrung der Gefallenen vom 18. März, Radierung von 1848*

Barrikadenkämpfe für Reformen

In fast allen deutschen Städten protestierten die Menschen: von wohlhabenden Bürgern über Handwerker bis hin zu Arbeitern und Tagelöhnern. In den kleinen und mittelgroßen Staaten blieben gewaltsame Zusammenstöße die Ausnahme. In Berlin und Wien kam es dagegen zu blutigen Barrikadenkämpfen. Die Fürsten gaben dem enormen Druck der Revolutionäre zunächst nach und erfüllten einen Teil ihrer „Märzforderungen". Dazu beriefen sie liberale Politiker in die Regierungen. Mit der Einrichtung von „Märzministerien" wollten sie Reformbereitschaft zeigen. So versuchten sie den Zusammenbruch ihrer Herrschaft zu verhindern.

Das Beispiel Hessen-Darmstadt

Am 28. Februar 1848 bildete sich eine Bürgerversammlung in Mainz, das zum Großherzogtum Hessen gehörte. Die Versammlung stellte liberale* Forderungen an den Großherzog. Dieser reagierte nicht sofort. Er gab erst nach, als Politiker im Landtag über einen grundlegenden Wechsel des Regierungssystems diskutierten. Am 6. März bewilligte er ihre Forderungen. Das bisherige Ministerium trat zurück und der Liberale Heinrich von Gagern übernahm die Regierung. Noch am gleichen Tag formte sich in Mainz eine Bürgergarde. Doch nicht nur die Bürger rebellierten, auch Bauern aus dem nahen Odenwald zogen nach Darmstadt. Sie erreichten, dass alle Belastungen des Feudalsystems* aufgehoben wurden. Außerdem erkämpften sie eine Beseitigung der adligen Privilegien. Fortan sollten alle Staatsbürger im Herzogtum gleichgestellt sein.

Das Beispiel Preußen

Der preußische König Friedrich Wilhelm IV. blieb dagegen hart. Erst als er erfuhr, dass Fürst Metternich aus Wien geflohen war, versprach er Preußen eine Verfassung. Daraufhin versammelten sich am 18. März 1848 etwa 10 000 Menschen vor dem Berliner Schloss, um ihm zu danken. Das Militär rückte an – und plötzlich fielen Schüsse. Die Menge fühlte sich verraten und griff zu den Waffen. Es entbrannte ein Barrikadenkampf zwischen Bürgern und Soldaten, der zahlreiche Todesopfer forderte (siehe Bild S. 80). Tags darauf lenkte der König ein. Er verneigte sich demonstrativ vor den Toten und versprach, sich für die nationale Einheit Deutschlands einzusetzen. Außerdem berief er liberale Minister in die Regierung. Eine „preußische Nationalversammlung" kam zusammen, die eine Verfassung für Preußen ausarbeiten sollte.

Die Nationalversammlung tritt zusammen

In den Einzelstaaten hatte die Revolution gesiegt. Doch nun galt es, die deutsche Einheit zu schaffen. Am 31. März 1848 trafen sich Gesandte aus ganz Deutschland und bildeten in Frankfurt ein „Vorparlament" (siehe S. 94). Es bereitete die Wahlen für das erste deutsche Nationalparlament vor. Jeder Bürger sollte frei wählen dürfen, alle Stimmen sollten gleich viel zählen. Am 18. Mai war es dann so weit: Etwa 600 gewählte Abgeordnete kamen in der Frankfurter Paulskirche zusammen. Sie nahmen sich vor, einen Nationalstaat zu schaffen und eine Verfassung für alle Deutschen auszuarbeiten.

M 2

Heinrich von Gagern, der neue Innenminister Hessen-Darmstadts, verkündete am 6. März 1848 die Bewilligung der Märzforderungen:

Was zur Gewähr politischer und bürgerlicher Freiheit gehört, soll unserm Volk nicht vorenthalten bleiben. Wir zählen auf die verfassungsmäßige Mitwirkung und Unterstützung Unserer Stände bei Leitung der Landesangelegenheiten ...

Die Presse ist frei, die Zensur ist hiermit aufgehoben. Wir werden den Ständen eine allgemeine Volksbewaffnung in Vorschlag bringen lassen.

Das Militär wird auf die Verfassung sofort beeidigt werden.

Wir werden den Ständen unverzüglich einen Gesetzentwurf ... vorlegen lassen, damit das Petitionsrecht[1] und das Recht der Volksversammlungen frei ausgeübt werden können.

Die freie Ausübung aller religiösen Kulte ist gestattet. ... Wir [haben] die Überzeugung gewonnen, dass eine Nationalvertretung ... zur Erstarkung Deutschlands wesentlich beitragen wird. Wir werden Uns nach Kräften bemühen, bei den ... Fürsten dieser Überzeugung Eingang zu verschaffen.

Der Wunsch des Volkes, dass für ganz Deutschland ein Zivil- und Strafgesetz und dieselben Formen des Verfahrens gelten möchten, teilen wir ... Einstweilen werden Wir ... Gesetzesentwürfe über ein neues ... [öffentliches] Zivil- und Strafverfahren, verbunden mit Schwurgerichten und Aufhebung der privilegierten Gerichtsstände, vorlegen lassen.

Der Provinz Rheinhessen sind bis zur Einführung einer allgemeinen deutschen Gesetzgebung ihre Institutionen und Gesetze garantiert.

Zit. nach http://edocs.ub.uni-frankfurt.de/volltexte/2006/6567/ (Stand: 29. 05. 2016).

[1] *Recht, sich mit Bitten oder Beschwerden an eine Behörde zu wenden*

M 3

Ein Zeitzeuge erinnerte sich 1852 an die Ereignisse am Berliner Schloss am 19. März 1848:

Zuerst wurden sechs bis sieben Leichen von der Breiten Straße her nach dem Schloss angefahren. Die blutigen Wunden aufgedeckt, bekränzt mit Blumen und Laub. Die begleitende Volksmenge sang Lieder und schrie. Der König solle die Leichen sehen, hieß es. Auf den ... Ruf erschien der König auf dem Altan[1], der nach dem Schlossplatz hinausführt ... Alles hatte den Kopf entblößt, nur der König die Mütze auf. Da hieß es gebieterisch: „Die Mütze herab!", und er nahm sie ab. Die Leichen wurden dann durch das Schloss nach dem Dom gefahren ... und hier musste der König ebenfalls wiederholt auf der Galerie erscheinen, die Leichen grüßen und vieles anhören. Endlich wurde ein geistliches Lied angestimmt, ... die ganze Volksmenge sang mit und schien versöhnt. Der König durfte sich erschöpft und vernichtet zurückziehen.

Zit. nach Hans Bentzien, Unterm roten und schwarzen Adler, Berlin (Volk und Welt) 1992, S. 225.

[1] *Balkon*

1 a) Vergleiche den Verlauf der Revolution in Hessen und Preußen (Darstellungstext).

Tipp: Lege dazu eine Tabelle an:

Revolution in Hessen	*Revolution in Preußen*
1. ...	...

b) Begründe die Unterschiede im Verlauf.

2 Lies den Text Heinrich von Gagerns (M2). Gestalte ein Flugblatt anhand des Textes, auf dem du die Forderungen der Revolutionäre formulierst.

3 Beschreibe das Bild M1. Ordne es zeitlich und räumlich ein.

4 Wähle eine Aufgabe aus:

Stell dir vor, du bist der preußische König (vgl. M3).

a) Verfasse einen Tagebucheintrag, in dem du die Ereignisse vom 18. März aus deiner Sicht beschreibst.

b) Schreibe einen Brief an einen Verwandten. Erkläre darin, warum du gegenüber dem Volk so gehandelt hast.

5 Diskutiert gemeinsam: Hat 1848 die Revolution über die Monarchie gesiegt?

Welche Verfassung soll Deutschland bekommen?

Im Mai 1848 versammelte sich zum ersten Mal ein deutsches Nationalparlament in der Frankfurter Paulskirche. Es sollte eine Verfassung ausarbeiten und so die Grundlage für einen deutschen Staat schaffen. Die Abgeordneten hatten jedoch ganz unterschiedliche Vorstellungen davon, wie der neue Staat aussehen sollte.

- ***Hier kannst du die politischen Auseinandersetzungen der Abgeordneten nachvollziehen.***
- ***Du kannst die Verfassung untersuchen, die sie ausgearbeitet haben.***

Die Abgeordneten debattieren

Die etwa 500 Abgeordneten schlossen sich zu Fraktionen* zusammen, um ihre Ziele durchzusetzen. Sie benannten sich nach den Gaststätten, in denen sie sich trafen – zum Beispiel dem „Café Milani". Im Parlament hatten sie eine feste Sitzordnung: die konservativen* Anhänger der Monarchie saßen ganz rechts, die Demokraten eher links. Später wurden „links" und „rechts" Abkürzungen für die politische Haltung.

Das Parlament musste über viele Fragen entscheiden:

- Wie groß soll das deutsche Staatsgebiet sein? („klein-" oder „großdeutsch", siehe M4).
- Welche Staatsform soll Deutschland haben? (Monarchie mit Verfassung, Republik …)
- Soll ein Kaiser seinen Titel erben oder gewählt werden? („Erbkaiser" oder „Wahlkaiser")
- Soll Deutschland ein Zentralstaat oder Bundesstaat sein?
- Welche Rechte soll die Bevölkerung haben?

M1 Die Fraktionen der Paulskirche und ihre Ziele

Deutscher Hof: gemäßigte Demokraten
- Volkssouveränität*
- demokratische Republik
- freie Wahlen mit gleicher Stimme für alle
- großdeutsche Lösung

M2

Die verfassungsgebende Nationalversammlung in Frankfurt, kolorierte Lithografie, 1848

Casino: nationale Liberale („rechtes Zentrum")
- Monarchie mit Verfassung und Erbkaiser
- Vetorecht des Kaisers gegen das Parlament
- Rücksichtnahme auf Einzelstaaten
- Wahlrecht für Männer mit Besitz und Bildung
- meist für kleindeutsche Lösung

Württemberger Hof: demokratische Liberale („linkes Zentrum")
- Volkssouveränität
- Bundesstaat mit starkem Parlament
- wenig Macht für Einzelstaaten, sie dürfen aber Monarchien bleiben
- allgemeines Wahlrecht
- meistens für die großdeutsche Lösung

Café Milani: rechte Konservative
- Monarchie mit Verfassung und Erbkaiser
- traditionelle Vorstellung eines „legitimen" Herrschers
- starke Einzelstaaten
- schwaches Parlament mit wenig Mitsprache
- Wahlrecht nur für Bürger mit Besitz
- großdeutsche Lösung

M 3

Die Grundrechte des deutschen Volkes

Am 28. März 1849 einigte sich das Parlament auf eine Verfassung. Sie trat nie in Kraft. Darin heißt es:

§ 137. Vor dem Gesetze gilt kein Unterschied der Stände. Der Adel als Stand ist aufgehoben. Alle Standesvorrechte sind abgeschafft …

§ 138. Die Freiheit der Person ist unverletzlich. Die Verhaftung einer Person soll … nur geschehen in Kraft eines richterlichen, mit Gründen versehenen Befehls …

§ 140. Die Wohnung ist unverletzlich …

§ 142. Das Briefgeheimnis ist gewährleistet …

§ 143. Jeder Deutsche hat das Recht, durch Wort, Schrift, Druck und bildliche Darstellung seine Meinung frei zu äußern. Die Pressefreiheit darf unter keinen Umständen … aufgehoben werden.

§ 144. Jeder Deutsche hat volle Glaubens- und Gewissensfreiheit …

§ 161. Die Deutschen haben das Recht, sich friedlich und ohne Waffen zu versammeln …

§ 164. Das Eigenthum ist unverletzlich …

§ 166. Jeder Unterthänigkeits- und Hörigkeitsverband hört für immer auf.

§ 175. Die richterliche Gewalt wird selbstständig von den Gerichten geübt.

www.verfassungen.de/de/de06-66/verfassung48.htm (Stand: 14. 03. 2016).

M 4

Lösungsvorschläge der Paulskirche für das deutsche Staatsgebiet. Lösung A wurde beschlossen.

M 5

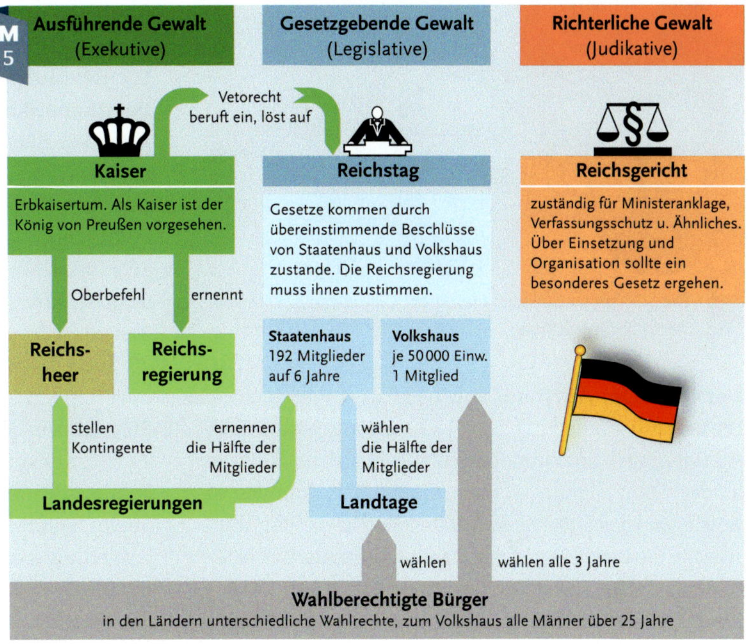

Vorschlag des Parlaments für eine Reichsverfassung vom 28. März 1849

1 a) Bildet vier Gruppen. Übernehmt jeweils eine Fraktion aus M1.

b) Überlegt euch in der Gruppe Argumente für die Ziele eurer Fraktion.

c) Führt eine Klassendebatte: „Was für eine Verfassung soll Deutschland bekommen?"

2 Vergleiche die Grundrechte (M3) mit der Zeit vor 1848 und deiner eigenen Situation.

3 **Methode:** Untersuche den Aufbau der Verfassung M5. Nutze die Arbeitsschritte auf S. 69.

Zusatzaufgaben: siehe S. 213

Die Revolution in Niedersachsen

Du hast bereits gelernt, wie die Revolution in Preußen und Hessen verlief und welche Folgen sie hatte. Doch nicht nur dort fanden Revolutionen statt, sondern auch auf dem Gebiet des heutigen Niedersachsen. Hier kam es 1831 und 1848 ebenfalls zu Aufständen. Auf dieser Doppelseite kannst du die Ereignisse am Beispiel des Königreichs Hannover untersuchen.

- ***Wie verlief die Revolution in den Gebieten des heutigen Niedersachsen?***
- ***Welche Ziele verfolgten Revolutionäre hier, welche erreichten sie?***

M 1 *Die „Göttinger Sieben", Holzstich. Die beiden oberen sind die Gebrüder Grimm.*

Der Göttinger Aufstand von 1831

Die revolutionären Ereignisse 1830 in Paris hatten auch Auswirkungen auf Norddeutschland. Während die Lage in der Stadt Hannover eher ruhig blieb, kam es in Göttingen zu gewaltsamen Aufständen: Im Januar 1831 stürmte die Bevölkerung der Stadt das Rathaus und setzte einen selbst gewählten Gemeinderat ein. Die Regierung ließ den Aufstand mit Truppen niederschlagen. 1833 wurde jedoch eine Verfassung eingeführt, die die konstitutionelle Monarchie festlegte. Neben dem König gab es jetzt ein Parlament: eine Ständeversammlung mit zwei Kammern. Hier konnten sich erstmals nicht nur Adlige, sondern auch besitzende Bürger und Bauern politisch beteiligen, da sie nun bei Gesetzen und bei Steuerbewilligungen mitbestimmen durften. Eine weitere Errungenschaft war die Bauernbefreiung (vgl. preußische Reformen S. 85).

Im Juni 1837 wurde Ernst August der neue König von Hannover. Im November hob er die Verfassung von 1833 wieder auf – und auch die damit verbundenen Rechte der Bürger. Gegen dieses Vorgehen protestierten sieben Professoren der Universität Göttingen. Sie argumentierten, dass ihr Eid auf die Verfassung schwerer wiege als die Treue zum König. Ernst August entließ die Professoren daraufhin von der Universität, was in weiten Teilen Deutschlands Solidarität mit den Entlassenen hervorrief. Die „Göttinger Sieben" wurden zu Symbolfiguren der liberalen Bewegung, in der sich bald immer mehr Professoren und Studenten engagierten.

Die Revolution von 1848 in Hannover – Barrikadenkämpfe oder gemäßigte Reformen?

Als 1848 überall in Deutschland die Ereignisse hochkochten, kam es auch in Hannover zu Demonstrationen. Eine Bürgerversammlung trat zusammen, die zwölf Forderungen an den König richtete, in denen sie am 16. März 1848 liberale und nationale Reformen verlangten. König Ernst August erkannte die Gefahr einer gewaltsamen Revolution in seinem Königreich. Am 20. März 1848 machte er deshalb dem Volk einige Zugeständnisse, wie zum Beispiel die Aufhebung der Pressezensur (vgl. M2). Außerdem ernannte er am 22. März eine neue Regierung. Darin saßen neue liberale Minister wie der Graf von Bennigsen und Johann Carl Stüve. Sie führten zahlreiche Reformen durch, die den Forderungen der Bürger entsprachen: Zum Beispiel stellten sie die Verfassung von 1833 wieder her und trennten die Gerichte von der Verwaltung. Bürger und Bauern gewannen mehr Einfluss in den Kammern des Parlaments und konnten die Arbeit der Minister kontrollieren. Auf den Straßen bildeten sich zeitgleich bewaffnete Bürgerwehren. Ihr Ziel war es aber nicht, eigene Forderungen gewaltsam durchzusetzen oder die Regierung zu stürzen, sondern die Ordnung in der Stadt zu sichern. So wurden gewaltsame Auseinandersetzungen im Keim erstickt und es kam nicht zu Barrikadenkämpfen.

Im Laufe des Jahres 1848 bildeten sich immer neue Gruppen, die sich für die Gründung eines deutschen Nationalstaates einsetzten (vgl. S. 88). Dazu gehörten zum Beispiel Sänger- und Schützenvereine. Aber die Revolution verlor schnell ihre Energie, was sich im Mai 1849 zeigte: 3000 Bürger marschierten zu König Ernst August und wollten ihm eine Petition überreichen, in der sie die Gründung eines deutschen Nationalstaates forderten. Der Nationalstaat sollte eine Verfassung für alle Deutschen haben. Bevor die Demonstranten durchkommen konnten, stoppte sie das Militär und die bewaffnete Bürgerwehr, nicht einmal eine Delegation wurde zum König vorgelassen. Später ließ Ernst August die Anführer solcher Aktionen sogar verhaften. In ländlichen Regionen des Königreichs kam es kaum zu Demonstrationen. Die Kritik der Bauern richtete sich hauptsächlich gegen die Jagd- und Forstgesetze, die ihnen Probleme bereiteten. Durch kleinere Zugeständnisse beruhigte sich die Lage hier schnell wieder. Nationale und liberale Forderungen blieben auf dem Land eher die Ausnahme.

M 2

Proklamation des Königs Ernst August von Hannover an die Revolutionäre vom 20. März 1848:

Hannoveraner!

Auf viele eingegangene Vorstellungen habe ich bereits die Zensur aufgehoben, die Öffentlichkeit der Ständeversammlung gestattet, das Associationsrecht[1] anerkannt, die erbetene Amnestie und Rehabilitation der wegen politischer Verbrechen Verurteilten, wie hierdurch ausdrücklich geschieht, gewährt, ... Insbesondere will ich, bei den ... wesentlich veränderten Verhältnissen im gesamten Deutschland an die Stände Anträge auf Abänderung der Landesverfassung richten, welche auf Verantwortlichkeit der Minister gegen das Land und auf Vereinigung der königlichen und Landes-Kasse begründet werden sollen.

Ich ermahne Euch Alle[,] die fernere Entwicklung der Verhältnisse in Ruhe und ohne Störung der gesetzlichen Ordnung zu erwarten.

Hannover, den 20. März 1848.

Ernst August

Abschrift einer Quelle des Historischen Museums Hannover durch den Verfasser.

1 *Recht zum politischen Zusammenschluss*

M 3

Gebiet des heutigen Niedersachsen um 1848

1 Stelle die revolutionären Ereignisse in Niedersachsen in einer Tabelle zusammen (Darstellungstext, M1):

	1831	*1848/1849*
Ursachen		
Verlauf		
Ergebnisse		

2 a) Arbeite die Zugeständnisse heraus, die König Ernst August den Revolutionären in seiner Proklamation macht (M2).

Tipp: Schlage unbekannte Wörter im Lexikon nach.

b) Vergleiche die Zugeständnisse Ernst Augusts mit den Ideen des Liberalismus und Nationalismus (S. 89).

3 Wähle eine Aufgabe aus:

Partnerarbeit: Stell dir vor, du und dein/e Freund/in habt die Jahre 1848 und 1849 getrennt voneinander in Berlin und Hannover erlebt.

a) Schreibt euch gegenseitig einen Brief über die Ereignisse in eurer Stadt.

b) Zeichnet einen Comic zu den Ereignissen.

c) Filmt ein Interview, in dem ihr über die Ereignisse berichtet.

Warum scheiterte die Revolution 1848/49?

Die Revolutionäre von 1848 hatten sich für politische Ziele eingesetzt, die uns heute selbstverständlich erscheinen: politische Mitbestimmung durch Wahlen, Gesetze, die die Grundrechte aller schützen, gleiche Rechte für Männer und Frauen. Am Ende hatten sie jedoch keinen Erfolg.

- ***Warum konnten die Revolutionäre von 1848 ihre Forderungen nicht durchsetzen?***

„Gegen Demokraten helfen nur Soldaten"

Ende des Jahres 1848 diskutierten die Abgeordneten in der Paulskirche noch immer, wie der neue Nationalstaat aussehen sollte. Währenddessen veränderte sich aber die Stimmung im Land. Es gab radikale Unternehmungen, die von den Landesfürsten gewaltsam niedergeschlagen wurden. Die Fürsten gewannen wieder Selbstvertrauen und begannen die Revolution offen zu bekämpfen. In Wien setzte die Gegenrevolution zuerst ein: Im Oktober 1848 stürmten kaiserliche Truppen die Stadt. Viele Revolutionäre wurden inhaftiert und hingerichtet. Darunter war auch Robert Blum, ein demokratischer Abgeordneter der Paulskirche. Auch in Preußen verlor die Revolution an Boden. Im November rückte das Militär unter General Wrangel in Berlin ein und verhängte den Belagerungszustand. Die preußische Nationalversammlung wurde kurzerhand aufgelöst.

Der König lehnt die Kaiserkrone ab

Trotz dieser Veränderungen debattierte das Parlament in Frankfurt weiter. Es entschied sich schließlich dafür, eine Abordnung nach Berlin zu schicken. Sie sollte dem preußischen König Friedrich Wilhelm IV. die Kaiserkrone anbieten – und ihn damit zum Oberhaupt des Reichs machen. Die Abgesandten waren entsetzt, als der König im April 1849 die Krone ablehnte. Er äußerte sich abfällig: Die Reichskrone sei ein „Hundehalsband der Parlamentarier". Es hätte den „Ludergeruch" der Revolution (Luder = totes Tier, Köder). Ein legitimer König von Gottes Gnaden trage einen solchen „Reif aus Dreck und Letten" (= Lehm) nicht! Die Empörung in Deutschland war groß. Aber die Vertreter der neuen Verfassung waren machtlos. Viele Abgeordnete der Paulskirche hatten bereits aufgegeben. Anfang Juni zog das Parlament nach Stuttgart um. Dort bildeten nur noch etwa 150 Abgeordnete ein „Rumpfparlament". Die meisten von ihnen waren streng demokratisch gesinnt und wollten eine Republik. Das Parlament wurde schließlich am 18. Juni von württembergischem Militär aufgelöst. Es begann eine harte Verfolgung gegen die, die für Freiheit und Einheit gekämpft hatten. 1850 schlossen Preußen und Österreich einen Vertrag, der den Deutschen Bund wiederherstellte.

M 1 *Der preußische König Friedrich Wilhelm lehnt die Kaiserkrone ab. Karikatur aus den „Satyrischen Zeitblättern", 1849. Die Unterschrift lautet: „Soll ich? – Soll ich nich? – Soll ich?! – Knöppe, ihr wollt! – Nu jerade nich!"*

M 2

Der Historiker Thomas Nipperdey über das Scheitern der Revolution (1998):

[Die Liberalen] trieben eine Politik der Mitte ... Sie waren ... Revolutionäre wider Willen; sie machten vor den Thronen Halt; sie wollten die Revolution beenden und in Legalität[1] überführen ... Die Einheitsforderung stieß auf den ... Partikularismus[2] der deutschen politischen Welt ... Nationale Einheit gab es nicht ohne Österreich, nicht ohne Preußen, aber solange die als Staaten bestanden, stellte sich das Problem der Führung ... Deutsche Einheit, deutsche Grenzen, deutsche Freiheit und ein Stück sozialer Gerechtigkeit – das waren schon vier Probleme, die gleichzeitig anstanden ... Aber das war kein Zufall: Ohne nationale Einheit konnte es keine bürgerliche Herrschaft geben und auch nicht ohne bürgerliche Gesellschaft. Freiheit und Einheit waren nicht zu trennen. Es ist die Vielzahl der Probleme gewesen und ihre Unlösbarkeiten, die zum Scheitern der Revolution geführt hat. Man wollte einen Staat gründen und eine Verfassung durchsetzen, beides zugleich und das angesichts gravierender sozialer Spannungen.

Thomas Nipperdey, Deutsche Geschichte 1800–1866, München (Beck) 1998, S. 664ff.

1 *durch Gesetze abgesicherter Zustand*
2 *Interessen der Einzelstaaten*

M 3

Der Historiker Theodor Schieder über die Auswirkungen der Revolution (1975):

Trotz aller Rückschläge ... ist aber der gesellschaftliche Emanzipationsprozess[1], den ... die unter dem Einfluss der Revolution stehenden Parlamente und Regierungen vorangetrieben haben, nach dem Scheitern der Revolution ... nur verlangsamt, aber nicht aufgehalten worden ... Überhaupt kann man die Entstehung politischer Parteien, die zum Teil schon eine massentümliche Basis[2] besitzen, als eines der wesentlichsten politischen Ergebnisse der 48er-Revolution bezeichnen. Die Wahlbewegung von 1848, die parlamentarischen Erfahrungen ..., die lange dauernde politische Hochspannung der Revolutionsjahre, das Zusammentreffen von Politikern aus allen Teilen Deutschlands schufen die Voraussetzungen für politische Zusammenschlüsse, für die Entstehung ... [politischer] Organisationen.

Theodor Schieder, Vom Deutschen Bund zum Deutschen Reich (Gebhardt: Handbuch der deutschen Geschichte, Bd. 15), 10. Aufl., Stuttgart 1985, S. 104f.

1 *Emanzipationsprozess: Vorgang der Befreiung*
2 *große Menge von Unterstützern*

1 Warum scheiterte die Revolution? Erkläre mithilfe des Darstellungstextes.

2 **Methode:** Untersuche die Karikatur M1. Nutze dabei die Arbeitsschritte auf S. 65.

3 **Wähle eine Aufgabe aus:**
a) Vergleiche das Verhalten des preußischen Königs im April 1849 mit dem im März 1848 (S. 92). Beurteile seine politischen Überzeugungen.
b) Stell dir vor, du bist ein liberaler Journalist. Schreibe einen kurzen Zeitungsartikel über das Verhalten des preußischen Königs 1848 und 1849.

4 Die beiden Historiker in M2 und M3 betonen in ihren Texten unterschiedliche Aspekte der Revolution.
a) Lies den Text M2. Arbeite die Gründe für das Scheitern der Revolution heraus und erläutere sie.
b) Lies den Text M3. Fasse die Auswirkungen der Revolution zusammen.
c) Vergleiche die Aussagen von M2 und M3. Nimm anschließend in eigenen Worten Stellung zur Frage: „War die Revolution von 1848 ganz umsonst?“

Zusatzaufgaben: siehe S. 213.

Nicht nur politische, sondern auch soziale Gleichheit?

Die Revolutionäre von 1848 forderten vor allem nationale Einheit und politische Gleichheit. Gleichzeitig wuchs aber auch die Idee der sozialen Gleichheit.

- ***Hier kannst du die Idee der sozialen Gleichheit erarbeiten. Du lernst, wer sie vertrat und welche Auswirkungen sie hatte.***

Die soziale und wirtschaftliche Krise

Seit den 1820er Jahren verschärften sich die politischen und sozialen Gegensätze in Deutschland. Eine kleine Schicht von Unternehmern erzielte immer größere Gewinne. Sie produzierten in Fabriken massenhaft Waren, die sie günstig verkaufen konnten. Gegen diese Konkurrenz kamen einfache Handwerker nicht an. Sie mussten ihren Beruf aufgeben und Heimarbeiter oder Fabrikarbeiter werden. Ähnlich war es auf dem Land: Hier gab es wenige Großbauern, aber viele verarmte Kleinbauern. Sie konnten mit ihrem Hof kaum ihre Familie ernähren. Dazu kamen Missernten wie 1845 und 1847. Weil Nahrung knapp wurde, stiegen die Preise dafür stark an. Es kam zu einer europaweiten Massenarmut (Pauperismus*).

Radikale Theorien entstehen: Sozialismus und Kommunismus

Einige Intellektuelle wollten diese Probleme lösen. Darunter waren auch Karl Marx und Friedrich Engels. Sie gingen davon aus, dass die Gesellschaft in Klassen* eingeteilt war. Die besitzende Klasse verfügte über alle Produktionsmittel wie Fabriken, Maschinen oder Land. Die besitzlose Klasse hatte dagegen nur ihre Arbeitskraft. Die Besitzenden nannten sie Kapitalisten* oder Bourgeoisie*, die Besitzlosen Proletarier*. Beide stünden sich unversöhnlich gegenüber. Die Proletarier erwirtschafteten durch ihre Arbeit deutlich mehr, als sie als Lohn bekamen. Dieses Geld steckten sich die Kapitalisten in die Tasche. Um die Lage der Proletarier zu verbessern, müssten sie sich vereinigen und die Kapitalisten durch eine Revolution enteignen. Anschließend sollte alles der Gemeinschaft gehören. Diese Idee nennt man Sozialismus bzw. Kommunismus. Karl Marx sah die Geschichte als Abfolge von Klassenkämpfen. Am Ende stand für ihn die Abschaffung aller Klassen, eine klassenlose Gesellschaft. Revolutionen nannte er „Lokomotiven der Geschichte“, weil sie zielsicher zu diesem Zustand führten. Viele reiche und mächtige Menschen fühlten sich durch die Ideen von Marx und Engels bedroht.

Karl Marx (1818–1883)
Karl Marx wurde am 5. Mai 1818 in Trier geboren. Als Redaktionschef der „Rheinischen Zeitung“ übte er so heftige Kritik an der Regierung, dass die Zeitung verboten wurde. Er ging nach Paris und London ins Exil. Dort fand er Anschluss an einen Kreis von „Sozialisten“* bzw. „Kommunisten“*. Marx und sein Freund, der Fabrikbesitzer Friedrich Engels, gaben 1848 das „Kommunistische Manifest“ heraus. Darin forderten sie, den harten und ungerechten Unterschied zwischen Arbeiterklasse und Unternehmern zu beseitigen.

M 1

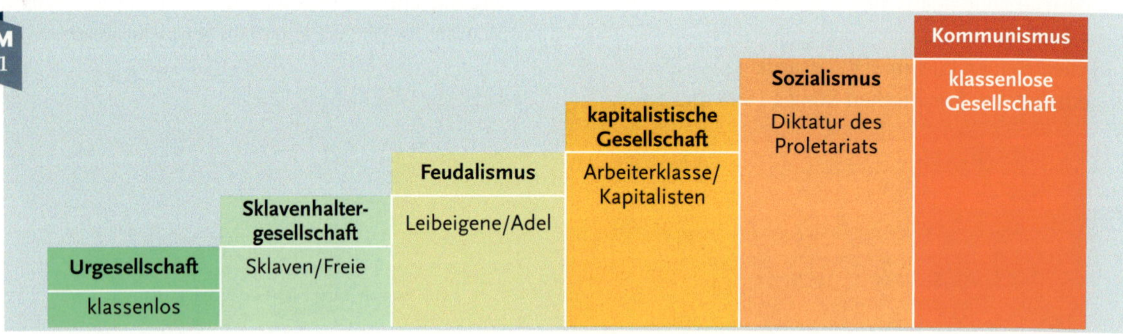

Stufenmodell des marxistischen Geschichtsbildes

Gesellschaft und Recht

M 2 *Festblatt zum 1. Mai, Holzschnitt von Otto Marcus, 1901. Zu beachten: der geflügelte Genius (röm.-griech. Schutzgeist) mit der Tafelaufschrift: Freiheit – Gleichheit – Brüderlichkeit; weitere Forderungen: Fort mit der Gesindeordnung! Hoch der 8-Stunden-Tag! Hoch die Sozialdemokratie!*

Arbeiter organisieren sich

Die Not, aber auch die Ideen von Marx und Engels führten dazu, dass sich die Arbeiterschaft organisierte. Anfangs gab es spontane Aufstände, später schlossen sich die Arbeiter dauerhaft zusammen. Sie bildeten Gewerkschaften*. Indem sie die Arbeit niederlegten und streikten, übten sie Druck auf die Unternehmer aus. So versuchten sie, höhere Löhne und bessere Arbeitsbedingungen erkämpfen. Dauerte ein Streik länger, sorgte die Gewerkschaft für sie. Es entstand eine regelrechte „Arbeiterkultur“: Zeitungen, Läden, Arbeitersport- und Gesangsvereine, Bildungsvereine und gemeinsame Feste wirkten in allen Bereichen des täglichen Lebens. Die Arbeiterbewegung wurde zur Massenbewegung. Die Arbeiter entwickelten das Gefühl, als „Klasse“ zusammenzugehören.

Arbeiterparteien entstehen

Noch hatten die Arbeiter keine Möglichkeit, in den Parlamenten mitzureden. Deshalb gründete der Schriftsteller Ferdinand Lassalle (siehe S. 161) 1863 den Allgemeinen Deutschen Arbeiterverein (ADAV). Es war die erste Arbeiterpartei auf deutschem Boden. Allerdings kam bald Streit auf: Reformer wie Lassalle wollten mit dem Staat zusammenarbeiten, radikale Sozialisten wollten ihn durch eine Revolution umstürzen. Es kam zu Abspaltungen und zur Gründung neuer Parteien. 1890 entstand die SPD, die Sozialdemokratische Partei Deutschlands. Sie wurde zur stärksten Partei im Parlament (Reichstag) des Deutschen Reichs.

Sozialismus
(lat. socialis = gemeinschaftlich) Lehre von einer Gesellschaft, in der Fabriken und Land allen gehören und es keine Ausbeutung und Klassenunterschiede mehr gibt. Die Gesellschaft ist wichtiger als der Einzelne.

Klassengesellschaft
Begriff aus dem 19. Jahrhundert, den man in Verbindung mit dem Sozialismus gebraucht. Man versteht darunter eine Gesellschaft, die sich in eine besitzende und eine besitzlose Klasse teilt. Die besitzende nannte man Kapitalisten, die besitzlose Proletarier.

Kapitalismus
Eine Form der Wirtschaft, bei der Angebot und Nachfrage den Markt bestimmen. Private Unternehmer gründen Firmen und streben nach möglichst großem Gewinn. Das Gegenteil ist der Sozialismus.

1 Notiere die Informationen des Darstellungstextes stichwortartig in folgender Tabelle:

Wirtschaft/Gesellschaft	*Ideen*	*Politik*

2 Erkläre anhand von M1 Karl Marx' Idee, dass die Geschichte zielgerichtet und gesetzmäßig verläuft.

3 Wähle eine Aufgabe aus:

a) Formuliere eine Rede, in der Karl Marx seine Ideen anpreist. Beziehe das Schaubild M1 mit ein.

b) Formuliere eine Rede eines liberalen Fabrikanten gegen die Ideen von Karl Marx.

4 Analysiere das Bild M2.

Tipp: Kläre folgende Begriffe: 1. Mai, Proletarier, Gesindeordnung.

Wie entstand 1871 das Deutsche Reich?

Die Revolution von 1848 war gescheitert. Deutschland war immer noch kein einheitlicher Staat. Die „Deutsche Frage" wurde erst 1871 gelöst.

- ***Auf dieser Doppelseite kannst du erarbeiten, wie es zur Entstehung des Deutschen Reichs kam.***
- ***Du kannst untersuchen, welche Rolle die Großmacht Preußen dabei spielte.***

Webcode: FG450068-102
LeMO: Lebendiges Museum Online

Innenpolitische Konflikte in Preußen

1860 legte König Wilhelm I. dem preußischen Landtag ein neues Wehrgesetz vor. Mit diesem Gesetz wollte er das aktive Heer gegenüber der Landwehr stärken. Die Landwehr war eine Reservetruppe, die man vor allem in Kriegszeiten einzog. Sie wurde nicht von Berufsoffizieren geführt, sondern meist von liberalen, bürgerlichen Offizieren. Die Heeresreform hatte also nicht nur ein militärisches Ziel, sondern auch ein politisches: sie sollte die Macht des Königs stärken. Dagegen wehrten sich die Liberalen im Abgeordnetenhaus, die die Mehrheit bildeten. Der Landtag verweigerte dem König das nötige Geld. So entstand aus einem Heereskonflikt ein Verfassungskonflikt, in dem es um die Verteilung der Macht zwischen König und Parlament ging. Wilhelm I. wollte keinesfalls nachgeben – eher wollte er auf die Krone verzichten. In dieser ausweglosen Situation ernannte er 1862 Otto von Bismarck zum Ministerpräsidenten. Bismarck war entschlossen, die Ziele des Königs durchzusetzen. Er regierte mehrere Jahre über das Parlament hinweg, ohne eine Genehmigung einzuholen. Die Heeresreform wurde zielstrebig durchgeführt und das Heer zu einem schlagkräftigen Instrument ausgebaut. Bismarck fühlte sich nicht der Verfassung verpflichtet, sondern wollte rasch und zielstrebig entscheiden („Realpolitik"). Seine rücksichtslose Machtpolitik verschaffte ihm viele Feinde.

Reichseinigung durch Krieg?

Schon 1848/49 hatte sich gezeigt, dass die Existenz zweier Großmächte im Deutschen Bund – Preußen und Österreich – die Gründung eines deutschen Nationalstaats erschwerte. Preußen strebte nun unter Bismarcks Führung die kleindeutsche Lösung ohne Österreich an. Geschickt nutzte Bismarck dazu die Interessen der europäischen Staaten und ihre Beziehungen untereinander.

M 1

Deutschland bis 1871

Er schreckte dabei auch nicht vor Krieg zurück. 1864 führte Preußen gemeinsam mit Österreich Krieg gegen Dänemark. Dänemark hatte versucht, sich einen Teil des heutigen Schleswig-Holstein einzuverleiben. Zwei Jahre später wurden Preußen und Österreich zu Gegnern: Ein Streit um die Verwaltung Schleswigs und Holsteins führte zum Krieg. Preußen siegte in der Schlacht bei Königgrätz. Nun zerfiel der Deutsche Bund in drei Teile: Österreich, die süddeutschen Staaten (Bayern, Baden, Württemberg) und den Norddeutschen Bund. Dieser war ein 1867 neu gegründeter Bundesstaat unter Führung Preußens.

Der Deutsch-Französische Krieg 1870/71

Frankreich beobachtete den Machtzuwachs Preußens mit Sorge. Es war gegen die Gründung eines deutschen Nationalstaats. Als die Spannungen mit Frankreich zunahmen, schloss Bismarck „geheime Schutz- und Trutzbündnisse" mit den süddeutschen Staaten. Sie sollten bewirken, dass die Süddeutschen im Konfliktfall auf der Seite Preußens standen. 1870 gelang es Bismarck, durch geschicktes Taktieren Frankreich so zu provozieren, dass es Preußen den Krieg erklärte. Es erschien nun selbst als Angreifer. Die süddeutschen Staaten unterstützten den Norddeutschen Bund und zogen mit in den Deutsch-Französischen Krieg. Der Krieg sorgte für eine Welle nationaler Begeisterung in ganz Deutschland. Dazu trug bei, dass die Feldzüge für Deutschland siegreich verliefen. Paris wurde belagert. Noch während der Belagerung begann Bismarck, mit den deutschen Fürsten über die nationale Einigung zu verhandeln. Am 18. Januar 1871 erschienen fast alle deutschen Staatsoberhäupter im Schloss von Versailles. Der preußische König Wilhelm I. wurde im Spiegelsaal zum deutschen Kaiser ausgerufen: Das war gleichbedeutend mit der Gründung des Deutschen Reichs, dem ersten deutschen Nationalstaat.

Otto von Bismarck (1815–1898)
Bismarck entstammte einer alten preußischen Landadelsfamilie. Er wurde konservativ* und königstreu erzogen. Seit 1847 war er Abgeordneter des preußischen Landtags. Dort wurde er als Gegner der 1848er-Revolution bekannt. Als preußischer Gesandter war er bei der Versammlung des Deutschen Bundes in Frankfurt, außerdem als Diplomat in Petersburg und Paris. 1862 wurde er zum preußischen Ministerpräsidenten berufen und war die treibende Kraft bei der Gründung des Deutschen Reichs. Als Reichskanzler bestimmte er die Politik des Reichs bis 1890.

M2

Bismarck am 30. September 1862 vor einer Kommission des preußischen Abgeordnetenhauses:
Nicht auf Preußens Liberalismus sieht Deutschland, sondern auf seine Macht: Bayern, Württemberg, Baden mögen den Liberalismus dulden, darum wird ihnen doch keiner Preußens Rolle anweisen; Preußen muss seine Kraft ... zusammenhalten auf den günstigen Augenblick, der schon einige Male verpasst ist; Preußens Grenzen nach den Wiener Verträgen sind zu einem gesunden Staatsleben nicht günstig; nicht durch Reden und Majoritätsbeschlüsse[1] werden die großen Fragen der Zeit entschieden – das ist der große Fehler von 1848 und 1849 gewesen – sondern durch Eisen und Blut.

Otto von Bismarck, Die gesammelten Werke, Bd. 10, Berlin (Stollberg) 1928, S. 140.

[1] *Mehrheitsbeschlüsse*

1 Lies den Darstellungstext und M2. Erläutere, warum man Bismarck als „Realpolitiker" bezeichnete.

2 **Gruppenarbeit:** Bildet drei Gruppen und erstellt eine Wandzeitung zu den Kriegen 1864, 1866 und 1870/71. Informiert euch im Internet. Achtet besonders auf die diplomatische Vorbereitung der Kriege durch Bismarck.

3 Bewerte die politische Haltung Bismarcks
- aus der Sicht eines Zeitgenossen 1871,
- aus deiner heutigen Sicht.

4 Sieh dir die Karte M1 an. Beschreibe die territorialen und politischen Veränderungen Deutschlands zwischen 1864 und 1871.

5 Nimm Stellung zu folgender Aussage: „Mit der Reichsgründung 1871 waren die nationalen Forderungen von 1848 erfüllt, aber nicht die liberalen Forderungen der Revolutionäre."

Lesetipp:
Klaus Kordon, Fünf Finger hat die Hand, Beltz & Gelberg, Taschenbuchausgabe 2013

Die Verfassung von 1871

1871 einigten sich die deutschen Fürsten darauf, ein Kaiserreich zu gründen. Sie – und nicht das liberale Bürgertum – trafen die wesentlichen Entscheidungen darüber, wie dieses Reich aussehen sollte. Als Grundlage erhielt das Reich eine neue Verfassung.

- ***Wie sah die Verfassung des Deutschen Reiches aus?***
- ***Welche Folgen hatte sie für das Reich und seine Bürger?***

Wer hat das Sagen – das Reich oder die Länder?

Das Deutsche Reich war ein Bundesstaat mit 25 Mitgliedern. Das mit Abstand größte Mitglied war Preußen. Es hatte im Bundesrat 17 von 58 Stimmen. An der Spitze des Reichs stand als „Deutscher Kaiser" der König von Preußen. Er ernannte den Reichskanzler, der zugleich auch preußischer Ministerpräsident war. Preußen hatte damit überall ein starkes Gewicht. Gegen seinen Willen konnte niemand die Verfassung verändern. Die Fürsten blieben weiter Herrscher der Einzelstaaten, allerdings galt der Grundsatz „Reichsrecht bricht Landesrecht". Das bedeutete, Gesetze des Reichs galten im Zweifelsfall mehr als die der Länder. Außenpolitik, Militär, Wirtschaft und Verkehr waren Sache des Reichs. Auch wenn die Bundesstaaten nicht mehr unabhängig waren, behielten sie weiterhin viele Rechte: Sie durften über ihre inneren Angelegenheiten selbst entscheiden, wie zum Beispiel über Kultur und Bildung. Vor allem Bayern und Württemberg hatten zusätzliche Sonderrechte, zum Beispiel im Bereich der Post, der Eisenbahn oder des Militärs.

Der Reichstag – ein mächtiges Organ?

Der Reichstag war die Volksvertretung. Seine Mitglieder wurden geheim und direkt gewählt. Die Stimmen aller Bürger zählten gleich viel. Die Macht des Reichstags war jedoch beschränkt: Er hatte keinen Einfluss darauf, wer in der Regierung saß. Nur der Kaiser ernannte und entließ den Reichskanzler. Der Reichskanzler wiederum war nur dem Kaiser verantwortlich, nicht dem Reichstag. Allerdings hatte der Reichstag das Recht über den Haushalt („Budgetrecht") und musste allen Reichsgesetzen zustimmen. Das bedeutete, dass der Reichskanzler immer wieder Mehrheiten bei den Parteien im Reichstag finden musste.

Das Deutsche Reich – ein „Obrigkeitsstaat"?

Bismarck, der die Verfassung im Wesentlichen entworfen hatte, wollte das Volk nicht an der Staatsführung beteiligen. Er versuchte, die Volksvertretung nach Möglichkeit von den Staatsgeschäften fernzuhalten. Dadurch verhinderte er, dass sich das politische Leben demokratisch entwickelte. Grundrechte standen nur in den Verfassungen der Länder, nicht in der Reichsverfassung. Durch den Grundsatz „Reichsrecht bricht Landesrecht" konnte man sie aufheben. Staat und Verwaltung entwickelten sich zu mächtigen Institutionen, deren Vertreter, die Beamten, Gesetz und Ordnung durchsetzten. Eine demokratisch aktive Gesellschaft konnte sich unter dieser Verfassung nur schwer entfalten. War die Revolution von 1848 der Versuch, einen Nationalstaat „von unten" zu gründen, wurde er 1871 „von oben" gegründet. Historiker nennen das Deutsche Reich deshalb auch einen „Obrigkeitsstaat".

M 1

Die Ausrufung des Kaisers im Spiegelsaal von Versailles (18. Januar 1871), Ausschnitt aus einem Gemälde von Anton von Werner, 1885. Das 1,7 x 2 Meter große Bild war ein Geschenk Kaiser Wilhelms I. an Bismarck zu dessen 70. Geburtstag. Die weiße Uniform hat Bismarck am 18. Januar 1871 nicht getragen.

M 2

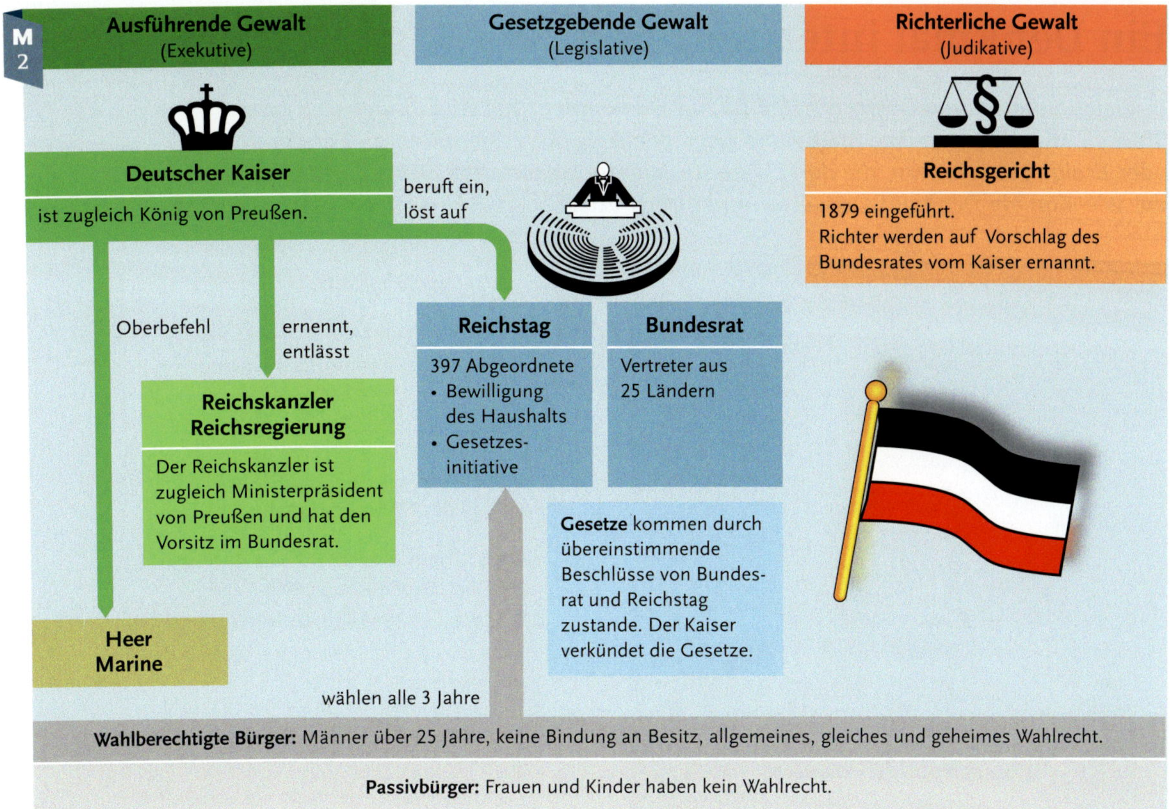

Die Verfassung des Deutschen Reichs von 1871

M 3

Bismarck und der Reichstag, Karikatur aus Ungarn, 1879

1 Reich, Länder, Reichstag, Reichskanzler …
Wer hatte die Macht im Deutschen Reich? Lies den Darstellungstext und halte die Befugnisse in Stichworten fest.

2 Analysiere das Gemälde M1. Achte auf Folgendes:
- die Darstellung Bismarcks
- die Bildaussage in Hinblick auf den „Obrigkeitsstaat".

3 Erkläre: Warum erhielten Bayern, Württemberg und Sachsen in der Verfassung 1871 Sonderrechte?
Tipp: Schau auf die Karte S. 102.

4 Wähle eine Aufgabe aus:
a) Methode: Untersuche das Schaubild M2 mithilfe der Arbeitsschritte auf S. 69.
b) Erläutere das Schaubild M2 in Form eines Sachtextes.
c) Stell dir vor, du wärst ein liberaler Politiker. Verfasse eine Rede gegen die Verfassung von 1871.

5 Beschreibe und deute die Karikatur M3.
Nimm Stellung zu ihrer Aussage.

Webcode: FG450068-105
Verfassungsurkunde 1871

Ein Denkmal interpretieren

Webcode: FG450068-106
Niederwalddenkmal

In vielen Städten und Dörfern triffst du auf Denkmäler. Das sind Skulpturen oder Statuen, die oft durch ihre Größe und Lage beeindrucken. Sie sollen an Personen oder Ereignisse erinnern, die den Erbauern wichtig waren. Auf diesen Seiten lernst du, wie man ein Denkmal auswertet und interpretiert.

M 1

Das Niederwalddenkmal bei Rüdesheim am Rhein, errichtet 1883. Die Hauptinschrift lautet: „Zum Andenken an die einmüthige, siegreiche Erhebung des Deutschen Volkes und an die Wiederaufrichtung des Deutschen Reiches 1870–1871".

M 2

„Die Wacht am Rhein" (1840)
Das Gedicht von Max Schneckenburger ist in das Niederwalddenkmal eingemeißelt.

Es braust ein Ruf wie Donnerhall,
Wie Schwertgeklirr und Wogenprall:
Zum Rhein, zum Rhein, zum deutschen Rhein!
Wer will des Stromes Hüter sein?

Durch Hunderttausend zuckt es schnell,
Und Aller Augen blitzen hell,
Der deutsche Jüngling, fromm und stark,
Beschirmt die heil'ge Landesmark.

Er blickt hinauf in Himmelsau'n,
Wo Heldengeister niederschau'n,
Und schwört mit stolzer Kampfeslust:
„Du Rhein bleibst deutsch wie meine Brust.

Solang ein Tropfen Blut noch glüht,
Noch eine Faust den Degen zieht,
Und noch ein Arm die Büchse spannt,
Betritt kein Feind hier deinen Strand."

Der Schwur erschallt, die Woge rinnt,
Die Fahnen flattern hoch im Wind:
Zum Rhein, zum Rhein, zum deutschen Rhein!
Wir Alle wollen Hüter sein!

(Refrain:) Lieb' Vaterland, magst ruhig sein,
Fest steht und treu die Wacht am Rhein!

www.freiburger-anthologie.de (Stand: 15. 05. 2016).

Die Allegorie der Germania

Eine Allegorie ist eine menschliche oder tierische Figur, die einen abstrakten Inhalt darstellt. Die Göttin Justitia mit Waage und Schwert steht z. B. für die Gerechtigkeit. Nationen stellt man gerne als Frauen dar. Im 19. Jahrhundert war in Deutschland die „Germania" beliebt – eine Frauengestalt, die an die germanischen Wurzeln erinnern sollte. Sie war oft mit Eichenlaub oder Lorbeer geschmückt, einem Zeichen für Heldentum und Sieg.

1 Verschaffe dir auf der Doppelseite einen Überblick über das Niederwalddenkmal.

2 Finde im Internet weitere Details des Niederwalddenkmals und interpretiere sie.

3 Suche in deiner Umgebung ein Denkmal aus dem 19. Jahrhundert und interpretiert es.
Tipp: Du kannst z. B. das Hermannsdenkmal in Detmold nehmen.

Arbeitsschritte „Ein Denkmal interpretieren“

Beschreiben	Lösungshinweise zu M1
1. Was für eine Art von Denkmal ist es? (z. B. Kriegerdenkmal, Heldendenkmal, Mahnmal)	• *Das Niederwalddenkmal ist ein Nationaldenkmal.*
2. Aus welchen Bestandteilen besteht es?	• *Sockel, Sockelfuß, Standbild*
3. Wie groß ist das Denkmal und aus welchem Material besteht es?	• *Das Denkmal ist insgesamt 38,18 Meter hoch und besteht aus Sandstein und Metall aus eingeschmolzenen Geschützen.*
4. In welchem Kunststil ist es gestaltet?	• *später Klassizismus*
5. Welche Elemente, Symbole und Inschriften weist es auf?	• *Sockelfuß mit Allegorien von Krieg und Frieden, Reliefs von Personen und Kriegsszenen, Text des Liedes „Die Wacht am Rhein“* • *Sockel mit Inschriften: Widmung, Liste von Schlachten, Wappen der deutschen Bundesstaaten* • *Standbild der Germania vor einem Thron, mit Kranz aus Eichenlaub, hält links ein gesenktes Schwert, rechts eine Krone mit Lorbeer hoch*
Historisch einordnen	
6. Aus welcher Zeit stammt das Denkmal?	• *errichtet 1883 zur Erinnerung an den deutschen Sieg über Frankreich und die Reichsgründung von 1871*
7. Woran soll das Denkmal erinnern?	
8. Ist etwas über den Auftraggeber und die Finanzierung bekannt?	• *beauftragt durch Reichstagsmitglieder mit Einwilligung Kaiser Wilhelms I.; finanziert durch Spenden und eine vom Reichstag bewilligte Summe*
9. War die Errichtung des Denkmals umstritten?	• *Die Frauengestalt als Motiv war umstritten. Bismarck wollte den Kaiser stärker betont sehen.*
10. Wie wurde die Einweihung gestaltet?	• *großes nationales Fest; während der Einweihung verübten linksgerichtete Kreise erfolglos ein Attentat auf den Kaiser.*
Aussage deuten	
11. Welche Absicht hatte der Erbauer bei der Wahl des Standortes?	• *Das Denkmal steht majestätisch über dem Rhein. Er gehörte durch den Sieg 1871 fast ganz zu Deutschland.*
12. Welche Funktion hatte das Denkmal bei seiner Errichtung?	• *Die Hauptinschrift feiert den Sieg und die Einigung der Nation. Auf dem Hauptrelief sieht man den Kaiser und um ihn herum die deutschen Fürsten. Die Germania zeigt dem deutschen Volk stolz die neue Kaiserkrone. Sie repräsentiert das geeinte Deutschland.*
13. Welche Aussageabsicht haben die einzelnen Elemente und Inschriften?	
14. Wie wurde das Denkmal im Lauf der Zeit wahrgenommen? Wie beurteilt man es heute?	• *Der Künstler Johannes Schilling entwarf das Denkmal als Friedensdenkmal. Er vermied es, den Kriegsverlierer Frankreich zu provozieren. Das Schwert ist gesenkt. Preußisches, nicht französisches Geschützmetall wurde verwendet.*
15. Gibt es weitere Quellen, die die Auswertung des Denkmals unterstützen?	• *Das Denkmal wurde schon bald zum Siegesdenkmal umgedeutet. Man sah es gegen den angeblichen Erbfeind Frankreich gerichtet.*

Die nationale Frage in Europa

Nicht nur in Deutschland verbreiteten sich seit Anfang des 19. Jahrhunderts nationale und liberale Ideen. In vielen Ländern Europas strebten die Menschen nach nationaler Einheit und politischer Freiheit. Das führte überall zu Konflikten und Umbrüchen.

- ***Wie wurden Österreich, Polen und Italien zu einem Nationalstaat?***

Webcode: FG450068-108
Europa im 19. Jahrhundert

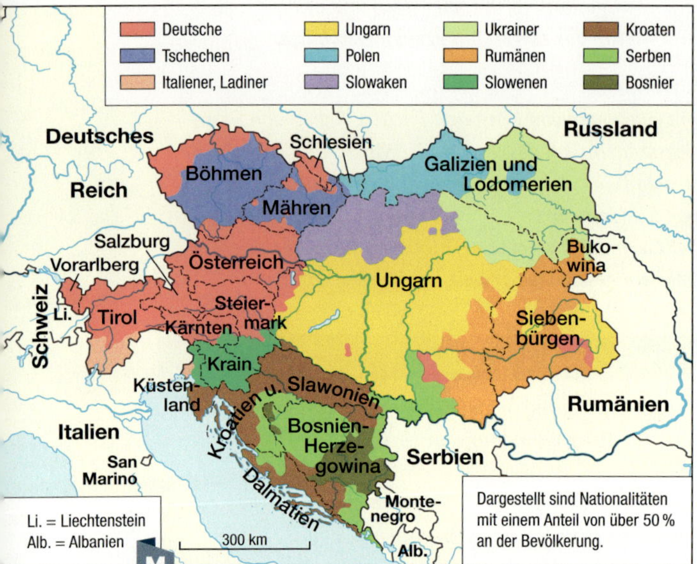

M 1 *Nationalitäten in Österreich-Ungarn um 1910*

M 2 *Polen im 18. und 19. Jahrhundert*

Österreich: Ein Staat, viele Völker

Österreich wurde jahrhundertelang vom Herrscherhaus der Habsburger regiert. Es hatte sich nach Südosten ausgedehnt und weite Teile des Balkans erobert. So war ein gewaltiges Reich entstanden, in dem viele Nationen leben: Deutsche, Ungarn, Tschechen, Polen, Slowaken, Slowenen, Kroaten, Serben, Italiener und andere. Die Vorherrschaft hatten die Deutschen. Deshalb war Österreichs Geschichte eng mit der Frage verknüpft, wie der deutsche Nationalstaat aussehen würde. Je stärker sich nationale und liberale Ideen verbreiteten, desto mehr strebten die einzelnen Nationen nach Selbstständigkeit. Nach der Niederlage gegen Preußen 1866 musste Österreich der kleindeutschen Lösung zustimmen und war nun plötzlich vom Rest Deutschlands abgetrennt. Die Deutschen waren nur noch eine Nation unter vielen im Land. Deshalb suchte man einen Ausgleich mit Ungarn. So entstand 1867 die Doppelmonarchie Österreich-Ungarn: Der österreichische Kaiser war gleichzeitig König von Ungarn. Allerdings erhielt Ungarn weitgehende Selbstständigkeit, abgesehen von Außenpolitik, Krieg und Finanzen. Die anderen Völker blieben aber von diesen Vorrechten ausgeschlossen. Die Nationalitätenfrage blieb ungelöst, der Balkan drohte ein Pulverfass zu werden. Dazu kam noch, dass die slawischen Völker wie die Serben von Russland unterstützt wurden.

Polen: Eine Nation ohne Staat

Polen war im 18. Jahrhundert zwischen Russland, Österreich und Preußen aufgeteilt worden. Einen polnischen Nationalstaat wie heute gab es nicht. Napoleon hatte 1807 aus Gebieten Preußens das Herzogtum Warschau geschaffen. Das nährte bei den Polen die Hoffnung auf einen neuen Nationalstaat. Doch schon der Wiener Kongress 1815 zerschlug diese Hoffnungen: Polen blieb weiterhin aufgeteilt und der größte Teil wurde als „Kongresspolen“ an Russland angeschlossen. Der russische Zar wurde gleichzeitig König von Polen. Auch die Aufstände und Revolutionen 1830 und 1848 hatten keinen Erfolg. Polen musste noch bis 1918 auf die Wiederherstellung des Nationalstaats warten.

Italien: Durch Krieg zum Königreich

Erfolgreicher als in Polen verlief die Einigung in Italien. Ähnlich wie Deutschland war Italien im 19. Jahrhundert in viele Einzelstaaten zersplittert. Im Norden dominierte Österreich, in Mittelitalien herrschte der Papst und im Süden hatten die Spanier die Macht. Auch in Italien waren die Ideen der Französischen Revolution auf fruchtbaren Boden gefallen. Der Wunsch nach einem Nationalstaat wurde immer größer. In der Epoche des Risorgimento (Wiedererstehung) versuchten die Italiener, fremde Mächte zu vertreiben und den Papst in die Schranken zu weisen. Zur treibenden Kraft wurde das Königreich Sardinien, ein vergleichsweise liberal regierter Staat. Es wandte sich gegen die meist absolutistisch regierten Einzelstaaten Italiens und gegen Österreich. Unterstützung erhielt Sardinien vom Freiheitskämpfer Giuseppe Garibaldi, der am 5. Mai 1860 mit tausend „Rothemden" von Genua aus nach Süden segelte. Er wollte mit seiner Truppe Sizilien und Neapel erobern („Zug der Tausend"). Nach blutigen Kämpfen gelang es schließlich, einen italienischen Nationalstaat zu gründen. Er sah aber anders aus, als sich Garibaldi und viele andere vorgestellt hatten: Statt einer Republik wurde Italien eine konstitutionelle Monarchie. Viktor Emanuel, der König Sardiniens, wurde 1861 zum König von ganz Italien. Doch die Kämpfe gingen weiter. Erst 1870/71 gelang es, die Truppen des Papstes zu besiegen. Rom wurde erobert und zur Hauptstadt gemacht.

M 3

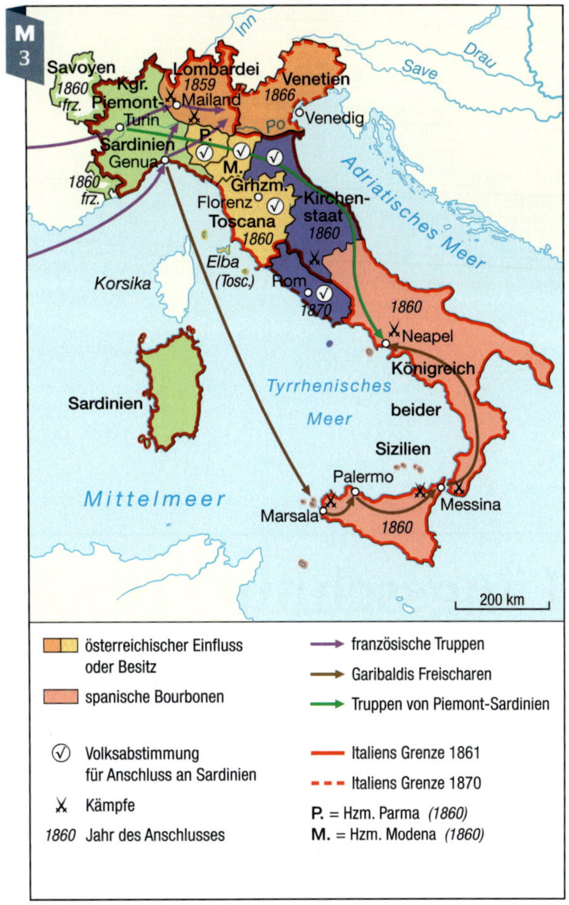

Die Einigung Italiens 1859 bis 1870

1 Lies den Darstellungstext und sieh dir die Karten an. Vergleiche die Vorgänge in Österreich, Polen und Italien. Erstelle dazu eine Tabelle mit den wichtigsten Gemeinsamkeiten und Unterschieden:

	Österreich	*Polen*	*Italien*
Staatsgebiet			
Bevölkerung			
außenpolitische Situation			
National-bewegung			
…			

2 Vergleiche die Karten M2 und M3 genauer. Begründe die unterschiedliche Entwicklung in Italien und Polen.

3 Wähle eine Aufgabe aus:

a) Stell dir vor, du bist ein Liberaler aus Tschechien und erfährst von der Selbstständigkeit Ungarns. Schreibe den Beschwerdebrief an die Regierung Österreichs.

b) Finde die im Text genannten Völker Österreich-Ungarns auf der Karte M1. Erläutere den besonderen Charakter Österreich-Ungarns.

4 Vergleiche, wie sich Italien und Deutschland zum Nationalstaat entwickelt haben. Nenne Gemeinsamkeiten und Unterschiede.

Vorschlag für eine Gruppenarbeit:
Jede Gruppe untersucht ein Land und präsentiert die Ergebnisse zum Thema: Wie wurde die nationale Frage beantwortet?

1800 | 1810 | 1820 | 1830 | 1840

1807 Beginn der preußischen Reformen

1812 Russland-Feldzug Napoleons

1813 Beginn der Freiheitskriege; Völkerschlacht bei Leipzig

1815 Niederlage Napoleons; Wiener Kongress; Deutscher Bund

1817 Wartburgfest

1819 Ermordung Kotzebues; Karlsbader Beschlüsse

1830/31 Julirevolution in Frankreich

1832 Hambacher Fest

1848/49 Revolutionen und Aufstände in Europa

1848 Märzrevolution in Deutschland: Paulskirchenparlament; Marx/Engels: Kommunistisches Manifest

1849 Ablehnung der Kaiserkrone durch Friedrich Wilhelm IV.

Längsschnitt: Die Entstehung des deutschen Nationalstaats

Die Ideen der Französischen Revolution verbreiten sich

Die Französische Revolution (1789–1799) hatte die Idee von Freiheit, Gleichheit und Brüderlichkeit bekannt gemacht. Auch in Deutschland identifizierten sich viele Bürger mit diesen Ideen. Überall regte sich der Wunsch nach einer Aufhebung der Stände, nach Menschenrechten und politischer Mitbestimmung. Das verstärkte sich noch, als die Franzosen unter Napoleon Teile Deutschlands eroberten. In diesen Gebieten gab es erstmals Gleichheit vor dem Gesetz und Grundrechte. Mit der Zeit wurde Napoleons Fremdherrschaft aber immer mehr als bedrückende Last empfunden. Die Deutschen besannen sich auf ihre nationale Eigenständigkeit. In den Freiheitskriegen von 1813 bis 1815 kämpften viele von ihnen mit patriotischer Begeisterung gegen die französische Vorherrschaft. Das schuf ein neues Gemeinschaftsgefühl. Die Ideen des Liberalismus und Nationalismus hatten sich fest verankert.

Die Zeit der Restauration und des Vormärz

Als Napoleon besiegt war, trafen sich die Vertreter der Großmächte Europas 1815 auf dem Wiener Kongress. Sie ordneten die Machtverhältnisse neu. Dabei nahmen sie keine Rücksicht auf die Wünsche ihrer liberalen Bürger. Im Gegenteil: Die Fürsten versuchten, die Zeit zurückzudrehen und die Ergebnisse der Französischen Revolution rückgängig zu machen. Absolutistische Herrscher sollten wieder allein regieren. Die Fürsten sahen sich von Gottes Gnaden eingesetzt und lehnten die Volkssouveränität* ab. Ihr Ziel war die Restauration – die Wiederherstellung der alten Ordnung. Für viele Deutsche war das eine Enttäuschung. Außerdem gab es immer noch keinen deutschen Nationalstaat. Stattdessen gründete sich der Deutsche Bund – ein loser Staatenbund ohne gemeinsame Regierung. Als die Bürger ihre Unzufriedenheit äußerten, gingen die Fürsten rigoros gegen sie vor. Mit den Karlsbader Beschlüssen (1819) verboten sie freie Meinungsäußerung. Eine strenge Zensur wachte über alle Gegner. Wer sich für Bürgerrechte und einen Nationalstaat aussprach, wurde unterdrückt und verfolgt. Dennoch gelang es vor allem den Studenten, immer wieder Feste und Kundgebungen zu organisieren. Eines der größten war das Hambacher Fest 1832. Die Spannungen wuchsen. Als in Frankreich erneut eine Revolution ausbrach, sprang im März 1848 der Funke auch nach Deutschland über. Die Zeit zwischen 1815 und 1848 bezeichnet man deshalb auch als Vormärz.

Die Revolution von 1848/49

Die Revolution verlief in Deutschland zunächst erfolgreich. Die Fürsten gaben den Forderungen der Revolutionäre schnell nach. Im Mai 1848 traf sich das erste frei gewählte Parlament in der Frankfurter Paulskirche. Es sollte eine Verfassung ausarbeiten. In zähen Debatten einigten sich die Abgeordneten auf eine konstitutionelle Monarchie. Der neue Nationalstaat sollte ein Parlament

1850 | 1860 | 1870 | 1880 | 1890 | 1900

1862 Berufung Bismarcks zum preußischen Ministerpräsidenten

1863 Gründung des Allgemeinen Deutschen Arbeitervereins (später SPD)

1864 Deutsch-Dänischer Krieg

1866 Deutscher Krieg zwischen Österreich und Preußen

1867 Gründung des Norddeutschen Bundes und der Doppelmonarchie Österreich-Ungarn

1870/71 Deutsch-Französischer Krieg

1871 Spiegelsaal von Versailles: Ausrufung des Deutschen Kaisers und Gründung des Deutschen Reichs

und einen Kaiser haben. Dafür hatten sie den preußischen König vorgesehen. Außerdem wollten sie die „kleindeutsche Lösung“ – also ein Staatsgebiet ohne Österreich. Doch die Fürsten erkannten schnell die Schwäche der Revolutionäre und begannen sie zu bekämpfen. Als der preußische König die Kaiserkrone ablehnte, kam es zu Unruhen. Sie wurden von den Fürsten blutig niedergeschlagen. Die Revolution war gescheitert. Die Verfassung der Paulskirche wurde nicht anerkannt, ein deutscher Staat kam nicht zustande. Zu den Gründen des Scheiterns gehören

- die Uneinigkeit des Bürgertums, vor allem der gemäßigten Liberalen und der radikalen Demokraten,
- die Doppelaufgabe, eine Verfassung und einen Staat schaffen zu müssen,
- der Machtkampf zwischen den Großmächten Preußen und Österreich.

Die Idee des Kommunismus entsteht

Die liberalen Bürger interessierten sich vor allem für politische Gleichheit. Die ärmere Bevölkerung und die Arbeiter wollten auch soziale Gleichheit und bessere Lebensbedingungen. Um sie zu unterstützen, verfassten Karl Marx und Friedrich Engels 1848 das „Kommunistische Manifest“. Darin formulierten sie die Theorie des Sozialismus und Kommunismus. Ihr Ziel war eine Revolution der Arbeiter (Proletarier) gegen die Besitzenden (Kapitalisten, Bourgeoisie) und die Abschaffung der Klassengesellschaft. Am Ende sollten alle Produktionsmittel (Fabriken, Maschinen, Land) den Arbeitern und Bauern selbst gehören und gemeinsam verwaltet werden. Beeinflusst von Marx und Engels, gründeten sich viele Arbeitergruppen und Gewerkschaften. Sie vertraten die Interessen der Arbeiter, die sich zunehmend als Klasse verstanden. So entstand die Sozialdemokratische Partei Deutschlands (SPD). Sie wurde bald zu einer starken politischen Kraft.

Die Gründung des Deutschen Reichs 1871

Der erste deutsche Nationalstaat entstand unter der Führung Preußens. Treibende Kraft war der Ministerpräsident Otto von Bismarck. Er verfolgte eine zielstrebige und rücksichtslose Politik gegen die Liberalen und setzte eine Heeresreform durch, die die Macht des preußischen Königs stärkte. Preußen gelang es daraufhin, Dänemark, Österreich und Frankreich in drei Kriegen zu besiegen. Bismarck arbeitete auch eine Verfassung für das künftige Deutsche Reich aus. Viele liberale Forderungen blieben dabei unerfüllt. Am 18. Januar 1871 wurde der erste deutsche Nationalstaat „von oben“ gegründet. Es war ein Bundesstaat auf „kleindeutschem“ Gebiet ohne Österreich. Der preußische König wurde in Versailles zum deutschen Kaiser ausgerufen.

Nationale Fragen in Europa

Auch in anderen Ländern Europas gab es im 19. Jahrhundert nationale Bewegungen. Italien wurde nach langen Kämpfen 1861 zu einem Königreich. Polen blieb zwischen Russland, Österreich und Preußen aufgeteilt. Österreich war ein Vielvölkerstaat. Hier teilten sich die Deutschen mit den Ungarn die Macht. Die slawischen Völker wurden nicht daran beteiligt. Solche ungelösten Nationalitätenprobleme entwickelten sich zu einer schweren Belastung.

In diesem Kapitel konntest du folgende Kompetenzen erwerben:

- die Auswirkungen der Herrschaft Napoleons auf Deutschland beurteilen
- die Ideen des Wiener Kongresses und des Vormärz gegenüberstellen
- die Bedeutung nationaler Ereignisse wie des Hambacher Fests diskutieren
- die Ursachen der Revolution von 1848 beschreiben und Gründe für ihr Scheitern nennen
- die Verfassung der Paulskirche bewerten
- die Reichsgründung „von oben" erklären und sie aus Sicht der Zeitgenossen beurteilen
- die Theorie des Sozialismus und Kommunismus erläutern
- die Gründung des Nationalstaats in Deutschland mit der in anderen Ländern vergleichen
- **Methode:** Ein Denkmal interpretieren

M 1

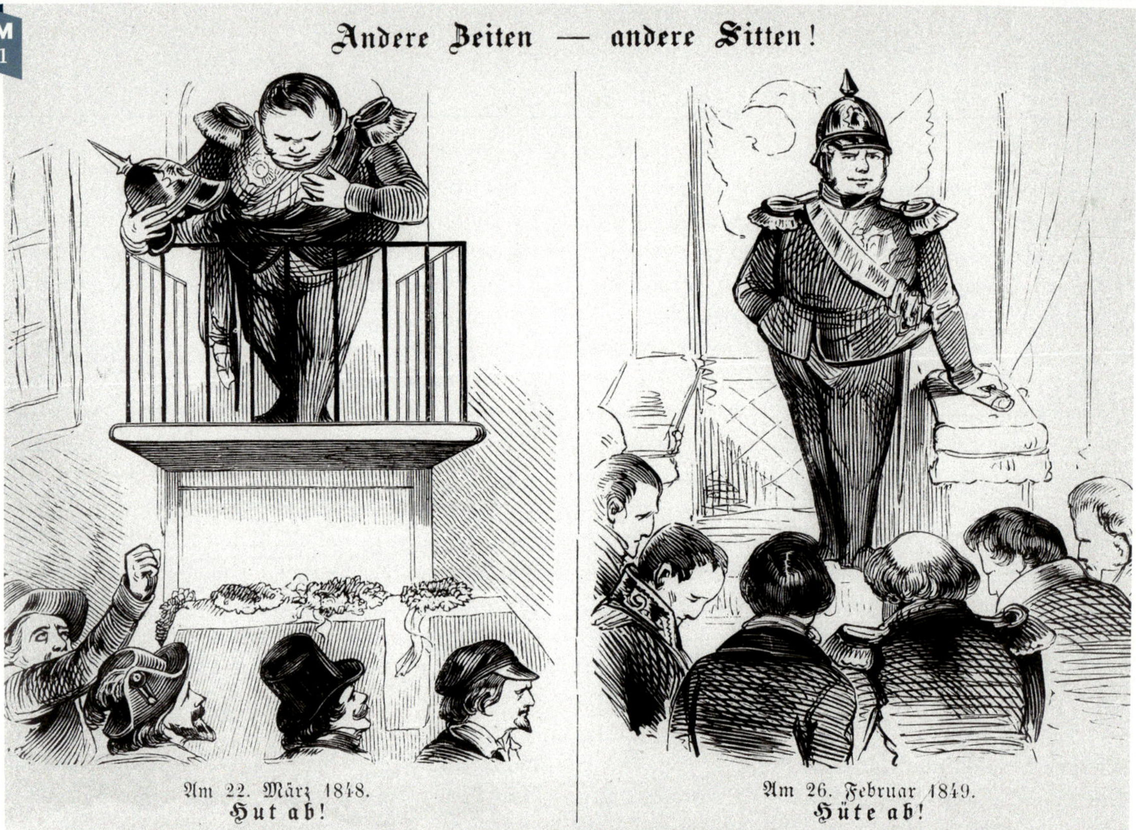

„Andere Zeiten – andere Sitten!", Karikatur aus der Zeitschrift „Leuchtturm", 1849. Das Bild zeigt zweimal den preußischen König Friedrich Wilhelm IV., darunter steht links: „Am 22. März 1848 – Hut ab!", rechts: „Am 26. Februar 1849 – Hüte ab!".

M 2

Erkläre folgende Begriffe:

Restauration

Vormärz

Nationalismus

Sozialismus

Klassengesellschaft

M 3

„Trauernde Germania", Denkmal auf dem Friedhof von Kirchheimbolanden (Rheinland-Pfalz), Foto, 2013. Das Denkmal wurde am 16. Juni 1872 nach einer überaus erfolgreichen Geldsammlung aus privaten Mitteln eingeweiht. Die Inschrift lautet: „Den Kämpfern für die deutsche Reichsverfassung, gefallen am 14. Juni 1849". Auf der Rückseite des Denkmals ist eine Tafel mit den Namen der Gefallenen angebracht.

M 4

Nur eine Antwort stimmt – entscheide dich!

1. Welches wichtige Ereignis fand 1832 statt?
- **a)** die Kaiserkrönung
- **b)** das Hambacher Fest
- **c)** das Wartburgfest

2. Was war der Auslöser der Revolution von 1848?
- **a)** die Einführung neuer Steuern
- **b)** Barrikadenkämpfe in Berlin
- **c)** der Sturz des französischen Königs

3. Wo tagte die erste deutsche Nationalversammlung?
- **a)** im Spiegelsaal von Versailles
- **b)** in der Frankfurter Paulskirche
- **c)** im Berliner Reichstag

4. Was für eine Staatsform war in der Verfassung von 1848 vorgesehen?
- **a)** eine konstitutionelle Monarchie
- **b)** eine Demokratie mit Volkssouveränität
- **c)** eine absolute Monarchie

Methodenkompetenz

1 Arbeite die Aussage der Karikatur M1 heraus. Erkläre, welche historische Situation die beiden Bilder zeigen.

2 **a)** Interpretiere das Denkmal M3.
Tipp: Nutze die Arbeitsschritte auf S. 107.
b) Vergleiche die Gestaltung des Denkmals M3 mit dem Niederwalddenkmal auf S. 106. Nenne Gemeinsamkeiten und Unterschiede.

Sachkompetenz

3 **Gruppenarbeit:** Bildet Gruppen von 3–4 Personen. Erstellt eine Wandzeitung zur Entstehung des deutschen Nationalstaats (1815–1871).

4 Erläutere, was man unter der „Reichsgründung von oben" versteht.

Urteilskompetenz

5 **Partnerarbeit:** Diskutiert zu zweit die Frage: Warum ist die Revolution von 1848/49 gescheitert? Sammelt eure Ergebnisse.

6 Erörtere: Hat die Nationalversammlung in der Paulskirche 1848 versagt?

7 **Wähle eine Aufgabe aus:**
Schreibe einen Leserbrief an eine Zeitung. Erkläre darin, was du von der Gründung des deutschen Nationalstaats 1871 hältst.
Verfasse ihn aus der Sicht eines **a)** Anhängers des Kaisers **b)** liberalen Demokraten **c)** Kommunisten.

4
Das Kaiserreich – der erste deutsche Nationalstaat

Der deutsche Kaiser Wilhelm II. liebte wie sein Bruder Heinrich schnelle Autos und Technik. Seit der deutsche Nationalstaat 1871 „von oben“ gegründet worden war, gab es einen nie dagewesenen wirtschaftlichen Aufschwung. Moderne Erfindungen veränderten das Leben der Menschen stark. Auf der anderen Seite durften die Bürger aber kaum etwas mitbestimmen. Viele vertrauten dennoch auf den neuen Obrigkeitsstaat. Sein deutlichstes Zeichen waren die Uniformen, die man überall sehen konnte.

Beschreibe den Eindruck, den das Foto auf dich macht.
Diskutiert, was die Zuschauer im Hintergrund bewegt haben könnte.

Prinz Heinrich, der Bruder des Kaisers Wilhelm II., bei einer Autofahrt, Fotografie, Berlin 1914

1870 | 1875 | 1880

1871–1873 **Gründerjahre: Nationale Begeisterung und Wirtschaftsaufschwung**

1871–1890 **Reichskanzler Bismarck bestimmt den politischen Kurs**

1872–1878 **„Kulturkampf" gegen die katholische Kirche**

1878–1890 **„Sozialistengesetz": Verbot der politischen Betätigung für die Sozialdemokratie**

1871 Gründung des Deutschen Reichs

Das Kaiserreich – der erste deutsche Nationalstaat

Die ersten Jahre des Kaiserreichs bezeichnet man häufig als „Gründerjahre". Sie waren geprägt von großer nationaler Begeisterung und wirtschaftlichem Aufschwung. Der Wirtschaftsboom wurde anfangs durch Geld aus Frankreich gefördert. Frankreich hatte den Krieg von 1870/71 verloren und musste nun hohe Entschädigungen zahlen. In den Folgejahren von 1874 bis 1898 ließ der Aufschwung wieder stark nach. Es gab aber immer noch ein stabiles Wirtschaftswachstum. Millionen Menschen zogen vom Land in die Städte, wo sie als Fabrikarbeiter oder Angestellte besser verdienten. Der Aufbau der Gesellschaft änderte sich dadurch aber kaum. Herkunft, Rang und adlige Vorrechte zählten mehr als Leistung. Der Adel blieb die führende Schicht, obwohl auch Männer aus dem Bürgertum hohe Posten in Politik und Verwaltung einnehmen konnten. Der Nationalismus schuf bei den Bürgern ein neues Wir-Gefühl. Viele wünschten sich, dass Deutschland zu einer Weltmacht aufsteigen sollte. Gleichzeitig grenzten der Staat und die Gesellschaft Menschen aus, die eine andere Muttersprache, Kultur oder Tradition hatten. Der Reichskanzler Bismarck nutzte diese Stimmung, um gegen Gruppen vorzugehen, die seiner Politik misstrauten oder ihm gefährlich werden konnten. Ein großer Teil der Bevölkerung akzeptierte das und vertraute dem neuen Obrigkeitsstaat*. Für sie war ein geeintes Deutschland wichtiger als Freiheit und Gleichheit für alle.

- Welche Ideen und Einstellungen bestimmten die Politik und das Leben im Kaiserreich?
- Wie ging man im Staat mit Minderheiten um?
- Wie löste der Staat Konflikte mit religiösen und politischen Gruppen?

M 1

Die Länder des Deutschen Reichs 1871. Elsass-Lothringen war als „Reichsland" direkt dem deutschen Kaiser unterstellt.

1885 | 1890 | 1910 | 1915

1914–1918 Erster Weltkrieg

ab 1883 Sozialgesetze: Einführung einer staatlichen Pflichtversicherung gegen Krankheit und Unfall

1890 Entlassung Bismarcks durch Wilhelm II.

M 2

Dienstmädchen warten in einer Stellenvermittlung, Fotografie, Berlin 1913. Dienstmädchen kamen meist aus ländlichen und armen Verhältnissen. Ihre Arbeitgeber durften über ihre Kleidung und Ausgehzeit bestimmen. Auch körperliche Züchtigung war erlaubt.

M 3

Szene auf einer Straße in Berlin, Fotografie, 1914

M 4

Hamburger Gymnasiasten bei der Gedenkfeier an den Sieg über Frankreich in Sedan, Foto, 1891. Die Sedanfeier war der inoffizielle Nationalfeiertag im Kaiserreich.

1 **a)** Schau dir die Karte M1 an. Arbeite heraus, welche Länder 1871 das Deutsche Reich bildeten, die vorher unabhängig waren.
b) Stelle Vermutungen an: Welche Probleme ergaben sich aus der geografischen Lage des Deutschen Reichs (M1)?
Tipp: Überlege: Wer waren die Nachbarländer? Mit welchen Nachbarn konnten Spannungen auftreten?

2 **a)** Wähle aus den Bildern M2 bis M4 eines aus, das du besonders spannend findest. Beschreibe es und formuliere Fragen, die dir dazu einfallen.
b) Tragt eure Ergebnisse in der Klasse zusammen. Sammelt eure Eindrücke, die ihr vom Kaiserreich bekommen habt.

Nationalismus und Militarismus

Der Begriff „Nation" entstand in der Zeit der Französischen Revolution. Er meinte damals eine Gemeinschaft freier Bürger, die die gleichen Rechte hatten. Stand, Herkunft und Religion sollten keine Rolle spielen. Diese Idee veränderte sich ab 1870 grundlegend. Der Nationalismus wurde zu einer Weltanschauung, in der die eigene Nation mehr wert war als andere Nationen – und mehr als der einzelne Mensch.

- ***Wie sehr bestimmten Nationalstolz und militärisches Denken den Alltag der Deutschen im Kaiserreich?***

M 1

Vorbeimarsch von Reserveoffizieren bei einer Parade in Ulm, Foto, um 1900. Spazierstöcke und Schirme dienten als Säbelersatz.

Der neue Nationalismus

Deutschland bestand jahrhundertelang aus vielen Einzelstaaten. Zu einem Nationalstaat wurde es erst 1871 – viel später als andere Länder Europas. Den Deutschen war dieser Rückstand sehr wohl bewusst. Umso deutlicher zeigten sie ihren Nationalstolz. Im Alltag des Kaiserreichs war der Nationalismus allgegenwärtig. An besonderen Tagen feierte man Deutschlands Größe mit Militärparaden und Flaggenschmuck. Solche Tage waren zum Beispiel der Geburtstag des Kaisers oder der Nationalfeiertag am 2. September: Er erinnerte an den Sieg über die Franzosen in der Schlacht von Sedan 1870. Eine Flut nationaler Lieder und Gedichte betonte die Vorrangstellung des Deutschen Reichs. Man errichtete zahlreiche Denkmäler, die Deutschlands Anspruch auf eine Weltmachtstellung untermauern sollten (vgl. S. 106). Nach innen stärkte der Nationalismus das Wir-Gefühl der Deutschen. Er führte aber auch zu Ausgrenzung: Wer eine liberale und weltoffene Einstellung hatte, galt jetzt als „undeutsch". Ganze Gruppen wurden zu „Feinden der Nation" erklärt, zum Beispiel die Sozialisten. Man nannte sie „vaterlandslose Gesellen", weil sie einen Zusammenschluss der Arbeiter aller Nationen wollten. Auch die deutschen Juden wurden ausgegrenzt. Viele verachteten sie aufgrund ihrer Herkunft oder bezichtigten sie als Ausbeuter (vgl. S. 126). Daneben galten Personen als verdächtig, die einer Minderheit angehörten, zum Beispiel Polen oder Elsässer im Reich. Und auch den Katholiken unterstellte man „unnationales Verhalten", weil sie auf den Papst in Rom hörten.

Militarismus und Obrigkeitsstaat

Alles Militärische hatte im Kaiserreich eine herausgehobene Stellung. Wer eine Uniform trug, genoss besonderen Respekt. Gab so jemand einen Befehl, musste man ihn befolgen. Das galt auch für einfache Beamte, zum

Beispiel bei der Post oder Bahn. Sie verkörperten die Obrigkeit, der jeder Bürger gehorchen musste. Bürger sah man vor allem als Untertanen. Ein aus heutiger Sicht „blinder" Gehorsam war das Kennzeichen des Obrigkeitsstaates. Höchstes Ansehen besaß ein aktiver Offizier. War ein Mann zumindest Reserveoffizier, konnte das sehr vorteilhaft für seine berufliche Karriere im zivilen Leben sein. Befehl und Gehorsam spielten auch in der Kindererziehung eine entscheidende Rolle. Militärische Ideale galten als „Schule der Nation" und wurden von den wenigsten hinterfragt. Es war Ehrensache, mindestens zwei Jahre Militärdienst zu leisten. Ein beliebter Schlager von damals drückte die Stimmung treffend aus: „Der Soldate, der Soldate ist der schönste Mann im Staate." Uniformen bestimmten vielerorts das Straßenbild und waren Ausdruck von Autorität. Adlige, Fürsten und der Kaiser zeigten sich zu festlichen Anlässen in prunkvollen Uniformen. Bei Kindern war die Matrosenuniform beliebt.

M 2

„In den preußischen Schulen soll jetzt als neues Unterrichtsfach Staatsbürgerkunde eingeführt werden. Es ist wohl selbstverständlich, dass der Unterricht von Schutzleuten erteilt wird". Karikatur von Th. Th. Heine aus der Satirezeitschrift „Simplicissimus", 1911

M 3

Mädchen und Jungen mit der Reichskriegsflagge der Marine, Postkarte, um 1910

Obrigkeitsstaat

Eine politische Ordnung, bei der der Herrscher seine Untertanen bevormundet und keine Mitsprache zulässt. Er wird von Beamten und der Armee unterstützt. Freiheiten und Rechte der Bürger sind eingeschränkt. Oft ordnen sich die Bürger auch freiwillig dem Wohl des Staates unter.

Militarisierung

Eine militarisierte Gesellschaft ist geprägt von der Denkweise des Militärs, z. B. Befehl und Gehorsam. Das zeigt sich in der Vorliebe für Uniformen, Aufmärsche und bei der Kindererziehung.

1 a) Betrachte die Fotografie M1. Beschreibe alle Details und notiere Fragen, die dir einfallen.
b) Beurteile die Einstellung der Teilnehmer. Nutze dazu die Informationen aus dem Darstellungstext.

2 Diskutiert, welche Wirkung der Nationalismus nach innen und außen gehabt haben könnte. (Darstellungstext).

3 Wähle eine Aufgabe aus:
a) Analysiere die Karikatur M2. Beschreibe die Stimmung in der Klasse.
Tipp: Achte auf die Bildunterschrift.
b) Beschreibe die Postkarte M3. Bewerte sie aus heutiger Sicht.
Tipp: Nimm dabei Bezug auf den Militarismus.

4 Recherche: Informiere dich über die Satirezeitschrift „Simplicissimus". Stelle sie in der Klasse vor.

Webcode: FG450068-119
Film: Kaiser Wilhelm II.

Veränderung und Beharrung im Kaiserreich

Das Kaiserreich war eine Zeit der Widersprüche. Einerseits entwickelten sich Technik und Wirtschaft rasend schnell. Andererseits hielt die Gesellschaft starr an alten Traditionen fest.

- ***Welche Probleme ergaben sich daraus?***
- ***Was waren die Folgen für die Gesellschaft?***

M 1

Allgemeine Elektrizitäts-Gesellschaft Berlin, Werbeplakat von Louis Schmidt, 1888. Die Göttin des Lichts sitzt auf einem geflügelten Rad.

Technischer Fortschritt und Wirtschaftswachstum

Ende des 19. Jahrhunderts entwickelten sich die deutschen Universitäten zu Forschungszentren, die internationales Aufsehen erregten. Zwischen 1901 und 1914 ging jeder dritte Nobelpreis für Naturwissenschaften an einen Deutschen. Darunter waren Physiker wie Max Planck oder der Arzt Robert Koch. Technische Neuerungen machten sich auch im Alltag bemerkbar. Die Erfindung von Auto und Telefon machte das Leben rasanter und mobiler. Der Nahverkehr wurde ausgebaut. Die erste elektrische Straßenbahn ging in Hannover zum Beispiel 1893 in Betrieb. Elektro- und Benzinmotoren verdrängten die Dampfmaschine. Mit der Erfindung des Zeppelins eroberte man ab 1900 auch den Luftraum. Viele neue Geräte und Verfahren erleichterten den Alltag der Menschen. Wirtschaftlicher Aufschwung und technischer Fortschritt beflügelten sich gegenseitig. Das Deutsche Reich wurde zur stärksten Wirtschaftsmacht Europas: Es entwickelten sich Großunternehmen mit mehreren zehntausend Beschäftigten. Der Aufschwung begünstigte auch ein Wachstum der Bevölkerung. Viele neue Berufe entstanden und auch immer mehr Frauen wurden berufstätig.

Schule zwischen Tradition und Modernisierung

Das Schulwesen im Kaiserreich hatte zwei Gesichter. Auf der einen Seite gab es die Gymnasien, in denen die Schüler traditionell zum Untertan erzogen wurden. Was man hier lernte, war für das spätere Berufsleben nicht unbedingt brauchbar. Auf der anderen Seite entstanden Schulen neuen Typs, die sogenannten Realgymnasien und Oberrealschulen. Dort waren die Lehrpläne stärker auf Mathematik und Naturwissenschaften ausgerichtet. Sie sollten die Schüler für Berufe in der Industrie und Verwaltung vorbereiten. Um 1900 besuchten etwa 90 Prozent der Schülerinnen und Schüler die achtjährige Volksschule, drei Prozent gingen auf die Mittelschule bis zur 9. oder 10. Klasse. Sieben Prozent eines Jahrgangs besuchten ein Gymnasium und machten das Abitur.

Beharrung oder Veränderung?

Trotz der schnellen Modernisierung in Technik und Wirtschaft blieb die Gesellschaft im Kaiserreich konservativ*. Sie beharrte auf ihren Traditionen und wurde allein von Männern bestimmt. Der Adel hatte dabei eine herausragende Stellung. Seine Werte, Vorstellungen und Privilegien prägten das Bild. Politische Mitbestimmung war nur begrenzt möglich. Die Verfassung des Reichs setzte dafür enge Grenzen. Es gab zwar ein Parlament –

den Reichstag –, aber die Regierung wurde vom Kaiser und seinen Beratern eingesetzt. Der Wille des Volkes spielte dabei keine Rolle. Als Wirtschaft und Industrie immer stärker wuchsen, veränderte sich aber auch die Gesellschaft. Allmählich wurden Leistung und Können wichtiger als Herkunft, Rang und Namen. Viele Bürger wurden Unternehmer oder Wissenschaftler und stiegen gesellschaftlich auf. Die soziale Lage der Arbeiterinnen und Arbeiter war dagegen schlecht. Sie bekamen niedrige Löhne und hatten harte Arbeitsbedingungen. Wohnungen waren knapp. Zwischen Wohlhabenden und Arbeitern entwickelte sich ein neuer „Mittelstand". Das war eine Schicht von Angestellten, die stark wuchs. Der Mittelstand war zumeist darauf bedacht, sich von den Arbeitern abzugrenzen.

M 2

Eine neue Mittelschicht entsteht: Angestellte in einem Büro, Foto, um 1900

M 3

„Nichts scheint noch stabil und verlässlich ..."

Der Journalist Cay Rademacher berichtet 2013 über die Kaiserzeit:

Die Deutschen leben um 1900 in einem „Zeitalter der Reizbarkeit" – in einer Epoche der tausend neuen Anregungen, die Begeisterung auslösen und Schaudern, Sehnsucht und Verwirrung. Nichts, so scheint es, ist noch stabil und verlässlich. Kein Wunder: Allein zwischen 1890 und 1913 nimmt die Bevölkerungszahl von 49,4 auf 66,9 Millionen Menschen zu – um ein Drittel in nicht einmal einer Generation.

Hunger und Seuchen sind zum ersten Mal nicht mehr alltäglich. Neue Techniken erhöhen die Ernten, Waren können per Zug und Schiff über weite Strecken herangeschafft werden, Frischwasserleitungen und Kanäle verbessern die öffentliche Hygiene[1]. In den Laboratorien ... ersinnen Ärzte, Physiker und Chemiker vom Aspirin bis zum Röntgengerät revolutionäre neue Medikamente und Heilverfahren.

Aber es wandern nicht bloß mehr Menschen im Kaiserreich – sie durchwandern es auch, ruhelos und sprunghaft. Fast jeder zweite Deutsche lebt 1907 nicht mehr an dem Ort, an dem er einst geboren wurde.

So stolz die Zeitgenossen auf die Entwicklung sind, so verunsichert sind sie auch über die in dieser Zeit entstehende „Massengesellschaft".

Zit. nach http://www.geo.de/GEO/heftreihen/geo-epoche-panorama/deutsches-kaiserreich-alltag-eine-zeit-geraet-aus-den-fugen-74208.html (Stand: 03.05.2016), vom Autor zusammengestellt u. vereinfacht.

[1] *Sauberkeit, Gesundheit*

1 a) Beschreibe das Plakat M1.

Tipp: Nutze die Arbeitsschritte auf S. 224.

b) Partnerarbeit: Diskutiert: Warum verwendet die Firma eine antike Göttin als Werbefigur, obwohl sie für Elektrizität wirbt?

2 a) Wo gab es Veränderung, wo Beharrung im Kaiserreich? Lies den Darstellungstext und nenne Beispiele:

Beispiel für Beharrung	*Beispiel für Veränderung*
...	...

b) Nimm dir ein Beispiel heraus. Bewerte, welche Folgen es für die Gesellschaft hatte.

3 a) Der Journalist Cay Rademacher nennt in M3 weitere Beispiele für Veränderungen. Arbeite sie heraus und ergänze sie in der Tabelle aus Aufgabe 2.

4 Wähle eine Aufgabe aus:

a) Rademacher spricht in M3 von der „Verunsicherung" durch Veränderungen. Erkläre, was damit gemeint sein kann.

b) Du kommst 1900 aus dem Ausland nach Deutschland zurück. Schreibe einen Tagebucheintrag darüber, was dich begeistert oder verunsichert (M3).

Zusatzaufgabe: siehe S. 214.

Webcode: FG450068-121
Wirtschaft im Kaiserreich

Konflikte mit Katholiken und Sozialdemokraten

Der Reichskanzler Bismarck lenkte seit 1871 im Auftrag des Kaisers das Reich. Er wollte einen starken Nationalstaat bewahren und ließ kaum abweichende Meinungen zu. Besonders die Katholiken und Sozialdemokraten sah er als Gegner.

- *Warum kam es unter Bismarck zu einem Konflikt zwischen Staat und katholischer Kirche?*
- *Wie erfolgreich war Bismarcks Vorgehen gegen die Sozialdemokratie?*

M 1 *Der Kulturkampf, Karikatur aus der Zeitschrift „Kladderadatsch“, 1875. Auf Bismarcks Figuren stehen die Namen seiner Gesetze (z. B. „Kanzelparagraf“, „Klostergesetz“). Die gefallenen Bauern des Schachspiels vorne sind „interniert“ (verhaftet). Der Papst antwortet mit seinen „Enzykliken“ (päpstlichen Rundschreiben an die Bischöfe).*

Maßnahmen gegen die Katholiken – der „Kulturkampf“

Im Jahr 1871 hatte das Deutsche Reich 41 Millionen Einwohner. 62 % davon waren Protestanten, 36 % Katholiken. Protestanten waren stärker in Ämtern und Ministerien vertreten. Sie hatten Bismarck beim Ausbau des Nationalstaates unterstützt. Im Süden des Reichs waren dagegen die Katholiken in der Mehrzahl. Die Religion prägte hier das Leben: Man heiratete nur kirchlich, auch viele Schulen wurden von der Kirche geleitet. Die Menschen hörten eher auf einen Priester als auf staatliche Verordnungen. Das passte Bismarck nicht. 1870 kam es zum Konflikt: Papst Pius verkündete nämlich, dass er in Glaubensfragen unfehlbar sei, sich also niemals irre. Katholiken durften nicht anzweifeln, was er sagte. Als Sprachrohr gründeten die Katholiken im Deutschen Reich die Partei „Das Zentrum“. Sie vertrat ihre Ansichten. Bei den Wahlen 1871 wurde die Partei bereits zweitstärkste Kraft. Bismarck unternahm verschiedene Maßnahmen gegen die Katholiken (siehe M2). Historiker nennen diese Auseinandersetzung „Kulturkampf“. In den 1880er Jahren nahm Bismarck viele der Maßnahmen aber wieder zurück. Er brauchte die Katholiken jetzt als Verbündete, denn er hatte einen neuen Gegner: die Sozialdemokraten.

Maßnahmen gegen die Sozialdemokraten: „Sozialistengesetz“ und Sozialgesetzgebung

Ein zweiter großer Konflikt entstand zwischen der Reichsregierung und den Sozialdemokraten. Reichskanzler Bismarck vertrat den Obrigkeitsstaat und hielt nichts von der Mitsprache der Bürger. Er misstraute besonders den Arbeitern, die sich für soziale Gleichheit und Mitbestimmung einsetzten (vgl. S. 100). Als 1878 zwei erfolglose Attentate auf den Kaiser verübt wurden, nahm Bismarck das zum Anlass, gegen die Sozialdemokraten vorzugehen. Er erklärte sie zu „Reichsfeinden“, obwohl sie mit den Anschlägen gar nichts zu tun hatten. Bismarck verbündete sich nun mit der Zentrumspartei der Katholiken. Diese stimmten im Reichstag für sein Gesetz gegen die Sozialdemokraten. Es sollten deren „gemeingefährlichen Bestrebungen“ verhindern. Das Gesetz von 1878 nennt man auch „Sozialistengesetz“. Es verbot den Arbeitern jede politische Betätigung, ihre Organisationen wurden aufgelöst. Bismarck wollte damit besonders die SPD treffen, die Sozialdemokratischen Arbeiterpartei Deutschlands. Alle Versammlungen der Sozialdemokraten wurden untersagt, ihre Zeitungen verboten. Trotz dieser Schwierigkeiten gelang es der SPD aber, in den folgenden Wahlen neue Stimmen zu gewinnen. 1890 wurde das „Sozialistengesetz" dann nicht mehr verlängert. Stattdessen versuchte die Regierung Bismarcks, die Arbeiter zu besänftigen und sie für den Staat zu gewinnen. Dazu führte sie 1883 bis 1889 Versicherungen ein. Die Arbeiter zahlten Geld ein und bekamen Hilfe, wenn sie krank wurden, alt waren oder einen Unfall hatten. So wollte die Regierung die Probleme der Arbeiter lindern. Bismarck schuf damit etwas weltweit Neues: eine staatliche Versicherung, die für alle verpflichtend war. Der Konflikt mit den Arbeitern war damit aber noch keineswegs gelöst.

M2

Gesetze gegen die katholische Kirche:

1871 „Kanzelparagraf": Den Geistlichen im Reich wird verboten, in ihren Predigten politische Fragen so zu behandeln, dass sie „den öffentlichen Frieden" gefährden.

1872 Schulaufsichtsgesetz: Alle Schulen in Preußen stehen nun unter staatlicher Aufsicht.

1872 Jesuitengesetz: Verbot des Jesuitenordens.

1873 „Maigesetze": Ausbildung und Anstellung der Geistlichen in Preußen werden staatlich kontrolliert.

1874 Expatriierungsgesetz: Katholische Geistliche können zu einem bestimmten Aufenthaltsort gezwungen oder ausgebürgert werden.

1874 Zivilstandsgesetz: Nur noch die neuen Standesämter dürfen Urkunden über Geburt, Tod oder Eheschließung ausstellen.

1875 „Brotkorbgesetz": Preußen streicht alle finanziellen Zuschüsse für soziale Einrichtungen der Katholiken.

1875 „Klostergesetz": Verbot fast aller Gemeinschaften von Mönchen und Nonnen in Preußen.

Vom Autor zusammengestellt.

M3

August Bebel, der Führer der Sozialdemokraten im Reichstag, berichtete 1913 über das „Sozialistengesetz":

Sobald das Gesetz verkündet und in Kraft getreten war, fielen die Schläge hageldicht. Binnen weniger Tage war die gesamte Parteipresse mit Ausnahme des „Offenbacher Tageblatts" und der „Fränkischen Tagespost" unterdrückt. ... Ebenso verfielen der Auflösung die zahlreichen lokalen sozialdemokratischen Arbeitervereine, ... die Bildungs-, Gesang- und Turnvereine ... Durch die Verfolgung äußerst verbittert, zogen sie [die Sozialdemokraten] von Stadt zu Stadt, suchten überall die Parteigenossen auf, die sie mit offenen Armen aufnahmen, und übertrugen jetzt ihren Zorn und ihre Verbitterung auf ihre Gastgeber, die sie zum Zusammenschluss und zum Handel[n] anfeuerten. Dadurch wurde eine Menge örtlicher geheimer Verbindungen geschaffen ...

August Bebel, Aus meinem Leben, bearb. von Ursula Herrmann, Berlin (Dietz) 1983, S. 509 ff.

1 Warum sah Bismarck die Katholiken und Sozialdemokraten als Bedrohung? Erläutere anhand des Darstellungstextes.

2 a) Arbeite aus M2 heraus, wie der Staat versuchte, den Einfluss der katholischen Kirche zu beschränken.
b) Analysiere die Folgen für die Betroffenen.

3 Methode: Untersuche die Karikatur M1 mithilfe der Arbeitsschritte auf S. 65.
Tipp: Achte auf die Hinweise in der Bildbeschreibung.

4 a) Beschreibe die Auswirkungen des „Sozialistengesetzes" auf Arbeiter und Sozialdemokraten (M3).
b) Partnerarbeit: Stellt euch vor, ihr seid zwei Arbeiter und erfahrt, dass Bismarck die Versicherungen einführt. Was denkt ihr darüber? Gestaltet einen Dialog.
Tipp: Bezieht die Informationen aus M3 mit ein.

5 Bewerte die Maßnahmen Bismarcks aus heutiger Sicht. Stelle sie in einer Tabelle gegenüber:

Positiv	*Negativ*
...	...

6 Wähle eine Aufgabe aus:
a) Recherche: Finde heraus, welche Gesetze aus M2 heute noch gültig sind.
b) Recherche: Informiere dich über die Versicherungen, die unter Bismarck eingeführt wurden. Forsche nach, welche Hilfe Betroffene heute bekommen.

Webcode: FG450068-123
Der „Kulturkampf"

Frauen fordern Rechte

Offiziell hatten Frauen in der deutschen Gesellschaft wenig zu sagen. Aber schon seit der zweiten Hälfte des 19. Jahrhunderts begannen einzelne Gruppen von Frauen, sich dagegen zu wehren. Sie wollten nicht mehr von Männern abhängig und benachteiligt sein.

- ***Wie sah das Frauenbild in der Kaiserzeit aus?***
- ***Welche Rechte forderten die Frauen, welche konnten sie erreichen?***

Rechtliche Stellung und Rollenbild der Frau

Das Kaiserreich war eine von Männern dominierte Gesellschaft. Die meisten Männer waren der Auffassung, Frauen hätten in der Politik und Öffentlichkeit nichts zu suchen. Sie hielten sich selbst für klüger und vernünftiger – außer, wenn es um Familie und Haushalt ging. In der Ehe durfte der Mann alleine über Geld und Kinder entscheiden. So legte es das Bürgerliche Gesetzbuch von 1900 fest. Diese rechtliche Ungleichheit bestand im Westen Deutschlands noch bis in die 1970er Jahre. Frauen durften im Kaiserreich nicht wählen und ohne Zustimmung ihres Mannes keinen Beruf ausüben. Frauenvereine kämpften seit Ende des 19. Jahrhunderts immer nachdrücklicher dagegen an. Sie forderten eine bessere rechtliche Stellung in der Ehe, politische Mitbestimmung und gleiche Bezahlung bei gleicher Arbeit. Kaiser Wilhelm II. reagierte darauf abwehrend. 1910 erklärte er: „Sie sollen lernen, dass die Hauptaufgabe der deutschen Frau nicht auf dem Gebiet des Vereins- und Versammlungsrechts liegt, sondern in der stillen Arbeit im Haus und in der Familie."

Die soziale Wirklichkeit

Dieses traditionelle Rollenbild der Frau stimmte aber nicht mehr mit der Realität überein. Ende des 19. Jahrhunderts waren rund 40 % der Frauen aus dem Bürgertum unverheiratet, verwitwet oder geschieden. Wollten sie ihrer Familie nicht zur Last fallen, mussten sie einer Arbeit nachgehen. Angemessene Tätigkeiten waren aber schwer zu finden. Oft bekamen die Frauen nur Stellen als Erzieherin oder Begleiterin für reiche Damen. Erst durch neue Erfindungen entstanden typische „Frauenberufe", zum Beispiel Sekretärin oder Telefonistin. In Arbeiterfamilien sah es nicht besser aus: Dort herrschte meist bittere Armut. Fast alle Frauen mussten deshalb in der Fabrik oder als Dienstmädchen arbeiten. Die Löhne für Frauen waren niedriger als für Männer. Oft verdienten sie weniger als die Hälfte. Viele einfache Frauen konnten nur als Heimarbeiterin tätig sein – ein schlecht bezahlter und unsicherer Beruf. Sie mussten dann „nebenher" noch Kinder und Haushalt versorgen.

M 1 *Frauen montieren Teile in einer Fabrik. Foto, um 1900*

Was erreichten die Frauen?

Während der Revolution von 1848/49 hatten viele Frauen politische Klubs und Vereine gegründet. Diese wurden aber später wieder verboten. Frauen durften jetzt kein Mitglied mehr in solchen Vereinen sein. Auch Auftritte bei öffentlichen Versammlungen waren untersagt. In Leipzig gründete Louise Otto-Peters deshalb 1865 den „Allgemeinen deutschen Frauenverein". Ihr schlossen sich viele gleichgesinnte Bürgerinnen an. Der „Bund Deutscher Frauenvereine" umfasste 1894 bereits 2000 Vereine mit fast 500 000 Mitgliedern. Helene Lange, eine engagierte Lehrerin und Journalistin, erreichte die Einführung höherer Schulen für Mädchen. Ab 1896 konnten Mädchen dort das Abitur ablegen. Studieren durften Frauen erstmals 1900 in Baden, 1908 dann im ganzen Reich. Im gleichen Jahr beschloss der Reichstag ein Gesetz, das es Frauen erlaubte, politisch tätig zu werden und Mitglied einer Partei zu sein. Den Sozialisten war das nicht genug: Sie wollten die Lage der Frauen durch eine Revolution verändern (siehe S. 100). Sie meinten, nur so könnten die Frauen unabhängig und gleichberechtigt werden. Die SPD war die einzige Partei im Reichstag, die die Forderungen der Frauen aufgriff. Sie setzte sich auch für das Frauenwahlrecht ein. Doch es dauerte noch eine Weile, bis Frauen wählen durften: Erst im November 1918 war es so weit. Die Denkweise vieler Männer blieb trotzdem gleich.

M 2 **Die Heimarbeiterin Ottilie Baader berichtete um 1875 über ihre Arbeitsbedingungen:**

Ich kaufte mir nach dem Weggang aus der Fabrik eine eigene Nähmaschine und arbeitete zu Hause. Dabei habe ich das Los der Heimarbeiterin zur Genüge kennen gelernt. Von morgens um sechs bis nachts um zwölf, mit einer Stunde Mittagspause, wurde in einer Tour „getrampelt" [genäht]. Um vier Uhr aber wurde aufgestanden, die Wohnung in Ordnung gebracht und das Essen vorbereitet. ... Nichts konnte einem mehr Freude machen, als wenn man ein paar Minuten aussetzen konnte ...

Und die Jahre vergingen, ohne dass man merkte, dass man jung war... Ich kann nicht sagen, dass ich immer sehr froh war. Schließlich hatte auch ich etwas anderes vom Leben erhofft. Ich habe manchmal das Leben so satt gehabt ... von dem Schönen in der Welt sah und hörte man nichts, davon war man einfach ausgeschlossen.

Zit. nach Ottilie Baader, Ein steiniger Weg. Lebenserinnerungen einer Sozialistin. Mit einer Einleitung von Marie Juchacz, 3. Auflage, Berlin, Bonn (Dietz) 1979, S. 16ff.

Aus dem Vorwort eines Chemie-Schulbuchs für höhere Mädchenschulen (1885):

Es würde ... vollständig verfehlt sein, den Unterricht in der Chemie ... in der wissenschaftlichen, systematischen Ausdehnung zu treiben, wie dies für höhere Knabenschulen vorgeschrieben ist. Es ist vielmehr der Lehrstoff wie in allen anderen Unterrichtsfächern der höheren Mädchenschulen so auch hier „einer durchgreifenden Sichtung zu unterwerfen, welche das für die weibliche Bildung Wertvolle heraussucht und die weiblichen Lebensverhältnisse zu ihrem Recht kommen lässt." Nach diesem ... Grundsatz ... werden hauptsächlich die Stoffe und Vorgänge, welche uns täglich entgegentreten und namentlich in der Hauswirtschaft und Familien-Gesundheitspflege, diesen wichtigen Gebieten weiblichen Wirkens, eine bedeutende Rolle spielen.

Albert Fricke, Chemie, 7. Aufl., Braunschweig (E. Appelhans & Comp.) 1908, S. III.

M 3 *„Fräulein Doktor!", Postkarte, um 1905*

1 Lies den Darstellungstext. Erstelle eine Mindmap:

Situation der Frauen im Kaiserreich

2 **a)** Beschreibe die Lebens- und Arbeitsbedingungen der Heimarbeiterin aus Text M2.
b) Vergleiche sie mit den Arbeitsbedingungen der Frauen im Bild M1.

3 Untersuche die Karikatur M3. Erläutere, worüber sich der Karikaturist lustig macht.
Tipp: Du kannst die Arbeitsschritte auf S. 65 nutzen.

4 Lies den Text M4. Fasse zusammen, wie der Chemieunterricht für Mädchen aussehen sollte.

5 **Wähle eine Aufgabe aus:**
a) Vergleiche die Vorgaben aus M4 mit dem heutigen Unterricht. Liste Unterschiede auf.
b) Schreibe aus Sicht einer Frauenrechtlerin einen Gegenentwurf für das Vorwort zum Schulbuch.

6 **Gruppenarbeit:** Stellt euch vor, ihr gründet einen Verein, um die Situation der Frauen im Kaiserreich zu verbessern. Formuliert eure Forderungen. Gestaltet ein Werbeplakat für euren Verein.

Zusatzaufgabe: siehe S. 214.

Webcode: FG450068-125
Die deutsche Frauenbewegung

Antisemitismus im ausgehenden 19. Jahrhundert

Juden wurden in Europa jahrhundertelang benachteiligt und verfolgt. Erst seit 1871 waren sie im Deutschen Reich gleichberechtigte Bürger. Viele nutzten das, um in Wirtschaft und Wissenschaft aufzusteigen. Trotzdem erlebten sie weiterhin Ausgrenzung.

- ***Warum entstand im 19. Jahrhundert eine neue Judenfeindlichkeit? Hier kannst du die Gründe und Folgen untersuchen.***

Antisemitismus in Deutschland

In der zweiten Hälfte des 19. Jahrhunderts verbreitete sich die Auffassung, man könne Menschen anhand ihrer biologischen Merkmale einordnen und bewerten. Dazu zählten z. B. Hautfarbe oder Schädelform. Wie Tiere unterteilte man die Menschen in „Rassen“. Die „semitische Rasse“ (die Juden) betrachtete man als niedriger, die „arische Rasse“ (die Deutschen) als höher. Judenfeindlichkeit bezeichnete man fortan als Antisemitismus. Diese Rassenlehre* hatte keinerlei wissenschaftliche Grundlage. Als die Wirtschaft ab 1873 nicht mehr so stark wuchs, verbreitete sich der Antisemitismus im Kaiserreich. Viele Bürger gaben den Juden die Schuld für ihre wirtschaftlichen Probleme. In den 1880er Jahren flohen außerdem viele Juden aus Russland nach Westen. In ihrer Heimat hatten sie gewalttätige Ausschreitungen erlebt, sogenannte Pogrome*. Die meisten wollten über die deutschen Häfen nach Amerika auswandern. Nur wenige blieben in Deutschland. Dennoch fanden die meisten Deutschen, dass „zu viele Fremde“ im Land seien. In bestimmten Kreisen der bürgerlichen Gesellschaft gehörte es zum guten Ton, gegen die Juden zu hetzen. Neu war, dass sich der Antisemitismus auch gegen einheimische Juden richtete. Viele von ihnen hatten sich an die deutsche Lebensweise und Kultur angepasst. Doch das nützte ihnen wenig: Die „Abstammung“ wurde jetzt wichtiger als die Kultur oder Religion. Konservative* Parteien und Verbände nahmen antisemitische Passagen in ihre Programme auf.

Antisemitismus in Frankreich: Die Dreyfus-Affäre

1894 entdeckten Franzosen in der deutschen Botschaft in Paris einen Brief. Darin war von einem Verräter im französischen Militär die Rede. Verdächtigt wurde der jüdische Hauptmann Alfred Dreyfus. Ohne Beweise wurde Dreyfus von einem Kriegsgericht verurteilt und in eine Sträflingskolonie geschickt. Zwei Jahre später wurde seine Unschuld bewiesen – der Brief war eine Fälschung. Trotzdem verhinderten antisemitische Offiziere einen neuen Prozess. Der Schriftsteller Émile Zola prangerte dieses Verhalten in einem offenen Brief an (Titel: „J’accuse“ – „Ich klage an“). Die Dreyfus-Affäre spaltete die französische Gesellschaft. Liberale, Sozialisten und Intellektuelle forderten seine Freilassung. Die Nationalisten lehnten das ab. Sie bildeten mit den Konservativen eine neue antisemitische Bewegung. Dreyfus wurde 1899 begnadigt und 1906 freigesprochen.

M 1

„Einziges judenfreies Hotel in Frankfurt am Main“, Bildpostkarte, koloriert, 1897

M 2

Der Historiker Heinrich von Treitschke verfasste 1879 einen Aufsatz. Der Text hatte große Wirkung und förderte Antisemitismus in gebildeten Kreisen:
Was wir von unseren israelitischen Mitbürgern zu fordern haben, ist einfach: Sie sollen Deutsche werden, sich schlicht und recht als Deutsche fühlen ... Denn wir wollen nicht, dass auf die Jahrtausende germanischer Gesittung ein Zeitalter deutsch-jüdischer Mischkultur folge ... Keine deutsche Handelsstadt, die nicht viele ehrenhafte, achtungswerte jüdische Firmen zählte; aber unbestreitbar hat das Semitentum[1] an dem Lug und Trug, an der frechen Gier des Gründer-Unwesens[2] einen großen Anteil, eine schwere Mitschuld [daran, dass man] ... jede Arbeit nur noch als Geschäft betrachtet und die alte gemütliche Arbeitsfreudigkeit unseres Volkes zu ersticken droht; in tausenden deutschen Dörfern sitzt der Jude, der seine Nachbarn wuchernd ausverkauft ... Es bleibt aber ebenso unleugbar, dass zahlreiche und mächtige Kreise unseres Judentums den guten Willen, ... Deutsche zu werden, durchaus nicht hegen ...

Heinrich von Treitschke, Unsere Aussichten. In: Preußische Jahrbücher, 44, Berlin (G. Reimer) 1879, S. 572ff.

[1] *Judentum*
[2] *Wirtschaftsboom der Gründerzeit 1871–1873*

M 3

Der Politiker Walther Rathenau (1867–1922) hatte jüdische Vorfahren. Er schrieb 1916 an einen antisemitisch eingestellten Freund:
Ich habe und kenne kein anderes Blut als deutsches, keinen anderen Stamm, kein anderes Volk als deutsches. Vertreibt man mich von meinem deutschen Boden, so bleibe ich deutsch und es ändert sich nichts ... Meine Vorfahren und ich haben sich von deutschem Boden und deutschem Geist genährt und unserem, dem deutschen Volk erstattet, was in unseren Kräften stand. Mein Vater und ich haben keinen Gedanken gehabt, der nicht für Deutschland und nicht deutsch war; soweit ich meinen Stammbaum verfolgen kann, war es das gleiche...

Walther Rathenau, Ein preußischer Europäer, Berlin (Vogt) 1955, S. 146.

M 4

Albert Ballin (1857–1918) und Kaiser Wilhelm II., Foto, 1913. Ballin war bekennender Jude, 1899 Generaldirektor der Hamburg-Amerika-Linie (HAPAG), Vertrauter des Kaisers in wirtschaftlichen und internationalen Fragen. Er beging am 10. November 1918 nach dem Zusammenbruch des Kaiserreichs Selbstmord.

1 a) Beschreibe die Szene auf der Postkarte M1. Erkläre, welche äußeren Merkmale der Hersteller den Juden zuschreibt.
b) Diskutiert, welche Rückschlüsse man von der Postkarte auf die damalige Gesellschaft ziehen kann.

2 Arbeite aus dem Darstellungstext die Ursachen und Erscheinungsformen des Antisemitismus heraus:

Ursachen des Antisemitismus	*Erscheinungsformen*
...	...

3 a) Lies den Text des Autors Treitschke (M2). Arbeite heraus, was er den Juden vorwirft.
b) Stelle Vermutungen an, wer aus der Bevölkerung Treitschkes Text gut fand – und warum.

4 Wähle eine Aufgabe aus:
a) Stelle dar, wie Walter Rathenau (M3) sein Verhältnis zu Deutschland beschreibt. Vergleiche mit Albert Ballin (M4).
b) Untersuche die Materialien über Walter Rathenau (M3) und Albert Ballin (M4). Nenne mögliche Gründe, warum sie im Kaiserreich angefeindet wurden.
Tipp: Nutze den Darstellungstext.

Zusatzaufgabe: siehe S. 214.

Nationale Minderheiten im Deutschen Reich

Das Deutsche Reich verstand sich als Nationalstaat der Deutschen. Aber im Reich lebten auch Minderheiten wie Polen, Dänen oder Elsässer. Entscheide dich für A, B, C oder D und untersuche:

- ***Durften die Minderheiten ihre Muttersprache und Kultur pflegen oder gerieten sie unter den Druck der „Germanisierung"?***

Aufgabe für alle:
Findet heraus, welche besonderen Rechte der dänischen Minderheit im heutigen Deutschland eingeräumt werden.

Wer gehörte zur Nation?
Etwa drei Millionen Einwohner des Reichs, vor allem in der Provinz Posen (Poznań), sprachen Polnisch als Muttersprache. Diese Gebiete waren durch die Teilung Polens im 18. Jahrhundert an Preußen gefallen (siehe S. 108). Die polnischen Bewohner waren überwiegend katholisch. Auch in anderen Teilen des Reichs gab es Minderheiten: Im Norden hatte Preußen 1864 Schleswig erobert, einen Teil Dänemarks. Dort lebten viele Dänen, die nun preußische Untertanen wurden. Und im Westen des Reichs hatte Frankreich 1871 die Provinzen Elsass und Lothringen an das Deutsche Reich verloren. Hier pflegten viele die französische Sprache und Kultur. Die Reichsregierung versuchte, alle Minderheiten zu „germanisieren", also den Deutschen anzugleichen. Der Gebrauch der Muttersprachen wurde in den Schulen verboten, mit Ausnahme von Elsass-Lothringen. In den Behörden und Gerichten durfte man nur noch deutsch sprechen. Als das Polnische auch auf Ladenschildern, in Vereinen und Kirchen verboten wurde, kam es zu Protesten und Aufständen. Die Reichsregierung reagierte, indem sie Priester verhaftete, Menschen einschüchterte und Grundstücke enteignete. Unerwünschte Polen wurden nach Russland ausgewiesen. Deutsche Nationalisten forderten die Vertreibung der Polen. Die preußischen Grundbesitzer, darunter auch Bismarck, wollten sie dagegen als billige Arbeitskräfte in der Landwirtschaft behalten.

A

M 1

Polnische Sprachgebiete im Deutschen Reich um 1900

M 2

Ausweisung polnischer Landarbeiter aus Preußen 1886, Gemälde von Wojciech Kossak, 1909

1 Zeige anhand der Karte M1 auf, wo der Anteil der polnischsprachigen Bevölkerung besonders groß war.

2 **a)** Versetze dich in eine der drei Personen auf dem Bild M2 und beschreibe die Situation in einem Tagebucheintrag.
b) Erörtere, inwiefern sich hier beispielhaft der Umgang von Politik und Verwaltung des Reichs mit seinen Minderheiten zeigen könnte.

B

M 3

„Unsere Fahne – trotz allem". Straßenszene in Straßburg von 1871, Gemälde von A. Lemercie. Da die Farben der französischen Trikolore nicht getragen werden dürfen, zeigen sich junge Frauen nebeneinander jeweils in Blau, Weiß und Rot.

1 Beschreibe die Szene in M3 und erkläre das Verhalten der drei Frauen.

2 Stelle Vermutungen an, welche Reaktionen sie damit vor dem Hintergrund der Situation in Elsass-Lothringen bei Passanten auslösen könnten.

C

M 4

Dänisch für Dänen?

Theodor Kaftan, ein hoher deutscher Kirchenbeamter, blickt zurück auf das Verbot der dänischen Sprache an deutschen Schulen:

Was erbitterte, war die Beseitigung jeglichen dänischen Sprachunterrichts. Das schädigte ... den in dänischer Sprache erteilten Religionsunterricht ... Aber nicht nur religiöse, auch humane und wirtschaftliche Interessen wurden ... schwer verletzt. Es ist grausam, die Dinge so zu gestalten, dass das die Heimat verlassende Kind nicht in den Stand gesetzt wurde, einen Brief zu schreiben, den seine Mutter ohne fremde Hilfe lesen konnte ... Wundert man sich wirklich, dass hier Erbitterung Platz griff? ... Eine Staatsgrenze ist nicht eine Chinesische Mauer und erst recht nicht dann, wenn sie da gezogen ist, wo jahrhundertelang freier Verkehr stattgefunden hat. Fäden nicht nur verwandtschaftlicher, sondern auch wirtschaftlicher Interessen verbanden das Hüben und Drüben ...

Zit. nach Reinhard Wittram, Die Nationalitätenkämpfe in Europa und die Erschütterung des europäischen Staatensystems 1848 bis 1917, Stuttgart (Ernst Klett Verlag) 1969, S. 38.

1 a) Lies den Text M4. Stelle fest, welche Auswirkungen die Sprachpolitik der deutschen Regierung auf die dänische Minderheit hatte.

b) Überlege, welche Folgen diese Politik für das Zugehörigkeitsgefühl der Dänen zum Deutschen Reich hatte.

D

1 Der Historiker und Abgeordnete Heinrich von Treitschke hielt 1871 im Reichstag eine Rede. Darin erklärte er die Politik des Deutschen Reichs gegenüber Elsass-Lothringen: „Die Aufgabe, diese entfremdeten Stämme deutscher Nation unserem Lande wieder einzufügen, ist so groß und schwer, dass man sie nur erprobten Händen anvertrauen darf. Und wo ist eine politische Kraft im Deutschen Reiche, die die Gabe zu germanisieren erprobt hat wie das alte glorreiche Preußen?"

a) Analysiere die Haltung Treitschkes gegenüber nichtdeutschen Minderheiten im Deutschen Reich.

b) Verfasse einen Protestbrief eines Polen, Dänen oder Elsässers an Treitschke und erkläre, warum du dich von dieser Aussage verletzt fühlst.

Tipp: Nimm den Darstellungstext zu Hilfe.

Kontroverse Texte untersuchen

Historikerinnen und Historiker diskutieren kontrovers darüber, wie man das Deutsche Kaiserreich beurteilen soll. Wer nationale Größe als Maßstab nimmt, kommt zu einem anderen Ergebnis als jemand, dem Freiheit und Demokratie besonders wichtig sind. Auf dieser Doppelseite kannst du zwei unterschiedliche Einschätzungen von Historikern untersuchen und üben, wie man kontroverse Texte analysiert.

M 1

In einem Themenheft für den Geschichtsunterricht schreibt der Historiker Wolfgang Jäger:

Das 1870/71 gegründete Deutsche Reich war kein freiheitlich-parlamentarischer Nationalstaat, sondern ein autoritärer Macht-, Obrigkeits- und Militärstaat. Dieser autoritäre Staat behandelte seine Bürger nicht wie mündige Staatsbürger, die in politischen Angelegenheiten mitreden durften. Die Schwäche der Volksvertretung, des Reichstags, trug hierzu ebenso bei wie das Fehlen von Grundrechten in der Verfassung. Die Obrigkeit – Monarch, Regierung, Beamtenapparat – war überzeugt, die Bürger seien in erster Linie als Untertanen zu behandeln, also zu verwalten, zu versorgen und zu reglementieren. Das zeigte sich besonders bei den Gegnern des Reiches. Zwar besaß die Regierung keine einheitliche und gleich bleibende Konzeption, wie sie mit ihnen umgehen wollte. Aber in einigen Fällen gewährte der Staat seinen Bürgern keine Nachsicht und Toleranz, sondern zog Unterdrückung und Kampf vor. ... Tatsächlich besaß das Militär eine Sonderstellung. Sie beruhte auf der nahezu unbeschränkten Verfügungsgewalt des Kaisers über das Heer und die Marine. ... Das Militär nahm auch in der Gesellschaft eine besondere Position ein. Die Schulerziehung bemühte sich beispielsweise intensiv um die Vermittlung militärischer Disziplin, Normen und Werte.

Wolfgang Jäger: Deutscher Nationalstaat im 19. Jahrhundert, Kursheft Geschichte, Berlin (Cornelsen) 2013, S. 82f.

M 2

Der Historiker und Journalist Volker Ullrich schreibt zur Frage „Was war das deutsche Kaiserreich?“:

Widersprüche und Ambivalenzen [des Kaiserreichs] zeigen sich auf allen Ebenen von Gesellschaft, Politik und Kultur: Neben einer überaus dynamischen, zunehmend global vernetzten Industriewirtschaft finden wir die monströse Spätblüte eines neoabsolutistischen Hofzeremoniells[1]; neben erstaunlichen, weltweit bewunderten Leistungen in Wissenschaft und Technik eine weit verbreitete Uniformgläubigkeit, die Vergötterung alles Militärischen; neben Tendenzen zur Demokratisierung ... die latente Drohung mit dem Staatsstreich, das Liebäugeln mit der Militärdiktatur; neben einer lebendigen Kulturszene die plüschigste Salonkunst und die protzigsten Repräsentationsbauten; neben einer bemerkenswerten Liberalität ... der Presse die kleinlichsten Zensurschikanen; neben auftrumpfendem Kraftgefühl und ungebremster Aggressivität ein tiefsitzendes Gefühl von Angst und Unsicherheit. ... Keine Beschäftigung mit dem deutschen Kaiserreich von 1871 kommt also darum herum, die widerspruchsvolle Verbindung von Beharrung und Modernität, von Rückständigkeit und Fortschritt zu thematisieren.

Volker Ullrich: Was ist das deutsche Kaiserreich?, in: Zeit Geschichte Nr. 4 v. 22. 11. 2010.

[1] *Die kaiserliche Familie lebte nach dem Vorbild absolutistischer Herrscher, obwohl das nicht der Zeit entsprach.*

Arbeitsschritte „Kontroverse Texte untersuchen“

Thema benennen und Vorwissen aktivieren	Lösungshinweise zu M1 und M2
1. Was sind kontroverse Texte?	• *Es sind Texte mit unterschiedlichen oder gegensätzlichen Einschätzungen eines Ereignisses bzw. eines historischen Gegenstandes.*
2. Um welches Thema handelt es sich? Was erfahre ich aus der Einleitung zur Problemfrage und welches Vorwissen habe ich dazu?	• *Es geht um die Bewertung des deutschen Kaiserreichs. Auf den Seiten 116–119 habe ich bereits über das Kaiserreich erfahren, dass es ...*
Texte analysieren	
3. Wann wurden die Texte verfasst?	• *Es sind beides Texte aus dem Jahr 2013, also keine historischen Texte, sondern Texte aus heutiger Sicht.*
4. Welche Behauptungen werden dort aufgestellt (z. B. über Merkmale des Kaiserreichs)?	• *Die Texte nennen folgende Merkmale, die das Kaiserreich charakterisieren:* *M1: ..., M2: ...*
5. Wie werden bestimmte Behauptungen und Einschätzungen begründet?	• *Es werden in beiden Texten kaum Begründungen angeführt, sondern Behauptungen wie Thesen aufgestellt.*
Wertungen und Interessen in den Texten erkennen und beurteilen	
6. Wie wird der Leser durch die Texte beeinflusst?	• *Beide Texte geben sich den Anschein, neutral über das Kaiserreich zu urteilen.*
7. Aus welchen Gründen wird das Kaiserreich so beurteilt?	• *Beide Verfasser erwecken den Eindruck, dass sie die Ergebnisse historischer Forschung wiedergeben.*
8. Lässt sich die Beurteilung auf Sachwissen zurückführen oder ist sie unsachlich?	• *Nach meinem Wissen über das Kaiserreich können sich beide Verfasser auf Sachwissen berufen.*
Zu einem eigenen Urteil gelangen	
9. Welche Fragen bleiben offen?	• ...
10. Wie beurteile ich selbst den Gegenstand der Texte?	• ...

M 3

„Euch Professorenbande will ich schleifen, bis ihr mich nicht mehr von einem Kultusminister unterscheiden könnt.“ Karikatur von Th. Heine, 1900

1 **Partnerarbeit:** Untersucht mithilfe der Arbeitsschritte M1 und M2. Ergänzt die Lösungshinweise.
2 **Gruppenarbeit:** Wählt ein in M1 und M2 genanntes Merkmal des Kaiserreichs aus und belegt es mit Beispielen, die auf S. 116–121 genannt werden.
3 Ordne die Karikatur M3 einem der beiden Texte M1 und M2 zu und begründe deine Entscheidung.
4 Nimm Stellung zu den beiden Texten und begründe, welchem Text du zustimmst.
5 **Recherche:** Finde heraus, wie sich in der Geschichtswissenschaft die Einschätzung des deutschen Kaiserreichs seit Anfang der 1970er Jahre verändert hat.

1871 | 1872 | 1873 | 1874

1871 Gründung des Deutschen Reichs

1872–1878 Gesetze gegen die katholische Kirche („Kulturkampf"), darunter u. a. der Kanzelparagraf: Prediger dürfen gegenüber dem Staat keine Kritik äußern

1874 Zivilstandsgesetz: Ehen müssen auf dem Standesamt geschlossen, Geburten und Todesfälle dort registriert werden

1871–1873 Gründerjahre: Modernisierung in Technik und Wirtschaft

1871–1890 Bismarck Reichskanzler

Das Kaiserreich – der erste deutsche Nationalstaat

Das Deutsche Reich – ein Obrigkeitsstaat

Das Deutsche Reich wurde 1871 gegründet. Am Anfang war es ein kompliziertes Gebilde aus vielen Einzelstaaten. Sie hatten unterschiedliche politische und kulturelle Traditionen und bewahrten sich Sonderrechte. Im Reich hatte der Kaiser eine dominante Stellung: Er konnte den Reichstag einberufen und auflösen. All das regelte die Verfassung. Etwas Wesentliches fehlte darin aber: die Grundrechte der Bürger waren nicht festgeschrieben. Das ist ein Unterschied zu heute - und zur Verfassung, die das Parlament der Paulskirche 1848 ausgearbeitet hatte. Der Staat und die Gesellschaft im Deutschen Reich waren militärisch geprägt (Militarismus). Fürsten, Adel und Offiziere besaßen die Vorherrschaft, und wer eine Uniform trug, genoss besonderes Ansehen. Die Bürger sah man vor allem als Untertanen, die sich den Weisungen von „oben" fügen sollten. Viele Menschen taten das auch. Sie akzeptierten die Situation und befolgten kritiklos die Entscheidungen der Obrigkeit. Man spricht deshalb auch von einem Obrigkeitsstaat. Die ersten Jahre des Deutschen Reichs waren geprägt von einem neuen „Wir-Gefühl". Der Sieg über Frankreich war noch frisch, und viele sahen Deutschland als überlegene Nation. Für sie war das Wohlergehen des Einzelnen nicht so wichtig wie das des Staates. Das war eine neue Form des Nationalismus.

Die Gesellschaft im Kaiserreich: zwischen Modernisierung und Tradition

In der Anfangszeit des Deutschen Reichs gab es einen starken wirtschaftlichen Aufschwung. Er war größtenteils durch Geld finanziert, das Frankreich als Kriegsentschädigung zahlen musste. Die deutschen Universitäten entwickelten sich zu international angesehenen Einrichtungen. Die Schulen wurden stärker auf die Anforderungen der Wirtschaft ausgerichtet. Riesige Unternehmen mit tausenden Beschäftigten entstanden, Fabriken wurden gebaut. Das lockte Millionen Menschen vom Land in die Städte, wo die Verdienstmöglichkeiten höher waren. Die Bevölkerung wuchs rasant. Obwohl der Adel die beherrschende Schicht war, gelang es bald auch Bürgern, hohe Positionen in Politik und Verwaltung einzunehmen. Es entwickelte sich eine neue Mittelschicht. Trotz der Modernisierung blieb die Gesellschaft konservativ und traditionsbewusst. Frauen waren benachteiligt und abhängig von ihrem Ehemann. In der Politik durften sie nicht mitreden, bei der Arbeit wurden sie schlechter bezahlt. Erst allmählich erkämpften sie sich Rechte. Wählen durften sie aber immer noch nicht: Das Wahlrecht galt nur für Männer.

1878

1883

1908

1918

1878–1890 „Sozialistengesetz" („Gesetz gegen die gemeingefährlichen Bestrebungen der Sozialdemokratie"): Verbot der politischen Betätigung der Sozialdemokratie

ab 1883 Sozialgesetze (staatliche Kranken-, Unfall-, Alters- und Invalidenversicherung)

1908 Frauen dürfen studieren, sich politisch betätigen und Mitglied einer Partei werden

„Germanisierung" – Politik gegen Minderheiten

Das Deutsche Reich verstand sich als Nationalstaat der Deutschen. Menschen mit anderer Sprache, Kultur und Herkunft wurden ausgegrenzt. Der Staat richtete sich gegen Minderheiten wie Polen, Dänen oder Elsässer und versuchte sie mit Zwang zu integrieren. In Schulen, Ämtern und Gerichten durfte nur noch deutsch gesprochen werden. Auf Proteste reagierten die deutschen Behörden mit Einschüchterung und Ausweisungen. Ausgegrenzt wurden auch die Juden. Viele von ihnen empfanden sich als Deutsche, sie pflegten die deutsche Kultur und waren in der Gesellschaft aufgestiegen. Seit dem Ende des 19. Jahrhunderts gab es aber eine neue Form von Judenfeindlichkeit: den Antisemitismus. Juden galten demnach als fremde und minderwertige „Rasse". Viele Menschen waren neidisch auf Juden in bedeutenden Positionen oder gaben ihnen die Schuld für die eigene Not. Konservative und nationalistische Parteien vertraten judenfeindliche Positionen.

Der „Kulturkampf" gegen die katholische Kirche

Der „Kulturkampf" entbrannte ab 1871 zwischen den Katholiken und der Regierung des Reichskanzlers Bismarck. Die Katholiken wurden durch die Zentrumspartei vertreten. Im Deutschen Reich und besonders in Preußen waren sie in der Minderheit. Sie hörten bei Fragen des Lebens und der Politik eher auf den Papst. Bismarck wollte das nicht hinnehmen. Die Regierung verbot zum Beispiel Priestern, Kritik am Staat zu äußern („Kanzelparagraf"). Außerdem entzog sie der Kirche die Kontrolle über die Schulen („Schulaufsichtsgesetz"). Der Staat wachte ab jetzt darüber. 1874 wurde die Zivilehe eingeführt. Alle Bürger mussten jetzt auf staatlichen Standesämtern heiraten. Wer sich nicht daran hielt, musste mit Strafen rechnen. Die Maßnahmen schweißten die Katholiken stärker zusammen.
Auch die Zentrumpartei gewann ständig neue Mitglieder. Schon 1871 war sie die zweitstärkste Kraft im Reichstag. Bismarcks Politik hatte ihr Ziel verfehlt. Er brauchte die Katholiken außerdem als Verbündete im Kampf gegen einen neuen Feind: die Sozialdemokraten. Deshalb nahm er viele Maßnahmen wieder zurück. Geblieben sind bis heute die Standesämter und die staatliche Kontrolle der Schulen.

Der Kampf gegen die Sozialdemokratie

Reichskanzler Bismarck wollte keinen Staat, in dem die Bürger mitbestimmen. Er misstraute den Arbeitern. Deshalb setzte er 1878 das „Sozialistengesetz" durch: Es verbot sozialistische und sozialdemokratische Vereine und Zeitungen. Der Vorwand für das Gesetz waren zwei gescheiterte Attentate auf Kaiser Wilhelm I. Das Verbot schränkte die Möglichkeiten der Sozialdemokraten ein, stärkte aber ihren Zusammenhalt. Bei den Reichstagswahlen bekam die Sozialdemokratische Arbeiterpartei (SPD) immer mehr Stimmen. Deshalb schwenkte Bismarck um: Das Sozialistengesetz wurde ab 1890 nicht mehr verlängert. Stattdessen führte die Regierung Versicherungen ein, um die Arbeiter für sich zu gewinnen. Sie halfen bei Unfällen, Krankheit und Armut. Das war für die damalige Zeit sehr fortschrittlich. Auch wenn es die Not der Arbeiter linderte – politisch zeigten die Maßnahmen kaum Wirkung. Die SPD wuchs weiter und wurde 1912 sogar stärkste Kraft im Reichstag.

In diesem Kapitel konntest du folgende Kompetenzen erwerben:

- den Gegensatz von Tradition und Modernisierung in der Kaiserzeit erläutern
- Nationalismus und Militarismus im Deutschen Reich untersuchen und seine Auswirkungen auf das Leben der Menschen erläutern
- den Umgang der Regierung Bismarcks mit Gegnern beschreiben und bewerten (Katholiken, Sozialisten)
- Ursachen und Erscheinungsformen des Antisemitismus erklären
- die Forderungen der Frauenbewegungen benennen und historisch einordnen
- **Methode:** Kontroverse Texte untersuchen

M 1

Die Baronin Spitzemberg schrieb 1871 in ihr Tagebuch über die Reichsgründung:

Und was für ein Friede für uns Deutsche! Herrlicher und glorreicher, als wir je einen geschlossen! Vereint zu einem Reiche, dem größten, mächtigsten, gefürchtetsten in Europa. Groß durch seine Macht nicht allein, größer noch durch seine Bildung und den Geist, der das Volk durchdringt! Glücklich sind wir, dass wir noch jung genug sind, um die reichen und segensvollen Früchte zu genießen. Möge Gott den Geist meines Volkes also lenken, dass seine Entwicklung eine friedliche bleibe, sein Reich ein Reich des Lichts, der Freiheit, der wahren, christlichen Gesinnung sei!

Zit. nach Rudolf Vierhaus (Hg.), Das Tagebuch der Baronin Spitzemberg, geb. Freiin von Varnbüler. Aufzeichnungen aus der Hofgesellschaft des Hohenzollernreiches, Göttingen (Vandenhoeck & Ruprecht) 1960, S. 120f., vom Autor gekürzt u. zusammengestellt.

M 2

„Kommt es unter einen Hut? Ich glaube, 's kommt eher unter eine Pickelhaube!" Österreichische Karikatur, 1870. Die Pickelhaube gilt als Symbol für das preußische Militär.

M 3

Vervollständige folgende Erklärungen:

1. **Nationalismus** ist eine Einstellung, bei der man ... für überlegen hält und ... abwertet oder ausgrenzt.
2. In einer **militarisierten** Gesellschaft spielen ... eine große Rolle. Zeichen von Militarismus sind ...
3. **Antisemitismus** bedeutet Feindlichkeit gegenüber ... Sie werden aufgrund ihrer ... diskriminiert.
4. Der **Kulturkampf** war eine Auseinandersetzung zwischen ... und ... Dabei ging es um ...
5. **Germanisierung** bedeutet, dass der Staat versuchte ... Die Reaktion darauf war ...
6. Ein **Obrigkeitsstaat** ist eine Gesellschaft, in der die Bürger ...

M 4

Partnerarbeit: Alle Begriffe haben etwas mit dem Kaiserreich zu tun. Erklärt euch immer abwechselnd einen Begriff und ordnet ihn in einen Zusammenhang ein:

- Realgymnasium
- Kanzelparagraf
- staatliche Versicherungen
- Zivilehe
- Frauenvereine
- Rassenlehre
- „undeutsche"/„vaterlandslose Gesellen"

M 5

Karikatur aus den „Fliegenden Blättern", 1909. Die Bildunterschrift lautet: „Wie, gnädiges Fräulein wollen sich dem ärztlichen Beruf widmen? Aber ich bitt' Sie, mit so einem lieben G'sichterl studiert man doch nicht!"

Methodenkompetenz

1 Lies den Text M1. Arbeite heraus, welche Meinungen die Autorin über das Deutsche Reich hat. Welche Zukunft sieht sie voraus?

2 Untersuche die Karikatur „Deutschlands Zukunft" (M2). Arbeite ihre Aussage heraus.
Tipp: Nutze die Arbeitsschritte auf S. 65.

3 Analysiere das Bild M5. Achte auf die Bildunterschrift.

Sachkompetenz

4 Stell dir vor, ein/e Mitschüler/in versteht die Karikatur M5 nicht. Verfasse eine kurze Erklärung für sie oder ihn, in der du die Situation der Frauen im Kaiserreich erläuterst.
Tipp: Du kannst folgende Begriffe nutzen: Rollenbild – Rechte – (Un-)Gleichheit – Arbeit – Protest.

5 **Gruppenarbeit:** Bildet Gruppen von 3–4 Personen. Erstellt gemeinsam ein Plakat über die Kaiserzeit. Wählt Themen aus dem Kapitel aus, die ihr besonders wichtig findet und recherchiert zusätzliche Informationen.

Urteilskompetenz

6 Vergleiche die Aussage der Quellen M1 und M2. Nimm anschließend Stellung zur Frage: Stand das Kaiserreich für „Bildung", „Geist" und „Freiheit" (M1, Z. 6 und 11 f.) oder lebten die Menschen unter einer „Pickelhaube" (M2)?

7 Stell dir vor, die Frau aus der Karikatur M5 ist eine Frauenrechtlerin. Formuliere aus ihrer Sicht eine Antwort an den Mann.

8 Vergleiche die Situation von Sozialisten, Katholiken und Juden im Kaiserreich. Nenne Gemeinsamkeiten und Unterschiede.

5

Industrialisierung und Soziale Frage

„Was ziehe ich morgens an, in welchem Outfit gehe ich mit den Freunden weg?“ Vor etwa 200 Jahren waren diese Fragen schnell beantwortet, denn das einfache Volk konnte sich oft gar kein zweites Kleidungsstück leisten.
Seit Mitte des 18. Jahrhunderts hatte es bahnbrechende Erfindungen gegeben, die das Leben der Menschen drastisch veränderten. 1764 wurde die „Spinning Jenny“ erfunden, eine mechanische Spinnmaschine. Fortan fertigten Arbeiter das Garn für Stoffe nicht mehr daheim, sondern in großen Fabriken. Das veränderte ihre Arbeitsweise, aber auch ihr Zusammenleben und Wohnen. Vielerorts entstand große Armut und Not.

Fototermin in einer Baumwollspinnerei um 1900. Alle sind zusammengekommen. Sie präsentieren sich dem Besucher mit seinem neuartigen Apparat. Was verrät dir die Szene? Finde möglichst viele Hinweise im Bild.

Baumwollspinnerei in den USA, Foto, um 1900

1760 | 1770 | 1780 | 1790 | 1800 | 1810 | 1820 | 1830

Beginn der Industrialisierung in England

Beginn der Industrialisierung in Deutschland

1789 Französische Revolution

Industrialisierung und Soziale Frage

Der deutsche Fabrikantensohn Friedrich Engels reiste im Jahr 1845 durch England. Daraufhin schrieb er: *„Die Teilung der Arbeit, die Benutzung der Wasser- und besonders der Dampfkraft und der Mechanismus der Maschinerie – das sind die drei großen Hebel, mit denen die Industrie seit der Mitte des vorigen Jahrhunderts daran arbeitet, die Welt aus ihren Fugen zu heben.“*

Die Industrialisierung, die Ende des 18. Jahrhunderts in England begann, verwandelte die Arbeits- und Lebensbedingungen der Menschen grundlegend. Zahlreiche Historiker vergleichen die Bedeutung dieser Umwälzungen mit der Sesshaftwerdung des Menschen in der Jungsteinzeit, als aus Jägern und Sammlern Bauern und Bäuerinnen wurden. Von England aus griff die „Industrielle Revolution“ rasant auf den europäischen Kontinent über. Seither bestimmen Rohstoffe und technisches Wissen den internationalen Konkurrenzkampf, der sich immer mehr verschärfte. Unternehmer versuchten, ihre Waren in immer höheren Stückzahlen zu fertigen und Menschen durch Maschinen zu ersetzen. So wollten sie den Verkaufspreis senken. Zu den Begleiterscheinungen dieser neuen Wirtschaftsweise gehören Arbeitslosigkeit und Armut. In diesem Kapitel lernst du die Anfänge unserer heutigen Wirtschaftswelt kennen:

- Wo und wodurch begann die Industrielle Revolution?
- Wie veränderte sie das Leben des Einzelnen und die Gesellschaft?
- Was versteht man unter der „Sozialen Frage“ und wie wurde sie gelöst?

M 1

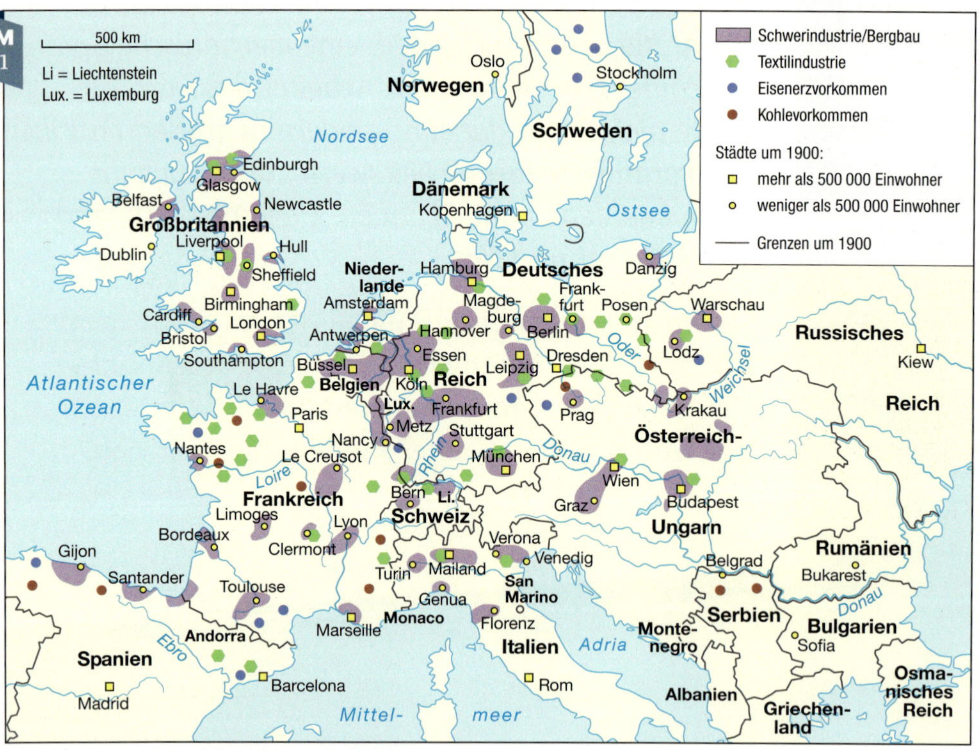

Industriegebiete in Europa 1800–1900

1840	1850	1860	1870	1880	1890	1900	1910	1920

1848/49 Revolutionen in Europa

1871 Gründung des Deutschen Reichs

1914–1918 Erster Weltkrieg

M 2

Einsatz einer „Feuermaschine" des Engländers Thomas Newcomen im englischen Kohlebergbau, mit der Grubenwasser abgepumpt wurde (Ausschnitt), unbekannter Maler, 1792

M 3

Kinderarbeit in einem englischen Steinkohlebergwerk, Lithografie, 1884

M 4

Erste Eisenbahn in Deutschland: Abfahrt des Eröffnungszuges von Nürnberg nach Fürth am 7.12.1835, Lithografie, 1845

1 Beschreibe anhand von M1 die Entwicklung und Ausbreitung der Industrialisierung im 19. Jahrhundert.

2 Benenne den Nutzen einer Eisenbahn im Vergleich zu Kutsche und Pferdefuhrwerk (M4).

3 Licht- und Schattenseiten der Industrialisierung: Wähle ein Bild dieser Seite aus und notiere, was dir dazu einfällt.

4 Nenne eine Erfindung der Gegenwart, die für dich revolutionär ist, und begründe.

Warum begann die Industrialisierung in England?

Die englische Industrie war bis zur Mitte des 19. Jahrhunderts den anderen europäischen Ländern weit voraus.

- ***Welche Bedingungen ermöglichten England diesen Vorsprung? Nach Bearbeitung dieser Doppelseite kannst du darauf eine Antwort geben.***

Webcode: FG450068-140
Industriegeschichte Großbritanniens

Bevölkerungsentwicklung in England und Wales

Bis Mitte des 18. Jahrhunderts stieg die Bevölkerung in England und Wales nur mäßig an. Die Geburten- und Sterberate lagen wie in allen bäuerlich geprägten Gesellschaften dicht beieinander. Ab 1750 setzte jedoch ein unübersehbarer Wandel ein. Die Bevölkerung wuchs von 1780 bis 1850 von acht auf 18 Millionen, bis 1900 auf rund 32 Millionen. Die medizinische Versorgung verbesserte sich, die Landwirtschaft brachte höhere Erträge und sorgte für eine ausreichende Ernährung. Das führte zu einer steigenden Lebenserwartung. Auch die Hygiene wurde besser, sodass Seuchen nicht mehr so häufig waren. Dazu kamen weitere Faktoren, die das Wachstum der Bevölkerung Englands beschleunigten: Bauern konnten besser in die Städte abwandern und Heiratsverbote fielen weg, wodurch die Zahl der Geburten anstieg.

Neue Ausrichtung der Wirtschaft

Der Wandel zu einer Industriegesellschaft ging in England mit einem neuen Denken einher. So vertrat der schottische Philosoph und Volkswirtschaftler Adam Smith (1723–1790) die Ansicht, dass gesellschaftlicher und wirtschaftlicher Fortschritt nur möglich sei, wenn sich der Einzelne mit seinen Anlagen und Kräften frei entfalten könne. Der Staat solle die Interessen weder lenken noch gar behindern. Smiths Ideen setzten sich in Großbritannien durch. Der Staat zog sich weitgehend aus dem Wirtschaftsleben zurück (Wirtschaftsliberalismus*). Die Monopole* der Handelsgesellschaften wurden aufgehoben, Handwerkszünfte abgeschafft und Zölle verringert.

Technische Innovationen

Zum Motor der Industrialisierung wurde eine Reihe technischer Entwicklungen. Besonders wichtig waren die Erfindungen zur Herstellung von Textilien. Der Handwerker James Hargreaves erfand 1764 die „Spinning Jenny", eine Maschine, die die schwierigen Handgriffe beim Spinnen automatisierte. Ein einziger Arbeiter konnte fortan bis zu 80 Spindeln bedienen. Die Produktion von Garn wurde dadurch erheblich gesteigert. Richard Arkwright entwickelte die Spinnmaschine weiter. Er baute 1771 eine Textilfabrik mit Maschinen, die durch Wasserkraft angetrieben wurden. James Watt entwickelte 1769 die Dampfmaschine weiter. Nun war es möglich, ohne Einsatz von Wasser und Menschen die Energie in großem Maßstab wirtschaftlich zu nutzen. Die neuen Formen der Energiegewinnung ermöglichten es, viele Güter in kurzer Zeit herzustellen. Eine Massenproduktion entstand.

M 1

Heimspinnerei, Zeichnung, 18. Jh.

M 2

„Spinning Jenny", Spinnmaschine für 16 Fäden im Handbetrieb, Kupferstich, 18. Jh.

Wirtschaft und Umwelt, Gesellschaft und Recht

England besaß viele Kolonien in Übersee. Sie erwiesen sich als großer Rohstoff- und Absatzmarkt. Die riesigen Gewinne nutzte man, um Investitionen* zu tätigen und neue Technologien zu entwickeln. Vor allem die Textilproduktion profitierte davon. Sie wurde zum wichtigsten Bereich der industriellen Entwicklung in England.

M 3

Der Schweizer Wirtschaftswissenschaftler Christoph Bernoulli über die englische Baumwollspinnerei (1827):

Eine der ersten, unmittelbarsten Folgen, welche die Erfindung der Spinnmaschinen hatte, war ohne Zweifel der fabrikmäßige Betrieb des Baumwollspinnens. Die Einführung großer Maschinen veränderte notwendig die Verhältnisse ganz. Sie erforderten große und dazu besonders eingerichtete Gebäude, große Kapitalien[1], Tiere oder Elementarkräfte zum Betrieb, Arbeiter, die ausschließlich diesem Gewerbe ... sich ergaben, eine gehörige Verteilung und Anordnung aller Operationen usw. Mit dem Aufkommen des Maschinenspinnens ergab sich daher auch der fabrikförmige Betrieb dieser Industrie ... Die Arbeit der Spinner wurde ungleich produktiver. Keine Wirkung ist wohl auffallender als diese und bei keiner Erfindung war dieses Ergebnis so erstaunenswürdig; sehen wir, was jetzt 100 oder 200 Menschen in einer mechanischen Spinnerei zu produzieren vermögen und wie viel dieselbe Anzahl ehemals liefern konnte. Viele geben diese Steigerung der Produktivität wenigstens auf das 100- oder 120-Fache, manche sogar auf das 150-Fache an.

Zit. nach Wilhelm Treue/Karl-Heinz Manegold, Quellen zur Geschichte der industriellen Revolution, Göttingen (Musterschmidt) 1979, S. 103f.

[1] *Finanzkraft*

Fabrik
(lat. fabrica = Werkstätte) Produktionsstätte für Waren, bei der viele Arbeitsschritte im selben Gebäude vereint sind. Im Unterschied zur Manufaktur (S. 30) werden in der Fabrik mehr Maschinen eingesetzt, z. B. Dampfmaschinen als Antrieb oder Drehmaschinen zur Bearbeitung von Rohstoffen. Weitere Merkmale sind: Aufteilung der Arbeit in spezialisierte Tätigkeiten, größere Anzahl von Arbeitern.

M 4

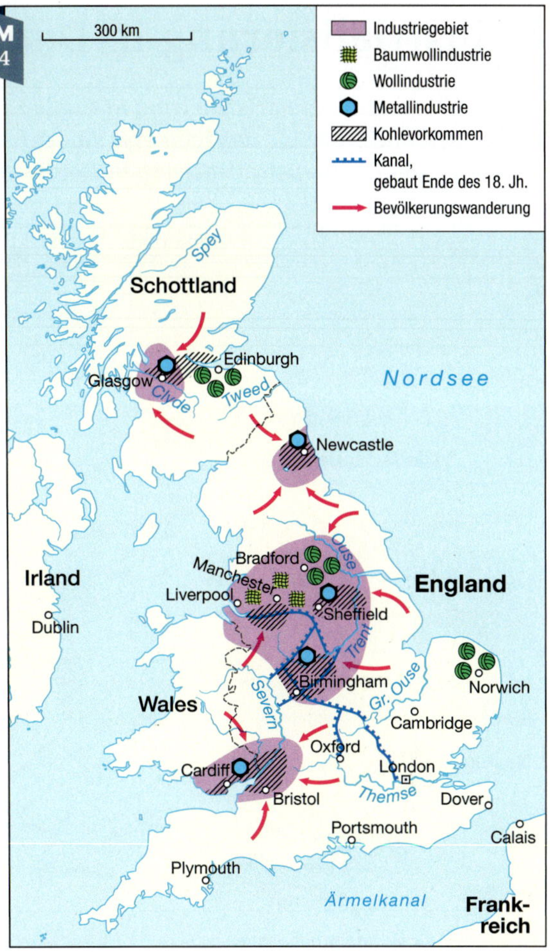

Wirtschaftszentren in England im 18. Jahrhundert

1 Erläutere, wie sich die Haltung des englischen Staates gegenüber der Wirtschaft veränderte (Darstellungstext, Z. 1–29).

2 **a)** Analysiere die Karte M4. Welche Zusammenhänge kannst du erkennen?
b) Stell dir vor, du berätst einen Unternehmer, der einen Standort für seine Fabrik sucht. Worauf weist du hin? Was könnte für ihn wichtig sein? (M4).

3 Beschreibe anhand von M1 und M2 die Auswirkungen der neuen Technik auf das Arbeiten.
Tipp: Nutze auch den Darstellungstext, Z. 33 ff.

4 Erläutere anhand von M3, wie sich die Arbeitswelt der Spinnerinnen und Spinner veränderte. Nutze die Fachbegriffe Manufaktur und Fabrik.

5 Warum begann die Industrialisierung in England? Gestalte eine Mindmap zur Frage. Liste alle Faktoren auf, die die Entwicklung begünstigten (Darstellungstext, M1–M4).

Industrialisierung in Deutschland

Um 1850 war die Industrialisierung in England schon weit vorangeschritten. In Deutschland stand sie dagegen erst am Anfang.

- ***Wie verlief die Industrialisierung in Deutschland?***

Webcode: FG450068-142
Deutscher Zollverein

M 1

Die Entwicklung der Industrialisierung in Deutschland und dem angrenzenden Mitteleuropa

Gründung des Deutschen Zollvereins 1834

Deutschland verfügte über günstige Voraussetzungen für die Industrialisierung. Es hatte Eisenerz und Kohle als Bodenschätze. Die Bevölkerung wuchs rasant, es gab also viele Arbeitskräfte. Andererseits war Deutschland politisch zerstückelt. Der Deutsche Bund bestand aus 39 Staaten, von denen jeder eigene Zölle erhob. Wollte ein Unternehmer Waren durch das Land befördern, musste er ständig Grenzen überqueren und Zölle entrichten. Das war teuer und aufwendig. Außerdem war das Straßennetz nur lückenhaft ausgebaut, was den Verkehr und Handel erschwerte. Hinzu kamen Benutzungsgebühren für die Straßen. Wenn Deutschland also wirtschaftlich vorankommen wollte, mussten sich die Staaten besser vernetzen. Auf Preußens Initiative gründeten sie deshalb 1834 den Deutschen Zollverein. Handelsschranken fielen und die Staaten einigten sich auf einheitliche Maße und Gewichte. So rückten sie näher zusammen. Lediglich eine einheitliche Währung gab es noch nicht.

Veränderungen in der Landwirtschaft

In den meisten Ländern Deutschlands herrschte die Landwirtschaft vor. Veränderungen auf diesem Gebiet waren eine wichtige Vorstufe für die Industrialisierung. Die Befreiung der Bauern aus der Leibeigenschaft* und die Aufhebung des Zehnten 1810 ermöglichten eine freie Berufswahl. Veränderungen gab es zudem im Anbau und der Tierhaltung. Die Fruchtwechselwirtschaft löste die traditionelle Dreifelderwirtschaft ab. Mit effektiverer Düngung steigerten sich die Erträge erheblich. Als neue Produkte kamen Raps, Tabak und vor allem Zuckerrüben hinzu. Leistungsfähige Tiere wurden gezielt gezüchtet und vermehrt in Ställen gehalten. Damit verbesserte sich die Ernährungslage, was einen überproportionalen Bevölkerungsanstieg zur Folge hatte. Lebten 1816 noch 21,1 Millionen Menschen im Gebiet des Deutschen Bundes (ohne Österreich), so waren es 1865 bereits 33,8 Millionen.

M 2

Der Historiker Dieter Ziegler schreibt 2012 über das Wirtschaftswachstum in Deutschland seit 1850:

Das mit Abstand größte Wachstum erzielte der deutsche Steinkohlebergbau. Zwischen 1848 und 1864 hatte sich die Zahl der im Bergbau Beschäftigten ... auf knapp 100 000 Arbeiter fast verdreifacht. Da durch die Einführung von neuen Techniken gleichzeitig die Arbeitsproduktivität deutlich gestiegen war, hatte sich im selben Zeitraum die Menge der geförderten Steinkohle sogar mehr als vervierfacht ... Der Grund für den Aufschwung des Ruhrgebiets und mit etwas Abstand auch Oberschlesiens lag in der wachsenden Bedeutung der Eisenbahnen für den Steinkohlebergbau und der daraus folgenden Markterweiterung. Durch die Verbilligung der Kohlentransporte gelang es zunächst der schlesischen Steinkohle ..., die englische Importkohle auf den mitteldeutschen Märkten zu verdrängen. Seit den sechziger Jahren [des 19. Jahrhunderts] eroberte daneben auch die Ruhrkohle die mittel- und norddeutschen Märkte. ... Der außerordentlich zügige Aufbau der modernen ... Industrien gilt als eine Besonderheit des deutschen Industrialisierungsweges, die in erster Linie durch den parallelen Aufbau eines leistungsfähigen Bankensystems erklärt wird ... Die wichtigsten „provinziellen" Finanzplätze wie Köln und Berlin sowie mit Abstrichen auch Breslau ... und Leipzig waren zugleich Zentren des frühen Eisenbahnbaus. Dort waren örtliche Bankiers frühzeitig als Gründer von Eisenbahngesellschaften in Erscheinung getreten.

Dieter Ziegler, Die Industrielle Revolution, 3. Auflage, Darmstadt (Wissenschaftliche Buchgesellschaft), 2012, S. 70ff.

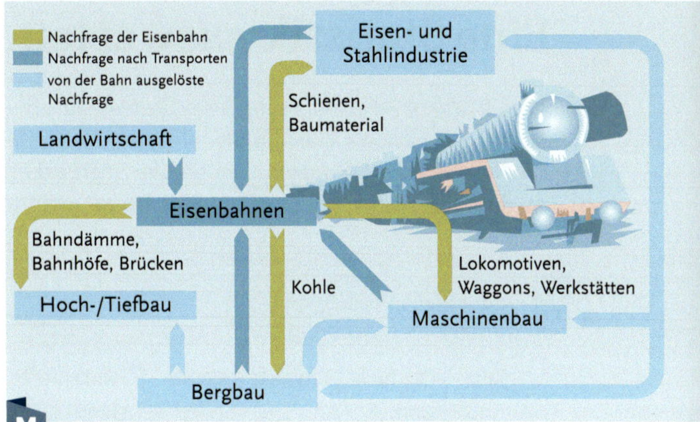

M 3 *Wirtschaftliche Wirkungen des Eisenbahnbaus 1860–1900*

Erfinder und Unternehmer in Deutschland

Werner von Siemens
1816–1892, Begründer der Elektrotechnik, u. a. verantwortlich für den Bau des ersten Elektromotors (1866) und der ersten Elektrolokomotive (1879).

Gottlieb Daimler
1834–1900, Konstrukteur und Industrieller. Er zählt zusammen mit Carl Benz zu den Pionieren des Automobilbaus und war maßgeblich an der Entwicklung des Benzin-Verbrennungsmotors beteiligt.

Robert Bosch
1861–1942, Ingenieur, Industrieller und Sozialdemokrat, war maßgeblich an der Entwicklung des Verbrennungsmotors beteiligt. Bosch erkannte früh die soziale Verantwortung von Unternehmern und führte den Achtstundentag ein.

1 **a)** Benenne auf M1 Regionen, in denen sich Industrie ansiedelte. Stelle Vermutungen an, warum sie gerade dort entstand.
b) Vergleiche M1 mit der Karte M1 auf S. 86. Stell dir vor, ein Kaufmann aus Hannover wollte Waren nach Württemberg verkaufen. Liste auf, wer alles am Transport mitverdiente.

2 Erläutere, welche Faktoren für die Industrialisierung in Deutschland ausschlaggebend waren (M2).

3 **Partnerarbeit:** Erklärt euch gegenseitig M3. Welche Rolle spielte die Eisenbahn?

4 **Wähle eine Aufgabe aus:**
a) Vergleiche die Industrialisierung in England und Deutschland. Liste Gemeinsamkeiten und Unterschiede auf.
b) Du reist 1860 als englischer Unternehmer durch Deutschland. Verfasse einen Reisebericht, in dem du die Industrialisierung dort und zuhause vergleichst.
Tipp: Nutze den Darstellungstext, M1 und M2.

5 **Recherche:** Informiere dich näher über einen deutschen Erfinder (Biografien). Gestalte ein Kurzreferat über ihn.

Eine Statistik auswerten

In Zeitungen oder im Fernsehen findest du oft Tabellen und Grafiken mit vielen Zahlen. Sie zeigen z. B. Entwicklungen in der Wirtschaft oder bilden Umfrageergebnisse ab. Wie kann man solche Statistiken entschlüsseln? Und warum ist Zahlenmaterial für Historiker überhaupt wichtig?

M 1

Industrielle Produktion
(in Mio. englische Pfund)

Jahr	Deutschland	England	Frankreich	Russland
1800	60	230	190	15
1840	150	387	264	40
1888	583	820	485	363

Heinrich Lutz, Zwischen Habsburg und Preußen, Deutschland 1815–1866, Berlin/München (Siedler/Goldmann TB) 1998, S. 89.

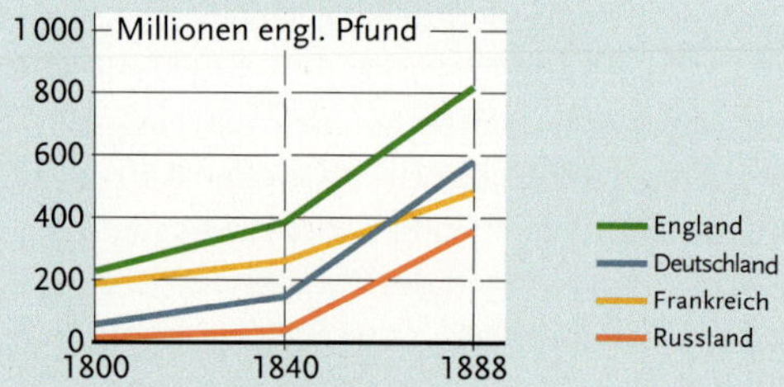

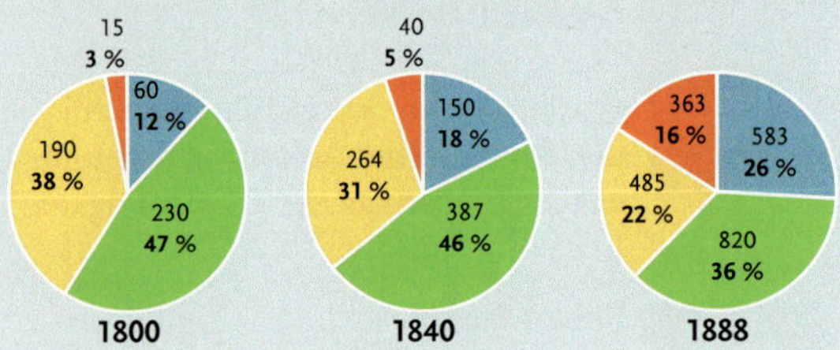

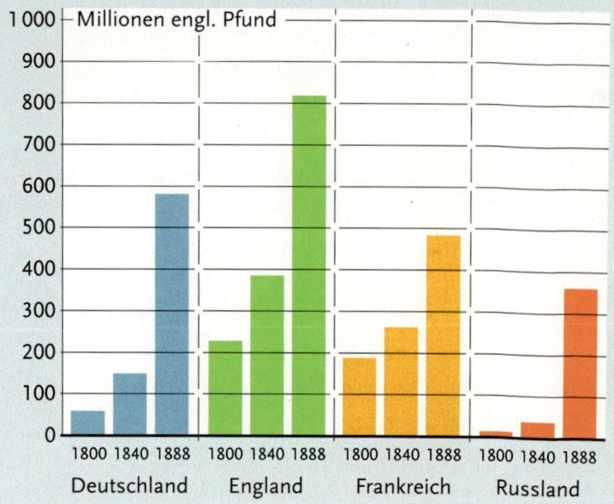

Kreisdiagramm, Liniendiagramm, Säulendiagramm

Wenn Zahlen sprechen: Statistiken erzählen Geschichte

Wenn Historiker wirtschaftliche und soziale Entwicklungen untersuchen, nutzen sie dafür statistisches Datenmaterial als Quelle. Langfristige Entwicklungen lassen sich oft besser in Zahlen beschreiben, z. B. die Produktion von Waren, Menge der Beschäftigten und Arbeitslosen, Angaben über Einkommenshöhen und wirtschaftliche Entwicklungen.

Historiker sammeln daher Zahlenmaterial, das sie nach Frage- oder Problemstellungen ordnen. Sie werten es aus, um es als Tabellen oder grafisch als Diagramme darzustellen. Die so erstellten Statistiken gelten in der Geschichtswissenschaft als eigenständige Form der historischen Darstellung. Das Zahlenmaterial bis in die ersten Jahrzehnte des 19. Jahrhunderts zeigt allerdings nur Tendenzen an, denn die Quellen sind unsicher.

M 2

In Betrieb befindliche Lokomotiven in Preußen
(nach Herkunftsländern und Anschaffungsjahr)

Jahr	Gesamtzahl	Deutschland	England	Belgien
1838	7	0	6	1
1842	22	6	12	2
1848	74	57	11	6
1853	105	99	0	6

Rainer Fremdling, Eisenbahnen und deutsches Wirtschaftswachstum, Dortmund (Gesellschaft für Westfälische Wirtschaftsgeschichte) 1975, S. 76, Tab. 26.

Arbeitsschritte „Eine Statistik auswerten"

Formale Aspekte	Lösungshinweise zu M1
1. Gegenstand: Zeitabschnitt; historisches Ereignis, das dargestellt wird	• *Diagramme, die die Entwicklung der Industrieproduktion 1800–1888 für die Länder ... dokumentieren*
2. Fundstelle: Ort, Zeit, Urheber der Daten (Institution oder Person, politische/öffentliche Stellung)	• *Die Zahlen wurden 1998 von dem Historiker Heinrich Lutz verwendet.*
3. Adressatenbezug: Wer wird angesprochen?	• *Historiker und Personen, die sich für die Wirtschaftsgeschichte des 19. Jahrhunderts interessieren*
4. Wie wird das Zahlenmaterial präsentiert? (Tabelle oder Diagramm? Säulen- bzw. Balkendiagramm, Linien- bzw. Kurvendiagramm, Kreisdiagramm oder Stapeldiagramm?)	• ...
Inhaltliche Aspekte	
5. Jahreszahlen, Spalten- oder Achsenbezeichnungen, Strukturierungshilfen	• *Die jeweilige Jahreszahl gibt Auskunft darüber, wie damals ... prozentual verteilt waren ...*
6. Legende, z. B. die Zuordnung von Farben zu bestimmten Staaten	• *Die Farblegende verweist auf die vier Länder ...*
7. Aussageart des Diagramms: Wird ein Vergleich angestrebt oder eine Entwicklung aufgezeigt? Gibt es Auffälligkeiten?	• *Jedes Kreisdiagramm für sich bietet einen Vergleich der Industrieproduktion der vier Länder an. Die drei Diagramme weisen zusammengenommen auf eine Entwicklung hin. Das Kurvendiagramm ...*
Aussagekraft bewerten	
8. Gib der Statistik zunächst eine Überschrift mit eigenen Worten: Worum geht es überhaupt?	• ...
9. Fasse die Kernaussagen mit eigenen Worten zusammen und erläutere sie jeweils kurz.	• *Obwohl Deutschland innerhalb von fast 100 Jahren den Umfang an industrieller Produktion vervielfachen kann, bleibt England der absolute Spitzenreiter.*
10. Setze die Aussagen in ihren historischen Zusammenhang.	• *Lies nach auf den Seiten 138–141.*
11. Bewerte die Aussagekraft der statistischen Daten: Ist die grafische Darstellung angemessen? Wird der Sachverhalt zu sehr vereinfacht?	• *Auch wenn der Sachverhalt vereinfacht dargestellt wird, lässt er weitreichende Rückschlüsse zu, die erklärt und interpretiert werden müssen. Zu berücksichtigen sind die wirtschaftlichen Anstrengungen und die gesellschaftlichen Veränderungen, die mit einer solchen Entwicklung einhergehen.*

1 Analysiere die Statistik M1 mithilfe der Arbeitsschritte und Lösungshinweise. An einigen Stellen musst du noch eine Antwort ergänzen.

2 Erarbeite die Statistik M2 mithilfe der Arbeitsschritte.

3 Setze die Tabelle M2 in Bezug zu Bild M4 auf S. 139.

4 Setze die Tabelle M2 in ein Säulen- oder in ein Liniendiagramm um.

Aufbau einer Agrarindustrie in Niedersachsen

Anfang des 19. Jahrhunderts war Honig das einzige Süßungsmittel in Europa. Nur reiche Leute konnten ihn sich leisten. Dies änderte sich 1802, als der Naturwissenschaftler Franz Carl Archard die erste Zuckerfabrik in Preußen errichtete. Bereits 1747 hatte er ein Verfahren entwickelt, um aus billigen Futterrüben Zucker herzustellen. Nun wurde Zucker zu einer Massenware. Die technischen Neuerungen veränderten die Landwirtschaft massiv.

- *Am Beispiel der Zuckerrübenindustrie südöstlich von Hannover kannst du den Wandel in der Landwirtschaft nachvollziehen.*

M 1 *Innenansicht einer Zuckerfabrik, Sammelbildchen, um 1900. Zu sehen sind Verdampfungs- und Kochkessel und Schwungräder.*

Politische Reformen verändern die Landwirtschaft – auch im Königreich Hannover

Zwischen 1800 und 1848 gab es Reformen, die zu einer Umgestaltung der bäuerlichen Lebensweise führten (siehe S. 85). Vorher war das Leben geprägt durch das Feudalsystem. Die Bauern waren ihren Grundherren abgabepflichtig und nutzten ihre Erzeugnisse, um sich selbst zu verpflegen. Sie verkauften nur wenige Produkte wie Getreide auf den Märkten. Die Felder bewirtschaftete die Familie hauptsächlich in Handarbeit mit einfachen Hilfsmitteln. Die Leibeigenschaft wurde im Königreich Hannover 1831 abgeschafft. Allerdings mussten sie ihren Grundherren eine Ablösung bezahlen. Die Staatliche Landeskreditanstalt stellte ihnen deshalb günstige Kredite zur Verfügung, damit sie kein Land abgeben mussten. Nach dem Erlangen der persönlichen Freiheit konnte ein Großteil der Bauern nun selbstständig und auf eigene Rechnung wirtschaften.

Entstehung der Zuckerrübenindustrie

Um 1850 entstanden südöstlich von Hannover die ersten Zuckerfabriken. Das Gebiet war besonders gut für den Anbau von Zuckerrüben geeignet, da man hier fruchtbaren Lössboden vorfand. Zum Bau der Fabriken waren hohe Investitionen nötig. Diese kamen auf unterschiedliche Weise zusammen: Zu Beginn fanden sich Großgrundbesitzer, die durch ihre Ländereien zu großem Reichtum gekommen waren. Sie investierten nun in Zuckerfabriken, um so ihren Besitz zu vermehren. Später wurde der Bau auch genossenschaftlich organisiert: Die Bauern der Region zahlten pro Anteil (Aktie) an der Zuckerfabrik einen gewissen Geldbetrag und verpflichteten sich, auf ihrem Land Zuckerrüben anzubauen. Das Neue hierbei war, dass die Fabrik nun nicht mehr einer einzelnen Person, sondern vielen Bauern aus der Region gehörte. Außerdem waren die Bauern als Anteilseigner gleichzeitig auch Abnehmer ihrer Waren.

Entstehung weiterer Industriezweige

Technische Erfindungen und neue industrielle Verfahren machten die massenhafte Verarbeitung der Zuckerrüben erst möglich. Auch in der Landwirtschaft wurden nun immer neue technische Geräte bei Anbau und Ernte eingesetzt, zum Beispiel moderne Pflüge. Es entstanden Maschinenbaubetriebe, die mobile Dampfmaschinen anfertigten. Das waren die Vorgänger unserer heutigen Traktoren. Wissenschaftler erkannten um 1840, dass man dem Boden nach der Ernte die entzogenen Nährstoffe in Form von Mineralsalzen wieder hinzufügen muss, um den Ertrag zu steigern. Diese Mineralsalze fand man in der Region. Weitere Industriezweige entstanden: der Kalibergbau und die Düngerindustrie. In der vormals landwirtschaftlichen Region entstand so eine Agrarindustrie. Mit staatlichen Investitionen wurden Straßen und Eisenbahnlinien gebaut, um Transportwege zu den Fabriken zu schaffen.

Alltag in der Agrarindustrie

Ein Großteil der Bauern setzte immer noch auf Pferde und auf Handarbeit, besonders beim Unkrauthacken und bei der Ernte. Der Arbeitsaufwand bei Anbau, Ernte und Verarbeitung der Zuckerrüben war hoch und man benötigte viele Arbeitskräfte. Es war eine harte Arbeit: Beim „Verziehen" der Rüben mussten zum Beispiel alle anderen Pflanzen um eine Rübe herausgezogen werden, damit die Rübe alleine wachsen konnte. Hierfür setzte man meist junge Saisonarbeiter-/innen und die Kinder der Familie ein. Nicht alle Bauern profitierten von den neuen Entwicklungen. Besonders Kleinbauern konnten sich die Beteiligung an einer Zuckerfabrik und neue Maschinen nicht leisten. Ihnen blieb häufig nur das kleinbäuerliche Dasein – oder ihr Land zu verkaufen, um für Großbauern oder Fabriken zu arbeiten. Dieser Prozess verstärkte sich noch zu Beginn des 20. Jahrhunderts.

M2 Zeitzeugen erinnern sich an die Rübenernte

a) Reglement aus der Zuckerfabrik Rethen (undatiert):

Man hackt auch dann, wenn kein Unkraut sichtbar ist. Zweck des Hackens ist, die Insekten zu stören und die Bildung von Unkraut zu verhindern. Nach dem Verziehen ist das eigentliche Hacken zu beginnen, und zwar ohne Unterbrechung von morgens 4 Uhr bis abends 9 Uhr.

b) Zeitzeuge Ulrich Diekmann erinnert sich 1984:

Es sei heute kaum vorstellbar, dass die Saisonmädchen 15 und 16 Stunden lang in gebückter Haltung mit ... flinken Fingern aus der dicht und bürstenartig abgelaufenen Reihen einen Bestand von 17 000–18 000 Pflanzen pro Morgen [2500 m^2] verziehen.

c) Zeitzeuge Bernd Haentjes erinnert sich:

... dass mein Opa, meine Mutter und ich einen Morgen Rübenernten in 4 Tagen schafften. Zuerst wurden die Rüben vom Opa mit einem Präkel aus dem schweren Boden herausgehebelt und schön ordentlich in eine Reihe gelegt. Dann ging Mutter an der Reihe entlang und schnitt das Rübenblatt ab. Für mich als Kind blieb die Arbeit des Zusammenwerfens der Rüben auf Haufen.

Zitiert nach: Heimatverein Seelze, Texttafel 3 zur Sonderausstellung Sept. 2010 – März 2011.

M3 Der Historiker Uwe Wallbaum schreibt 1998 über die Bedeutung der Zuckerrübenindustrie für den Arbeitsmarkt:

Als überwiegend in ländlichen Gebieten und kleineren Städten angesiedelte Industrie hatten die frühen [Zucker-]Fabriken eine wichtige Funktion für die lokalen Arbeitsmärkte. Indem sie in der beschäftigungsarmen Winterzeit Arbeitskräfte nachfragte, schuf sie Arbeitsmöglichkeiten, die ideal die übrigen saisonalen Gewerbe und landwirtschaftlichen Tätigkeiten ergänzten. Da die Aufgabe der Saisonarbeiter in den Fabriken überwiegend nur geringe Vorkenntnisse verlangte, boten sich auch beschäftigungslosen landwirtschaftlichen Tagelöhnern Industriearbeitsplätze an. Die Hoffnung mancher Großgrundbesitzer und vermögender Bauern, auf diese Art der Abwanderung in die Städte begegnen zu können, erwies sich jedoch als Illusion. Allerdings dämpfte der Industriezweig diesen Effekt bis zu einem gewissen Grad und sorgte in einigen Gemeinden in der Nähe von Zuckerfabrikstandorten sogar für einen Zuzug neuer Einwohner.

Uwe Wallbaum: Die Rübenzuckerindustrie in Hannover, Stuttgart 1998, S. 327.

1 Stelle die politischen, technischen und wirtschaftlichen Veränderungen in der Landwirtschaft in einer Tabelle gegenüber (Darstellungstext).

2 a) Zeichne das Schaubild in dein Heft und beschrifte es (Darstellungstext):

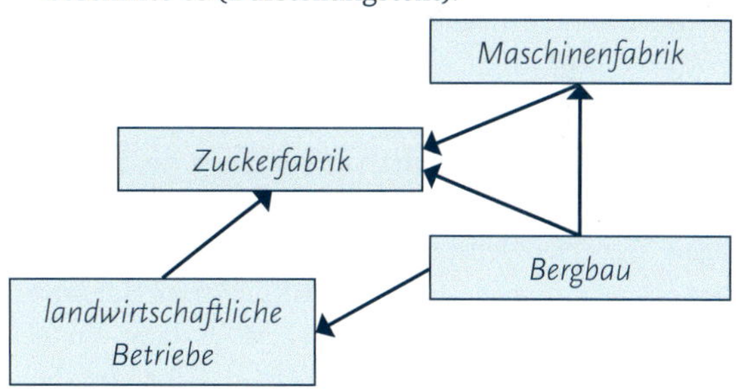

b) Erkläre die Bedeutung der Zuckerfabrik für die wirtschaftliche Entwicklung in der Region.

3 Wähle eine Aufgabe aus:

a) Beschreibe die Pflege und die Ernte der Zuckerrübe. Erstelle dazu ein Standbild und beschreibe deine Erfahrungen (M2).

b) Nimm kritisch Stellung zu folgender Aussage: „Die Zuckerindustrie belebte die Region!" (M3).

Vom Dorf zum Industriestandort – das Beispiel Nordhorn

Historische Entwicklungen wie die Industrialisierung finden immer in bestimmten Regionen statt, so genannten historischen Räumen. Die natürlichen Gegebenheiten dieser Räume haben die Industrialisierung beeinflusst, gleichzeitig hat die Industrialisierung aber auch die historischen Räume beeinflusst und sogar verändert. Dies kannst du am Beispiel der Stadt Nordhorn und der Grafschaft Bentheim untersuchen.

- ***Wie verändern sich Regionen, Städte und Dörfer im Zuge der Industrialisierung?***

M 1

Spinnerei der Nordhorner Textilfirma Rawe, Foto, 1. Hälfte 20. Jh.

M 2

Nachtschicht in der Weberei der Firma Rawe, Foto, 1951

Nordhorn zu Beginn des 19. Jahrhunderts

Das Emsland und die Grafschaft Bentheim, zu der Nordhorn gehört, liegen im äußersten Südwesten des heutigen Niedersachsens an der Grenze zu den Niederlanden. Sie gehörten 1815–1866 zum Königreich Hannover, später zum Königreich Preußen. Das Gebiet war geprägt durch die unwegsamen Moore der Region. Dennoch wurde Nordhorn zu Beginn des 18. Jahrhunderts zu einem wichtigen Handelsplatz, denn es lag entlang der Handelsroute zwischen den niederländischen Häfen Zwolle und Amsterdam und dem Münsterland. Die Händler brachten Waren des Indienhandels der Niederländer über den Fluss Vechte bis Nordhorn. Hier wurden die Waren dann umgeladen und schließlich in weite Teile Deutschlands transportiert. Doch Mitte des 19. Jahrhunderts verlor die Vechteschifffahrt völlig ihre Bedeutung für den Handel und viele Menschen zogen weg. Hauptursache hierfür war die Neuordnung Europas (vgl. S. 86): Die Grafschaft Bentheim wurde im Zuge des Wiener Kongresses 1815 ins Königreich Hannover eingegliedert. Der König erhob hohe Zölle beim Handel von Waren mit dem Königriech Niederlande, was den Transport ungemein verteuerte. Weitere Ursachen waren, dass die Vechte immer mehr versandete und Straßen zwischen Westfalen und den Niederlanden ausgebaut wurden. Nordhorn war somit vom Handel und den Transportwegen abgeschnitten und befand sich Mitte des 19. Jahrhunderts im wirtschaftlichen Abseits. Aufgrund fehlender Arbeitsplätze waren die Menschen der Region gezwungen, für geringe Löhne für die Textilhändler in Heimarbeit zu arbeiten oder auszuwandern.

Wirtschaft und Umwelt, Gesellschaft und Recht

Die Region verändert ihr Gesicht

Mitte des 19. Jahrhunderts wurde mit dem Bau von Eisenbahnlinien begonnen, sodass das Gebiet ab 1904 von zwei wichtigen Eisenbahnverbindungen durchzogen war. Zwischen 1870 und 1904 war das Kanalnetz durch die Linksemsische Kanalgenossenschaft massiv ausgebaut worden. Auf den neuen Transportwegen wurde Kohle aus dem Ruhrgebiet ins Emsland und die Grafschaft gebracht. Gleichzeitig gelangten Produkte aus dieser Region ins Ruhrgebiet, die Region Hannover und zu den holländischen Häfen. Durch diese Maßnahmen waren die Grundlagen für den Aufschwung der Region gelegt.

Entstehung der Textilindustrie

Der rasante Aufstieg der Nordhorner Textilindustrie begann um 1889 mit den Gründungen der Textilfirmen Povel, Rawe und Niehues & Dütting. Der 30-jährige Ludwig Povel und später auch Bernhard Niehues spezialisierten sich auf eine Stoffart, die als „Nordhorner Waterschürze" bekannt wurde. Alle Unternehmen setzten auf die industrielle Massenproduktion ihrer Stoffe und konnten z. B. durch dampfbetriebene Webstühle kostengünstig produzieren. Bis ca. 1929 stieg die Zahl der Beschäftigten auf über 6000 Menschen an. Die hohe Nachfrage an Arbeitskräften führte sogar so weit, dass die großen Nordhorner Textilunternehmen im Ruhrgebiet und im Rheinland um Arbeiter warben, die schließlich auch in die ehemalige Moorlandschaft zogen. Dies brachte der Stadt den Spitznamen „Klein-Amerika" ein. Nordhorn wurde zum Zentrum der norddeutschen Textilindustrie. Die neu gegründeten Textilfabriken veränderten das Stadtbild nachhaltig. Schon von Weitem konnte man die fünfstöckigen Fabriken mit ihren Schornsteinen sehen, und weitere Firmen siedelten sich an. Um die Textilfabriken wurden Arbeitersiedlungen mit Werkswohnungen gebaut, und gleichzeitig entstanden auf parkähnlichen Anlagen die Villen der Fabrikanten.

M 3 Bevölkerung der Stadt Nordhorn

Jahr	Einwohner
1815	980
1851	1300
1895	2000
1900	3000
1912	9000
1929	23 000

Vom Autor zusammengestellt.

M 4

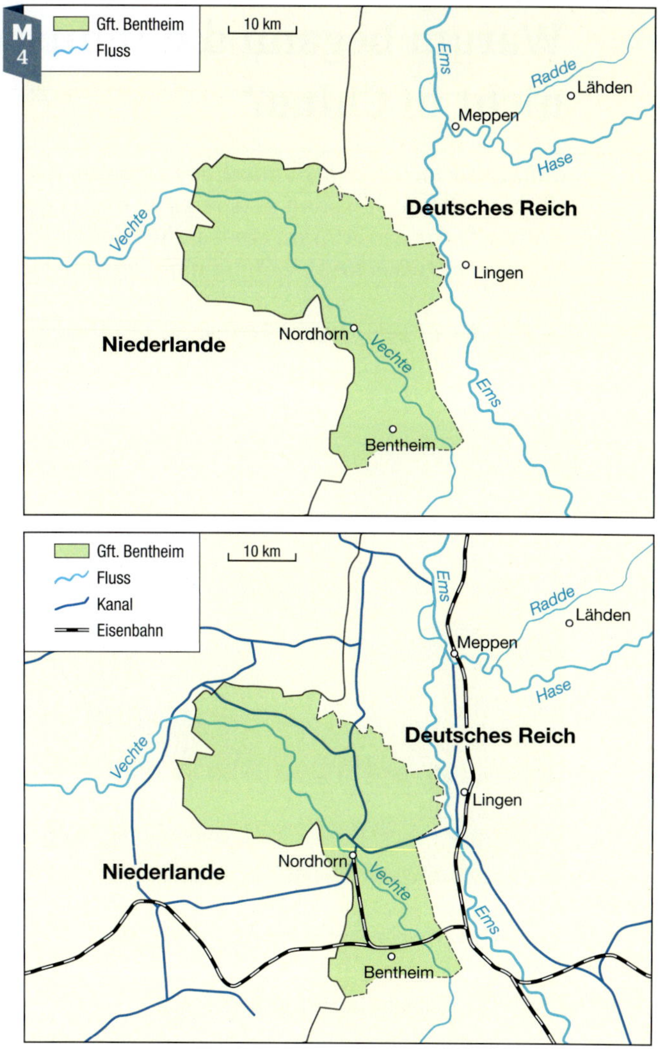

Emsland und Grafschaft Bentheim um 1850 und 1912

1 Fasse die wirtschaftliche und gesellschaftliche Entwicklung Nordhorns in eigenen Worten zusammen (Darstellungstext, M1, M2, M3).

2 **a)** Beschreibe die Veränderungen in der Region zwischen 1850 und 1912 anhand der Karten M4.
b) Erkläre die Bedeutung dieser Veränderungen für die Textilindustrie in Nordhorn.

3 **Wähle eine Aufgabe aus:**
Rollenspiel: Schlüpft in die Rolle des Nordhorner Bürgermeisters und erarbeitet einen kurzen Dialog.
a) Überzeuge einen Fabrikanten zur Gründung einer Fabrik in deiner Stadt (1912).
b) Überzeuge die politischen Vertreter zum Bau von Kanälen und Eisenbahnstrecken in der Region (1850).
Tipp: Nutze deine Ergebnisse aus Aufgabe 1 und 2.

Warum begann die Industrialisierung nicht in China?

China war im 18. Jahrhundert das Zentrum des ostasiatischen Wirtschaftsraumes. Dennoch gelang es dem Land nicht, sein technisches Wissen und seine Rohstoffe für den Aufbau einer industriellen Produktion zu nutzen. Anders als England entwickelte sich China nicht zu einer weltweit handelnden Wirtschaftsmacht.

- ***Auf dieser Doppelseite kannst du untersuchen, warum sich in China im 19. Jahrhundert keine Industrie wie in Europa entwickelte.***

M 1

Der Kaiserpalast oder auch „Verbotene Stadt" aus dem 15. Jahrhundert im Zentrum der Hauptstadt Peking, Foto, 2012

M 2

Textilfabrik in Huaibei, China, Foto, 2012

China: Großmacht im 18. Jahrhundert

Im 17. und 18. Jahrhundert dehnten Großbritannien, Frankreich und die USA ihre Macht und ihren Handel auf die Überseegebiete aus. In Asien trafen sie auf China, das um 1800 eine „Supermacht" war. Viele Länder Ostasiens leisteten dem chinesischen Kaiser Tribut. China war eines der reichsten Länder der Erde. Auf technischem Gebiet war das Land dank vieler Erfindungen seit dem Altertum Europa weit voraus. Fortschritte im Ackerbau und eine blühende Wirtschaft ermöglichten es, dass sich die Bevölkerung von 1700 bis 1800 nahezu verdoppelte – von 160 auf 300 Millionen. Die Briten verkauften den Chinesen Wolle und Duftstoffe, dafür kauften sie u. a. Tee, Rohseide, Heilmittel und Porzellan. Aber der Handel war schwierig, da die chinesische Regierung nur einen einzigen Handelshafen genehmigte. Als 1793 ein britischer Sondergesandter nach China reiste und die Qing-Dynastie um Erlaubnis ersuchte, an einigen Orten im Land Handel treiben zu können, erhielt er eine Absage.

Handelskrieg und Unterwerfung: China unterliegt den Engländern

Die chinesische Regierung verfolgte eine „Politik der geschlossenen Tür": Sie schränkte die Absatzmöglichkeiten der Engländer auf dem asiatischen Markt dauerhaft ein. Um das zu ändern, begannen die Briten in großen Mengen Opium aus ihren indischen Kolonien nach China zu verschiffen. Opium war als Rauschmittel in China sehr verbreitet. Es macht süchtig und verursacht schwere Gesundheitsschäden. Der Opiumhandel schadete der chinesischen Gesellschaft und Wirtschaft. Als die chinesische Regierung stärker gegen die Opiumimporte vorging, kam es zum bewaffneten Konflikt mit den Engländern. Im Opiumkrieg 1839–1842 unterlag China den technisch überlegenen Engländern. Nach der Unterwerfung der Qing-Herrscher durch die Briten verwandelte sich China schrittweise in ein abhängiges Land. Ausländische Mächte bestimmten nun über seine Politik. Es dauerte bis zum Ende des 20. Jahrhunderts, bis China Anschluss an die Weltwirtschaft fand und seinen Platz unter den Weltmächten einnahm.

Wirtschaft und Umwelt, Gesellschaft und Recht

M 3

Erfindungen in China und Europa

Erfindungen	China	Europa
Seekompass	1000	um 1180
Schubkarre	1./2. Jh.	um 1250
Papier	1./2. Jh.	12./13. Jh.
Druck mit beweglichen Lettern	1041	1430–1460
Schießpulver	9. Jh.	1285

Zit. nach Jacques Gernet, Die chinesische Welt, Frankfurt a. M. (Insel) 1979, S. 322. Übers. v. Regine Kappeler.

M 5

Der britische Historiker Christopher Bayly schreibt 2004 über die Entwicklung Chinas im 19. Jahrhundert:

Entgegen der westlichen Behauptung, dass sich der „konfuzianische Geist"[1] der Moderne widersetze, versuchten die Chinesen, sich an die Militär- und Marinetechnologie anzupassen. Oberschicht und Beamte widersetzten sich der Industrialisierung ... wegen des Verlusts an Autorität über ihre eigenen Bürger, der mit dem Import von Technologie und Fachwissen aus Europa häufig einherzugehen schien. In den 1870er und 1880er Jahren versuchte Vizekönig Li Hongzhang, China durch die Modernisierung wieder stark zu machen. Er versuchte u. a., einen modernen Kohlebergbau zu entwickeln. Doch hatte China erhebliche Probleme, seine junge Industrie wachsen zu lassen. Europäische und amerikanische Firmen waren eine harte Konkurrenz. Wegen Chinas Abhängigkeit von ausländischen Darlehen[2] und den Einkünften aus Seezöllen, die ebenfalls von Ausländern eingezogen wurden, konnte die Regierung schwerlich Zölle auf ausländische Importe erheben.

Christopher A. Bayly, Die Geburt der modernen Welt: eine Globalgeschichte 1780–1940, Frankfurt a. M. (Campus) 2008, S. 223. Übers. v. Thomas Bertram, Martin Klaus, Manuela Lenzen. Bearb. v. Verf.

[1] *Konfuzius: chinesischer Philosoph des 6. Jh. Die Lehre des Konfuzius prägt seit Jahrhunderten die chinesische Gesellschaft.*

[2] *Darlehen: hohe Kredite*

M 4

Der amerikanischer Wirtschaftswissenschaftler Tyler Cowen schreibt 2013 über das Wachstum der Industrie im 21. Jahrhundert:

Die größte technologische Veränderung der vergangenen Jahrzehnte gab es im Bereich der Informationstechnik, ihren Höhepunkt hat sie im weitverbreiteten Gebrauch von Smartphones. Hier hat eine echte Revolution stattgefunden.

Im Ganzen aber liegt die innovative Kraft der vergangenen Jahrzehnte weit hinter jener des frühen bis mittleren 20. Jahrhunderts zurück. Selbst der enorme Fortschritt im Bereich des Internets und der Computertechnologie hat das Leben im Westen ja nur teilweise verbessert.

Zwar kommen technische Dienste wie Google uns allen zugute ... aber die erleichterte Kommunikation über die Kontinente hinweg ermöglicht auch die Verlagerung von Produktionsschritten in ärmere Länder ... Und seien wir ehrlich: Was ist die Erfindung von Facebook im Vergleich zur Erfindung der Wasserspülung? Es ist der technologische Fortschritt, der neue Produkte und neue Produktionstechniken entstehen lässt und Wirtschaftswachstum möglich macht. Ohne technologische Veränderung entsteht kein Wachstum.

Die Zeit, 04. 04. 2013, Nr. 15. Übers. v. Elisabeth Thielicke. Zit. nach www.zeit.de/2013/15/wirtschaftwachstum-innovation (Stand: 29. 10. 2013). Bearb. v. Verf.

1 Was machte China bis zum 18. Jahrhundert zu einer Großmacht? Nenne Beispiele (M1, M3, Darstellungstext).

2 **a)** Liste die Gründe für den Machtverlust Chinas im 19. Jahrhundert auf (Darstellungstext).

b) Arbeite aus dem Text des Historikers Bayly (M5) weitere Gründe für Chinas Rückständigkeit heraus. Ergänze sie in deiner Liste.

3 **Wähle eine Aufgabe aus:**

a) Was braucht man nach Meinung des Verfassers von M4, um eine Wirtschaft in Schwung zu bringen? Erkläre in eigenen Worten.

b) Erläutere, was der Autor von M4 mit der Aussage meint: „Ohne technologische Veränderung entsteht kein Wachstum" (Z. 21).

4 Viele Produkte (Autos, Haushaltswaren, Kleider) werden heute im Ausland hergestellt. Nenne Gründe dafür.

Arbeit statt Freizeit und Schule

Deutschland, 6.30 Uhr, der Wecker klingelt. Noch einmal schön räkeln, dann ab ins Bad und frühstücken, bevor es zur Schule geht. Ein normaler Tagesanfang? Im 19. Jahrhundert war das für die meisten Jugendlichen kaum vorstellbar.

- ***Wie sah der Alltag von Kindern und Jugendlichen zur Zeit der Industrialisierung aus?***

M 1 *Eine Familie aus dem Erzgebirge stellt Klöppelspitzen in Heimarbeit her, Holzstich von 1847*

M 2 *Kohlesortieren in einem belgischen Bergwerk, Foto, 1904*

Warum gab es Kinderarbeit?

Seit jeher halfen Kinder ihren Eltern bei der Arbeit im Haus oder auf dem Feld. Die Bedingungen dabei waren oft hart. Im Zuge der Industrialisierung wurden Kinder noch stärker beansprucht, denn viele Familien konnten nur überleben, wenn ihre Kinder mitverdienten. Bereits im Alter von vier Jahren dienten sie als Hilfskräfte und Hauspersonal – oder schufteten in den Textilfabriken und Kohlegruben. Die Unternehmer im Bergbau nutzten die geringe Körpergröße der Kinder aus. Außerdem mussten sie ihnen weniger Lohn zahlen: in Berlin lag der Wochenlohn eines Webers bei etwa zwölf Mark, ein Junge verdiente nur drei Mark. So wurden Kinder als billige Arbeitskräfte ausgebeutet und mussten täglich 10–16 Stunden arbeiten. Während die Unternehmer daran verdienten, schadete es der Gesellschaft. Einerseits wurden die Kinder anfälliger für Krankheiten. Viele litten unter Schlafmangel und schlechten Arbeitsbedingungen. Andererseits fehlte den Kindern Bildung, weil der Schulbesuch entfiel. Einer Untersuchung aus dem Jahr 1819 zufolge konnten von 715 arbeitenden Kindern nur 455 lesen, 351 ein wenig schreiben und 234 etwas rechnen.

Kinder- und Jugendarbeitsschutz

Aus der massiv angewachsenen Kinderarbeit erwuchs auch für die preußische Armee das Problem, geeignete Rekruten zu finden. Viele Jugendliche waren aufgrund ihres harten Arbeitslebens körperlich und geistig zurückgeblieben. So erließ der Staat 1839 ein Gesetz, das die Arbeit von Kindern unter neun Jahren in Fabriken untersagte; die Neun- bis 16-Jährigen durften fortan nicht mehr als zehn Stunden täglich arbeiten, an Sonntagen und in der Nacht war Kinderarbeit verboten. 1853 wurde dann das Mindestalter für die Fabrikarbeit auf zwölf Jahre angehoben. Doch noch im Jahr 1858 waren 12 500 Kinder im Alter von acht bis 14 Jahren in preußischen Fabriken beschäftigt. Erst durch die Einführung einer Gewerbeaufsicht konnten die Beschränkungen durchgesetzt werden. 1903 wurde schließlich ein Kinderschutzgesetz für das ganze Deutsche Reich erlassen. Es verbot eine Beschäftigung vor dem 13. Lebensjahr außerhalb des Elternhauses. Ab 13 war eine Arbeitszeit von drei Stunden erlaubt. Für Heimarbeit lag die Schwelle bei zehn Jahren, für Landarbeit gab es keine Altersbegrenzung.

Webcode: FG450068-152
Kinder- und Jugendarbeitsschutz heute

Wirtschaft und Umwelt, Gesellschaft und Recht

Bildung für alle?

Kinder aus dem Bürgertum hatten Zugang zu schulischer Bildung, Arbeiter- und Bauernkinder dagegen meistens nicht. Sie mussten ihre Familie unterstützen und waren arm. Obwohl es in vielen deutschen Gebieten schon seit dem 18. Jahrhundert eine Schulpflicht für Jungen und teilweise auch für Mädchen gab, setzte der Staat sie nicht durch. Es gab nämlich längst nicht genug Schulen. Während Bürgerkinder Gymnasien und Realschulen besuchten, blieben sie den anderen versperrt. Erst im 19. Jahrhundert entstanden flächendeckend Volksschulen für ärmere Kinder. Die soziale Not blieb jedoch bestehen. Verschärfend kam hinzu, dass die Eltern auch für die Volksschule Schulgeld zahlen mussten. Obwohl der Schulbesuch insgesamt deutlich zunahm, meldeten gerade an Industriestandorten viele Eltern ihre Kinder vorzeitig von der Schule ab, weil sie zu Hause mithelfen oder in der Fabrik arbeiten sollten.

M 3

Aus dem Lebensbericht von Adelheid Popp (1869–1939), einer österreichischen Frauenrechtlerin:

Wir zogen in die Stadt zu einem alten Ehepaar in eine kleine Kammer, wo in einem Bett das Ehepaar, im andern meine Mutter und ich schliefen. Ich wurde in einer Werkstätte aufgenommen, wo ich Tücher häkeln lernte, bei zwölfstündiger fleißiger Arbeit verdiente ich 20 bis 25 Kreuzer am Tag. Wenn ich noch Arbeit für die Nacht mit nach Hause mitnahm, so wurden es einige Kreuzer mehr. Wenn ich frühmorgens um 6 Uhr in die Arbeit laufen musste, dann schliefen andere Kinder meines Alters noch. Wenn ich um 8 Uhr abends nach Hause eilte, dann gingen die anderen gut genährt und gepflegt zu Bette. Wenn ich gebückt bei meiner Arbeit saß und Masche an Masche reihte, spielten sie ... oder saßen in der Schule. ... Ein heißer Wunsch überkam mich immer wieder: mich nur einmal ausschlafen zu können. ... Wenn ich aber das Glück hatte, schlafen zu können, dann war es erst recht kein Glück, dann war Arbeitslosigkeit, oder Krankheit die Veranlassung.

Aus den Lebensberichten deutscher Fabrikarbeiter, zusammengestellt von Georg Eckert, Braunschweig (Limbach) 1953, S. 40.

M 4

Das Magazin „Spiegel online" über Kinder- und Jugendarbeit in Deutschland (2004):

Die meisten Kinder sehen in ihrer Arbeit mehr als reinen Gelderwerb. Sie sehen, dass sie selbst etwas leisten können. Besonders Kinder, die in der Schule Probleme haben, erhielten so die nötige Selbstbestätigung ... Das Jugendarbeitsschutzgesetz steckt die Grenzen bei der Kinderarbeit. Grundsätzlich gilt: Wer noch zur Schule gehen muss, darf nicht jobben. Für Kinder ab 13 Jahren öffnet der Gesetzgeber die Arbeitswelt zumindest ein wenig. Sie passen auf das Baby der Nachbarn auf, geben dem Sohn von Tante Trude Nachhilfe oder kaufen für Oma Meier aus dem Erdgeschoss ein. Der Job-Klassiker schlechthin ist das Austragen von Anzeigenblättern. 80 000 Schüler ziehen mittwochs um die Häuser – samstags dürfen sie nämlich nicht. Kindern ist es nur erlaubt, montags bis freitags zu arbeiten, und das maximal zwei Stunden am Tag zwischen 8 und 18 Uhr. Ausgenommen sind Ferienjobs. Aber die gibt's erst ab 15 Jahren und dann auch nur vier Wochen im Jahr.

Zit. nach Daniel Schnettler, Spiegel online (30. 07. 2004).

1 **Wähle eine Aufgabe aus:**

a) Beschreibe M1 und M2 genau. Vergleiche die dargestellten Arbeitsbedingungen und begründe, wo du damals als Kind lieber gearbeitet hättest.

b) Informiere dich mithilfe des Darstellungstextes Z. 1–23 über Kinderarbeit im 19. Jahrhundert. Verfasse anschließend einen Dialog, der in M1 oder M2 stattgefunden haben könnte.

2 Veranschauliche die zunehmende Beschränkung der Kinderarbeit auf einem Zeitstrahl (Darstellungstext, M4).

1839 ... *1976* →

3 Bewerte aus heutiger Sicht die Maßnahmen gegen Kinderarbeit von 1839 (Darstellungstext Z. 22 ff.).
Tipp: Berücksichtige, warum der Staat eingriff.

4 Adelheid (M3) war das jüngste von 15 Kindern einer Weberfamilie, von denen nur vier überlebten. Ihr Vater starb, als sie sechs war. Interpretiere ihren Lebensbericht vor diesem Hintergrund.

5 Versetze dich in die Lage eines Gleichaltrigen, der im 19. Jahrhundert in der Fabrik arbeitet. Liste auf, welche deiner Freizeitaktivitäten wegfallen müssten. Was bliebe dir?

Wie wirkte sich die Fabrikarbeit auf die Menschen aus?

Die Fabrikarbeit hatte weitreichende Folgen für die Menschen. Arbeitsprozesse wurden seit der Industrialisierung durch Maschinen übernommen – und auch die Lebensumstände der Menschen veränderten sich.

- ***Auf dieser Doppelseite kannst du die Folgen der Fabrikarbeit untersuchen. Du kannst wählen zwischen einem Zeitzeugenbericht, Statistiken oder der Darstellung eines Historikers.***

Arbeit und Leben verändern sich

Die Industrialisierung brachte zwei große Veränderungen für die Menschen: Zum einen waren Wohn- und Arbeitsplatz ab sofort getrennt, zum anderen regelten nun feste Arbeitszeiten den Tagesablauf.
Das Leben eines Fabrikarbeiters bestand an sechs Tagen in der Woche fast nur aus äußerst belastender Arbeit und wenig Schlaf. Glocken und Sirenen trieben während des Arbeitsprozesses die Menschen an. Dieser technisierte Ablauf führte zu einer Gleichmäßigkeit der Arbeit, die den Menschen völlig neu war. Strenge Fabrikordnungen sicherten die Arbeitsdisziplin, ein Zuwiderhandeln wurde mit Lohnabzügen oder Entlassung bestraft.

A

M 1

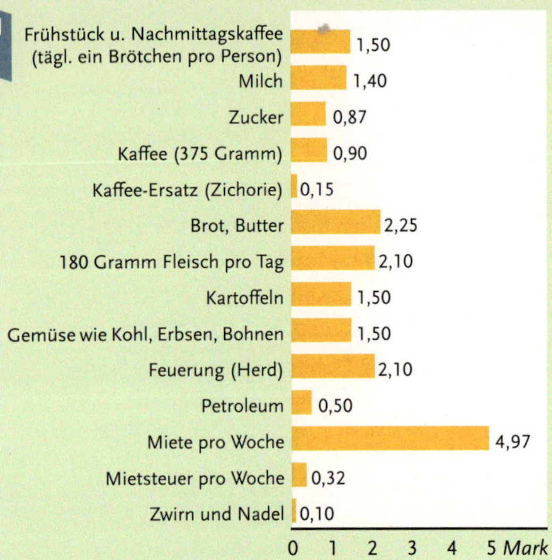

Summe der Ausgaben = **20,16 Mark**
Wochenlohn eines Tischlers = **22,00 Mark**

Wöchentliche Ausgaben für eine Familie mit vier Kindern um 1870

M 2

Aus einer Fabrikordnung der Firma Krupp (1838):
Jeder Arbeiter muss treu und unbedingt folgsam sein, sich in- und außerhalb der Fabrik anständig betragen, pünktlich die Arbeitsstunden halten und durch seinen Fleiß beweisen, dass er die Absicht hat, zum Nutzen der Fabrik zu arbeiten. Wer dies befolgt, hat zu erwarten, dass dem Wert der Arbeit nach auch sein Lohn erhöht wird. Wer aus Nachlässigkeit oder bösem Willen sich vergeht, wird bestraft. Branntweintrinken in der Fabrik wird nicht geduldet. Wer ein Stück Arbeit, ein Werkzeug und dergleichen verdirbt oder umkommen lässt, muss dasselbe vergüten. Wer fünf Minuten nach dem Läuten zur Arbeit kommt, verliert ¼ Tag, wer ¼ Tag eigenmächtig fortbleibt, verliert ½ Tag, für ½ Tag Fortbleiben wird ¾ Tag abgezogen.

Zit. nach Carl Jantke, Der Vierte Stand, Freiburg (Herder) 1955, S. 178.

1 Untersuche M1. Ziehe daraus Rückschlüsse auf den Alltag einer Arbeiterfamilie.
Vergleiche mit den Einnahmen und Ausgaben deiner eigenen Familie.

2 Lies die Fabrikordnung und erläutere, welche Aussage über die Entlohnung der Arbeiter gemacht wird.

3 Bewerte die in M2 genannten Strafen vor dem Hintergrund von M1.

B

M 3

Ein Zeitzeuge und Arzt über die Fabrikarbeit (1894):
Es ist kein schöner, kein erheiternder Anblick, die Arbeitermassen so zu betrachten, wenn sie von ihrer Tätigkeit kommen, die Männer in den rußigen Gesichtern und abgetragenen Kitteln, die bleichen Weiber in ihren dürftigen Kleidern, man sieht ihnen das Ungesunde, die harte, drückende Ausnutzung der Kräfte und das geistig Abstumpfende ihres Berufes an. Die Arbeitszeit ist lang mit ganz unzureichenden, zu klein bemessenen Unterbrechungen, und dazu kommt, dass die Arbeit zum größten Teil äußerst einförmig und gleichmäßig ist, häufig den Körper in eine bestimmte, andauende Haltung zwingt, die leicht zur Ermüdung führt und gesundheitsschädlich wirkt. Die Arbeit in den Fabrikräumen ist aus dem Grunde schon der Gesundheit nicht zuträglich, weil sie in geschlossenen, überfüllten, ungenügend gelüfteten Werkstätten stattfindet, und eine ausreichende und ausgleichende Bewegung in frischer Luft mangelt. So arbeiten sie einen Tag wie den anderen von früh bis abends, jahrein, jahraus, immer wieder dasselbe in denselben Räumen auf demselben Fleck. Eine Hoffnung, dass sie mit der Zeit durch Ausdauer und Anstrengung vorwärts streben könnten, gibt es nicht.

R. Zeuner, Die Not des vierten Standes, Leipzig (Grunow) 1894, S. 2f.

1 Liste die Informationen zu den körperlichen und den seelischen Folgen der Fabrikarbeit auf, die der Arzt in M3 nennt.

2 Bedenke den Schluss von M3. Was bedeutet dies für einen 14-Jährigen und seine Zukunftspläne?

3 Heute gibt es Arbeitsschutzmaßnahmen. Befrage hierzu Arbeitnehmer aus deinem Umfeld.

C

M 4

Mittlere Wochenlöhne in Berlin um 1853 (in Mark)

Maschinenbau		Textilindustrie	
Kesselschmied	30,00	Musterzeichner	36,00
Heizer	10,50	Maschinenmeister	15,00
Tagelöhner	9,00	Webergeselle	12,00
Arbeitsbursche	5,00	Arbeiterin	4,00
		Knabe	3,00

Zusammengestellt nach Jürgen Kocka, Arbeitsverhältnisse und Arbeiterexistenzen, Bonn (Dietz) 1990, S. 494.

1 **Methode:** Analysiere die Tabelle M4 mithilfe der Arbeitsschritte S. 145.

2 Erkläre und beurteile das Verhältnis der Löhne in den Industriezweigen Maschinenbau und Textilindustrie (M4).

3 Beschreibe die Arbeitsbedingungen von Frauen im 19. Jahrhundert und vergleiche sie mit heute (M5).

M 5

Der Historiker Dieter Ziegler über Frauen als Arbeitskräfte (2012):
Die Frauen der Fabrikarbeiterfamilien arbeiteten vielfach als Dienstboten bürgerlicher Haushalte oder im Gesindedienst. Zunehmend wurden aber auch Frauen zur Fabrikarbeit herangezogen, insbesondere in der Textilindustrie. Einen gesetzlichen Schutz von Frauenarbeit (Beschränkung der Arbeitszeit bei Schwangeren oder Wöchnerinnen[1], Nachtarbeitsverbot) existierte in der Frühzeit der Industrialisierung nicht. Abgesehen von einigen wenigen frühen Sozialreformen wurde die schrankenlose Ausbeutung der weiblichen Arbeitskraft von den Zeitgenossen kaum als anstößig angesehen. Denn auch in der Landwirtschaft hatten Frauen seit Jahrhunderten körperlich schwer und dauerhaft arbeiten müssen.

Dieter Ziegler, Die Industrielle Revolution, 3. Aufl., Darmstadt (Wissenschaftliche Buchgesellschaft) 2012, S. 47f.

[1] *Frauen, die gerade ein Kind bekommen haben*

Aufgabe für alle:
Diskutiert, welche Auswirkungen der Industriearbeit auch heute noch als Problem gesehen werden.

Eine historische Fotografie analysieren

Im Jahre 1826 wurde erstmals ohne Stift und Farbe ein Bild gefertigt: Dem Franzosen Nicéphore Niépce gelang es, allein durch physikalisch-chemische Prozesse eine Kameraaufnahme vom Hof seines Landhauses herzustellen. Dieses erste Foto der Welt benötigte noch eine Belichtungszeit von acht bis zehn Stunden.
Am Ende des 19. Jahrhunderts hatte die Fotografie sich weiterentwickelt. Es entstanden so viele Fotos, dass Historiker sie heute als Quelle nutzen können.
Wie aber lässt sich aus einem Foto die historische Wirklichkeit erschließen?

Webcode: FG450068-156
Geschichte der Fotografie

M 1

Blick in ein gutbürgerliches Wohnzimmer, Foto, um 1900

M 2

Küche in einer Mietskaserne, Berlin, Seestraße 27, Foto, 1908

Ein Foto: Abbild der Wirklichkeit?

Eine Fotografie drängt sich ihrem Betrachter als direktes Abbild der Wirklichkeit auf. Was nicht ist, kann ja auch nicht fotografiert werden. Aber ist dem wirklich so? Zeigte das Foto von Niépce tatsächlich die Wirklichkeit auf seinem Hof, oder hatte er diesen vorher etwa aufgeräumt, die Aufnahme also gestellt? Historiker achten auch auf das, was nicht auf dem Bild zu sehen ist. Und sie stellen sich die Frage, ob möglicherweise etwas verändert (retuschiert, manipuliert) worden ist. Aus Fotografien lassen sich Aussagen gewinnen, die über andere Quellen hinausgehen. Wie sahen Wohnhäuser, Stadtviertel, Fabriken aus? Wie wohnten die Menschen? Wie kleideten sie sich? Es reicht nicht, sich ausschließlich auf ein Foto zu stützen, wenn man allgemeine Aussagen über ein Thema treffen möchte. Dazu sind ganze Fotoserien notwendig. Erst wenn Forscher schriftliche Quellen hinzuziehen, können sie abschließende Ergebnisse formulieren. Heute kannst du im Internet viele historische Fotos finden, z. B. bei historischen Museen oder Bildarchiven. Dort gibt es meistens zusätzliche Informationen und eine korrekte Quellenangabe.

M 3

Aus den Notizen eines sozialdemokratischen Reichstagsabgeordneten Mitte der 1890er Jahre:
Wir kamen in einer der Querstraßen, die von der Müllerstraße nach der Reinickendorfer Straße gehen, in ein menschenreiches Massenmietshaus, eines von jenen, in denen die wirkliche Armut ihr Quartier aufgeschlagen hat ... In diesem Quergebäude gab es fast nur zweiräumige Wohnungen, aus Stube und Küche bestehend. Viele Mieter teilten ihre Räume noch mit Schlafburschen oder Logiermädchen ... Nur wenig ärmlicher Hausrat fand sich in dem unwohnlichen Raum ... Außer dem Mann und der Frau lebten in dieser Küche [der zweite Raum war vermietet] noch drei Kinder ...
Wie die Familie schlief? Mann und Frau in dem einzigen Bette. Die Kinder wurden auf ausgebreiteten Kleidungsstücken untergebracht und durften erst dann ins Bett kriechen, wenn Vater und Mutter – gewöhnlich vor 5 Uhr morgens – aufgestanden waren. Die kleinsten Kinder waren ... in einem halbaufgezogenen Schub der Kommode gebettet gewesen.
Zit. nach Quellen zur Alltagsgeschichte der Deutschen 1871 bis 1914, Bd. 7, hg. von Jens Flemming u. a., Darmstadt (Wissenschaftliche Buchgesellschaft) 1997, S. 237ff.

Arbeitsschritte „Eine historische Fotografie analysieren“

Entstehung der Fotografie	**Lösungshinweise zu M1**
1. Wann ist das Foto entstanden?	• *Die Fotografie ist um 1900 entstanden.*
2. Was stellt sie dar?	• *Sie gibt einen Einblick in eine bürgerliche Wohnung.*
3. Wer hat in wessen Auftrag fotografiert?	• *Der Auftraggeber bleibt unbekannt.*
4. Für welchen Adressaten ist die Fotografie angefertigt worden?	• *Der Adressat bleibt unbekannt.*
5. Welche Bildtechnik ist zu erkennen (Perspektive, Brennweite, Entfernung, Ausschnitt)?	• *Der Fotograf hat eine mittlere Brennweite gewählt, um einen Bildausschnitt aus dem Wohn- sowie Esszimmer abzulichten.*
Aussage und Deutung	
6. Was ist der erste Eindruck?	• *Die Wohnung ist hell und aufgeräumt. Die Familie sitzt geordnet am Kaffeetisch. Sie verfügt über ein Klavier.*
7. Welche Gesamtaussage lässt sich formulieren?	• *Die Einrichtungsgegenstände lassen auf eine gut situierte Familie (Beamte? gehobenes Bürgertum?) schließen.*
8. Welche Fragen bleiben offen?	• *kein Hinweis auf die Größe der Wohnung, auch nicht, wie viele Menschen dort wohnten (z. B. Bedienstete)*

1 Überprüfe und ergänze die Lösungshinweise zu M1.
2 Bearbeite M2 mithilfe der Arbeitsschritte.
3 **Wähle eine Aufgabe aus:**
a) Vergleiche die beiden Wohnsituationen (M1 und M2).
b) **Partnerarbeit:** Erörtert anhand von M2 und M3 Stärken und Schwächen von Bildquellen.
c) Ein Kind aus dem in M3 beschriebenen Mietshaus betrachtet das Foto M1. Formuliere drei Wünsche, die es daraufhin haben könnte.
4 **Recherche:** Sammle Informationen über die Geschichte der Fotografie und berichte in der Klasse darüber.

Zusatzaufgabe: siehe S. 215.

Der Not entgehen – durch Auswanderung?

Heute ist Deutschland ein Land, in das viele Menschen einwandern wollen. Im 19. Jahrhundert war das ganz anders: Damals wanderten Millionen Deutsche aus. Die meisten von ihnen arbeiteten unter harten Bedingungen auf dem Land oder in der Industrie. Einige verließen ihre Heimat nur für kurze Zeit, andere für immer.

- ***Auf dieser Doppelseite kannst du untersuchen, welche Wanderungen es zur Zeit der Industrialisierung gab, welche Ursachen und Folgen sie hatten.***

Webcode: FG450068-158
Auswanderung

M 1 *Deutsche Auswanderer im Hafen von Hamburg, Holzstich, 1882*

Wanderung in die Städte

Schon lange vor der Industrialisierung waren Menschen in Städte gezogen, weil sie sich bessere Löhne und größere Freiheit erhofften. Durch das Bevölkerungswachstum und die Arbeitssuche entstand während der Industrialisierung aber eine zusätzliche Dynamik. Der Ausbau des Eisenbahnnetzes vergrößerte außerdem die Mobilität. Die Städte und ihre Arbeitersiedlungen wuchsen nun durch massenhafte Zuwanderung schnell an. Ein Prozess der Urbanisierung (Verstädterung) hatte eingesetzt. Die Wanderungen innerhalb des Landes veränderten auch die Gesellschaft. Menschen verloren ihre familiären Bindungen, sie hatten keinen Rückhalt mehr durch Großfamilien wie auf dem Land.

Urbanisierung
(von lat. urbs = Stadt) Verstädterung, zunehmende Ausdehnung von Städten in die Natur oder in ländliche Gegenden. Damit veränderten sich auch die Lebensformen.

Auswanderung in andere Länder

Zahlreiche Menschen kehrten Deutschland ganz den Rücken. Indem sie in die USA, aber auch nach Brasilien, Kanada, Argentinien oder Australien auswanderten (emigrierten), versuchten sie, ihr Leben zu verbessern. Ein Höhepunkt der ersten Auswanderungswelle war das „Hungerjahr“ 1847. Ganze Dörfer verkauften ihren Besitz, um die Überfahrt zu bezahlen. Gemeinden beteiligten sich an den Kosten für die Überfahrt, wenn die Auswanderer versprachen, nicht mehr zurückzukehren. Die stärkste Auswanderung in die USA gab es in den Jahren 1846–1857 und 1864–1873 mit jeweils einer Million deutscher Emigranten. Aber auch nach der gescheiterten Revolution von 1848 (S. 98) verließen viele Menschen ihre Heimat auf der Suche nach einem Leben in Freiheit.

M 2 **Bevölkerung deutscher Städte *(in Tausend)***

	um 1800	um 1850/1851	um 1870/1871
Berlin	172	419	826
Essen	4	9	52
Frankfurt	48	65	91
Köln	50	97	129
Mannheim	19	24	46
München	40	107	169

Zusammengestellt nach Wirtschaftsploetz. Die Wirtschaftsgeschichte zum Nachschlagen 2. Aufl., Freiburg/Würzburg (Ploetz) 1985, S. 167.

Wirtschaft und Umwelt, Gesellschaft und Recht

Auswanderung am Beispiel Niedersachsen

Auch in Niedersachsen wuchs die Bevölkerung im 19. Jahrhundert stark. Allein zwischen 1820 und 1850 stieg die Einwohnerzahl um etwa 20 %. Es gab allerdings nur wenige große Zentren mit Industrie (vgl. S. 146 ff.). Ländliche Regionen waren besonders stark von der Massenarmut betroffen. Viele Landbewohner suchten deshalb ihr Auskommen als Wanderarbeiter oder Tagelöhner. In den Städten wie Hannover gab es zu wenige Stellen für zu viele ungelernte Arbeiter. Zahlreiche Menschen entschlossen sich deshalb, nach Übersee auszuwandern. Besonders aus der Gegend um Osnabrück zogen viele in die USA, wo sie sich im Mittleren Westen niederließen. Insgesamt wanderten im 19. Jahrhundert mehrere hunderttausend – vor allem arme – Menschen aus dem heutigen Niedersachsen aus.

M 3

Brief eine Auswanderers in Amerika an einen Verwandten in Pommern (1840):

Für einen Mann, der da arbeitet, ist es hier viel besser als dort; man kann das Stückchen Brot viel besser erwerben wie in Deutschland, lebt auch nicht so eingeschränkt und unter solcher Untertanschaft wie bei Euch unter den Gutsbesitzern, braucht auch nicht den Hut zu drücken unter dem Arm oder ihn zuerst durch die Türe lassen, wenn man seinen verdienten Lohn haben will. Es herrscht eine ziemliche Gleichheit unter den Menschen in Amerika. Die Hohen und Reichen schämen sich nicht umzugehen mit den Armen und Niedrigen ... Man kann auch frei und ungehindert reisen durch ganz Amerika, ohne etwa einen Pass oder dergleichen.

Wolfgang Helbich/Walter D. Kamphoefner/Ulrike Sommer (Hg.), Briefe aus Amerika. Deutsche Auswanderer schreiben aus der Neuen Welt 1830–1930, München (C.H.Beck) 1988, S. 182. Bearb. d. Verf.

M 4

Eduard Müller übersiedelte 1834 von Bremerhaven nach Ohio, USA. Dort wurde er Farmer. Er schrieb an Verwandte in Deutschland:

Den eingewanderten armen Deutschen sind die schweren Arbeiten überlassen. ... Sehr viele aber schämen sich ihrer deutschen Abkunft, wollen als Engländer gelten und kein Deutsch mehr können. ... Wir gingen, nachdem unser Haus fertig war, daran, unsern Acker zu cultivieren, was allerdings in sehr primitiver Weise hier überall geschieht. ... Nach solcher Cultivierung wurde der Boden ... mit Kartoffeln und Mais bepflanzt. ... Ein paar Kühe hatte ich auch gekauft, 12 Dollar das Stück nebst Kalb. Nun konnten wir doch bisweilen Milchsuppe kochen.

Zit. nach http://www.geschichte-projekte-hannover.de/zweilaender/eng/starteng.html (Stand: 14. 04. 2016).

Filmtipp:

Die andere Heimat, Regie: Edgar Reitz, 2013. Eine Familiengeschichte über die Auswanderung aus Deutschland im 19. Jahrhundert.

M 5

Deutschkurs für Einwanderer in Thüringen, Foto, 2011

1 Erstelle eine Mindmap zu den Wanderungsbewegungen im 19. Jahrhundert (Darstellungstext).

2 Ergänze die Definition von „Urbanisierung" mithilfe des Darstellungstextes und M2.

3 **Wähle eine Aufgabe aus:**

a) Was geht den Menschen in M1 durch den Kopf? Gestalte Denkblasen für sie.

b) Untersuche, wie der Verfasser von M3 sein Leben in Amerika beschreibt. Notiere Stellen, an denen er es indirekt mit seiner Heimat vergleicht.

4 **a)** Fasse zusammen, wie der Erzähler in M4 sein neues Leben darstellt.

b) Gruppenarbeit: Stellt euch vor, ihr seid eine arme Familie aus Niedersachsen und lest den Text von Eduard Müller (M4). Gestaltet ein Gespräch darüber, ob ihr auswandern wollt.

5 Diskutiert ausgehend von M5, warum Menschen heute nach Deutschland einwandern und welche Schwierigkeiten sie dabei meistern müssen.

Wer löst die Soziale Frage?

Unsichere Arbeitsplätze, niedrige Löhne, unmenschliche Arbeitsbedingungen, Elendsquartiere, fehlende soziale Absicherung bei Krankheiten oder Unfällen: So sah der Lebensalltag von Industriearbeitern aus. Im 19. Jahrhundert wurden diese negativen Auswirkungen der Industrialisierung erstmals als Massenproblem wahrgenommen.

- ***Welche Lösungsansätze für die Soziale Frage gab es?***
- ***Waren die Lösungen dauerhaft erfolgreich?***

M 1 *Das „Rauhe Haus", eine Lernwerkstatt für obdachlose Kinder, Darstellung von 1845*

Arbeitszusammenschlüsse und Gewerkschaften

Die Industrialisierung hatte die Zusammensetzung der Gesellschaft völlig verändert. Während der Anteil an Bauern schrumpfte, entstand die Gruppe der Industriearbeiter und wuchs stark an. Adel und Klerus, die führenden Gruppen der alten Ständegesellschaft, hatten durch die Revolutionen und Reformen im 19. Jahrhundert viele Vorrechte verloren. Die Unternehmer dagegen gewannen an sozialem Ansehen. Das Elend und die Rechtlosigkeit der Arbeiter überschattete die technischen Fortschritte. Sie wurden zum zentralen Problem der Industriegesellschaft: Die „Soziale Frage" war entstanden. Um ihre Situation zu verbessern, organisierten sich die Arbeiter trotz Verbot und vertraten ihre Interessen gemeinsam. Die Gewerkschaften machten aus der Arbeiterbewegung eine Massenbewegung. Sie setzten sich für die Verbesserung der wirtschaftlichen Lage der Arbeiter ein. Dazu forderten sie höhere Löhne, eine Beschränkung der Arbeitszeit, Schutz und Unterstützung bei Krankheit, bei Unfällen und Arbeitslosigkeit. Außerdem verlangten sie politische Mitsprache und einen demokratischen Staat. Ihr wirksamstes Mittel war der Streik. Politisch wurden die Gewerkschaften von den Sozialisten und Sozialdemokraten unterstützt (siehe S. 100), die gegen die Ausbeutung vorgehen wollten.

Kirchen wollen die Lage der Arbeiter verbessern

Angesichts des Elends der Arbeiter äußerten sich auch Vertreter der Kirchen zur Sozialen Frage. Sie versuchten die Not zu lindern. 1833 gründete der evangelische Geistliche Johann Hinrich Wichern das „Rauhe Haus" (M1). Hier wohnten obdachlose Kinder, die in Lehrwerkstätten ausgebildet wurden. 1846 rief der Priester Adolf Kolping (1813–1865) einen katholischen Gesellenverein ins Leben. Unverheiratete Gesellen konnten in den Häusern des Kolpingwerks ein christliches Zuhause finden. 1864 umfasste das Kolpingwerk bereits 420 Vereine sowie 60 000 Mitglieder. In Mainz trat Erzbischof Wilhelm Emmanuel von Ketteler für Sozialreformen, Koalitions- und Streikrecht ein (M2). Ketteler beeinflusste auch das päpstliche Rundschreiben von 1891. Darin forderte der Papst eine gerechte Eigentumsverteilung und Maßnahmen zur Verbesserung der Arbeitsbedingungen.

Wie reagierten die Unternehmer?

Viele Unternehmer zeigten wenig Verständnis für die Lage der Arbeiter. Sie waren der Überzeugung, dass diese durch mehr Fleiß und Genügsamkeit ihre schwierigen Lebensbedingungen ändern könnten. Sie fürchteten sich aber zugleich vor möglichen Protesten, Streiks oder gewaltsamen Unruhen. Daher mussten sie reagieren. Einige Unternehmen wie BASF, Siemens oder die Krupp versuchten die größte Not der Arbeiter deshalb selbst zu lindern. Sie gründeten soziale Einrichtungen in ihren Betrieben wie Werkswohnungen, betriebliche Altersvorsorge oder Krankenkassen. Der betriebliche Wohnungsbau verzeichnete in den 1870er Jahren einen enormen Aufschwung. Besonders eindrucksvoll waren die Bemühungen des Krupp-Konzerns. Nach vorsichtigen Schätzungen lebten um die Jahrhundertwende allein 12 % der Essener Bevölkerung in Werkswohnungen.

Sozialpolitik des Staates

Auch die Regierung des Deutschen Reichs suchte eine Lösung für die soziale Frage. In den 1870er Jahren hatte sie die Arbeiterbewegung noch unterdrückt und die Spannungen so verschärft. Nun sollten Reformen den sozialen und politischen Druck lindern. Reichskanzler Otto von Bismarck erließ deshalb zwischen 1883 und 1889 Sozialgesetze zur Kranken-, Unfall- und Rentenversicherung (siehe S. 122). Nun hatten Arbeiter einen Versicherungsschutz, bei Krankheit, bei Unfällen und Invalidität, außerdem einen Anspruch auf Rente und Hinterbliebenenfürsorge. Bismarck konnte und wollte die soziale Frage durch seine Sozialgesetzgebung nicht völlig lösen. Tatsächlich milderte sie die Notlage vieler Menschen nur, schaffte sie aber nicht ganz ab.

M 2

Der Mainzer Erzbischof Wilhelm Emmanuel von Ketteler über die soziale Frage (1864):

Die von uns bisher besprochenen Ursachen der damaligen Lage der Arbeiter sowie die Bösartigkeit der aus diesen Ursachen hervorgegangenen Wirkungen und Folgen haben ihren wesentlichen und tiefsten Grund im Abfall vom Geiste des Christentums, der in den letzten Jahrhunderten stattgefunden hat ... Hier kann und wird daher die Heilung von innen heraus erfolgen ... Damit die Macht des Reichtums nicht die Armen erdrücke, dazu ist notwendig, dass die Reichen sich selbst beschränken und nicht alles, was einer rein egoistischen Ausbeutung aller den Reichen zustehenden Mittel möglich wäre, sich auch erlauben. [Zur Abhilfe nennt Ketteler im Folgenden: 1. Anstalten für arbeitsunfähige Arbeiter, 2. die christliche Familie und Ehe, 3. wahre Bildung durch das Christentum, 4. katholische Handwerker- und Gesellenvereine.]

Zit. nach Martin Grohmann/Wolfgang Jäger, Industrielle Revolution und Moderne um 1900, Berlin (Cornelsen) 2001, S. 112f.

M 3

Der Arbeiterführer Ferdinand Lassalle schrieb 1863 über die soziale Frage:

Die freie individuelle Assoziation[1] der Arbeiter, ... ermöglicht durch die stützende Hand des Staates – das ist der einzige Weg aus der Wüste, der dem Arbeiterstand gegeben ist ... Und hier wird nun sofort sonnenhell die Antwort vor Ihrer aller Augen stehen: dies wird nur durch das allgemeine und direkte Wahlrecht möglich sein ... Das allgemeine und direkte Wahlrecht ist also, wie sich ergeben hat, nicht nur Ihr politisches, es ist auch Ihr soziales Grundprinzip, die Grundbedingung aller sozialen Hilfe. Es ist das einzige Mittel, um die materielle Lage des Arbeiterstandes zu verbessern ... Organisieren Sie sich als ein allgemeiner deutscher Arbeiterverein zu dem Zwecke einer gesetzlichen und friedlichen, aber unermüdlichen, unablässigen Agitation[3] für die Einführung des allgemeinen und direkten Wahlrechts in allen deutschen Ländern. Von dem Augenblick an, wo dieser Verein auch nur 100 000 deutsche Arbeiter umfasst, wird er bereits eine Macht sein, mit welcher jeder rechnen muss.

Zit. nach Deutsche Politik 1803–1870, hg. v. Harry Pross, Frankfurt a. M. (Fischer) 1963, S. 274f.

[1] *Vereinigung*
[2] *Aufklärung, Werbung*

1 Gib in eigenen Worten wieder, was man unter „soziale Frage" versteht (Darstellungstext).

2 Liste die Maßnahmen der christlichen Kirchen auf (Darstellungstext, Z. 25–42).

3 **Wähle eine Aufgabe aus:**

a) Erarbeite aus M3 die Hauptaussage Lassalles. Nutze die Arbeitsschritte auf S. 47.

b) Vergleiche die Texte M2 und M3 mithilfe der Arbeitsschritte auf S. 47.

Tipp: Informationen zu Lassalle findest du auf S. 101.

Vorschlag für eine Gruppenarbeit:

Teilt euch in vier Gruppen auf und erarbeitet mit den Materialien auf S. 160–162 die Maßnahmen zur Lösung der sozialen Frage:

a) Gewerkschaften (siehe auch S. 101)
b) Kirche **c)** Unternehmer **d)** Staat.

Erstellt mit den Informationen ein Plakat.

Zusatzaufgabe: siehe S. 215.

Webcode: FG450068-161
Soziale Frage

M 4

An unsere Arbeiter.

Wir bringen hiemit zur Kenntnis, daß wir uns entschlossen haben, unseren Arbeitern alljährlich einen Urlaub zu gewähren.

Für die Bewilligung desselben gelten folgende Bestimmungen:

Jeder Arbeiter erhält nach Ablauf von 10 ohne Unterbrechung geleisteten Dienstjahren, vom Tage der Volljährigkeit an gerechnet, einen Urlaub von 1 Woche unter Bezahlung seines durchschnittlichen wöchentlichen Arbeitsverdienstes für die Dauer des Urlaubes. Außerdem gewähren wir für die Urlaubswoche eine Zulage von Mk. 7.—. (Krankheit, Militärdienst und militärische Übungen gelten nicht als Unterbrechung der Dienstzeit).

Der Zeitpunkt des Urlaubes für jeden einzelnen Arbeiter wird durch dessen Betriebsführer unter möglichster Berücksichtigung der Wünsche des Urlaubsberechtigten, jedoch unter Wahrung der Sicherheit und der geregelten Fortführung des Betriebes bestimmt.

Vorstehende Bestimmungen treten mit dem Jahre 1908 in Kraft.

Ludwigshafen a. Rh., den 31. Dezember 1907.

Die Direktion
der Badischen Anilin- & Soda-Fabrik.

Bekanntgabe der BASF in Ludwigshafen, Ende 1907

M 5

Fraktur	Latein	Fraktur	Latein	Fraktur	Latein	Fraktur	Latein	Fraktur	Latein	Fraktur	Latein
A	A	J	J	S	S	a	a	j	j	s	s
Ä	Ä	K	K	T	T	ä	ä	k	k	ß	ß
B	B	L	L	U	U	b	b	l	l	t	t
C	C	M	M	Ü	Ü	c	c	m	m	u	u
D	D	N	N	V	V	d	d	n	n	ü	ü
E	E	O	O	W	W	e	e	o	o	v	v
F	F	Ö	Ö	X	X	f	f	ö	ö	w	w
G	G	P	P	Y	Y	g	g	p	p	x	x
H	H	Q	Q	Z	Z	h	h	q	q	y	y
I	I	R	R			i	i	r	r	z	z

Frakturschrift – Lesehilfe

4 **Partnerarbeit:** Lies die Bekanntmachung M4 mithilfe der „Fraktur-Schrift" (M5).

5 Vergleiche die Urlaubsregelung M4 mit derjenigen deiner Eltern.

2000 v. Chr. | 1000 v. Chr. | Christi Geburt | 1000 n. Chr. | 2000 n. Chr.

seit ca. 500 000 v. Chr. Feuer als Energiequelle

um 220 v. Chr. Wasserschraube des Archimedes

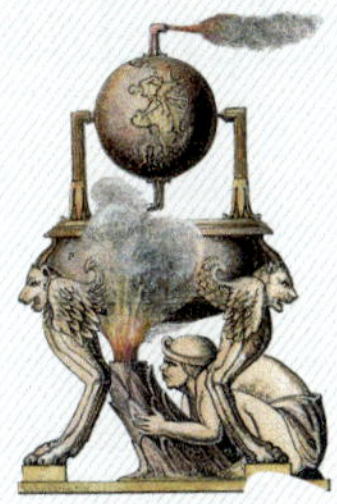

seit 8. Jh. n. Chr. Wasser- und Windmühlen in Europa

1769 Erfindung der Dampfmaschine

1932 Otto Hahn entdeckt die Kernspaltung

2015 Pariser Klimaabkommen, Energiewende

Die Nutzung der Energie – ein Längsschnitt

Veränderungen im Leben der Menschen hatten immer mit der Gewinnung und Nutzung von Energie zu tun, z. B. durch Wasser, Wind und Sonne. Seit der Industrialisierung werden auch fossile Brennstoffe wie Kohle verwendet. Doch ihre Vorräte sind begrenzt und die weitere Nutzung würde zur Klimakatastrophe führen. Energieerzeugung und Energienutzung stehen an einem Wendepunkt.

- ***Lassen sich aus der Geschichte der Energie Erkenntnisse für die Zukunft gewinnen?***

Ein Überblick

„Am Anfang war das Feuer und der Mensch mit seiner Muskelkraft." Mit diesem Satz könnte die Geschichte der Nutzung von Energie beginnen, die ein wichtiger Teil der Geschichte der Zivilisation ist. Schaut man auf die Energiequellen, kann man diese Geschichte grob in drei Phasen einteilen:

- In der ersten Phase gab es nur eine Energiequelle, die wir heute mit dem Begriff „Biomasse" bezeichnen. Landwirtschaftliche Produkte, Pflanzen und Tiere dienten dazu, die Muskelkraft von Menschen und Tieren zu erhalten.
- In der zweite Phase nutzte man Wasser- und Windräder als mechanische Energiequellen. Der wichtigste Rohstoff war Holz – vor allem in Form von Holzkohle.
- Mit der Erfindung der Dampfmaschine begann die dritte Phase. Ihr „Motor" war zuerst die Kohle, später Erdöl und Erdgas. Elektrizität und Kernenergie kamen in dieser Phase der Nutzung fossiler Energien dazu.

Wir leben heute am Ende der dritten und dem Übergang zur vierten Phase („Energiewende"). Doch wie diese vierte Phase aussehen wird, ist ungewiss: Entdecken wir neue Energiequellen, die die Umwelt und Menschheit nicht bedrohen, oder müssen wir in Zukunft vor allem Energie sparen und schonende Methoden nutzen – wie Wasser- und Windkraft, Solar- und Bioenergie?

M 1

Vorschlag für Stationenarbeit

Anhand von sechs Stationen könnt ihr die Geschichte der Nutzung der Energie erarbeiten. Es empfiehlt sich, die Stationen arbeitsteilig in Gruppen zu bearbeiten: Jede Gruppe übernimmt ein bis zwei Stationen. Entscheidet vorab, wie ihr eure Ergebnisse auswertet und präsentiert (z. B. Kurzreferat, Wandzeitung, Powerpoint...).

	bearbeitet mit ... am ...	**meine Meinung dazu ...**
Station 1: Energienutzung von der Steinzeit bis zum Ende der Antike		
Station 2: Energienutzung im Mittelalter		
Station 3: Energienutzung in der Frühen Neuzeit		
Station 4: Energie seit Beginn der Industriellen Revolution		
Station 5: Energie – sauber und nachhaltig?		
Wahlstation 6: Herausforderungen der Energienutzung im 21. Jahrhundert		

Station 1: Die Muskeln spielen lassen

Feuer und Muskelkraft

Die ersten Energiequellen waren das Feuer und der Mensch. Die Muskelkraft und die Nutzung des Feuers als Wärmequelle, zur Zubereitung der Nahrung und zur Herstellung von Werkzeugen haben Jäger und Sammler in der Urzeit überleben lassen. Von der Sesshaftwerdung in der Jungsteinzeit bis zum Ende des Altertums änderten sich die Energiequellen nicht grundsätzlich. Doch der Mensch machte sich schon bald die Muskelkraft gezähmter Tiere zunutze, um Felder zu bestellen und schwere Lasten zu transportieren. Während des gesamten Altertums wurden außerdem Sklaven in der Landwirtschaft, beim Bau von Straßen und monumentalen Bauwerken wie den Pyramiden eingesetzt.

Um sich die Arbeit zu erleichtern, waren Menschen in der Antike ständig auf der Suche nach neuen Antriebskräften. Der griechische Mathematiker und Ingenieur Archimedes (um 287–212 v. Chr.) erfand die nach ihm benannte Archimedische Schraube zur Entwässerung überschwemmter Ackerflächen. Sie kommt heute noch bei Förderanlagen zum Einsatz. Heron von Alexandria (10–62 n. Chr.) konstruierte sogar schon eine Wärmekraftmaschine, die man als Vorläufer der Dampfmaschine ansehen kann.

M 1

Erzbergbau in der Metallzeit, 2. Jahrtausend v. Chr., Rekonstruktionszeichnung

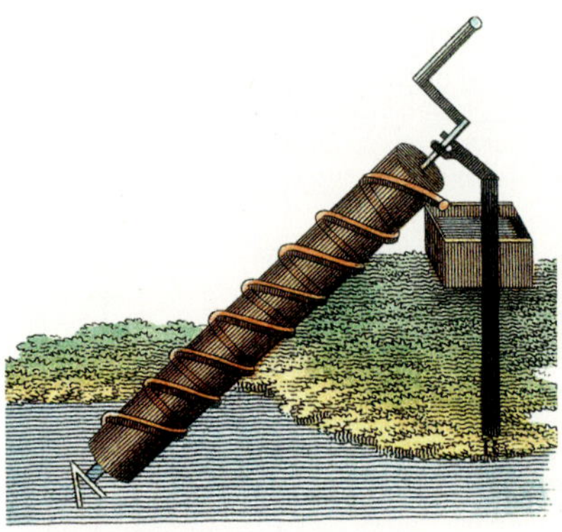

M 2

Schraube des Archimedes (um 250 v. Chr.), Rekonstruktionszeichnung

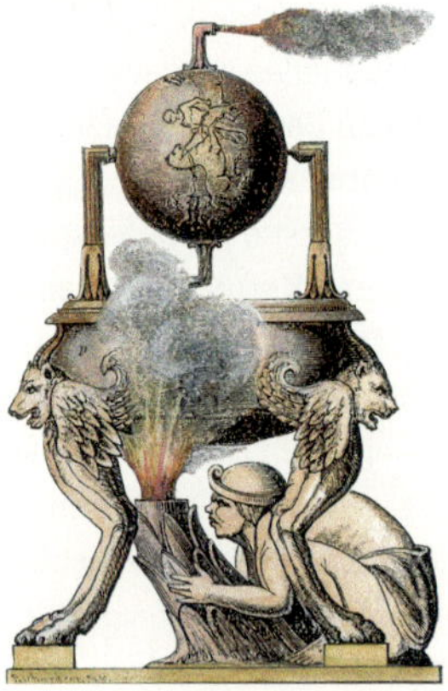

M 3

Der „Heronsball" des Heron von Alexandria, Darstellung aus dem 19. Jahrhundert

1 Erläutere mithilfe des Darstellungstextes und M1, wie sich die Energienutzung von der Steinzeit bis zur Antike entwickelt hat.

2 Beschreibe die Funktionsweise von M2 und M3.

3 Stelle Vermutungen darüber an, warum sich die Erfindungen M2 und M3 nicht durchsetzen konnten. Recherchiere im Internet.

Wirtschaft und Umwelt

Station 2: „Hör ich das Mühlrad gehen…"

Wasser und Wind

Ein qualitativer Schritt in der Geschichte der Energie war die Erfindung von Wasser- und Windrädern, die zum Bau von Mühlen führte. Schon im Altertum vereinzelt bekannt, fanden sie erst seit dem Frühen Mittelalter Verbreitung und wurden zu den wichtigsten Energiequellen bis zu Erfindung der Dampfmaschine. Zunächst vor allem zum Mahlen von Getreide eingesetzt, wurden sie bald auch für andere Arbeiten genutzt: Sägewerke wurden von ihnen angetrieben, Wasser aus Bergwerken gepumpt und schwere Schmiedehämmer bei der Eisenverhüttung bewegt.

M 1

In einem Mittelalterlexikon heißt es unter dem Stichwort „Wassermühlen":

Pioniere des Mühlenbaus waren die Mönche, ... in deren Klostermühlen Mahl- und Walkwerke liefen. Den größer gewordenen Mönchsgemeinschaften war es unmöglich geworden, ihren Mehlbedarf in Handmühlen zu ermahlen. Außerdem wurde diese Tätigkeit zunehmend als unwürdig bewertet. Die Anlage von Wassermühlen machte – um gleichmäßigen Wasserfluss am Mühlrad zu garantieren – Umgestaltungen in der Landschaft nötig; für ... Räder baute man Stauwehre und Mühlgräben, ... staute man durch Dämme Mühlteiche an und leitete das Wasser über Gerinne von oben aufs Rad. Durch die Anlage von Mühlteichen wurde nebenbei die Fischzucht gefördert. ... Die erforderliche Leistung erreichte man, indem man mehrere Wasserräder hintereinander anlegte. ... Benötigte Kunstbauten – etwa Wehre oder Flussableitungen – waren genehmigungspflichtig und unterlagen dem Wasserrecht des Landesherrn. Als Grundsatz galt, dass der natürliche Lauf eines Gewässers nicht zum Schaden anderer verändert werden dürfe.

Peter C. A. Schels: Kleine Enzyklopädie des deutschen Mittelalters. Zit. nach: http://u01151612502.user.hosting-agency.de/malexwiki/index.php/Wasserm%C3%BChlen, (Stand: 07. 06. 2016).

M 2

Ein historischer Arbeitskreis schreibt über die Bedeutung der Mühlen im Mittelalter:

Nach allgemeinem deutschem Volksrecht durfte nur der Grundeigentümer eine Mühle bauen, dem beide Ufer eines Baches gehörten, damit ein Dritter oder die Allgemeinheit nicht geschädigt wurde. Die hohen Kosten der Mühle, der nötige Landbesitz auf beiden Seiten des Baches und die Verfügbarkeit von Arbeitskräften ermöglichten nur reichen Grundherren den Bau einer Mühle. Es entstanden zunächst wenige Mühlen, die sofort eine monopolartige Stellung erlangten. Die Bewohner einer ganzen Gegend gerieten so in Abhängigkeit von einem einzigen reichen Grundbesitzer, wenn sie es nicht vorzogen, auf beschwerliche und zeitraubende Weise mit ihrer Handmühle weiter zu mahlen. ... Aufgrund des hohen Wertes, den die Mühlen für die Allgemeinheit erlangten, entstand für sie ein besonderer Rechtsschutz, der so genannte Mühlenfrieden. Am Getreide und an der Einrichtung der Mühle begangene Diebstähle wurden mit besonders harten Strafen geahndet.

Staatliche Akademie für Datenverarbeitung Böblingen: Die Mühlen, https://www.adv-boeblingen.de/zrbb/wuerm/geschichte/nutzung/allgemein/mittelalter_content.html (Stand: 07. 06. 2016).

M 3 *Wassermühle, Buchillustration, um 1220*

1 Erkläre, worin der Fortschritt in der Energieerzeugung durch Mühlen bestand (Darstellungstext, M3).

2 Erläutere mithilfe von M1, warum die Klöster eine führende Rolle beim Bau und Betrieb von Mühlen spielten.

3 Nimm Stellung zu der in M2 geschilderten Situation der Bauern.

Station 3: Auf dem Holzweg

Holz: Raubbau und Nachhaltigkeit

Holz war schon im Mittelalter neben Wasser und Wind die wichtigste Energiequelle. Brennholz brauchte man nicht nur beim Heizen, Kochen und Beleuchten, sondern auch – in Form von Holzkohle – beim Erzabbau und der Salzgewinnung. In der Frühen Neuzeit bekam Holz dann eine so überragende Bedeutung, dass Historiker von einem „hölzernen Zeitalter" sprechen. Seit dem Aufschwung des Bergbaus im 16. Jahrhundert stieg der Holzbedarf nämlich gewaltig. Hinzu kam, dass die Bevölkerung stark wuchs. Der Landesausbau musste vorangetrieben und neue Acker- und Weideflächen mussten auf Kosten von Wald erschlossen werden. Im 18. Jahrhundert führte das dazu, dass in vielen Regionen Europas, z. B. in Großbritannien, kaum noch Wälder existierten. Klagen über Holzmangel häuften sich, und Forstwissenschaftler sprachen erstmals vom „Raubbau an der Natur". Angesichts der „Holznot" formulierte der sächsische Oberberghauptmann von Carlowitz 1713 das Prinzip der Nachhaltigkeit: Nur so viel Wald sollte abgeholzt werden, wie in absehbarer Zeit wieder nachwachsen konnte. Damit war ein Grundstein für nachhaltiges Denken und Handeln gelegt.

M1

Traditionelle Holzkohlenmeiler werden zu Schauzwecken vorgeführt. Fotos, undatiert

M2

Der Wissenschaftler Uwe Eduard Schmidt schreibt in der Zeitschrift „Der Wald" über die Bedeutung von Holz als Energiequelle:

Über die Jahrhunderte hinweg war Holz der wichtigste Rohstoff- und Energielieferant in Mitteleuropa. ... Kein Wunder, dass der Wald übernutzt und namentlich in der Folge von Bevölkerungs- und Großgewerbezuwaches drastisch zurückging, mit einem Tiefpunkt im 18. Jahrhundert. Strenge forstpolizeiliche Maßnahmen sollten zum Wiederaufbau der Wälder führen, was voraussetzte, dass man die vielfältigen Nutzungen des Waldes durch die Bauern einschränkte. Das kam zwar dem Wald zu Gute, bedeutete aber für die Bevölkerung eine Verschlechterung ihrer sozialen Lage, war faktisch eine Enteignung. ... Vor der Nutzung fossiler Brennstoffe ist Holz als Hauptenergieträger sämtlicher Großgewerbe anzusehen. Als Betriebs- und Heizstoff nimmt neben der Brennholzfeuerung der Salinen, Glashütten, Kalkbrennereien und Ziegeleien die Holzkohle eine entscheidende Rolle bei der Eisen- und sonstigen Metallverhüttung ein ... Mit dem Anwachsen der vorindustriellen Zentren kommt es zu einer zwangsläufigen Rohstoffverknappung. Damit bedroht[e] ein ... Holzmangel den Bestand der vorindustriellen Wirtschaftsbetriebe und folglich den Lebensnerv der vorindustriellen Gesellschaft in Deutschland.

Uwe Eduard Schmidt: Die sozialgeschichtliche Bedeutung des Waldes im 18. und 19. Jahrhundert, in: Der deutsche Wald, Der Bürger im Staat. Nr. 51 Heft 1, hg. von der Landeszentrale für politische Bildung Baden-Württemberg, Stuttgart 2001, S. 17ff.

1 Schreibe auf der Grundlage des Darstellungstextes und M2 einen zusammenfassenden Bericht über Holz als Energiequelle im 18. Jahrhundert.

2 Erläutere den Begriff „Nachhaltigkeit", wie er von Carlowitz 1713 (Darstellungstext) formuliert wurde. Recherchiere, wie er heute angewandt wird.

3 Beschreibe anhand von M1 die Herstellung von Holzkohle und erläutere den Holzbedarf.

Station 4: Mit Volldampf voraus

Kohle, Dampf und Strom

Die Industrielle Revolution begann damit, dass die Dampfmaschine erfunden und der Abbau von Kohle als Heizmittel für die neue Maschine ausgeweitet wurde. Das bedeutete einen qualitativen Sprung in der Geschichte der Energienutzung, weil jetzt mit der Kohle eine nicht erneuerbare Energiequelle massenhaft eingesetzt wurde. Erdöl, Erdgas und später Uran kamen als fossile Energieträger dazu. Ihre Reserven sind begrenzt. Die Erfindung der Elektrizität und deren Umwandlung in Strom haben zwar die Dampfmaschine als Motor des technischen und wirtschaftlichen Fortschritts abgelöst, wir sind aber heute größtenteils noch auf fossile Energiequellen angewiesen. Und seit dem Reaktorunfall von Tschernobyl 1986 und dem bisher nicht gelösten Problem der Endlagerung radioaktiver Abfälle ist auch die Atomenergie kaum als Energiequelle der Zukunft anzusehen.

M 1

Abbau von Braunkohle zur Stromerzeugung in Nochten (Sachsen), Foto, 2005

M 2

Der Historiker Christoph Bartels schreibt zur Bedeutung der Kohle in der Industrialisierung:

Der Industrialisierungsprozess hatte die fast gänzliche Ersetzung der erneuerbaren Energieträger – Wind, Wasser, Biomasse – durch fossile, nicht regenerierende Energieträger ... zur faktischen Folge. Was die Steinkohle angeht, war weder deren grundsätzliche Verfügbarkeit (die schon seit Jahrhunderten gegeben war) noch die Kenntnis ihrer technischen Nutzbarkeit (ebenfalls seit Jahrhunderten vorhanden) entscheidend dafür, dass sie die Rolle als „Brot der Industrie" spielen konnte. Entscheidend für den Aufstieg des Minerals zum „König Kohle" waren ... zusammenwirkende Faktoren, nämlich

- Das säkulare Bevölkerungswachstum seit dem 18. Jahrhundert.
- Effektive Transportsysteme ...
- Motoren, die Wärmeenergie in Bewegung umzusetzen vermochten... .

Christoph Bartels: Zur Geschichte des Steinkohlenbergbaus. Zit. nach: http://www.ipp.mpg.de/ ippcms/de/pr/veranstaltungen/oeffentlich/archiv/prometheus/doc2000/bartels.pdf (Stand: 12. 06. 2016).

M 3

Der Umweltwissenschaftler Jürgen Paeger schreibt zur Bedeutung des Stroms:

Mit der Umwandlung in Strom und dessen Transport in Leitungen war nun auch die Wasserkraft standortunabhängig nutzbar; und gegenüber der Dampfmaschine war Strom eine enorm bequeme und vielseitige Form der Energienutzung: Er kommt aus der Leitung (keine Tanks oder Lagerkeller erforderlich), ist an der Verbrauchsstelle sauber, und kann von der Raumheizung über Transport (Elektromotoren) bis hin zur Beleuchtung auf Knopfdruck alle Aufgaben lösen, die wir von Energie erwarten. Mit dem Bau großer Kraftwerke und von Hochspannungsleitungen zur Stromverteilung (hier war Deutschland seit 1885 Vorreiter) begann sein Siegeszug Anfang des 20. Jahrhunderts.

Jürgen Paeger: Ökosystem Erde. Eine kleine Geschichte des menschlichen Energieverbrauchs. Zit. nach: http://www.oekosystem-erde.de/html/energiegeschichte.html (Stand: 12. 06. 2016).

1 Erläutere die Bedeutung der Kohle für den Industrialisierungsprozess (Darstellungstext, M1).

2 Stelle die Veränderungen dar, die sich aus der Nutzung von Strom als Energieträger ergaben (M2, M3).

Webcode: FG450068-167
Steinkohle und Dampfmaschinen

Station 5: Energie – sauber und nachhaltig?

Mehr Energie für mehr Verbraucher

Neben der wachsenden Weltbevölkerung steigt seit den 1960er und 1970er Jahren auch die Zahl der industrialisierten Nationen. Staaten wie China, Indien und Brasilien verfügen über eine wachsende Wirtschaft und eine immer größere Schicht von Menschen, die einen westlichen Lebensstandard anstrebt. Dazu gehören die Versorgung mit Elektrizität, aber auch mit Autos und anderen Verkehrsmitteln. Der Energiebedarf dieser Länder ist enorm und wird meist durch nicht erneuerbare Energiequellen gedeckt. Zu einem Problem ist neben der Umweltverschmutzung der hohe Ausstoß von Kohlendioxid (CO_2) geworden, das bei der Verbrennung kohlenstoffhaltiger Substanzen wie Öl oder Kohle entsteht. Es fördert den Treibhauseffekt und beschleunigt die globale Erwärmung.

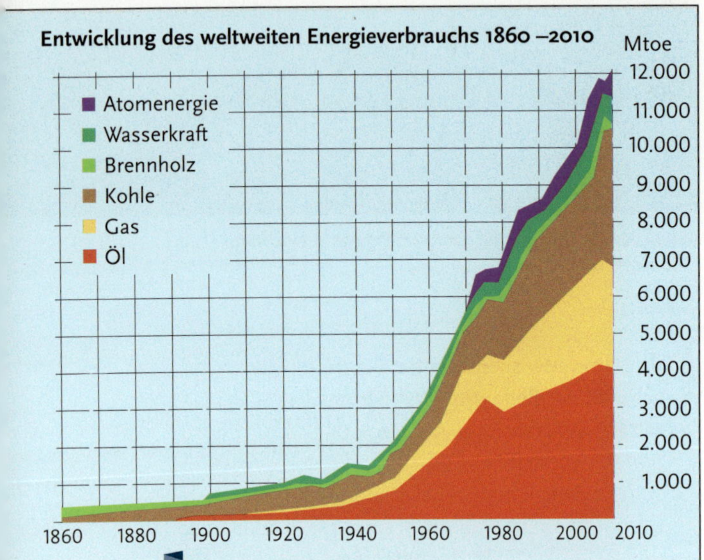

M 1 *Entwicklung des weltweiten Energieverbrauchs 1860–2010. „Mtoe" = Energiemenge, die beim Verbrennen von einer Million Tonnen Erdöl freigesetzt wird.*

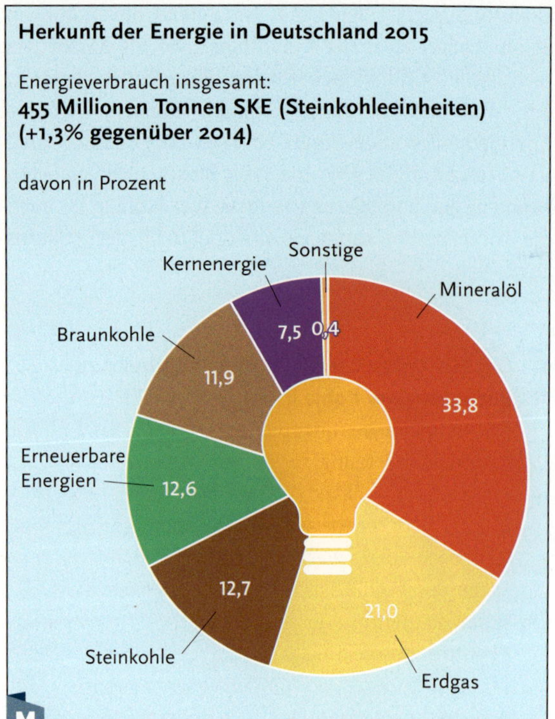

M 2 *Herkunft der Energie in Deutschland 2015*

1 a) Beschreibe die Entwicklung des weltweiten Energieverbrauchs und die Verteilung der Energieträger (Darstellungstext, M1).
Tipp: Du kannst die Arbeitsschritte auf S. 145 nutzen.
b) Formuliere mögliche Probleme, die sich daraus ergeben.

2 Untersuche die aktuelle Verteilung der Energieträger in Deutschland (M2).

3 Vergleiche die Herkunft der Energie in M1 und M2. Beurteile, wie nachhaltig Deutschlands „Energiemix" ist.

Wirtschaft und Umwelt

Wahlstation 6: Zurück zur Natur?

Die Energiewende

Der Energiehunger der rasant wachsenden Weltbevölkerung und des Weltmarktes im Zeitalter der Globalisierung steigt, doch Klimawandel und sinkende Reserven fossiler Energiequellen lassen nicht zu, den bisherigen Raubbau fortzusetzen. Zwei Möglichkeiten können einen Ausweg bilden: Energie zu sparen und besser zu nutzen oder alternative Energiequellen zu erschließen. Bisher versucht man vor allem, die Nutzung erneuerbarer Energiequellen (Wind-, Solar-, Bioenergie, Wasserkraft) auszuweiten. Forscher hoffen zukünftig in Fusionskraftwerken Energie ohne Gefahren aus Wasser und Luft zu gewinnen. Doch das ist noch Utopie. Heute steht in Deutschland die Diskussion um die „Energiewende" im Mittelpunkt.

M 1

Protestplakat gegen den Bau von Windrädern in Hamburg, 2011

M 2

Das Bundesministerium für Wirtschaft und Energie schreibt auf seiner Homepage im Mai 2016:

Die Energiewende ist unser Weg in eine sichere, umweltverträgliche und wirtschaftlich erfolgreiche Zukunft. Und auf diesem Weg haben wir schon vieles erreicht: Mittlerweile stammt fast ein Drittel unseres Stroms aus Wind, Sonne und Co. Erneuerbare Energien sind somit unsere wichtigste Stromquelle. Und unsere Energie wird nicht nur immer grüner. Wir verbrauchen sie auch immer sparsamer. So konnten wir den Ausstoß der klimaschädlichen Treibhausgase bis 2012 gegenüber 1990 um fast 25 Prozent senken – stärker als alle anderen EU-Mitgliedsstaaten. Zudem hat die Energiewende wichtige neue unternehmerische Geschäftsfelder eröffnet. Rund um den Ausbau der erneuerbaren Energien und den effizienten Umgang mit Energie sind neue Weltmärkte entstanden. Deutsche Unternehmen spielen hier eine herausragende Rolle – und schaffen so zahlreiche Arbeitsplätze.

Bundesministerium für Wirtschaft und Energie: Die Eergiewende geht weiter. Zit nach: http://www.bmwi.de/DE/Themen/Energie/Energiewende/gesamtstrategie.html (Stand 15. 06. 2016).

M 3

Manfred Haferburg, ein Experte für Kernkraft, schreibt im Internet gegen die Energiewende:

Ohne eine billige, zuverlässige und großindustriell nutzbare Speichertechnologie muss die Energiewende scheitern. Und diese Speichertechnologie ist noch nicht erfunden, auch wenn die grünlackierten Experten noch so schrill das Gegenteil behaupten. Es sollte uns zu denken geben, dass kein einziges Land der Welt den deutschen Vorreitern folgt – Geisterfahrer ist stets der, dem alle anderen entgegenkommen. ... Energiesysteme sind komplizierte, schwer zu verstehende Zusammenhänge. Sie werden weder vom Laien noch von Journalisten oder gar von Politikern so einfach überblickt. Die Beschäftigung damit ist langweilig und erfordert tieferes Fachwissen. ... Es ist genug Geld da, um das Scheitern der Energiewende kaschieren zu können. ... Da haben es Scharlatane leicht, die der Öffentlichkeit physikalischen Unsinn als Tatsachen verkaufen.

Manfred Haferburg: Energiewende und Blackout: The Day after, Achgut.com v. 15. 06. 2016. Zit. nach: http://www.achgut.com/artikel/energiewende_und_blackout_the_day_after (Stand: 15. 06. 2016).

1 Erkläre mithilfe des Darstellungstextes und M1, worum es bei der Energiewende geht.

2 Vergleiche die Argumente, die in M1, M2 und M3 für bzw. gegen die Energiewende angeführt werden und nimm Stellung dazu.

3 Verfasse eine Erwiderung auf M3.

Wandel in der Stadt und auf dem Land

Seit 2012 wohnen weltweit erstmals mehr Menschen in Städten als auf dem Land. Bis weit ins 20. Jahrhundert war das Leben auf dem Land der „Normalfall". In Deutschland begann mit der Industrialisierung ein Prozess der Verstädterung. Städte wuchsen stark an, ihr Aussehen veränderte sich.

- ***Wie veränderte sich der Alltag und Lebensstil von Stadt- und Landbewohnern im 19. Jahrhundert?***

Die Urbanisierung im Kaiserreich

Innerhalb weniger Jahrzehnte verwandelte sich nicht nur das Gesicht der Städte, sondern auch ihr „Innenleben". Die Einwohnerzahl wuchs und die Städte wurden zu modernen Zentren des Zusammenlebens. Das stellte die Stadtverwaltung vor neue Herausforderungen: Sie musste sich um Wohnungsbau, Kanalisation, Wasser-, Gas- und Stromversorgung, Müllabfuhr und öffentliche Sicherheit kümmern. Das Gesicht der Großstadt um 1900 war geprägt von Gegensätzen: Einerseits gab es ein reiches kulturelles Leben, prachtvolle Vorzeigebauten und wohlhabende Viertel. Andererseits herrschte Armut, Wohnungsnot in den Mietskasernen und Kriminalität in den armen Randbezirken. Zahlreiche deutsche Großstädte verfügten über elektrische Straßenbahnen und Straßenbeleuchtung. Es entstanden Verkehrsnetze mit Bahn- und Buslinien. Die Zahl der Autos war noch gering und wuchs erst allmählich. Neue Warenhäuser entstanden und zeigten ein vielseitiges Angebot, das Telefon ermöglichte eine schnellere Kommunikation und die Kinos boten Unterhaltung. Allmählich entstand so ein neuer Lebensstil. Die Stadt war nicht nur ein Ort zum Arbeiten und Wohnen, sondern auch für Kultur und Vergnügungen – zumindest für die, die es sich leisten konnten. Auch der Sport bekam einen neuen Stellenwert. In jenen Jahren wurden unzählige Sportvereine gegründet.

Verändert sich die Lebensweise auf dem Land?

In der Stadt entschied vor allem der Beruf und die Ausbildung darüber, welchen Platz in der Gesellschaft man einnahm. Auf dem Land veränderte sich der Alltag dagegen kaum. In vielen ländlichen Gebieten war noch lange entscheidend, wie viel Land jemand besaß. Davon hing sein soziales Ansehen ab. Es gab aber auch regionale Unterschiede: Besonders östlich der Elbe blieben die Bauern abhängig von den Großgrundbesitzern. Diese „Junker" verfügten über große Landgüter und waren meistens der einzige Arbeitgeber im Ort. Sie bestimmten, welche Pfarrer, Lehrer und Ärzte auf ihrem Land arbeiten durften. Außerdem übten sie persönlich die Funktionen des Richters und der Polizei aus. Doch auch auf dem Land machte sich der wirtschaftliche Wandel bemerkbar. Immer mehr Bürger erwarben seit Anfang des 19. Jahrhunderts Landbesitz. Ende der 1870er Jahre stiegen die USA zum großen Konkurrenten auf. Die Getreidepreise sanken nun, Gutsherren ersetzten ihr Personal durch preiswertere Dresch- und Mähmaschinen. Unzählige Landarbeiter wurden arbeitslos und zogen in den Städte, um sich neue Verdienstmöglichkeiten zu suchen. Während der Ernte holten sich viele Bauern vor allem polnische Saisonarbeiter aus den östlichen Provinzen des Reichs und aus Russland.

M 1

Blick in den Innenhof des Warenhauses Wertheim, Berlin, Foto, 1906

Wirtschaft und Umwelt, Gesellschaft und Recht

M 2

Das Wachstum deutscher Großstädte

	Bevölkerung 1875	Bevölkerung 1910	Wachstum in %
Kiel	37246	211627	468,2
Essen	54790	294653	437,8
Leipzig	127387	589850	363,0
Düsseldorf	80695	358728	344,5
Frankfurt a. M.	103136	414576	302,0
Köln	135371	516527	281,6
Dortmund	57742	214226	271,0
Chemnitz	78209	287807	268,0
Nürnberg	91018	333142	266,0
Hamburg	264675	931035	251,8
München	193024	596467	209,0
Berlin	966859	2071257	114,2

Zusammengestellt nach Gerd Hohorst/Jürgen Kocka/Gerhard A. Ritter (Hg.), Sozialgeschichtliches Arbeitsbuch, München (C. H. Beck) 1975, S. 45.

M 3

Der Historiker Hermann Glaser schildert die Einführung neuer Verkehrsmittel im Kaiserreich (1994):

Die Veränderungen des Straßenbildes erfolgten zunächst in der Großstadt. Zum Gewimmel der Kutschen, Fuhrwerke, Pferdeomnibusse kam als Erstes die elektrische Eisenbahn; bald tauchten Fahrräder auf und schließlich die ersten Autos ... Ursprünglich hatten die Fahrräder nur dem Sport gedient; man organisierte sich dazu in exklusiven Bicycle-Clubs. Als die „Knochenschüttler" durch Massenfabrikation [1895] billiger geworden waren, wurden sie ein ... Beförderungsmittel für Arbeit und Freizeit ... Das Auto, soweit es nicht gewerblich genutzt wurde, gehörte zum Statussymbol der Oberklassen [„Herrenfahrer"]; doch leistete sich manch ein Angehöriger der Mittelstandes ein Auto zum Privatvergnügen. Um 1914 gab es in Deutschland rund 55000 Personenkraftwagen, 9000 Lastkraftwagen und 20600 Krafträder.

Hermann Glaser, Industriekultur und Alltagsleben, Frankfurt a. M. (Fischer) 1994, S. 189 und 193.

M 4

Fahrradverein beim Ausflug, Ort unbekannt, Foto, 1901

1 a) Wie veränderte sich das Leben auf dem Land und in der Stadt? Sammle Beispiele in einer Tabelle und erläutere sie (Darstellungstext):

Wandel auf dem Land	*Wandel in der Stadt*
...	...

b) Inwiefern veranschaulichen M1 und M4 den Wandel? Ordne sie in den Zusammenhang ein.

2 Analysiere die Tabelle M2.
Tipp: Nutze die Arbeitsschritte auf S. 145.

3 Wähle eine Aufgabe aus:

a) Stell dir vor, du bist ein Landarbeiter um 1900 und willst in die Stadt ziehen. Sammle Argumente, um deine Familie zu überzeugen.

b) Partnerarbeit: Gestaltet ein Gespräch zwischen einem Stadt- und Landbewohner: Wo ist das Leben besser?
Tipp: Betrachtet noch einmal die Bilder S. 152–156.

4 a) Lies M3. Erkläre die Aussage: „Die Gesellschaft des Kaiserreichs wird mobil."

b) Erläutere die sozialen Unterschiede, die sich in der Nutzung verschiedener Transportmittel zeigten (M3).

c) Diskutiert, ob es solche Unterschiede heute noch gibt.

5 Recherche: Erkundige dich nach Vereinen in deinem Heimatort. Wurden sie in der Kaiserzeit gegründet? Wenn ja, gestalte ein Kurzreferat.

1760 1770 1780 1790 1800 1810 1820 1830

um 1764 James Hargreaves baut eine Spinnmaschine („Spinning Jenny"), auf der viele Fäden gleichzeitig gesponnen werden können

1769 James Watt meldet eine betriebstaugliche Dampfmaschine zum Patent an

um 1770 Beginn der Industriellen Revolution in England

1771 Richard Arkwright entwickelt eine Spinnmaschine, die mit Wasser- und Dampfkraft angetrieben wird

um 1776 Adam Smith veröffentlicht seine Wirtschaftslehre: Staat soll Wirtschaft nicht behindern

1817 Missernten und extrem gestiegene Getreidepreise („Hungerjahr") bringen erste Auswanderungswelle aus Europa

1833 der evangelische Theologe Johann Hinrich Wichern gründet in Hamburg das „Rauhe Haus" für obdachlose Kinder

1834 Gründung des Deutschen Zollvereins

1835 erste Eisenbahnlinie in Deutschland

Industrialisierung und Soziale Frage

Faktoren der Industrialisierung in England

In der Geschichtswissenschaft ist unbestritten, dass die Industrialisierung in England begann. Aber warum sie ausgerechnet von dort ausging, ist schwieriger zu beantworten. In Indien und China waren die Voraussetzungen für eine industrielle Entwicklung ebenfalls vorhanden. Aber in England veränderten sich die Arbeits- und Lebensbedingungen als Erstes. Dafür waren folgende Faktoren ausschlaggebend:

- schnelles Wachstum der Bevölkerung
- frühzeitige Loslösung von mittelalterlichen Strukturen (z. B. Zünften, die die Arbeit regeln)
- marktwirtschaftliches Denken und Handeln
- vorhandenes Kapital
- technische Erfindungen (z. B. Spinning Jenny)
- Bau von Fabriken als Produktionsstätten, z. B. im Textilgewerbe, Bergbau, Eisen- und Stahlproduktion
- billige Rohstoffe aus den Kolonien und gute Infrastruktur (Straßen, Kanäle).

Die Vorgänge in England bezeichnete man erstmals als „Industrielle Revolution", weil sie so schnell und tief greifend waren.

Industrialisierung in Deutschland und Europa

Unter Industrialisierung versteht man den Wandel im übrigen Europa, der sich seit der ersten Hälfte des 19. Jahrhunderts vollzog. Die wichtigsten Merkmale waren:

- Einsatz von Maschinen in den neuen Fabriken
- Unterteilung der Arbeit in viele Einzelschritte, die von Arbeitern übernommen wurden
- Massenproduktion
- Nutzung neuer Energieträger wie Kohle, später auch Erdöl und Elektrizität
- Ansammlung und Einsatz von Kapital.

In Deutschland ging die Industrialisierung zunächst nur schleppend voran. Kleinstaaterei, Zollgrenzen und ein schlechtes Verkehrsnetz hemmten die Entwicklung. Erst nach politischen Reformen beschleunigte sich der Aufstieg: Ab 1810 wurde die Leibeigenschaft aufgehoben, Bauern konnten nun ihren Wohnort und Arbeitsplatz frei wählen – sie zogen oft in die Städte. 1834 wurde der Deutsche Zollverein gegründet und die Zollgrenzen wurden aufgehoben. Eisen- und Stahlindustrie wuchsen nun. Eine wichtige Rolle spielte die Eisenbahn, die die Industrialisierung durch schnelleren Transport beschleunigte, aber auch selbst große Nachfrage an Stahl und Kohle für den Streckenbau erzeugte. Das Ruhrgebiet wurde wegen seiner Rohstoffvorkommen (Steinkohle) zum wichtigsten Industriestandort im Reich.

Not und Verfolgung: Menschen wandern aus

Zwischen 1820 und 1914 wanderten mehr als fünf Millionen Deutsche aus. Fast 90 % von ihnen gingen in die USA. Politische Gründe spielten vor allem in der Zeit der Revolution von 1848/49 eine Rolle. Wichtiger war aber die wirtschaftliche Not. Meistens mangelte es an Arbeitsmöglichkeiten. Für viele war es schwierig, ein angemessenes Auskommen zu finden. Während die Bevölkerung stieg, verloren auf dem Land viele ihre Arbeit und strömten in die überfüllten Städte. Kleinbauern und Landarbeiter wanderten nach Amerika aus,

1840 | 1850 | 1860 | 1870 | 1880 | 1890 | 1900 | 1910

1846 erster katholischer Gesellenverein (Adolf Kolping)

1848 Kommunistisches Manifest von Karl Marx und Friedrich Engels

1848/49 Revolutionen in Europa

1853 Verbot der Kinderarbeit in Fabriken unter zwölf Jahren

1863 Ferdinand Lassalle gründet den „Allgemeinen Deutschen Arbeiterverein"

1900 Kinderschutzgesetz im Deutschen Reich?

weil sie auf eigenes Land hofften. Besonders stark wuchs die Auswanderungswelle in der Zeit der großen Hungerkrise von 1846 bis 1857.

Folge der Industrialisierung: Die Soziale Frage

Mit der Industrialisierung veränderten sich auch die Arbeits-, Wohn- und Lebensbedingungen der Menschen. Die Fabrikarbeit trennte Wohnung und Arbeitsplatz. Es gab niedrige Löhne, lange Arbeitszeiten, härtere Kinderarbeit, strenge Fabrikordnungen und große Wohnungsnot. Arbeiterfamilien waren nicht abgesichert, wenn jemand krank wurde, einen Unfall hatte oder starb. Die Kluft zwischen Fabrikbesitzern und der Masse der abhängigen Arbeiter wurde immer größer. Weil es viel mehr Arbeitsuchende als Stellen gab, konnten Unternehmer die Löhne senken. Das führte dazu, dass Arbeiterfamilien oftmals am Rande des Existenzminimums lebten. Auch Kinderarbeit war anfangs nahezu die Regel. Diese sozialen Probleme infolge der Industrialisierung bezeichnet man als „Soziale Frage".

Die Soziale Frage – Lösungsansätze

Staat, Kirchen und Arbeiter versuchten die Soziale Frage verschieden zu lösen:

- Unter Reichskanzler Bismarck wurden Versicherungen eingeführt.
- Kirchenvertreter kümmerten sich um Alleinstehende und Obdachlose. Sie ermahnten die Unternehmer.
- Die Arbeiter selbst gründeten Gewerkschaften, um durch Streiks bessere Arbeitsbedingungen zu erreichen. Sie forderten politische Mitbestimmung.

Auch einige Unternehmer kümmerten sich um die Belange der Arbeiter, oft, weil sie Streiks fürchteten. Sie führten eigene Versicherungen ein und bauten günstige Wohnsiedlungen für ihre Arbeiter. Dennoch dauerte es Jahrzehnte, bis die Verbesserungen wirkten.

Die Nutzung von Energie: Zwischen Raubbau und Nachhaltigkeit

Seit Beginn der Zivilisation nutzen die Menschen Energie, um Nahrung zu verarbeiten oder Gegenstände herzustellen. Am Anfang waren die Energiequellen vor allem Feuer und Muskelkraft. Ab dem frühen Mittelalter begann man dann verstärkt die Energie von Wasser und Wind zu nutzen, z. B. durch Wasserräder zum Schmieden oder Mahlen. Durch den Landesausbau und den Aufschwung des Bergbaus stieg außerdem der Holzbedarf stark an. Geheizt wurde vor allem mit Holzkohle. Der Raubbau an den Wäldern war so bedrohlich, dass bereits im 18. Jahrhundert ein schonender Umgang mit den Ressourcen gefordert wurde (Nachhaltigkeit). Mit der Industrialisierung begann dann das Zeitalter der fossilen Brennstoffe wie Steinkohle und Benzin. Die Erzeugung von elektrischem Strom machte Energie erstmals ortsunabhängig nutzbar. Doch die fossilen Energieträger sind begrenzt und ihre Verbrennung fördert den gefährlichen Klimawandel. Die Nutzung der Energie steht wieder an einem Wendepunkt.

In diesem Kapitel konntest du folgende Kompetenzen erwerben:

- Ursachen und Merkmale der Industrialisierung benennen
- die Bedeutung von Erfindungen und technischem Fortschritt als Schrittmacher der Industrialisierung erklären
- den Verlauf der Industrialisierung in verschiedenen Ländern und Regionen vergleichen
- die Auswirkungen der Industrialisierung auf die Arbeit und das Leben der Menschen beschreiben
- Lösungsversuche der sozialen Frage darstellen und bewerten
- die Geschichte der Nutzung von Energie darstellen und dabei die Begriffe Raubbau und Nachhaltigkeit verwenden
- **Methode:** Eine Statistik auswerten
- **Methode:** Eine historische Fotografie analysieren

M 1

Die Stadtbahnanlagen an der Jannowitzbrücke in Berlin, Gemälde von Julius Jacob und Wilhelm Herwarth (Ausschnitt), um 1891

M 2

Kinder eines Zigarrenmachers helfen ihrem Vater bei der Arbeit in der Küche ihrer Wohnung. Foto, Datum unbekannt

M 3

Frauen beim Wickeln von Spulen für Elektromotoren, Maschinensaal der AEG in Berlin, Foto, um 1890

M 4

Der Streik, Gemälde von Robert Köhler, 1886

Methodenkompetenz

1 Untersuche die Bilder M2 und M3 mithilfe der Arbeitsschritte „Eine historische Fotografie analysieren", S. 157.

2 Gestalte ein Plakat zum Thema „Die Geschichte der Nutzung von Energie". Lies auf S.163–168 nach.

Sachkompetenz

3 Beschreibe das Bild M4 und erkläre den Bezug zur Sozialen Frage.

4 Nenne und erläutere mindestens drei Faktoren, die zur Industrialisierung in England führten.

5 **Partnerarbeit:** Erklärt euch gegenseitig die folgenden Begriffe: Industrialisierung, Deutscher Zollverein, Urbanisierung, Emigration, soziale Frage.

6 **Wähle eine Aufgabe aus:**

a) Stell dir vor, du kämst als „Reporter/-in" in die Szene von Bild M1. Beschreibe, was du siehst, und interviewe eine der dargestellten Personen.

b) Wähle eine der in Bild M3 abgebildeten Frauen aus. Verfasse aus ihrer Sicht einen Brief an ihre jüngere Schwester, die noch zu Hause wohnt und auf dem Bauernhof ihrer Familie mithilft.

Urteilskompetenz

7 Der Historiker Hubert Kiesewetter schrieb 2006 über Bildung und Industrialisierung: „Es hat … einen engen Zusammenhang zwischen der Erweiterung von Bildungsmöglichkeiten – vor allem im technischen und wissenschaftlichen Bereich – und dem Wirtschaftswachstum … gegeben. Bereits im Jahr 1800 stellte eine Wetzlarer Schulkommission fest, dass das Schulwesen, die sicherste Stütze von Staatenglück und Privatwohl" sei. Kommentiere diese Aussage mithilfe deiner Kenntnisse über die Industrialisierung.

8 Ist Streik ein geeignetes Mittel, um Forderungen durchzusetzen? Diskutiert anhand von Bild M4.

9 **a)** Beurteilt, wie nachhaltig die Menschen von der Antike bis heute ihre Energiequellen genutzt haben. **Tipp:** Lies nochmals auf S. 163–168 nach.

b) Diskutiert: Wie müsste die Nutzung von Energie in Zukunft aussehen, damit sie nachhaltig ist?

Webcode: FG450068-175
Selbsteinschätzungsbogen

DIE SOZIALDEMOKRATIE
GEGEN KOLONIEN GEGEN
DEUTSCHLAND
ITALIEN
AMERIK
FRANKREICH
TOGO, KAMERUN, OSTAFRIKA
SÜDWESTAFRIKA
MAROKKO
ALGIER
MADAGASKAR
ANAM
COCHINCHINA
TRIPOLIS
CUBA
PANAMA
JNDIEN
SÜDAFRIKA
OSTAFRIKA
ÄGYPTEN
SUDAN
AUSTRALIEN
CANADA
DIEWELT
VERTEIL
ROTEN

6

Imperialismus und Erster Weltkrieg

Seit etwa 1880 versuchten die Großmächte Europas und die USA, die noch „freien" Gebiete der Erde zu unterwerfen und Weltreiche zu gründen. Der Text auf der Rückseite einer Postkarte der Zentrumspartei warnt Deutschland davor, diesen Wettlauf zu verpassen: „Verzichtet Deutschland auf die Erweiterung seines Wirtschaftsgebietes, so heißt dies: Deutschland kann nicht nur als politisch maßgebendes Land abdanken, sondern es geht auch wirtschaftlich zurück."

Welche Interessen und Konflikte kannst du der Szene entnehmen?
Stell dir vor, Deutschland nähme auch an der Verteilung des Kuchens teil.

Werbepostkarte der Zentrumspartei zur Reichstagswahl 1912. Die SPD-Politiker Karl Liebknecht und Georg Ledebour hindern Deutschland daran, an der „Aufteilung der Welt" mitzumachen.

1870 | 1880 | 1890

1880–1914 Zeitalter des Imperialismus

1873 Dreikaiserabkommen: Deutsches Reich – Österreich-Ungarn – Russland

1879 Zweibund: Deutsches Reich – Österreich-Ungarn

1884 Europäer teilen Afrika unter sich auf

1890 Entlassung Bismarcks; „Neuer Kurs“ Wilhelms II.

1871 Gründung des Deutschen Reichs

Imperialismus und Erster Weltkrieg

Ende des 19. Jahrhunderts begannen die Industrienationen, ihre Machtbereiche auszudehnen. Sie kämpften darum, neue Gebiete auf der Welt zu beherrschen, vor allem in Afrika und Asien. Der Kampf verschärfte sich immer mehr. Besonders England, Frankreich und die USA, aber auch kleine Nationen wie die Niederlande wollten Weltreiche (Imperien) errichten. Man bezeichnet dieses Streben nach Weltreichen als Imperialismus. Die imperialistischen Mächte hofften auf neue Rohstoffquellen für ihre Industrie und Absatzmärkte für ihre Produkte. Viele empfanden diesen Wettlauf als „Überlebenskampf“ der Nationen. Ihr Denken war von einem übersteigerten Nationalismus beeinflusst. Dazu kam ein starker Rassismus: Europäer und Amerikaner glaubten, den Völkern der besetzten Gebiete aufgrund ihrer „Rasse“ überlegen zu sein.

Besonders schwierig wurde es, als sich Staaten wie Deutschland und Italien in den Verteilungskampf einmischten. Sie waren erst spät zu Nationalstaaten geworden und versuchten ihren Rückstand nun aufzuholen. Das Gleichgewicht Europas geriet so immer mehr aus den Fugen. Es herrschte eine Atmosphäre, die von nationalem Ehrgeiz, Ängsten, Misstrauen und Rivalität geprägt war. Sie glich einem Pulverfass, das jederzeit explodieren konnte. Ein Attentat führte 1914 schließlich zum Ausbruch des Ersten Weltkriegs. Er wurde zur „Urkatastrophe des 20. Jahrhunderts“.

- Warum und auf welche Weise betrieben die Großmächte Imperialismus?
- Wie rechtfertigten sie ihn?
- Welche Auswirkungen hatte der Imperialismus auf Europa und auf die Völker in den Kolonien*?
- Welche Entwicklung nahm Deutschland in dieser Zeit?
- Welche Ursachen hatte der Erste Weltkrieg und warum war er so besonders?

Antworten darauf findest du in diesem Kapitel.

M 1

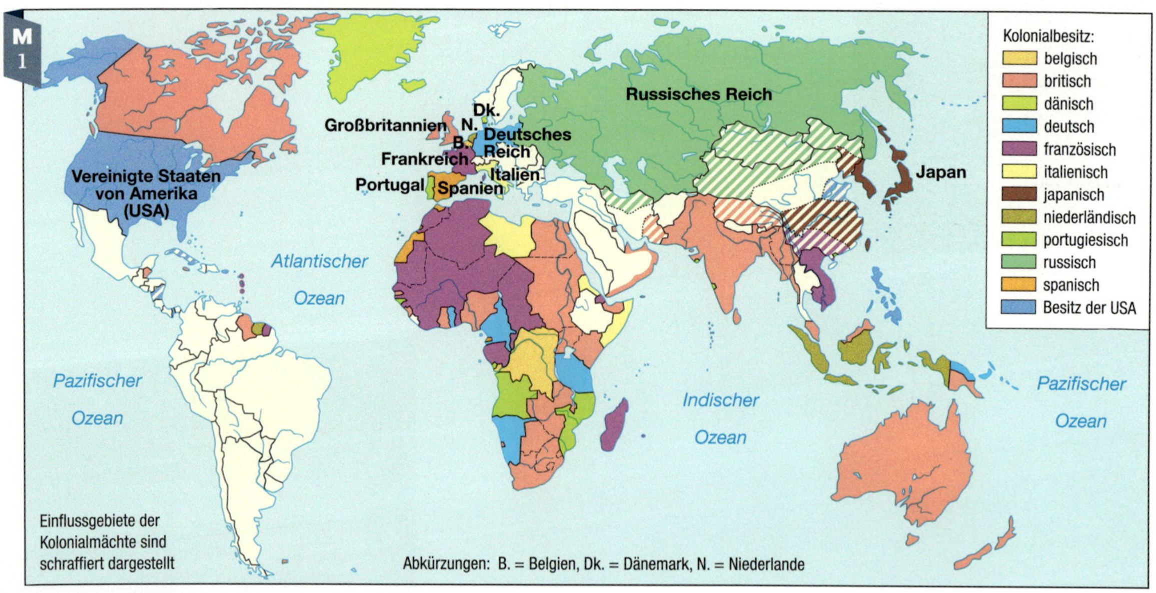

Die Kolonialmächte der Welt um 1914

1900 | 1910 | 1920

1898 französisch-britische Konfrontation in Afrika

1904 Entente cordiale: britisch-französische Verständigung

1905/1911 deutsch-französische Konfrontation

1914 Attentat auf den österreichischen Thronfolger in Sarajewo/Bosnien

1914–1918 Erster Weltkrieg

1918–1933 Weimarer Republik

M 2

Französische Karikatur von J. Laurian, 1899. Auf dem Spruchband steht: „Honni soit qui may y pense" – „Ein Schuft, wer Böses dabei denkt."

M 3

„Seien Sie doch nicht so unruhig! Sie werden den Kahn noch zum Kentern bringen." – Das missratene Kind. Karikatur auf Kaiser Wilhelm II. aus einer englischen Zeitschrift, 10. Mai 1890. Die Figuren vorne im Kahn stellen die Länder England, Frankreich, Österreich und Russland dar.

M 4

Deutsche Soldaten mit Flugabwehrgeschütz im Ersten Weltkrieg, zeitgenössisches Foto

1 Sieh dir die Karte M1 an. Untersuche daran die Aufteilung der Welt um 1914.

2 **Wähle eine Aufgabe aus:**

a) Interpretiere M2.

b) Interpretiere M3. Nutze dazu den Darstellungstext Z. 17-26.

3 **a)** Beschreibe das Foto M4.

b) Arbeite anhand des Fotos die Unterschiede zwischen dem Ersten Weltkrieg und Kriegen davor heraus.

Tipp: Auf S. 20 und 84 findest du Bilder zum Vergleichen.

Wie rechtfertigten die Großmächte ihren Imperialismus?

Der Imperialismus – ein neues Phänomen

Kolonien gab es schon seit Beginn der Frühen Neuzeit, z. B. in Amerika. Besonders die Seefahrerstaaten wie Spanien oder Portugal betrieben Kolonialismus*, versuchten also neue Kolonien zu gewinnen und auszubeuten. Der Imperialismus unterschied sich vom Kolonialismus darin, dass er viel schneller und aggressiver war. Er begann Ende des 19. Jahrhunderts. Imperialistische Staaten wollten ihre Wirtschaft fördern und suchten deshalb nach neuen Rohstoffquellen und Absatzmärkten. Dazu gründeten sie neue Kolonien überall auf der Welt. Es entstand ein unerbittlicher Konkurrenzkampf um die „Aufteilung der Erde", bei dem die Großmächte oft rücksichtslos vorgingen. Ihren Herrschaftsanspruch rechtfertigten sie auf unterschiedliche Weise.

Drei Rechtfertigungen des Imperialismus

Zum einen empfanden die imperialistischen Staaten ein Sendungsbewusstsein*. Das bedeutet, sie fühlten sich auserwählt, die eigene Kultur in die Welt hinauszutragen. Die Europäer sahen ihre Kultur als überlegen an. Fremde Völker bezeichneten sie als „Barbaren", die man „zivilisieren" musste.

Eine zweite Rechtfertigung war der Nationalismus. Es war für die Großmächte überaus wichtig, die eigene Nation zu stärken. Europäische Staaten wollten deshalb verhindern, dass zu viele Menschen auswanderten, zum Beispiel in die USA. Die Kolonien waren als Siedlungsräume für die überschüssige Bevölkerung gedacht. Außerdem sollten sie das Ansehen der Nation steigern.

Eine dritte Rechtfertigung war der Sozialdarwinismus*. Dabei handelte es sich um eine Theorie, die aus der Lehre des britischen Naturforschers Charles Darwin (1809–1882) entstanden war. Er formulierte die Evolutionstheorie und beschrieb die Entwicklung von Tier- und Pflanzenarten. Die Welt war für ihn ein „Kampf um das Dasein": Schwächere Lebewesen blieben zurück, nur die stärkeren könnten sich fortpflanzen. Er nannte das die „natürliche Auslese". Ende des 19. Jahrhunderts übertrug man diese Theorie auf die menschliche Gesellschaft: Die Europäer und Amerikaner sahen sich als überlegene „Rassen", denen es erlaubt sei, andere zu unterdrücken. So rechtfertigten sie soziale Ungleichheit und Ausbeutung. Aus wissenschaftlicher Sicht ist diese Anwendung von Darwins Theorien völlig unhaltbar.

M1

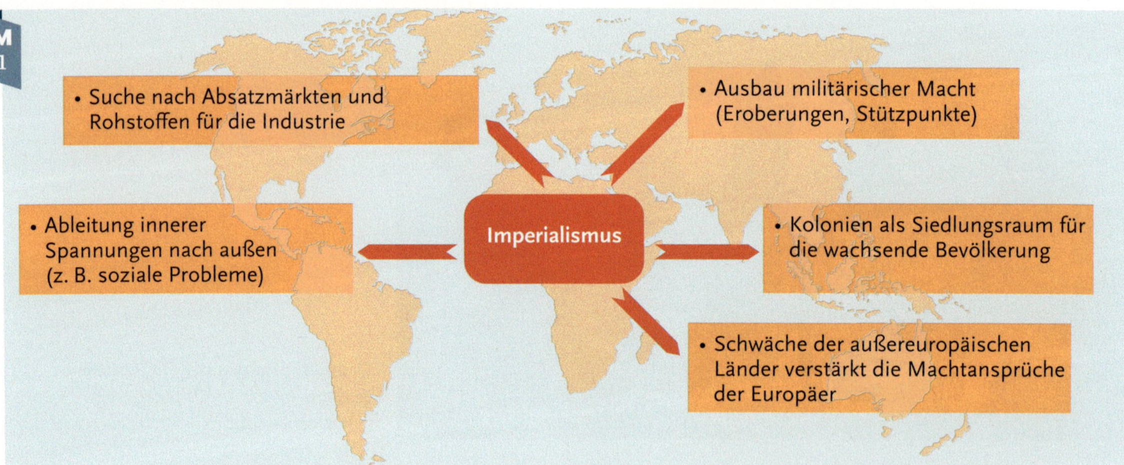

Ursachen und Ziele des Imperialismus

1 a) Arbeite aus dem Darstellungstext und Schaubild M1 Ziele und Rechtfertigungen imperialistischer Politik heraus.
b) Erstelle ein neues, umfassenderes Schaubild zum Imperialismus.

2 Erkläre in eigenen Worten: Sendungsbewusstsein, Sozialdarwinismus.

3 Nimm Stellung zu folgender These: „Europäer sollten anderen Völkern ihre Kultur bringen, damit sie deren Vorzüge genießen können."

Weltdeutung und Religion

Das Zeitalter des Imperialismus

Die Großmächte der Welt betrieben unterschiedliche Formen von Imperialismus – je nachdem, wie mächtig sie waren, wo sie geografisch lagen und welche Traditionen und Ziele sie hatten. An den folgenden Stationen kannst du erarbeiten, wie sich der Imperialismus der einzelnen Nationen unterschied.

Wie veränderte sich der Umgang mit den Kolonien seit der Frühen Neuzeit?

Seit Beginn der Neuzeit um 1500 hatten Länder wie Spanien und Portugal immer neue Gebiete in Übersee erworben. Sie waren frühe Kolonialmächte. Ihr Ziel war es vor allem, Edelmetalle, Rohstoffe und Agrarprodukte zu gewinnen. Historiker nennen das „Beutekapitalismus": Die Kolonialmächte wollten möglichst viele Waren möglichst schnell abbauen und nach Hause verschiffen. Mit der Zeit änderte sich ihr Ziel aber etwas. Nun trat die politische Herrschaft über die unterworfenen Gebiete in den Vordergrund. Die Industrialisierung begann, und die neuen Fabriken brauchten riesige Mengen an Rohstoffen. Fertige Produkte sollten in den Kolonien verkauft werden. Der Nationalismus wuchs, und jeder Staat wollte besonders angesehen sein. Kolonien wurden zu Vorzeigeobjekten. Die Staaten versuchten im 19. Jahrhundert, ihre Kolonialgebiete auszudehnen und Weltmächte zu werden. Die Konkurrenz zwischen den europäischen Staaten, den USA und Japan wuchs. Die Phase zwischen den 1880er Jahren und dem Ersten Weltkrieg 1914 nennt man deshalb das Zeitalter des Imperialismus.

Lernen an Stationen

An den folgenden fünf Stationen könnt ihr das Thema „Imperialismus" erarbeiten. Ihr könnt entweder alle Stationen einzeln besuchen – oder ihr teilt euch in Gruppen auf. Jede Gruppe übernimmt dann 1–2 Pflichtstationen. Bearbeitet sie mithilfe der Arbeitsaufträge, die ihr auf der jeweiligen Seite findet. Bevor ihr loslegt, solltet ihr entscheiden, wie ihr eure Ergebnisse auswertet und präsentieret (Kurzreferate, Tafelskizze, Wandzeitung, Powerpoint-Präsentation …). Zusätzlich zu den Pflichtstationen könnt ihr eine Wahlstation bearbeiten und eure Ergebnisse vergleichen.

M 1 Laufzettel

Pflichtstationen	**bearbeitet mit … am …**	**meine Meinung zum Thema**
Station 1: Großbritannien: Handel und indirekte Herrschaft S. 182		
Station 2: Frankreich: Kolonialismus als „Zivilisierung" S. 183		
Station 3: Russland: Imperialismus auf dem Kontinent S. 184		
Station 4: USA: Imperialismus der „offenen Tür" S. 185		
Wahlstation 5: Kolonialwarenhandel – edle Produkte aus Übersee S. 186		

Webcode: FG450068-181
Kartenanimation: Kolonialismus und Imperialismus bis 1914

Wirtschaft und Umwelt, Weltdeutung und Religion, Transkulturalität

Station 1: Großbritannien: Handel und indirekte Herrschaft

M 1

Gründe und Methoden britischer Kolonialpolitik

M1A *Der Konservative John Walton schrieb 1899 in einer Zeitschrift über die Aufgabe des Imperialismus:*

Wir sind eine industrielle Gesellschaft, die hauptsächlich von unserem Handel mit der Welt lebt. Wo ... unsere Unternehmungen Wege für unseren Handel geschaffen haben, dürfen diese nicht durch feindliche Zölle geschlossen werden. Wo wir Märkte für unsere Güter erschlossen haben, müssen wir den Zugang ... erhalten. Die Besetzung von herrenlosen Gebieten auf dem Erdball ist in der Regel moralisch gerechtfertigt und darüber hinaus ökonomisch[1] ratsam, ... um die Errichtung von Handelsmetropolen [anderer Nationen] abzuwenden ... Kein größerer Fluch kann abhängige Rassen befallen, als das Opfer von Handelsfreibeutern[2] zu werden, keine größere Wohltat kann ihnen in ihrem unvermeidlichen Kampf mit der eindringenden westlichen Zivilisation zuteil werden als die starke, aber humane Autorität britischer Herrschaft.

M1B *Der britische Außenminister Lord Robert Salisbury schrieb 1879 an den Generalkonsul von Ägypten:*

Das Hauptziel unserer ägyptischen Politik ist die Erhaltung der Neutralität dieses Landes, d. h. die Erhaltung einer Situation, in der dort keine Großmacht mächtiger sein kann als Großbritannien ... Es hat sich bereits zur Genüge gezeigt, dass die Muselmanen[3] nicht bereit sind, einer Regierung zu gehorchen, die nominell [ganz offen] europäisch ist. ... Es ist daher von besonderer Bedeutung, der einheimischen Regierung zum Erfolg zu verhelfen. Aus diesem Grund sollte sie in ihrem eigenen Interesse weitgehend Europäer beschäftigen bzw. dazu gezwungen werden ... Allerdings sollten die Europäer so weit wie möglich im Hintergrund bleiben ... Um die Stellungen, die den größten Einfluss ausüben und den geringsten Neid erwecken, sollten sich die Europäer bemühen.

[1] *wirtschaftlich*
[2] *Freibeuter: Pirat, gemeint sind die anderen Nationen*
[3] *Muselmane: abwertende Bezeichnung für Moslem*

M1A und M1B zit. nach Wolfgang Mommsen, Imperialismus, Hamburg (Hoffmann und Campe) 1977, S. 70 und S. 47ff.

M 2

„So kolonisiert der Engländer", Karikatur von Thomas Th. Heine in der deutschen satirischen Zeitschrift „Simplicissimus", 1905. Dem Afrikaner wird Whiskey eingeflößt.

1 Arbeite aus den Texten M1A und M1B Gründe und Methoden der britischen Kolonialherrschaft heraus.

2 Wie rechtfertigt John Walton in M1A das britische Vorgehen? Erkläre in eigenen Worten.

3 Untersuche und deute die Karikatur M2.
Tipp: Du kannst die Arbeitsschritte auf S. 65 nutzen.

Wirtschaft und Umwelt, Weltdeutung und Religion

Station 2: Frankreich: Kolonialismus als „Zivilisierung"

M 1

Die Bedeutung von Kolonien für Frankreich

M1A *Gabriel Hanotaux, französischer Außenminister, sagte um 1894 zur französischen Kolonialpolitik:*

Bei der Ausdehnung Frankreichs handelt es sich nicht um Eroberungs- oder Machtpolitik, sondern darum, jenseits der Meere in Landstrichen, die gestern barbarisch waren, die Prinzipien einer Zivilisation zu verbreiten, deren sich zu rühmen eine der ältesten Nationen des Globus wohl das Recht besitzt. Es handelt sich darum, in der Nähe und in der Ferne ebenso viele neue Frankreiche zu schaffen. Es handelt sich darum, unsere Sprache, unsere Sitten, unser Ideal ... inmitten der stürmischen Konkurrenz der anderen Rassen, die alle auf demselben Weg marschieren, zu schützen. Die französische Ausdehnung hatte zu allen Zeiten zivilisatorischen[1] und religiös-missionarischen[2] Charakter.

M1B *Eugène Etienne, Vorsitzender der französischen „Kolonialpartei", sagte 1889:*

Amerika, das seine Industrien hinter sorgsam verschlossenen Toren aufgebaut hat, plant nunmehr die Errichtung eines „Zollvereins", der allein für amerikanische Erzeugnisse geöffnet ist. Heute also muss Frankreich darum besorgt sein, sich seinen eigenen Markt zu bewahren ... Es gibt ein Land, das wir als Erste erforscht und kolonisiert haben, nämlich Afrika. Alle europäischen Nationen stürzen sich auf dieses Land ... Frankreich muss nach Afrika und nach Indien gehen ... Wir müssen von dort aus nach China vorstoßen und verhindern, dass uns ein Volk zuvorkommt, das niemals zögert und niemals pausiert, nämlich die Engländer, welche mit Siam [Thailand] und Burma [Myanmar] über zwei Zugänge nach China verfügen.

M1A zit. nach Karl Epting, Das französische Sendungsbewusstsein im 19. und 20. Jahrhundert, Heidelberg (Vowinckel) 1952, S. 90. M1B zit. nach Mommsen, a. a. O., S. 84ff.

[1] *zivilisatorisch: Zivilisation bringend*
[2] *missionarisch: (zum christlichen Glauben) bekehrend*

M 2

„Frankreich wird Marokko Kultur, Wohlstand und Frieden bringen können", Titelseite der französischen Zeitschrift „Le Petit Journal" vom 19. November 1911

1 **a)** Vergleiche die in M1A und M1B genannten Gründe für die imperialistische Politik Frankreichs.
b) Nimm Stellung zur Aussage der Texte.

2 Untersuche, wie in M1A und M1B der Imperialismus gerechtfertigt wird.
Tipp: Vergleiche mit den Theorien auf S. 180.

3 Beschreibe das Selbstverständnis Frankreichs in Bezug auf die Kolonisation. Nutze dazu Bild M2.

Station 3: Russland: Imperialismus auf dem Kontinent

M1

Der russische Außenminister Alexander M. Gortschakow schrieb 1864 über Russlands Absichten:

Die Situation Russlands in Zentralasien ist die aller zivilisierten Staaten, welche sich in Kontakt mit nomadisierenden[1], halbwilden Völkerscharen ohne feste Organisation befinden. Die Sicherheit der Grenzen und des Handels verlangt in solchem Falle, dass der zivilisierte Staat ein gewisses Übergewicht über seine Nachbarn ausübe. Zunächst sind ihre Einfälle und Plünderungen zurückzuweisen. Um denselben ein Ende zu machen, ist man genötigt, die Grenzbevölkerung zu einer mehr oder minder direkten Unterwerfung zu zwingen. Ist dies Resultat erreicht, so nehmen die Grenzbewohner ruhigere und sesshaftere Gewohnheiten an, dafür werden sie nunmehr von ferner lebenden Stämmen beunruhigt. Der Staat ist verpflichtet, jene zu schützen, diese zu züchtigen.

Zit. nach Peter Alter (Hg.), Der Imperialismus (= Tempora Quellen zur Geschichte und Politik), Stuttgart (Klett) 1989, S. 40ff.

[1] *nomadisierend: herumziehend*

Russland – ein Imperium wie jedes andere?

Anders als die europäischen Großmächte hatte Russland keinen Hafen, der das ganze Jahr über eisfrei war. Das war aber eine Grundvoraussetzung für eine erfolgreiche Handels- und Kriegsflotte. Russland begann deshalb, sein Reich auf dem Kontinent auszudehnen: erstens nach Südosteuropa zum Schwarzen Meer, zweitens in Richtung Mandschurei und China und drittens nach Persien. Es wollte Vormacht und Beschützer aller slawischen Völker sein. Sibirien verfügte über große Bodenschätze, war aber kaum erschlossen. Auch der Handel mit China war wegen der riesigen Entfernungen schwierig. Deshalb begann Russland mit dem Bau der Transsibirischen Eisenbahn. Sie verkürzte die Transportzeit erheblich. Russland hoffte so, sich Anteile am Handel mit China zu sichern – auf Kosten Englands, das dort schon tätig war.

1. Arbeite die Besonderheiten des russischen Imperialismus heraus (Darstellungstext, M2). Vergleiche sie mit anderen Imperien, die du schon kennst.
   Tipp: Einen Überblick gibt dir die Karte auf S. 178.
2. Erkläre das Prinzip der russischen Ausdehnung in Zentralasien (M1).
3. Erläutere die wirtschaftlichen Vorteile durch die Transsibirische Eisenbahn (M2).

M2

Das russische Imperium

Station 4: USA: Imperialismus der „offenen Tür“

M1

Der US-Politiker Albert J. Beveridge sprach 1889 bei einer politischen Veranstaltung in Boston über die Zukunft der USA:

Amerikanische Fabriken stellen mehr her, als für die Versorgung des amerikanischen Volkes notwendig ist. Die amerikanische Erde erzeugt mehr, als es [das Volk] verzehren kann. Das Schicksal hat uns unsere Politik vorgeschrieben. Der Handel der Welt muss und wird unser sein ... Wir werden in der ganzen Welt Handelsniederlassungen als Umschlagplätze für amerikanische Waren gründen. Unsere Handelsflotte wird bald über den ganzen Ozean fahren. Wir werden eine Kriegsmarine aufbauen, die unserer Größe entspricht. Aus unseren Handelsniederlassungen werden Kolonien erwachsen, die sich selbst regieren, unsere Flagge führen und mit uns Handel treiben ... Und das amerikanische Recht, die amerikanische Ordnung, die amerikanische Zivilisation und die amerikanische Flagge werden an bis dahin blutigen unkultivierten Ufern Fuß fassen, Ufern, die ... von nun an schöner und zivilisierter werden.

Zit. nach Mommsen, a. a. O., S. 211f.

Ein Imperialismus ohne Kolonien?

In den USA war im 19. Jahrhundert die Idee des Wirtschaftsliberalismus populär (siehe Begriffskasten). Diese Idee übertrug sich auch auf die Vorstellung von einem US-Imperium. Anstatt Kolonien zu errichten, wollten die USA lieber freien Handel und neue Absatzmärkte für ihre Produkte. Die Verkehrswege sicherten sie mit Stützpunkten. Durch Geld, Wirtschaftsmacht, politischen Druck und einen schlagkräftigen Militärapparat verschafften sie sich Zugang zu vielen Ländern. Man spricht deshalb von einer „Politik der offenen Tür“. Historiker nennen den amerikanischen Imperialismus auch „Dollarimperialismus“. Die USA drängten weniger entwickelte Staaten in die Abhängigkeit. Das galt besonders für Latein- und Mittelamerika. Diese Regionen erklärten die USA bereits 1823 zu ihrem Einflussbereich. Die Europäer sollten sich hier nicht mehr einmischen.

1 Erkläre den Ausdruck „Imperialismus der offenen Tür“ (Darstellungstext, M1).

2 Untersuche, wie in M1 der Imperialismus der USA gerechtfertigt wird.
Tipp: Vergleiche mit den Theorien auf S. 180.

3 **a)** Analysiere die Karikatur M2.
b) Vergleiche ihre Aussage mit der des Politikers Beveridge (M1).

M2

„Schutzmann der Welt“, amerikanische Karikatur auf die Außenpolitik der USA, 1905. Die große Figur stellt den US-Präsidenten Theodor Roosevelt dar, auf dem Schlagstock steht „The New Diplomacy“ („Die neue Diplomatie“).

Wirtschaftsliberalismus
Wirtschaftsliberale sind für Wettbewerb, freies Unternehmertum und Handel ohne Beschränkungen. Sie lehnen Eingriffe des Staates in die Wirtschaft ab, sind also z. B. gegen Zölle und staatliche Vorgaben.

Wahlstation 5: Kolonialwarenhandel – edle Produkte aus Übersee

M1

Ansicht eines Kolonialwarenhandels, Postkarte, 1929

Heute ist es selbstverständlich, in einem Laden Zucker oder Kaffee zu kaufen. Ende des 19. Jahrhunderts galten diese Waren noch als Luxusgüter. Seit der Gründung der Kolonien kamen immer mehr Produkte aus Übersee nach Europa, so genannte Kolonialwaren. Darunter verstand man Tee, Kakao, Tabak, Südfrüchte, Reis und Gewürze. Die Waren wurden von Handelsgesellschaften importiert. Eine der bekanntesten in Deutschland war die 1898 in Berlin gegründete EDEKA (Einkaufsgenossenschaft der Kolonialwarenhändler). Sie lieferte Produkte aus den Kolonien, aber auch aus anderen tropischen und subtropischen Ländern wie Brasilien oder Guatemala. Verkauft wurden die Waren in so genannten Kolonialwarenläden (M1). Von Hand abgewogen und verpackt, gingen die begehrten Produkte über den Ladentisch. Kolonialwarenläden gab es in den meisten größeren Dörfern und Städten Deutschlands. Später erweiterten sie ihr Warenangebot und verkauften auch heimische Alltagsprodukte wie Grundnahrungsmittel, Seife und Haushaltsbedarf.

M2

Importwaren aus den deutschen Kolonien

Südwestafrika (Namibia)	Erze, Edelsteine, Marmor, Mais, Kautschuk, Häute
Kamerun	Kautschuk, Palmkerne, Kakao, Öl, Mais, Ebenholz
Togo	Mais, Palmkerne, Baumwolle, Kautschuk, Elfenbein
Deutsch-Ostafrika (Tansania)	Elfenbein, Kautschuk, Baumwolle, Hanf, Bienenwachs, Kaffee, Erdnüsse
Kaiser-Wilhelms-Land (Neuguinea)	Kokosnusskerne, Kautschuk, Kalk
Kiautschou (in China)	Erdnüsse und Eiweißstoffe
Samoa-Inseln	Kokosnusskerne und Kakao

Angaben nach dhm.de/lemo/html/kaiserreich/aussen-politik/kolonien2 (Stand: 19.04.2016).

1 Beschreibe den Kolonialwarenladen auf Bild M1. Welche Produkte werden angeboten?

2 **a)** Suche die Orte aus Tabelle M2 auf der Umschlagkarte vorne im Buch.

b) Untersuche: Welche Produkte aus dem Darstellungstext fehlen in M2? Was bedeutete das für die deutschen Importeure?

3 **Recherche:** Forsche nach, ob es in deinem Wohnort früher einen Kolonialwarenladen gab.

Das Deutsche Reich: Ein Sonderfall

Kolonialmacht mit Verspätung

Das Deutsche Reich wurde später als andere Länder Europas ein Nationalstaat. Es besaß zunächst keine nennenswerten Kolonien. Erst nach und nach entschied sich die Regierung unter Reichskanzler Bismarck, einige Gebiete zu erwerben (siehe Karte S. 180). Bismarck selbst lehnte Kolonien lange Zeit ab.

M 1

Der deutsche Reichskanzler Bismarck über die Kolonialpolitik:

a) 1868: Einerseits beruhen die Vorteile, welche man sich von Kolonien für den Handel und die Industrie des Mutterlandes verspricht, zum größten Teil auf Illusionen. Denn die Kosten, welche die Gründung, Unterstützung und namentlich die Behauptung der Kolonien veranlaßt, übersteigen sehr oft den Nutzen, den das Mutterland daraus zieht, ... Andererseits ist unsere Marine noch nicht weit genug entwickelt, um die Aufgabe nachdrücklichen Schutzes in fernen Staaten übernehmen zu können.

Michael Fröhlich: Imperialismus. Deutsche Kolonial- und Weltpolitik 1880–1914. München 1994, S. 32.

b) 1885: Wir müssen uns stets gegenwärtig halten, dass wir in Ägypten [einem damals umstrittenem Gebiet] selbst nur geringes Interesse haben, wohl aber an der Frage, wie wir in Europa zu Frankreich und England stehen. Wir dürfen uns keine von beiden Mächten ohne Not verfeinden und weder ihre Intimität anbahnen helfen noch die Verstimmung zwischen ihnen bis zum Krieg zwischen beiden fördern.

Zit. nach Ekkhard Verchau, Otto von Bismarck, München (Knaur) 1981, S. 121.

c) 1885: Die öffentliche Meinung legt gegenwärtig in Deutschland ein so starkes Gewicht auf die Kolonialpolitik, dass die Stellung der Regierung im Innern von dem Gelingen derselben wesentlich abhängt.

Zit. nach Johannes Lepsius u. a. (Hg.), Die große Politik der europäischen Kabinette, Bd. 4, Nr. 758, Berlin (Deutsche Verlagsgesellschaft für Politik) 1922, S. 96.

M 2

Karikatur aus der satirischen Zeitschrift „Kladderadatsch", 1884

M 3

Ein Historiker meint über den Erwerb von Kolonien durch Bismarck:

Die Erwerbung erfolgte zu einem außenpolitisch günstigen Zeitpunkt, als die erste Kolonial- und Seemacht, England, mit Frankreich in starken Spannungen lebte und nicht minder starke Spannungen zu Russland bestanden.
Innerhalb eines kurzen Zeitraums wurden ohne Flotte und ohne Krieg Gebiete unter deutsche Oberhoheit gestellt, die unternehmende Kaufleute und Forschungsreisende erworben hatten: April 1884 Südwestafrika, im Juli Togo und Kamerun, im Februar 1885 Ostafrika und im Mai 1885 das Kaiser-Wilhelm-Land [Neuguinea] mit der vorgelagerten Inselgruppe, dem Bismarck-Archipel.

Zit. nach Verchau, a. a. O., S. 121. Vom Verf. gekürzt und vereinfacht.

---

1 **a)** Arbeite aus den drei Texten Bismarcks (M1a–c) seine Haltung zur Kolonialpolitik heraus.
b) Bewerte Bismarcks Haltung aus heutiger Sicht.

2 Beschreibe und deute die Karikatur M2.

3 Erläutere, warum Bismarck 1884/1885 den Großteil der deutschen Kolonien erwarb (M1c, M3).

4 Partnerarbeit: Diskutiert, inwiefern die deutsche Kolonialpolitik ein „Sonderfall" war.

Deutsches Reich: Streben nach Weltmacht unter Kaiser Wilhelm II.

Das Deutsche Reich hatte erst 1884 Kolonien erworben – viel später als England oder Frankreich. Umso lauter forderten nationalistische Kräfte nun, dass es eine gleichberechtigte Stellung unter den Kolonialmächten einnehmen sollte. Einige forderten sogar die Weltmacht für Deutschland. Der wichtigste Förderer dieser Idee war der deutsche Kaiser Wilhelm selbst. Ein Kernpunkt seiner neuen Politik war der Bau einer Flotte.

M 1

Der deutsche Staatssekretär Bernhard von Bülow meinte 1897:

Die Zeiten, wo der Deutsche dem einen seiner Nachbarn die Erde überließ, dem anderen das Meer und sich selbst den Himmel reservierte ... diese Zeiten sind vorüber. Wir betrachten es als eine unserer vornehmsten Aufgaben, gerade in Ostasien die Interessen unserer Schifffahrt, unseres Handels und unserer Industrie zu fördern ... Wir müssen verlangen, dass der deutsche Missionar und der deutsche Unternehmer, die deutschen Waren, die deutsche Flagge und das deutsche Schiff in China geradeso geachtet werden wie diejenigen anderer Mächte. ... Mit einem Worte: Wir wollen niemand in den Schatten stellen, aber wir verlangen auch unseren Platz an der Sonne.

Zit. nach Johannes Penzler (Hg.), Fürst Bülows Reden nebst urkundlichen Beiträgen zu seiner Politik, Bd. 1, Berlin (Verlag Georg Reimer) 1907, S. 6–8.

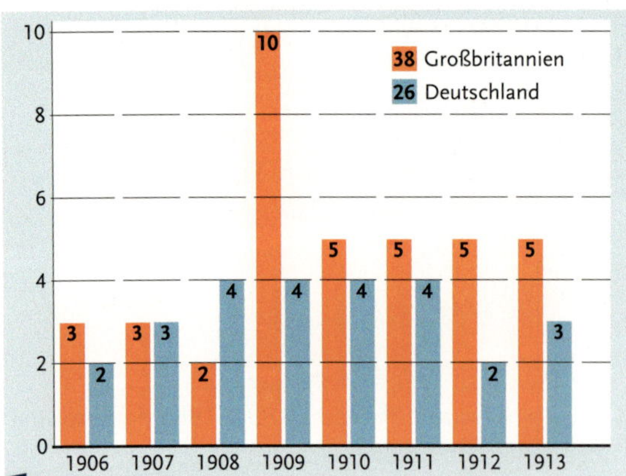

M 4

Bau von Großkampfschiffen 1906 bis 1913, Anzahl in Stück

M 2

Der deutsche Admiral Tirpitz über den Bau der Flotte (1900):

Unter den gegebenen Umständen gibt es nur ein Mittel, Deutschlands Handel und Kolonien zu schützen. Deutschland muss eine Flotte von solcher Stärke haben, dass selbst für die größte [feindliche] Flotte ein Krieg ... ein solches Risiko in sich schließen würde, dass ihre eigene Überlegenheit gefährdet wäre. Für diesen Zweck ist es nicht absolut notwendig, dass die deutsche Flotte ebenso groß ist wie die der größten Seemacht, weil in der Regel eine große Seemacht nicht in der Lage sein wird, ihre ganze Kraft gegen uns zu konzentrieren.

Zit. nach Walther Hubatsch, Die Ära Tirpitz, Göttingen (Musterschmidt Verlag) 1955, S. 72f.

M 3

Italienische Karikatur von Eugenio Cormo, Postkarte, 1915. Unten steht: „Der Gefräßige – zu hart". Die Figur stellt Kaiser Wilhelm II. dar.

1 Nenne Gründe, warum Deutschland Weltpolitik betrieb (M1).

2 a) Erläutere die Erwägungen von Admiral Tirpitz zum Flottenbau (M2).

b) Überprüfe die Aussagen aus M2 an der Statistik M4.

Tipp: Wie viele Schiffe wurden in Deutschland und England pro Jahr gebaut?

3 Beschreibe die Wirkung des deutschen Weltmachtstrebens auf andere Nationen. Nutze dazu M3.

Wirtschaft und Umwelt, Weltdeutung und Religion

Stimmen zum Imperialismus: Erklärungsversuche und Kritik

Warum lieferten sich die Großmächte einen Wettkampf um die Verteilung der Welt? Seit dem 19. Jahrhundert diskutieren Politiker und Historiker über den Imperialismus und suchen nach Erklärungen.

- ***Welche Erklärungen für den Imperialismus gibt es?***

M 1 **Der englische Historiker James Joll (1918–1994) vertrat 1973 folgende Auffassung:**

In der imperialistischen Expansion[1] lassen sich neben den ökonomischen[2] Motiven eine ganze Reihe anderer Motive nachweisen. Der Drang nach wissenschaftlichen Entdeckungen und der Erforschung unbekannter Länder trug zur Erschließung Afrikas bei. Der Wunsch christlicher Missionare, die Heiden zu bekehren, führte zur Errichtung von Stützpunkten ... Alle diese Motive vermischen sich miteinander und auch mit weniger ehrenwerten Motiven ... Handel, missionarische Tätigkeit und wissenschaftliche Erforschung waren untrennbar miteinander verquickt.

Zit. nach Peter Alter, Der Imperialismus (= Tempora Quellen zur Geschichte und Politik), Stuttgart (Klett) 1989, S. 102f.

[1] *Ausdehnung*
[2] *ökonomisch: wirtschaftlich*

M 2 **Der Historiker Wolfgang J. Mommsen (1930–2004) schrieb 1971:**

Der Prozess imperialistischer Expansion über den ganzen Erdball, der sich im letzten [19.] Jahrhundert mit rapide zunehmender Gewalt vollzogen hat, hat die politischen und gesellschaftlichen Formationen der gegenwärtigen Welt in grundlegender Weise geprägt. Die heutige Welt gleicht einer Flußlandschaft, deren Gestalt durch die Flutwellen des Imperialismus tiefgreifend verändert wurde ...

Wenn wir den europäischen Imperialismus der Zeit von 1885 bis 1918 als eine Extremform nationalistischen Denkens deuten, so soll damit freilich nicht geleugnet werden, daß auch andere Faktoren dabei eine wesentliche Rolle spielten. Die Verpflichtung der weißen Nationen, den unterentwickelten Völkern des Erdballs die Segnungen der europäischen Zivilisation zu bringen, empfanden die [europäischen] Zeitgenossen durchaus nicht nur als hohle Ideologie[1].

Wolfgang J. Mommsen: Einleitung, in: ders.: Der moderne Imperialismus, Stuttgart 1971, S. 7–16. Vom Verf. zusammengestellt u. vereinfacht.

[1] *Weltanschauung, mit der man sein Handeln rechtfertigt*

M 3 *„Mit der Schwester auf dem Felde", Postkarte aus Deutsch-Ostafrika (heute Tansania), vor 1945*

1 **Partnerarbeit: a)** Teilt die Texte M1 und M2 unter euch auf. Fasst den Inhalt eures Textes in eigenen Worten zusammen.
b) Vergleicht die Aussagen der Texte M1 und M2. Arbeitet Gemeinsamkeiten und Unterschiede heraus.
c) Diskutiert: Welche der Erklärungen findet ihr überzeugender?

2 **a)** Beschreibe das Bild M3. Erläutere die Haltung der Europäer gegenüber den Einheimischen.

Zusatzaufgabe: siehe S. 216.

Widerstand gegen die Kolonialmacht – das Beispiel Deutsch-Südwestafrika

Das Deutsche Reich hatte 1884 eine Kolonie auf dem Gebiet des heutigen Namibia erworben. Schon bald kam es zu Konflikten mit den einheimischen Völkern der Herero und Nama, bei denen Zehntausende von ihnen ums Leben kamen.

- ***Welche Ursachen und Folgen hatte der Konflikt zwischen Deutschen und Einheimischen in Südwestafrika?***
- ***Wie war die Situation in anderen afrikanischen Kolonien?***

Ursachen des Widerstandes

Die Kolonie Deutsch-Südwestafrika war mehr als doppelt so groß wie das heutige Deutschland, aber nur sehr dünn besiedelt. Vor allem Bodenschätze und Viehzucht lockten viele Siedler dorthin. Die deutschen Kolonisten kauften Land auf und verdrängten die einheimischen Herero und Nama aus ihren Gebieten. Sie wurden von einer Schutztruppe begleitet, die willkürlich und brutal vorging (siehe M2). Als die deutsche Verwaltung den Bau einer Bahnlinie quer durch das Gebiet der Herero und Nama beschloss, kam es zum Aufstand. Er wurde in der Schlacht am Waterberg 1904 blutig niedergeschlagen. Herero und Nama wurden in schlecht versorgte Lager deportiert oder in die Wüste getrieben.

M 1

Zeugenaussage eines Herero:

Der Krieg ist von ganz kleinen Dingen gekommen und hätte nicht [zu] kommen brauchen. Einmal waren es die Sturmann [deutschen Kaufleute] mit ihrem schrecklichen Wucher und eigenmächtigen, gewaltsamen Eintreiben ... Wer nicht zahlen wollte oder konnte, den verfolgten und plagten sie. Dann ist es der Branntwein gewesen, der die Leute schlecht und gewissenlos gemacht hat. Wenn jemand trinkt, dann ist es ihm gleich, was er tut. Aber das schlimmste Übel ist, was viel böses Blut und Streit hervorgerufen hat, die Vergewaltigung unserer Frauen durch Weiße. Manche Männer sind totgeschossen [worden] wie Hunde, wenn sie sich weigerten, ihre Frauen und Töchter preiszugeben und drohten, sie mit der Waffe in der Hand zu verteidigen. Wären solche Dinge nicht geschehen, wäre kein Krieg gekommen, aber es ist bei solchen Vergewaltigungen ausgebrochen.

Zit. nach Horst Gründer, Geschichte der deutschen Kolonien, 6. Aufl., Paderborn u. a. (Schöningh) 2012, S. 130.

M 2

Gefangen genommene Herero, bewacht von einem Soldaten der Schutztruppe, Foto, 1904

Die Ereignisse in Deutsch-Südwestafrika

1883	Der Bremer Kaufmann Adolf Lüderitz erwirbt im heutigen Namibia mit betrügerischen Verträgen Land von den Einheimischen.
1884	Das Deutsche Reich erklärt das Land zum Schutzgebiet „Deutsch-Südwestafrika".
In der Folgezeit:	Rekrutierung einheimischer Herero und Nama für die Plantagenwirtschaft; Einschränkung des Lebensraums durch Verdrängung, Landenteignung und Eisenbahnbau.
1904	Beginn des Herero-Aufstands; Schlacht am Waterberg; Vertreibung fliehender Herero in die Wüste; bis 1907 sterben ca. zwei Drittel der etwa 80 000 Hereros
1905–1907	Nama-Aufstand
1915	Besetzung des Landes durch England
1919	Deutschland verliert im Versailler Vertrag alle Kolonien.

M 3

Das Urteil eines Historikers über die Ereignisse in Südwestafrika (2004):

Spätestens seit Sommer 1904, nach der sogenannten Schlacht am Waterberg, führte die Schutztruppe einen genozidalen [Genozid = Völkermord] Vernichtungskrieg gegen die Herero, ermordete ... Frauen und Kinder, Junge und Greise. Planmäßig trieben die Reiter die Herero in die Omaheke-Wüste, besetzten die Wasserstellen und versuchten jegliches Entkommen der Verdurstenden aus dem Trockengebiet zu verhindern. [Oberbefehlshaber] Trotta wurde erst gestoppt, als der Völkermord bereits zum großen Teil geschehen war.

Jürgen Zimmerer, Rassenkrieg gegen die Herero. Südwestafrika 1904 bis 1908: Der erste deutsche Völkermord, in: Süddeutsche Zeitung vom 10. Januar 2004.

M 4

Gedenkfeier von Herero an den Völkermord, Foto, 2015. Eine offizielle Entschuldigung oder Entschädigung der deutschen Regierung gab es bisher nicht.

M 5

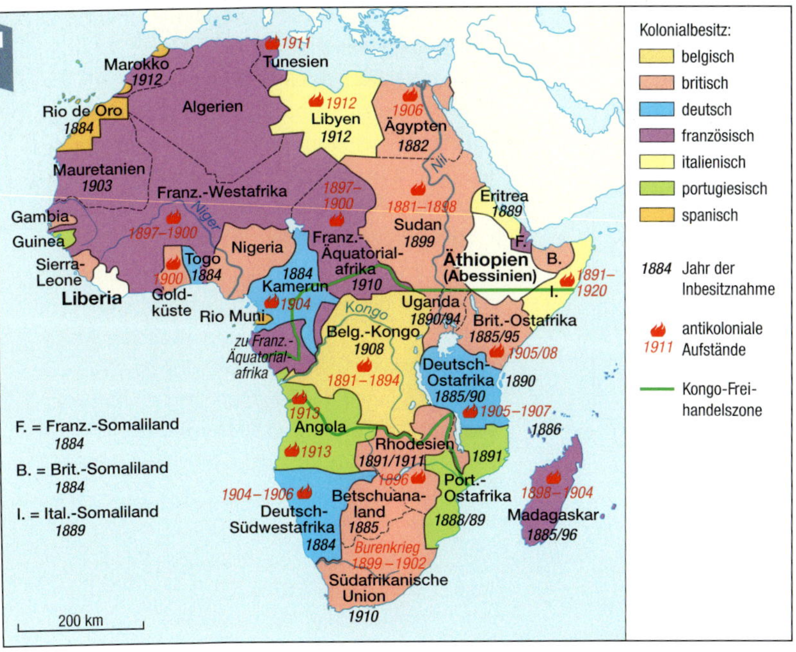

Europäische Kolonien und antikoloniale Aufstände in Afrika vor 1914

1 Erstelle anhand des Ereigniskastens einen Zeitstrahl über den Verlauf der Kolonialherrschaft in Deutsch-Südwestafrika.

2 **a)** Arbeite aus M1 die Gründe für den Herero-Aufstand heraus.
b) Ergänze sie anhand des Darstellungstextes.

3 Erläutere und bewerte anhand von Text M3 das Vorgehen der Deutschen gegen die Herero.

4 **Partnerarbeit:** Diskutiert, ob man Bilder wie M2 in Schulbüchern abdrucken sollte.

5 Diskutiert, ob Deutschland Entschädigungen an die Herero und Nama zahlen sollte (M4).

6 **a)** Beschreibe anhand der Karte M5 die Situation in Afrika zwischen 1884 und 1913.
b) **Recherche:** Wähle einen Aufstand aus Karte M5 aus. Berichte über Hintergründe und Verlauf.

Großprojekte zur Erschließung neuer Wirtschaftsräume

Der Imperialismus hatte vielfältige Ursachen. Eine große Rolle spielte die Wirtschaft: Die Industrie suchte nach Rohstoffen und Absatzmärkten. Dabei war die Entfernung zu den Kolonien oft ein großes Problem. Verkehrs- und Kommunikationswege waren lang und ungenügend ausgebaut.

- ***Wie erschlossen sich die Großmächte die Märkte der Welt?***
- ***Welche neuen technischen Mittel standen ihnen zur Verfügung?***

Wähle eines der drei Beispiele aus und berichte.

Aufgabe für alle:
Erstellt aus euren Ergebnissen eine Mindmap.

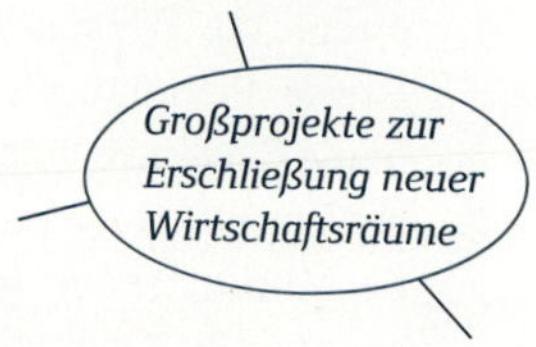

A

Der Bau der Bagdadbahn

M1

Geplanter Verlauf der 1903 begonnenen Bagdadbahn, die allerdings bis zum Beginn des Ersten Weltkrieges 1914 erst in einzelnen Abschnitten fertiggestellt wurde.

M3

Eisenbahnviadukt der Bagdadbahn bei Konya in der Türkei, Foto, 1912

M2

Der zeitgenössische Herausgeber Paul Rohrbach über die Bagdadbahn:

Als zuerst der Gedanke ... auftauchte, unter Führung deutschen Kapitals[1] und mit maßgebender Beteiligung der deutschen Industrie einen Schienenweg zu erbauen, der am Bosporus[2] beginnen und am Persischen Golfe endigen sollte, da dachte man ... zunächst nur an die sogenannten rein wirtschaftlichen Vorteile, die sich hieraus für das deutsche Wirtschaftsleben ergeben würden.
... Die Folgen des Bahnbaues aber, d. h. die Verbesserung der Verkehrsverhältnisse, werden sowohl Volks- als auch Einnahmevermehrung sein. In den von der Bagdadbahn durchzogenen Landschaften wird sich die Kultur in ähnlicher Weise wieder entfalten, wie es im Altertum der Fall war, vor allen Dingen der Getreide- und der Baumwollbau. Davon wird die Türkei den Vorteil haben, aber außer der Türkei auch noch Deutschland.

Paul Rohrbach, Die Bagdadbahn, 2. Aufl., Berlin (Verlag Wiegandt und Grieben) 1911, S. 14ff.

[1] *Kapital: Unternehmer*
[2] *Meerenge bei Konstantinopel (Istanbul)*

1 Nenne die Vorteile, die sich Paul Rohrbach vom Bau der Bagdadbahn verspricht (M2).

2 Erläutere die Bedeutung, die die Bagdadbahn für Deutschland haben sollte (M1).

3 Beurteile die Leistung der Arbeiter sowie der deutschen Ingenieure beim Bau der Bagdadbahn (M3).
Tipp: Informiere dich über die geografische Beschaffenheit des Streckenverlaufs (siehe Europakarte im Umschlag).

B

Der Panamakanal

M 4

Alfred T. Mahan (1840–1914), amerikanischer Seeoffizier und Historiker, über die Bedeutung des Panamakanals:

Die Interessen unserer drei Küstenregionen, der atlantischen, der am Golf von Mexiko gelegenen und der pazifischen, ... erfordern unsere Ausdehnung mittels des Panamakanals auf das weite Meer hinaus, an dessen Routen allein sich zu allen Zeiten Wohlstand gebildet hat ... Demgemäß ist der Panamakanal ein unverzichtbarer Bestandteil für die Zukunft der Vereinigten Staaten ... Wir wollen von der ... immer wieder bestätigten Wahrheit ausgehen, dass die Kontrolle der Meere – besonders entlang der großen Linien, die durch nationales Eigeninteresse oder nationalen Handel gezogen werden – von den rein materiellen Elementen der Macht und des Wohlstands der Völker am bedeutsamsten ist.

Zit. nach Wolfgang J. Mommsen, a. a. O., S. 207f.

M 5

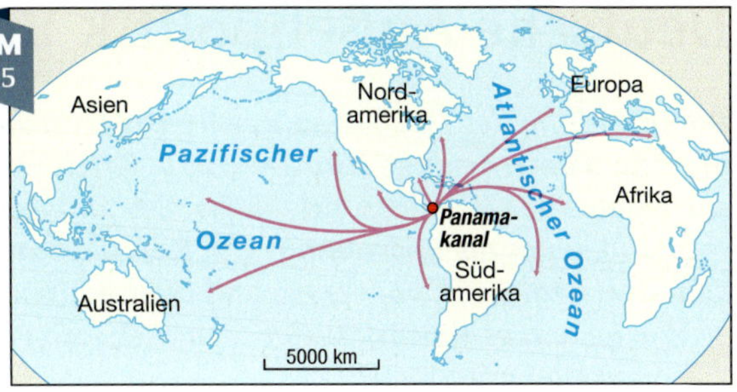

Geografische Lage des 1914 eröffneten Panamakanals

1 Gib M4 mit eigenen Worten wieder.
2 Erläutere anhand von M4, wie Alfred T. Mahan die Bedeutung der Meere einschätzt. Nimm M5 zu Hilfe.

C

Fortschritte im Bereich der Kommunikation

M 6

Die Historikerin Susanne Popp über die Auswirkung der Telegrafie* um 1900:

Es ist unbestritten, dass die politische und wirtschaftliche Überlegenheit ... [der westlichen Großmächte] auch darauf gründete, dass die neuen Mittel zur Fernkommunikation die Durchdringung und Kontrolle alter wie neuer Kolonial-, „Schutz-“ und Einflussgebiete wie auch die Ausbreitung „westlicher“ kultureller Muster unterstützten.

Zit. nach Karin Laschewski-Müller u. a. (Hg.), Kursbuch Geschichte, Neue Ausgabe – Rheinland-Pfalz, Berlin (Cornelsen) 2005, S. 333.

1 Erläutere die Bedeutung, die die Historikerin Susanne Popp der Telegrafie zuschreibt (M6).
2 a) Beschreibe den Verlauf der sogenannten „Kap-Kairo-Linie" anhand der Karte S. 180.
b) Interpretiere die Karikatur M7. Welche Vorteile versprach sich Cecil Rhodes von dem Projekt?

M 7

Der britische Unternehmer und Kolonialpolitiker Cecil Rhodes trat für die Verbindung Ägyptens und Südafrikas mittels einer Telegrafenleitung und einer Eisenbahnlinie ein. Karikatur aus der englischen Zeitschrift „Punch", 1892

Bündnisse statt Weltkrieg? – Deutsche Außenpolitik unter Bismarck

Die Gründung des Deutschen Reichs 1871 veränderte die Machtverhältnisse in Europa entscheidend. Das Deutsche Reich war wirtschaftlich und militärisch stark und seine Bevölkerung wuchs. Die anderen Großmächte Europas empfanden das als Bedrohung. Um Konflikte zu vermeiden, musste die deutsche Regierung vorsichtig und überlegt vorgehen.

- ***Wie gelang es Reichskanzler Bismarck, die Position des Deutschen Reichs in Europa zu festigen?***

Webcode:
FG450068-194
Bismarcks Bündnissystem

M 1

Bismarck als Weichensteller. Karikatur aus der englischen Zeitschrift „Punch", 1878. Auf den herannahenden Zügen sieht man den Doppeladler (Symbol Russlands) und die britische Fahne. Auf dem Schild oben steht „Danger", rechts unten „Half Speed".

Bismarcks Außenpolitik: Sicherheit für das Deutsche Reich

Otto von Bismarck war von 1871 bis 1890 deutscher Reichskanzler. Er sah seine wichtigste Aufgabe darin, das Erreichte zu sichern. Bismarck war sich bewusst, dass Russland, Frankreich, Österreich-Ungarn und Großbritannien misstrauisch auf Deutschland schauten. Um diesem Misstrauen zu begegnen, versicherte er immer wieder, das Deutsche Reich sei „saturiert" („gesättigt"): Es hege keine Absicht, weitere Gebiete in Europa zu erobern. Bismarck war überzeugt, dass Frankreich die Niederlage von 1871 nicht verschmerzt hatte und an Rache dachte. Deshalb war sein wichtigstes Ziel, Koalitionen zwischen Frankreich und anderen Staaten zu verhindern. Niemand sollte sich gegen Deutschland verbünden. Bismarck war nämlich der Meinung, dass das Deutsche Reich einen Zweifrontenkrieg gegen Frankreich und Russland nicht gewinnen konnte. Deutschland schien besonders durch seine geografische Lage gefährdet: Es war von allen Seiten von anderen Großmächten umgeben (siehe M3). Deshalb spricht man auch von der „Mittellage" des Deutschen Reichs.

Balkankrise und Berliner Kongress 1877/78

Russland unterstützte seit Mitte der 1870er Jahre die Balkanvölker wie Serben und Bosnier. Es verstand sich selbst als Schutzmacht aller Slawen (siehe S. 184). Der Balkan stand damals unter osmanischer und österreichischer Herrschaft. Dagegen begehrten die einheimischen Völker auf und strebten nach nationaler Unabhängigkeit. Das war natürlich nicht im Sinne Österreich-Ungarns und des Osmanischen Reichs. Auch Großbritannien sah seine Interessen gefährdet: Es fürchtete, durch Russlands Expansion die Zufahrt zum Schwarzem Meer zu verlieren. Als führende Seemacht wollte es diesen Verlust nicht hinnehmen. Daher unterstützte es das Osmanische Reich. In dieser komplizierten Situation stellte sich Bismarck als „ehrlicher Makler" zur Verfügung. Er versammelte die führenden Staatsmänner 1878 auf dem Berliner Kongress. Unter seinem Vorsitz erzielten die Konfliktparteien einen Ausgleich. Ein europäischer Krieg wurde so verhindert. Bismarck hatte bewiesen, dass er es mit dem Frieden in Europa ernst meinte.

Bismarcks Bündnissystem

Bereits 1873 hatte Bismarck ein „Dreikaiserabkommen" mit Russland und Österreich-Ungarn unterzeichnet. Der Berliner Kongress 1878 sicherte zwar den Frieden, es gab aber weiterhin Spannungen auf dem Balkan. Auch Deutschlands Verhältnis zu Frankreich blieb angespannt. Deshalb schloss Bismarck weitere Bündnisse. Er vereinbarte mit mehreren Staaten, dass sie im Kriegsfall Hilfe leisten oder neutral blieben sollten. Alles war darauf ausgerichtet, einen großen Krieg zu verhindern. Bismarck schwebte eine Situation vor, in der alle Mächte auf Deutschlands Hilfe angewiesen waren – außer Frankreich. So gelang es Bismarck, Frankreich zu isolieren. Er hatte alle Großmächte in ein System eingebunden, das bis zu seiner Entlassung 1890 Bestand hatte.

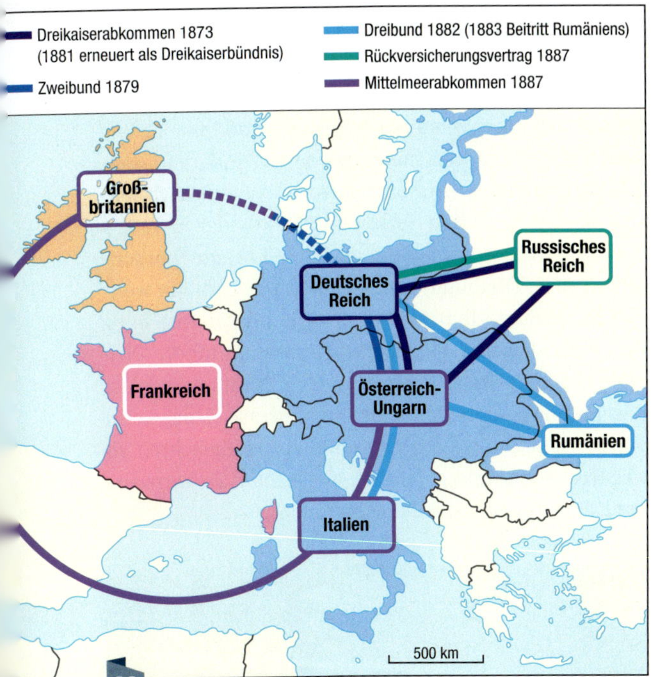

M 3 *Das Bündnissystem Bismarcks*

1 **a)** Beschreibe die Grundsätze der Außenpolitik Bismarcks (Darstellungstext).
b) Lies den Text von Graf Rantzau (M4). Erkläre das Prinzip, das den Bündnissen zugrunde liegt.

2 Arbeite aus M2 heraus, wie der britische Premierminister die deutsche Reichsgründung beurteilte.

3 **a) Partnerarbeit:** Erklärt euch gegenseitig Bismarcks Bündnissystem (M3). Spielt folgende Situationen durch:
- Frankreich will gegen Deutschland vorgehen
- Österreich erklärt Russland den Krieg.

Entscheidet jeweils, was passiert.
b) Diskutiert Stärken und Schwächen des Bündnissystems (M3). Berücksichtigt dabei die Position Frankreichs.

4 Untersuche und deute die Karikatur M1.

Zusatzaufgabe: siehe S. 216.

M 2

Benjamin Disraeli, der britische Premierminister, sagte am 9. Februar 1871 über die deutsche Reichsgründung:

[Dies ist] ein größeres politisches Ereignis als die Französische Revolution des vergangenen Jahrhunderts. Ich sage nicht, dass es ein größeres oder ebenso großes soziales Ereignis ist. Seine sozialen Auswirkungen werden sich erst in der Zukunft zeigen. Nicht ein einziger Grundsatz unserer Außenpolitik, der noch vor sechs Monaten von allen Staatsmännern als Leitfaden anerkannt wurde, ist weiterhin gültig ... Wir haben eine neue Welt ... Das Gleichgewicht der Macht ist völlig zerstört worden.

Zit. nach http://germanhistorydocs.ghi-dc.org/sub_document.cfm?document_id=1849&language=german (Stand: 20. 04. 2016), vom Verf. vereinfacht.

M 4

Der Rat Graf Rantzau verkündete im Auftrag Bismarcks am 20. Dezember 1887:

Um den casus foederis [Bündnisfall] herzustellen, ist der Angriff Russlands auf Österreich notwendig. Solange derselbe nicht stattfindet, können wir Österreich keinen Beistand zusagen und auch nicht in Verhandlungen eintreten ... Das bisherige Ziel der kaiserlichen Politik ist die Erhaltung des Friedens, und unser System geheimer Verträge setzt eine Prämie auf friedliches Verhalten insofern aus, als wir Österreich beistehen, wenn Russland den Frieden bricht, und nach dem russischen Vertrage [Rückversicherungsvertrag] neutral bleiben, wenn Österreich den Frieden bricht. Wir können und dürfen den Österreichern also nichts versprechen, keine Aufstellung, keine Mobilmachung, wenn sie die Angreifenden sind.

Zit. nach Die Auswärtige Politik des Deutschen Reiches 1871–1914, Bd. 1, Berlin (Deutsche Verlagsgesellschaft für Politik) 1928, S. 405.

Ein neuer außenpolitischer Kurs in Deutschland

Am 15. Juni 1888 bestieg Wilhelm II. den deutschen Kaiserthron. Der junge, impulsive Kaiser hatte seine eigenen Vorstellungen von der Zukunft Deutschlands. 1890 entließ er den Reichskanzler Bismarck. Die Außenpolitik Deutschlands bekam nun einen neuen Kurs.

- ***Wie unterschied sich die neue Außenpolitik Wilhelms II. von der Bismarcks?***
- ***Welche Folgen hatte sie für Deutschland?***

Deutsche Weltpolitik unter Wilhelm II.

Bismarcks Entlassung im Jahr 1890 bedeutete eine Wende in der deutschen Außenpolitik. Kaiser Wilhelm II. wollte Deutschland zur Weltmacht führen. Für ihn war es wichtig, aktiv am Wettlauf um die Kolonien teilzunehmen. Weite Teile der deutschen Öffentlichkeit unterstützten dieses Vorhaben. Besonders nationalistische Gruppen wie der Alldeutsche Verband* und der Deutsche Flottenverein* taten sich dabei hervor. Sie machten massiv Werbung für Wilhelms Politik, indem sie Postkarten, Plakate und Vorträge gestalteten. Wilhelm selbst schaltete sich immer wieder persönlich in die aktuelle Politik ein. Er galt als sprunghaft und unbeständig. Durch ungeschickte, großsprecherische Äußerungen verstimmte er mehrfach die Weltöffentlichkeit. Wilhelm war begeistert vom Bau einer mächtigen Kriegsflotte, die Deutschlands Machtanspruch durchsetzen sollte. 1898 drängte er den Reichstag dazu, dem Bau vom Großkampfschiffen zuzustimmen. Das war eine Provokation gegenüber Großbritannien, der führenden See- und Weltmacht dieser Zeit. Die Briten fühlten sich durch die deutschen Flottenbaupläne zunehmend bedroht. Es begann ein kostspieliges und verhängnisvolles Wettrüsten zur See, das die beiden Nationen einander entfremdete.

Wird Deutschland eingekreist?

Auch diplomatische Entscheidungen brachten Deutschland in Konflikt mit anderen Großmächten. Die Reichskanzler, die auf Bismarck folgten, regierten mit der „Politik der freien Hand“: Sie hielten nichts von Bismarcks kompliziertem Bündnissystem. Deutschland sollte sich seine Partner in einer Krise selbst aussuchen. Die anderen Großmächte wären ohnehin viel zu zerstritten, um sich gegen Deutschland zu verbünden. Ausschlaggebend für diese Vorstellung waren die Konflikte Englands und Frankreichs um ihre Einflussgebiete in Asien und Afrika. Die deutsche Regierung verzichtete anschließend darauf, den Rückversicherungsvertrag mit Russland zu erneuern (siehe S. 194). Tatsächlich aber verstimmte Deutschland mit seinem lautstarken Auftreten immer mehr die anderen Großmächte. Russland, Großbritannien und Frankreich legten ihre Streitigkeiten 1904 und 1907 wider Erwarten bei und schlossen sich zu einer Triple Entente* zusammen (franz.: Dreibund). Deutschland war dadurch weitgehend isoliert. Ihm blieb als Verbündeter nur noch Österreich-Ungarn, das allerdings massive innere Probleme hatte. Deutschland empfand den Zusammenschluss der Entente als bedrohliche Einkreisung. Umgekehrt wurde Deutschland von den anderen Großmächten als unberechenbar und gefährlich angesehen. Es herrschte ein Klima des allgemeinen Misstrauens.

M 1

Kaiser Wilhelm II., Gemälde von Max Koner, 1890. Ein französischer General kommentierte: „Das ist kein Porträt, sondern eine Kriegserklärung!“

M 2

„Der Lotse geht von Bord", Karikatur aus der englischen Zeitschrift „Punch" vom 29. März 1890

M 3

Reichskanzler Leo von Caprivi schrieb am 22. Mai 1890 über das Ende des Vertrags zwischen Deutschland und Russland:

Eine Annäherung Deutschlands an Russland würde unsere Verbündeten nur entfremden, England schädigen und unserer eigenen Bevölkerung ... unverständlich und unsympathisch sein ... Was aber die Möglichkeit angeht, dass Russland die Anlehnung, die es bei uns nicht findet, anderswo suchen könnte, so kommen hierfür nur Frankreich und England in Betracht ... Durch eine englische Allianz würde Russland ... seine Beziehungen zu Frankreich voraussichtlich lockern. Eine Allianz aber, die England und Frankreich umschlösse, ist der englischen Interessen im Mittelmeer wegen durchaus unwahrscheinlich.

Zit. nach Auswärtige Politik des Deutschen Reiches, Bd. 1, a. a. O., S. 479 f.

M 4

Aus einer geheimen Absprache zwischen Frankreich und Russland vom 18. August 1892:

1. Falls Frankreich von Deutschland oder von Italien mit Deutschlands Unterstützung angegriffen wird, wird Russland alle seine verfügbaren Kräfte für einen Angriff auf Deutschland einsetzen. Falls Russland von Deutschland oder von Österreich mit Unterstützung Deutschlands angegriffen wird, wird Frankreich alle seine verfügbaren Kräfte zum Kampf gegen Deutschland einsetzen ...
3. Die gegen Deutschland verfügbaren Streitkräfte ... werden mit Nachdruck und aller Schnelligkeit derart vorgehen, dass Deutschland zugleich sowohl nach Osten wie nach Westen hin zu kämpfen hat.

Zit. nach Friedrich Stieve, Deutschland und Europa 1890–1914, Berlin (Verlag für Kulturpolitik) 1928, S. 180 f.

M 5

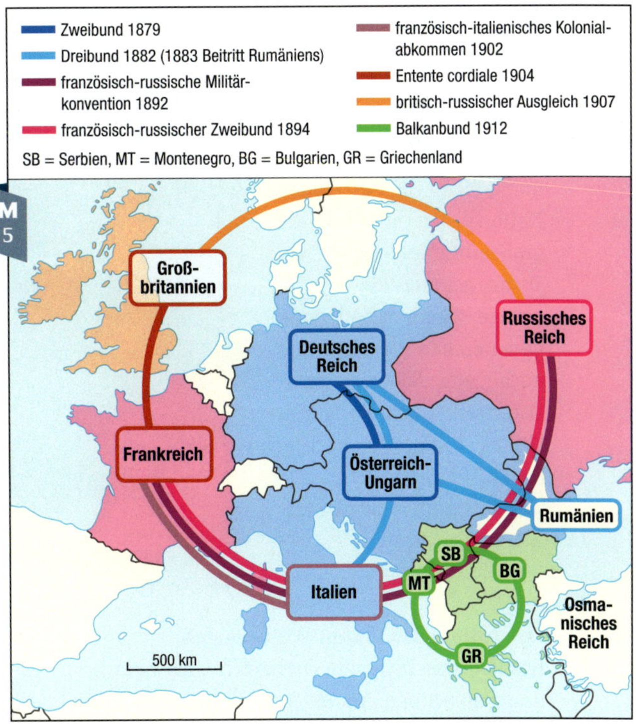

Die Bündnissysteme unter Kaiser Wilhelm II.

1 Erkläre, wie sich die Außenpolitik Wilhelms II. von der Bismarcks unterschied (Darstellungstext).
2 Deute die Aussage von M1 und erläutere den Kommentar des französischen Generals.
3 Interpretiere M2. Wie sah man Bismarck im Ausland?
4 Erkläre anhand von M3 den Ausdruck „Politik der freien Hand" (siehe Darstellungstext Z. 26 f.).
5 Bewerte ausgehend von Text M4 die deutsche Außenpolitik unter Wilhelm II.
6 Untersuche die Bündnissysteme in M5. Vergleiche mit M3 auf S. 195.

Zusatzaufgabe: siehe S. 216.

Der Weg in den Weltkrieg

Die Stimmung in Europa wurde zunehmend gereizter. Die Konkurrenz zwischen den Großmächten, die Konflikte um die Kolonien und die Spannungen auf dem Balkan verschärften sich. Es bedurfte scheinbar nur noch eines Funkens, um das „Pulverfass" zum Explodieren zu bringen.

- ***Was waren die Ursachen und der Anlass des Ersten Weltkrieges?***

Der Balkan – ein „Pulverfass"

Imperialismus und Nationalismus führten besonders auf dem Balkan zu Konflikten. Hier lebten viele verschiedensprachige Völker zusammen. Drei Großmächte stritten in der Region um Einfluss: Russland, das schwache Osmanische Reich und Österreich-Ungarn. Gleichzeitig strebten die Balkanvölker nach Freiheit und wollten eigene Nationalstaaten. Eine wichtige Rolle spielte dabei die Bewegung des Panslawismus*. Der Panslawismus forderte die Einheit aller slawischen Völker. Russland sah sich dabei als Beschützer und wollte gleichzeitig seine Macht auf dem Balkan ausdehnen. Verbündet mit Russland war die nationale Bewegung in Serbien. Die serbischen Nationalisten strebten ein großserbisches Reich an. Damit gerieten sie aber in heftige Gegnerschaft zum Osmanischen Reich – und auch zum Vielvölkerstaat Österreich-Ungarn. Es gab bereits zwei Balkankriege (1912/1913 und 1913), die zu schweren Auseinandersetzungen führten.

M 1

„Balkan-Probleme", Karikatur aus einer englischen Zeitschrift, 1908. Die Figuren zeigen die Staatsoberhäupter der Großmächte.

Der Anlass des Ersten Weltkrieges

Bosnien war 1908 von Österreich-Ungarn in Besitz genommen worden. Am 28. Juni 1914 ereignete sich in der bosnischen Hauptstadt Sarajewo ein Attentat: Ein serbischer Nationalist erschoss den österreichisch-ungarischen Thronfolger Franz Ferdinand und seine Frau.
Die österreichische Regierung sah in dem Attentat die Gelegenheit, gegen Serbien vorzugehen, das sie als Bedrohung betrachtete. Das Deutsche Reich sicherte den Österreichern dabei bedingungslose Unterstützung zu. Dieser „Blankoscheck" ermutigte Österreich-Ungarn zu einem harten Vorgehen: Serbien wurde ein unannehmbares Ultimatum gestellt. Die Serben erfüllten es weitgehend, aber doch nicht ganz. Viele in Europa waren nun überzeugt, dass es keinen Grund mehr für einen Krieg gebe. Selbst der deutsche Kaiser dachte so. Dennoch hielt Wien an seinen Absichten fest und erklärte am 28. Juli 1914 Serbien den Krieg.
Daraufhin mobilisierte Russland seine Truppen. Jetzt griffen die Bündnisverpflichtungen. Ein regelrechter Automatismus setzte sich in Gang: Zuerst Österreich-Ungarn, dann Frankreich und schließlich Deutschland zogen ihre Truppen zusammen. Frankreich war mit Russland verbündet und stellte sich auf dessen Seite. Die deutsche Regierung setzte sich selbst unter Druck: Sie wollte dem Plan des Generals Schlieffen folgen („Schlieffen-Plan"). Er sah vor, rasch nach Westen vorzustoßen. Erst danach sollten die Truppen gegen Russland kämpfen. Am 1. August 1914 erklärte das Deutsche Reich Russland den Krieg und am 3. August Frankreich. Der Schlieffen-Plan wurde umgesetzt, und deutsche Truppen marschierten durch das neutrale Belgien. Das hatte zur Folge, dass auch Großbritannien in den Krieg eintrat. Aus einer Balkankrise war ein europäischer Krieg geworden.

M 2

Die Haltung Deutschlands

Graf von Szögyényi, der österreichisch-ungarische Gesandte in Berlin, telegrafierte am 5. Juli 1914 an seinen Außenminister über eine Unterredung mit Kaiser Wilhelm II.:

Als ich nochmals den Ernst der Situation mit großem Nachdruck betonte, ermächtigte mich Seine Majestät, unserem Allergnädigsten Herrn zu melden, dass wir ... auf die volle Unterstützung Deutschlands rechnen können ... sollte es sogar zu einem Krieg zwischen Österreich-Ungarn und Russland kommen, so könnten wir davon überzeugt sein, dass Deutschland in gewohnter Bündnistreue an unserer Seite stehen werde. Russland sei übrigens ... noch keineswegs kriegsbereit ...

Wenn wir ... die Notwendigkeit einer kriegerischen Aktion gegen Serbien erkannt hätten, so würde er[1] es bedauern, wenn wir den jetzigen, für uns so günstigen Moment unbenützt ließen.

Zit. nach Asmut Brückmann, Die europäische Expansion, Stuttgart (Klett) 1993, S. 143.

[1] *der deutsche Kaiser*

M 3

Die Haltung Großbritanniens

Der britische Staatssekretär im Außenministerium, Eyre Crowe, schrieb im Juli 1914:

Worauf es ankommt, ist, ob Deutschland zu diesem Krieg jetzt absolut entschlossen ist oder nicht ... Wenn Seiner Majestät Regierung in dem Augenblick, wo entweder Österreich oder Russland zu mobilisieren beginnen, Befehl erteilt, unsere ganze Flotte unverzüglich auf Kriegsfuß zu setzen, so mag dies ... Deutschland die Augen über den Ernst der Gefahr öffnen, der es ausgesetzt wäre, wenn England am Krieg teilnähme ... Sollte der Krieg ausbrechen und England unbeteiligt bleiben, dann muss sich Folgendes ergeben: a) Entweder siegen Deutschland und Österreich, sie erdrücken Frankreich und demütigen Russland ... Deutschland im Besitz des Kanals[1] ... Wie wird dann die Lage eines freundlosen England sein? b) Oder Frankreich und Russland siegen. Wie werden sie sich dann gegen England verhalten? ... In diesem Kampf, der nicht um den Besitz Serbiens geht, sondern bei dem es sich um das Ziel Deutschlands, seine politische Vorherrschaft in Europa zu errichten, und um den Wunsch der Mächte handelt, ihre individuelle Freiheit zu erhalten – in diesem Kampf sind unsere Interessen mit denen Frankreichs und Russlands verknüpft. Wenn wir dazu beitragen können, den Konflikt zu verhüten, ... dann wäre es falsch, diesen Versuch nicht zu machen.

Zit. nach Brückmann, a. a. O., S. 147.

[1] *Ärmelkanal zwischen Frankreich und England*

1 Erstelle einen Zeitstrahl für die Ereignisse bis zum Beginn des Weltkriegs (Darstellungstext).

2 Untersuche und deute M1 mithilfe des Darstellungstextes (Z. 1–29).

3 **a)** Gestalte einen Steckbrief über das Attentat von Sarajewo. Halte Ursachen, Anlass und Folgen fest (Darstellungstext).

b) Beschreibe M4 und seine Wirkung.

4 **Partnerarbeit:** Teilt M2 und M3 unter euch auf. Arbeitet die deutsche und britische Haltung im Juli 1914 heraus. Vergleicht sie anschließend.

5 **Diskutiert:** Wer hatte Schuld am Ersten Weltkrieg?

M 4 *Attentat auf den österreichischen Erzherzog Franz Ferdinand, Lithografie vom Juni 1914, Collage mit Zeitungsschlagzeilen.*

Webcode: FG450068-199

Wie verlief der Erste Weltkrieg?

Als der Krieg im August 1914 begann, hofften alle Seiten, schnell und ohne große Verluste zu siegen. Doch diese Hoffnungen erfüllten sich nicht. Im Gegenteil: Der Krieg dauerte über vier Jahre und entwickelte sich zu einem Weltkrieg. Er kostete viele Millionen Menschen das Leben.

- ***Auf dieser Doppelseite kannst du untersuchen, wie der Krieg 1914–1918 verlief – und warum er zu einem Weltkrieg wurde.***

Webcode: FG450068-200
Verlauf des Ersten Weltkrieges

Kriegsstimmung und Kriegsziele

Vor dem Krieg waren die politischen Parteien in Deutschland zerstritten. Besonders die SPD lehnte den Krieg ab. Als der Krieg 1914 begann, schlossen sich die Parteien trotzdem zu einem „Burgfrieden"* zusammen: Sie vereinbarten, ihre Konflikte für die Dauer des Krieges beizulegen. Außerdem bewilligten sie Kriegskredite, um das Heer zu finanzieren. Auch die SPD stimmte zu. Ein Großteil der Soldaten war überzeugt, nach wenigen Wochen als Sieger heimzukehren. In einigen Teilen der Gesellschaft gab es sogar eine Kriegsbegeisterung: Schüler und junge Erwachsene meldeten sich freiwillig für die Front. Historiker denken mittlerweile aber, dass die meisten Deutschen diese Begeisterung nicht teilten – besonders nicht die Arbeiter und Bauern. In Grenzgebieten wie Ostpreußen herrschte sogar eine regelrechte Panik. Viele Staatsmänner, Generäle und Industrielle formulierten weitgesteckte Kriegsziele, obwohl sie den Verlauf des Krieges und seine Folgen noch gar nicht vorhersehen konnten. Sie hofften, neue Gebiete zu erobern.

M 1 *Aufbruch an die Front, Foto, August 1914*

Krieg nicht nur in Europa

Im Westen entwickelte sich der Krieg zu einem langwierigen Stellungskrieg mit hohen Verlusten. Die Gebietsgewinne waren gering. In der Schlacht an der Marne wurden die deutschen Truppen von den Franzosen und Briten gestoppt. Es entstand eine Frontlinie, die mit Stacheldrahtverhauen und Schützengräben gesichert wurde. Im Osten waren die deutschen Truppen erfolgreicher. In der Schlacht bei Tannenberg konnten sie 1914 unter Führung des Generals Paul von Hindenburg die russischen Truppen besiegen. Doch auch außerhalb Europas wurde ein heftiger See- und Kolonialkrieg geführt. Vor allem in Afrika kam es im Kampf um die Kolonien zu schweren Kämpfen.

Der Krieg wird endgültig zum Weltkrieg

England verfügte über die bedeutendste Kriegsflotte. Es verhängte 1914 eine Seeblockade gegen Deutschland: Handelsschiffe, die Waren anlieferten, wurden gestoppt. Dadurch kam es zu Versorgungsengpässen und Nahrungsmittelknappheit. England und Frankreich erhielten dagegen kriegswichtige Güter von den USA. Weil die deutsche Flotte einen offenen Seekrieg nicht gewinnen konnte, rief sie den „uneingeschränkten U-Boot-Krieg" aus. Auch amerikanische Handelsschiffe wurden ohne Vorwarnung mit Torpedos beschossen – obwohl die USA bis dahin neutral waren. Am 6. April 1917 erklärten die USA deshalb Deutschland den Krieg. Sie verstärkte die alliierte Seite entscheidend.

Kriegswende und Waffenstillstand

Der russische Zar wurde 1917 durch eine Revolution von Kommunisten* gestürzt. Die neue kommunistische Regierung schloss ein Abkommen mit dem Deutschen Reich (Frieden von Brest-Litowsk). Als Ergebnis kontrollierte das Deutsche Reich nun Gebiete vom Schwarzen Meer bis zur Ostsee. Allerdings verschob der Kriegseintritt der USA 1917 die Vorteile eindeutig zugunsten der Alliierten. Sie setzten neue Waffen ein, wie zum Beispiel die ersten Panzer („tanks"). Trotz dieses Vorteils war der amerikanische Präsident Wilson um Frieden bemüht. Er legte am 8. Januar 1918 ein politisches Programm vor, das eine stabile demokratische Weltordnung garantieren sollte. Die deutsche Regierung ging jedoch erst auf Wilsons Vorschläge ein, als die Lage des Heeres bereits aussichtslos war. Nach einer Offensive im Frühjahr 1918 mussten sich die deutschen Truppen immer weiter aus Frankreich und Belgien zurückziehen. Auch die Verbündeten Österreich-Ungarn, das Osmanische Reich und Bulgarien standen vor einer Niederlage. Im September forderte die deutsche Heeresleitung schließlich die Regierung auf, einen Waffenstillstand zu schließen. Als die Marine noch weiterkämpfen wollte, machten die Matrosen im Oktober einen Aufstand. In Deutschland brach eine Revolution aus.

M 2

Erinnerung eines Archivars an den Kriegsbeginn in Berlin (1914):

Viele Staatsbürger zeigten sich von Kriegsangst ergriffen. Sie eilten zu den Banken, ... um ihre Einlagen zurückzufordern. Der Andrang mehrte sich von Tag zu Tag ... Der Belagerung der Sparkassen entsprach die der Lebensmittelläden. Unzählige Verängstigte wollten noch einkaufen, bevor es zu spät sei, ehe etwa Hungersnot ausbräche. Vor den besuchteren Geschäften und Fleischerläden harrten schließlich bisweilen Hunderte.

Zit. nach Jens Flemming u. a. (Hg.), Lebenswelten im Ausnahmezustand. Die Deutschen, der Alltag und der Krieg, 1914–1918, Frankfurt u. a. (Peter Lang) 2011, S. 28.

M 3

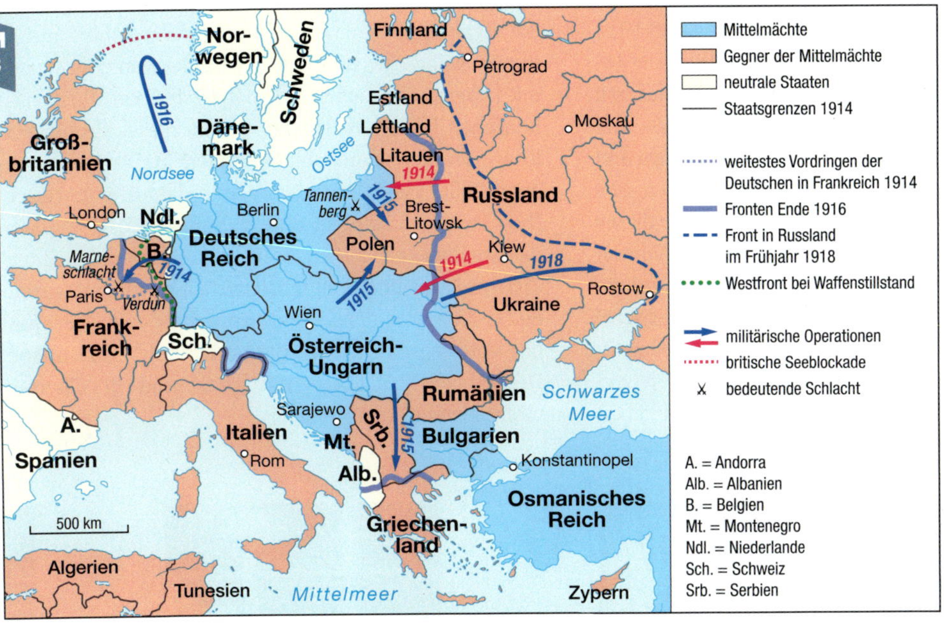

Europa während des Ersten Weltkrieges

M 4

Kriegsziele, September 1914:

Deutschland

- Sicherung des Reichs nach Ost und West
- Schwächung Frankreichs durch Gebietsabtretungen
- Belgien soll abhängig werden, seine Häfen dem deutschen Militär zur Verfügung stellen

Frankreich und Verbündete

- Herrschaft Deutschlands brechen
- territoriale Veränderungen nach Nationalitäten
- Gebietsgewinne für Frankreich und Belgien
- Kriegsentschädigungen

Vom Autor zusammengestellt.

1 Vergleiche M1 und M2. Wie wird die Stimmung zu Kriegsbeginn jeweils dargestellt?

2 a) Erstelle eine Zeitleiste zum Verlauf des Ersten Weltkrieges (Darstellungstext).

b) Erkläre in eigenen Worten: Burgfrieden, Stellungskrieg, Seeblockade.

3 Beschreibe den Frontverlauf und die militärischen Operationen im Westen und Osten (M3).

4 Wähle eine Aufgabe aus:

a) Beurteile die Kriegsziele Deutschlands und der Alliierten (M4).

b) Schreibe eine Rede, in der du die Kriegsziele der Deutschen oder die der Alliierten kritisierst (M4).

Der Erste Weltkrieg: Ein „moderner“ Krieg

Stellungskrieg, Materialschlachten, Kriegswirtschaft, „Heimatfront“ – neue Begriffe prägten den Ersten Weltkrieg. Es war ein anderer Krieg, als man ihn aus dem 19. Jahrhundert kannte. Die Nationen kämpften bis zur äußersten Erschöpfung und bezogen dabei alle möglichen Mittel mit ein. Große Teile der Bevölkerung wurden zum Krieg eingezogen oder hatten daheim unter den Folgen zu leiden.

- ***Was kennzeichnete den „modernen“ Krieg?***

Die Front – Materialschlachten prägen den Krieg

„Ein merkwürdiger Krieg: … Flieger, Autos spielen eine ungeahnte Rolle, wie überhaupt die Technik, Brücken und Tunnels, deren Bau sonst Jahre gedauert hat, werden in 14 Tagen hergestellt.“ So schrieb Großadmiral von Tirpitz 1914 in sein Tagebuch. Kämpften im 19. Jahrhundert selten mehr als 500 000 Mann gegeneinander, so hatte allein Deutschland schon zu Kriegsbeginn 1914 rund zwei Millionen Soldaten im Felde stehen. Die Industrie ermöglichte die ununterbrochene Produktion moderner Waffen wie Maschinengewehre, Hand- und Giftgasgranaten, Flammenwerfer, Panzer, Flugzeuge und U-Boote. Beispiellose Materialschlachten setzten ein. Die „Hölle von Verdun“ wurde zum Inbegriff dieses Materialkrieges. Bei der französischen Festung Verdun sollte nach den Plänen der Obersten Heeresleitung die Hauptmacht des französischen Heeres vernichtet werden. Die Schlacht wurde mit gewaltigen Opfern bezahlt. 240 000 Deutsche und 275 000 Franzosen fielen von Februar bis Juni 1916, wurden verwundet oder blieben vermisst. Der Krieg wurde dabei nicht entschieden.

Die „Heimatfront“ – der Krieg bestimmt auch den Alltag

Der anhaltende Stellungskrieg führte zu Versorgungsproblemen im Deutschen Reich: Zum einen brauchte die Front ständig Nachschub an Waffen und Verpflegung, zum anderen verschärfte die Seeblockade die Situation der Zivilbevölkerung (siehe S. 201). Seit 1915 schränkte die Regierung den freien Verkauf von Lebensmitteln immer mehr ein. Brot oder Getreide waren nur noch mit Lebensmittelkarten verfügbar. In den Rüstungsbetrieben fehlten Arbeitskräfte. Um dieses Problem zu lösen, wurden immer mehr Frauen als Arbeiterinnen eingestellt. Viele von ihnen waren darauf angewiesen. Ihre Männer kämpften an der Front und sie mussten die Familien allein ernähren. Im „Kohlrübenwinter“ 1916/17 verhungerten in Deutschland Hunderttausende. 1917 betrug die Getreideernte nur noch 50 Prozent der Vorkriegsjahre. Auch die Verbündeten und Gegner Deutschlands richteten Wirtschaft und Bevölkerung umfassend auf den Krieg aus.

M 1 *Deutsche Soldaten frühstücken im Schützengraben. Foto, 1914*

M 2 *Frauen in einem deutschen Rüstungsbetrieb, Foto, 1917*

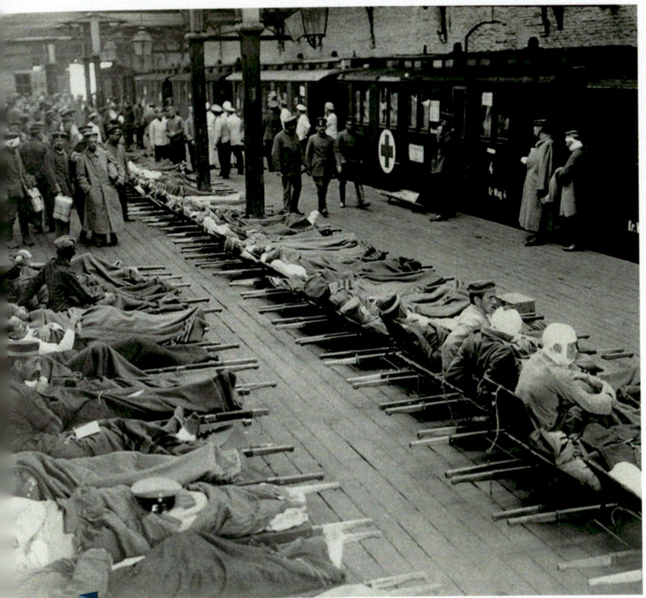

M 3 *Kriegsverletzte des Ersten Weltkrieges, Foto, 1918. Zur erschütternden Bilanz des Krieges gehörten Millionen von Verwundeten und Kriegsversehrten, deren Verletzungen meist durch Granatsplitter verursacht waren.*

M 5

„Rauchpause“ deutscher Soldaten vor ihrem Unterstand, Bildpostkarte, um 1914

M 4

In dem Roman „Im Westen nichts Neues“ schilderte der Schriftsteller und Kriegsfreiwillige Erich Maria Remarque 1929 die Situation in einem Schützengraben:

Unsere Gesichter sind verkrustet, unser Denken ist verwüstet, wir sind todmüde. Wenn der Angriff kommt, müssen manche mit den Fäusten geschlagen werden, damit sie erwachen und mitgehen: Die Augen sind entzündet, die Hände zerrissen, die Knie bluten, die Ellbogen sind zerschlagen. Vergehen Wochen – Monate – Jahre? Es sind nur Tage ...

Haie Westhus wird mit abgerissenem Rücken fortgeschleppt: bei jedem Atemzug pulst die Lunge durch die Wunde. Ich kann ihm noch die Hand drücken: „Is alle, Paul“, stöhnt er und beißt sich vor Schmerz in die Arme. Wir sehen Menschen leben, denen der Schädel fehlt; wir sehen Soldaten laufen, denen beide Füße weggefetzt sind; sie stolpern auf den splitternden Stümpfen bis zum nächsten Loch.

Erich Maria Remarque, Im Westen nichts Neues, Berlin (Ullstein) 1972, S. 98ff.

Lesetipp:

Erich Maria Remarque, Im Westen nichts Neues, Berlin (KiWi), 2013. Der Autor erzählt aus der Perspektive eines Soldaten, der von der Schule direkt auf das Schlachtfeld geschickt wird.

1 Gestalte eine Mindmap, in der du die Kennzeichen des „modernen“ Kriegs festhältst.

Erster Weltkrieg als „moderner Krieg“

2 **Methode:** Untersuche das Foto M2 mithilfe der Arbeitsschritte S. 157.

3 **Wähle eine Aufgabe aus:**

Partnerarbeit: Vergleicht den Alltag an der Front mit dem an der „Heimatfront“, indem ihr

a) einen Brief eines Soldaten an seine Familie schreibt (Darstellungstext, M1, M3),

b) einen Brief einer Ehefrau an ihren Mann an der Front verfasst (Darstellungstext, M2).

4 Untersuche, wie Remarque (M4) seine Erlebnisse beschreibt. Stelle einen Bezug zu M3 her.

5 Vergleiche das Foto M1 mit dem Bild, das die Postkarte M5 vom Krieg vermittelt.

Webcode: FG450068-203
Alltag im Ersten Weltkrieg

Kriegerdenkmäler erkunden – in Niedersachsen

Zur Erinnerung an die vielen Millionen gefallenen Soldaten des Ersten Weltkrieges wurden überall in Europa Kriegerdenkmäler errichtet. Allein in Deutschland sollen sich über 100 000 befinden. Auch in Niedersachsen gehört das Kriegerdenkmal zum Landschaftsbild und man findet fast in jeder Ortschaft mindestens eines. Hier lernst du, wie man ein Kriegerdenkmal erkundet.

M1

Kriegerdenkmal in Diepholz, erbaut 1922, Foto

M2

Kriegerdenkmal in Hildesheim, erbaut 1936–1939, Foto

M3

Auf einem Kriegerdenkmal am Theaterplatz in Göttingen von 1924 heißt es:

So möge dies Denkmal den späteren Geschlechtern künden von todesfreudiger Vaterlandsliebe, aber auch von treuer Kameradschaft bis über das Grab hinaus: Zum Schutz des Vaterlands gabt Euer Leben Ihr dahin, getreu dem Fahneneid, den Ihr geschworen. Durch neid'ge Tat verlor die Heimat den Gewinn; doch nimmermehr ist Deutschland ganz verloren. Aus Euern Gräbern wird die Freiheit auferstehn, drum mög' die Ueberlebenden dies Denkmal mahnen: Nicht ruhn! bis über freiem Deutschland wehn, wie Ihr's geglaubt, frei Eure alten Fahnen.

Vom Verfasser zusammengestellt.

1 Beschreibe und deute das Denkmal M1. Vervollständige dazu die Tabelle auf S. 205.

2 Formuliere, welche Aussagen mit den Denkmälern M1 und M2 über den Ersten Weltkrieg getroffen werden. Beziehe dabei M3 mit ein.

3 Recherchiere im Internet über die Denkmäler in Hildesheim (M2) und Göttingen (M3) und untersuche sie wie M1.
Tipp: Beachte auch den Webcode.

4 Suche ein Kriegerdenkmal in deinem Heimatort und recherchiere, wann und warum es errichtet wurde. Halte darüber ein Kurzreferat vor deiner Klasse.

5 **Recherche:** Finde heraus, was man heute mit den Begriffen „Volkstrauertag" und „Heldengedenktag" verbindet.

Webcode: FG450068-204

Arbeitsschritte „Kriegerdenkmäler erkunden"

Denkmal beschreiben	**Lösungshinweise zu M1**
1. Wie ist das Denkmal gestaltet (Statue, Statuengruppe, Inschriften, Gedenksprüche, Sprüche zur Mahnung, Namenstafeln), welchen ersten Eindruck vermittelt es?	• *auf einem altarartigen Sockel eine lebensgroße Plastik eines liegenden Kriegers* • ...
2. Welche Einzelheiten und Symbole werden verwendet (Waffen, Adler, Stahlhelme, Ölzweig, Taube)?	• *unbekleidet, nur mit Helm, muskulös* • ...
3. Welche Haltung nehmen die dargestellten Personen ein (nachdenklich, trauernd, betend, sterbend) bzw. welche Form hat das Objekt?	• *liegend, linkes Bein ruht auf dem Boden* • *Oberkörper ist erhoben, Kopf blickt zur Seite*
4. Nach welchen Gesichtspunkten wurde der Standort ausgewählt (Schlachtfeld, Friedhof, Kirchengarten, Ortskern, außerhalb der Ortschaft, Höhenlage)?	• *im Park (ehemaligen Friedhof) „Am Heldenhain" in Diepholz*
5. Welches Material wurde verwendet (Naturstein, z. B. Granit, Sandstein, Mauerwerk, Eisen, Bronze)?	• *Mauerwerk aus grauem Stein* • *Inschriften aus vergoldetem Metall*
Aussage deuten und Bedeutung klären	
6. Zu welchem Zweck wurde das Denkmal errichtet (Heldenverehrung, Totentrauer, Mahnung gegen den Krieg)? Von wem wurde es in Auftrag gegeben?	• *Gedenken an Gefallenen des Ersten Weltkriegs* • ...
7. Welche Aussage kann man aus Form und Materialien ableiten?	• *liegende Gestalt erinnert an antike Marmorskulpturen, moderner Helm ...* • *Der Adler steht für ...*
8. Welche Information erhält man aus den Inschriften?	• *„Seinen im Weltkrieg gefallenen Söhnen in Dankbarkeit der Flecken Diepholz" (Flecken = kleines Dorf)* • *Namen der Gefallenen von 1914-1918 aus der Umgebung*
9. Wurde das Denkmal nach seiner Errichtung verändert, restauriert oder umgesetzt?	• *1960 Austausch der Namenstafeln und Ergänzung der Namen der Gefallenen und Vermissten im Zweiten Weltkrieg*
10. Welche Bedeutung hat das Denkmal heute? Wer kümmert sich um die Denkmalpflege?	• *Ort der Gedenkfeier zum Volkstrauertag* • *Internetrecherche*
Bewerten	
11. Hat sich die öffentliche Einstellung heute gegenüber damals verändert?	• *heute fehlt weitgehend die persönliche Betroffenheit, praktisch keine Gedenkfeiern mehr*
12. Wie denkst du über die Aussage des Kriegerdenkmals?	• ...
13. Wie dokumentierst du deine Ergebnisse?	• *Fotografien, Zeichnungen, Inschrift-Abschriften* • *Anlegen einer Ergebnismappe* • *Erstellung einer Präsentation (Powerpoint u. Ä.)*

1870 1880 1890

1880–1914 Zeitalter des Imperialismus

1873 Dreikaiserabkommen: Deutsches Reich – Österreich-Ungarn – Russland

1878 Berliner Kongress

1879 Zweibund: Deutsches Reich – Österreich-Ungarn

1882 Dreibund: Deutsches Reich – Österreich-Ungarn – Italien

1890 Entlassung Bismarcks; „Neuer Kurs“ Wilhelms II.

Imperialismus und Erster Weltkrieg

Das Zeitalter des Imperialismus

Die Epoche des Imperialismus dauerte von ca. 1880 bis zum Beginn des Ersten Weltkrieges 1914. Die europäischen Industriestaaten, die USA und Japan dehnten ihre Herrschaft auf weniger fortschrittliche Länder aus. Sie nutzten ihre wirtschaftliche und technische Überlegenheit, um neue Gebiete zu erwerben und Weltreiche zu schaffen (lat. imperium = Herrschaftsbereich, Weltreich). Kennzeichen des Imperialismus waren rücksichtslose Expansion und übersteigerter Nationalismus. Es entstand ein Wettkampf um Kolonien und Einfluss in fremden Ländern. Dieser Wettkampf verschärfte sich noch, als die spät gegründeten Nationen Deutschland und Italien hinzukamen. Sie wollten ebenfalls Weltreiche errichten.

Ziele und Rechtfertigung imperialistischer Politik

Ziele des Imperialismus:

- Suche nach Rohstoffen und Absatzmärkten für die Industrie
- Erschließung neuen Siedlungsraums für die schnell wachsende Bevölkerung Europas
- Ausdehnung militärischer Macht gegenüber anderen Großmächten
- Ablenkung innenpolitischer Spannungen nach außen

Rechtfertigungen des Imperialismus:

- Sendungsbewusstsein: Europäer wollen angeblich „barbarischen“ Ländern Kultur und Zivilisation bringen
- Stärkung der eigenen Nation und ihres Ansehens
- Sozialdarwinismus: Glaube an die Überlegenheit der eigenen „Rasse“ im „Kampf um das Dasein“.

Herrschaft in den Kolonien

Die Großmächte betrieben verschiedene Formen des Imperialismus. Großbritannien und Frankreich gründeten Kolonien, die sie mit Beamten verwalteten und mit Soldaten schützten. Die USA dagegen herrschten indirekt, indem sie politischen und wirtschaftlichen Druck auf unterlegene Länder ausübten. Sie pochten auf freien Zugang zu den Märkten. Man spricht deshalb auch von einer „Politik der offenen Tür“. Eine weitere Methode, wirtschaftlichen Einfluss auszuüben, war die Umsetzung technischer Großprojekte. Dazu gehörten z. B. der Bau der Bagdadbahn oder des Panamakanals. Eine Folge imperialistischer Politik waren Aufstände der Einheimischen. Die Kolonialmächte unterdrückten diese meist brutal, wie im Falle des Herero-Aufstands. Schon damals gab es Kritik am Imperialismus. Im Deutschen Reich äußerte sich z. B. die SPD kritisch. Sie brandmarkte die Ausbeutung, Unterdrückung und Ausrottung fremder Völker.

Konflikte in Europa und der Welt

Der Wettlauf um die Kolonien verstärkte die Spannungen in Europa. Als 1871 der deutsche Nationalstaat entstand, störte das spürbar das Gleichgewicht der Großmächte. Reichskanzler Bismarck begegnete dem Unbehagen der Nachbarländer durch eine vorsichtige Außenpolitik. Er strebte vor allem nach Sicherheit für das Deutsche Reich. Deshalb isolierte er Frankreich: Er dachte, die Franzosen wollten sich für den verlorenen Krieg von 1870/71 rächen. Bismarck schuf ein ausgedehntes Bündnissystem, das alle Großmächte direkt oder indirekt mit einbezog. In der Kolonialpolitik war er

1900 1910 1920

1904 Entente cordiale: britisch-französische Verständigung

1905/1911 deutsch-französische Konfrontation

1907 Triple Entente: Großbritannien, Frankreich und Russland

1912/1913 Balkankriege

1914 Attentat auf das österreichisch-ungarische Thronfolgerehepaar in Sarajewo
Beginn des Ersten Weltkrieges

1917 Kriegseintritt der USA
Revolutionen in Russland

1918 März: Friede von Brest-Litowsk
Oktober: Matrosenaufstand in Kiel

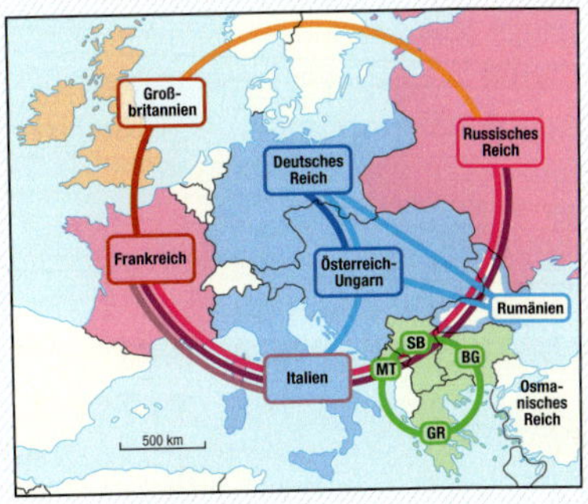

dagegen eher zurückhaltend. Er erklärte, dass das Reich keine neuen Gebiete beanspruche. Der junge Kaiser Wilhelm II. verfolgte dagegen eine andere Außenpolitik. Er entließ Bismarck im Jahr 1890 und verzichtete darauf, dessen Bündnissystem fortzuführen. Stattdessen strebte er nach Weltmacht. Dafür war ihm der Flottenbau besonders wichtig. Wilhelms aggressiver Kurs führte das Deutsche Reich in die Isolation, denn die anderen Mächte empfanden Deutschland zunehmend als Störenfried. Frankreich, Russland und Großbritannien legten ihre Gegensätze bei und schlossen ein Bündnis („Triple Entente" – Dreibund). Es begann ein erbitterter Rüstungswettlauf zur See zwischen England und dem Deutschen Reich. Auch das Verhältnis zwischen dem Deutschen Reich und Frankreich war seit 1871 schwer belastet.

„Pulverfass" Balkan und Julikrise

Ein ständiger Krisenherd Europas war der Balkan. Hier lebte eine Vielzahl von Völkern mit unterschiedlichen Sprachen und Religionen, teils im Machtbereich Österreich-Ungarns, teils unter osmanischer Herrschaft. Im Zeitalter des Nationalismus strebten diese Völker zunehmend nach Selbstständigkeit. Verschärfend kam hinzu, dass sich Russland im Balkan einmischte. Es verstand sich als Schutzmacht aller slawischen Völker. So wurde der Balkan ein regelrechtes „Pulverfass". Es explodierte, als der Thronfolger Österreich-Ungarns 1914 von einem serbischen Nationalisten erschossen wurde. Deutschland sagte Österreich daraufhin seine bedingungslose Unterstützung gegen Serbien zu („Blankoscheck" zum Angriff). Russland stellte sich auf die serbische Seite. Da eskalierte die Situation und führte schließlich zum Kriegsausbruch am 1. August 1914.

Der Erste Weltkrieg

Im Ersten Weltkrieg standen sich zwei Parteien gegenüber: die Mittelmächte (Deutschland, Österreich-Ungarn, das Osmanische Reich und Bulgarien) und die Triple Entente (Frankreich, England, Russland). Der Triple Entente schlossen sich immer mehr Länder auf der ganzen Welt an. Die Hoffnung auf einen schnellen Sieg wurde bald enttäuscht. Im Westen scheiterte der deutsche Plan einer schnellen Bezwingung Frankreichs. Die Fronten erstarrten hier zu einem Stellungskrieg. Beide Seiten verharrten in Schützengräben. Es gab nur noch wenige Gebietsgewinne. Mörderische Materialschlachten kosteten Millionen Menschen das Leben. Der erste „moderne" Krieg wurde mit neuen Waffen geführt: Flugzeugen, Panzern und U-Booten. Auch die Zivilbevölkerung hatte zu leiden. An der „Heimatfront" arbeitete sie in der Kriegsindustrie. Die katastrophale Versorgungslage forderte auch unter Zivilisten hohe Opferzahlen, weil Englands Seeblockade den Nachschub nach Deutschland stoppte. Als Deutschland deshalb den uneingeschränkten U-Boot-Krieg erklärte, traten die USA 1917 auf der Seite der Entente in den Krieg ein. Das veränderte die Machtverhältnisse entscheidend. Daran änderten auch die Erfolge des Deutschen Reichs im Osten nichts. In Russland gab es 1917 eine Revolution, die den Zaren stürzte. Die neue Regierung schloss 1918 einen Vertrag mit dem Deutschen Reich. Dieser Friedensvertrag von Brest-Litowsk war für Russland sehr verlustreich. Im Westen war die Lage dagegen aussichtslos und die deutsche Oberste Heeresleitung drängte auf einen Waffenstillstand. Ein Matrosenaufstand in Kiel führte schließlich zur Revolution.

In diesem Kapitel konntest du folgende Kompetenzen erwerben:

- den Imperialismus definieren, seine Ziele und Rechtfertigungen erläutern
- die verschiedenen Formen imperialistischer Politik darstellen
- die Außenpolitik des Deutschen Reichs unter Bismarck und Wilhelm II. vergleichen und beurteilen
- die Ursachen des Ersten Weltkrieges erklären
- die Merkmale eines modernen Krieges nennen und erklären
- den Verlauf des Ersten Weltkrieges beschreiben
- **Methode:** Kriegerdenkmäler erkunden – in Niedersachsen

M 1

Der britische Politiker Cecil Rhodes äußerte 1877 seine Vorstellungen über die Kolonien:

Ich behaupte, dass wir die erste Rasse in der Welt sind und dass es umso besser für die menschliche Rasse ist, je mehr wir von der Welt bewohnen ... [Es] bedeutet ... einfach das Ende aller Kriege, wenn der größere Teil der Welt in unserer Herrschaft aufgeht ... Da [Gott] offenkundig die englisch sprechende Rasse zu einem auserwählten Werkzeug formt, durch welches er einen Zustand der Gesellschaft hervorbringen will, der auf Gerechtigkeit, Freiheit und Frieden gegründet ist, muss er offensichtlich wünschen, dass ich tue, was ich kann, um jener Rasse so viel Spielraum und Macht wie möglich zu geben.

Zit. nach Stead, W.T. (Hg.), The Last Will and Testament of Cecil J. Rhodes, London 1902, S. 58f. und S. 98. Übers. v. Peter Alter.

M 2

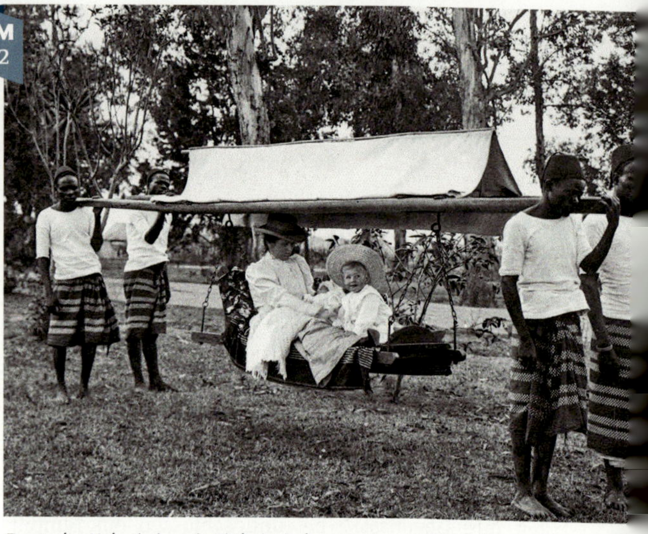

Deutsche Kolonistin mit Einheimischen, Foto aus Deutsch-Ostafrika, 1905. Das Bild ist kein „Schnappschuss"; es dauerte damals lange, bis ein Foto gemacht war.

M 3

Der deutsche Historiker Lothar Gall schrieb 1980 über Bismarcks Außenpolitik:

In der ... Reichstagsrede vom 11. Januar 1887 zog er [Bismarck] ... den Schluss: „Mein Rat wird nie dahin gehen, einen Krieg zu führen, deshalb, weil er später vielleicht doch geführt werden muss." Deutschland, so hieß es, gehöre zu den Mächten, die von einem Krieg nichts zu gewinnen, aber alles zu befürchten haben und die daher bestrebt sein müssen, einen Krieg zu verhindern. Das nannte er in der gleichen Rede „unsere Friedenspolitik", freilich in einem nüchternen, streng interessenorientierten Sinn.

Lothar Gall, Bismarck. Der weiße Revolutionär, Frankfurt u.a. (Ullstein) 1980, S. 637f.

M 4

Kaiser Wilhelm II. sagte am 18. Juni 1897 bei einer Tischrede:

[Wir haben] Deutsche allerorten, für die wir zu sorgen, deutsche Ehre, die wir auch im Auslande aufrechtzuerhalten haben. Der Dreizack[1] gehört in unsere Faust ... So ist es mein Wunsch, dass es mir Gott verleihen möge, ... der Welt den Frieden zu erhalten ..., desgleichen aber nach außen die Ehre des Reiches in jeder Weise hochhalten zu können, unserer vaterländischen Arbeit und der Industrie ... die Absatzgebiete zu sichern und zu erhalten, die wir brauchen.

Zit. nach Ernst Johann (Hg.), Reden des Kaisers. Ansprachen, Predigten und Trinksprüche Wilhelms II., München (dtv) 1966, S. 70f.

[1] *Symbol des Meeresgottes Neptun; steht für Seemacht*

M 5

Postkarte von 1914: „Der deutsche Aar (Adler), in Ehre neu geboren entfaltet nun die Schwingen hehr und rein, „Gott ist mit uns“ – wir haben nichts verloren. Die Drachenbrut muss nieder! – So solls sein!“. Die Postkarte wurden vom Staat herausgegeben.

M 6

Erkläre folgende Begriffe:

Zweibund – Dreibund

Sozialdarwinismus

Zivilisierung

Stellungskrieg

Kolonialwaren

Wirtschaftsliberalismus

M 7

Otto Dix, Sturmtruppe geht unter Gas vor, 1924. Der Maler Otto Dix (1891–1969) kämpfte im Ersten Weltkrieg als Freiwilliger an der Front.

Methodenkompetenz

1 a) Lies den Text des Politikers Cecil Rhodes (M1). Fasse den Inhalt in eigenen Worten zusammen.
b) Untersuche, wie er den Imperialismus rechtfertigt.
Tipp: Vergleiche mit den Theorien auf S. 180.

2 Überprüfe die Aussage des Textes M1 anhand von Bild M2.

3 **Partnerarbeit:** Untersucht getrennt voneinander die Bilder M5 und M7. Vergleicht anschließend die Aussage und Stimmung.

Sachkompetenzz

4 Nenne wesentliche Merkmale der Außenpolitik Kaiser Wilhelms II.
Tipp: Lies nach auf Seite S. 196 f.

5 Erläutere die Kennzeichen des „modernen“ Krieges.

6 **Wähle eine Aufgabe aus:**
a) Formuliere die Rede eines Kriegsbegeisterten. Nutze dazu Bild M5.
b) Formuliere eine Rede gegen den Krieg. Nutze dazu Bild M7.

Urteilskompetenz

7 Lies den Text über Bismarcks außenpolitische Haltung (M3). Nimm Stellung dazu.

8 Fasse den Inhalt der Rede Kaiser Wilhelms zusammen (M4). Beurteile seine Haltung im Vergleich zu Bismarck.

9 Diskutiert in der Klasse: Sollen die heutigen Staaten Verantwortung für den Kolonialismus und seine Folgen übernehmen? Welche Konsequenzen könnte das haben? Beziehe M2 und die Geschichte der Hereros auf Seite 190 mit ein.

Webcode: FG450068-209
Selbsteinschätzungsbogen

Zusatzaufgaben

Kapitel 1: Der Fürstenstaat in der Frühen Neuzeit

zu S. 24/25:

M4

König Ludwig XIV. wird angekleidet. Farblithographie von Maurice Leloir (1853–1940).

5 Wähle eine Aufgabe aus:

a) Gestalte Denkblasen für die Personen in der Szene M4. Versetze dich dazu in sie hinein.

b) Stell dir vor, zwei Personen aus M4 unterhalten sich später darüber, was sie gesehen haben. Gestalte einen Dialog.

zu S. 26/27:

M5

Kleidung macht den König. Karikatur von W. Thackeray, 1840. Lat. rex = König, Ludovicus = Ludwig

3 Arbeite aus M1 heraus, auf welche Weise die Selbstdarstellung Ludwigs XIV. kritisiert wird.

zu S. 28/29:

5 Stell dir vor, du bist ein Familienmitglied aus Bild M3. Formuliere einen Beschwerdebrief an einen Teilnehmer des Frühstücks (M1), in dem du deine Situation schilderst. Beziehe alle Informationen der Doppelseite ein.

zu S. 30/31:

M 4

Der französische Staatshaushalt (in Livres = französische Währungseinheit)

Jahr	Einnahmen	Ausgaben	Defizit
1670	70 483 834	77 307 798	6 823 964
1690	106 642 985	149 319 381	42 676 396
1710	36 432 745	225 847 281	189 414 536

Zusammengestellt nach Alain Guéry, Les Finances de la Monarchie Française sous l'Ancien Regime, in: Annales. Economies – Sociétés – Civilisations, 33 (Arman-Colin) 1978, Tabelle 2.

6 Bewerte anhand von M4, wie erfolgreich die Wirtschaftspolitik des Merkantilismus war. Überlege dir mögliche Folgen.

zu S. 32/33:

5 **a)** Informiere dich im Internet über die Herrenhäuser Gärten (M4). Beschreibe den Aufbau und die Besonderheiten der Anlage.
b) Vergleiche sie mit dem Schloss Versailles (M2, S. 25).

Kapitel 2: Die Zeit der Aufklärung und der bürgerlichen Revolutionen

zu S. 62/63:

M 1

„Nach Versailles!" – Aufbruch der Pariser Frauen nach Versailles am 5. Oktober 1789 französischer Kupferstich, um 1790

5 Informiere dich ausgehend von M4 im Internet über den Zug der Marktfrauen nach Versailles und die Rolle der Frauen in der Französischen Revolution.

zu S. 66/67:

M 5

Die Mitglieder der Vereinten Nationen (UNO) verabschiedeten 1948 die „Allgemeine Erklärung der Menschenrechte". Darin heißt es:

Art. 1: Alle Menschen sind frei und gleich an Würde und Rechten geboren. Sie sind mit Vernunft ... begabt und sollen einander im Geiste der Brüderlichkeit begegnen ...

Art. 3: Jeder Mensch hat das Recht auf Leben, Freiheit und Sicherheit der Person.

Art. 4: Niemand darf in Sklaverei oder Leibeigenschaft gehalten werden ...

Art. 5: Niemand darf der Folter oder grausamer, unmenschlicher oder erniedrigender Behandlung oder Strafe unterworfen werden ...

Art. 7: Alle Menschen sind vor dem Gesetz gleich und haben ohne Unterschied Anspruch auf gleichen Schutz durch das Gesetz ...

Art. 9: Niemand darf willkürlich festgenommen, in Haft gehalten oder des Landes verwiesen werden ...

Art. 13: Jeder hat das Recht, sich innerhalb eines Staates frei zu bewegen und seinen Aufenthaltsort frei zu wählen ...

Art. 17: Jeder hat das Recht, sowohl allein als auch in Gemeinschaft mit anderen Eigentum innezuhaben. Niemand darf willkürlich seines Eigentums beraubt werden.

Art. 18: Jeder hat das Recht auf Gedanken-, Gewissens- und Religionsfreiheit ...

Art. 19: Jeder hat das Recht auf Meinungsfreiheit und freie Meinungsäußerung ...

Art. 21: ... Der Wille des Volkes bildet die Grundlage für die Autorität der öffentlichen Gewalt ...

Zit. nach http://www.un.org/depts/german/grunddok/ar217a3.html (Stand: 05. 05. 2016). Bearb. v. Verf.

6 Vergleiche die Allgemeine Erklärung der Menschenrechte (M5) mit M4 auf S. 67. Arbeite Gemeinsamkeiten und Unterschiede heraus.

7 Vergleiche die Kernaussagen der amerikanischen Unabhängigkeitserklärung (S. 55, M2) mit der Erklärung der Menschen- und Bürgerrechte (S. 67, M4).

zu S. 70/71:

M 5

„Die Schweinefamilie wird in den Stall zurückgebracht", anonyme Karikatur, 1791. Auf dem Wagen sitzen König Ludwig XVI., seine Frau Marie Antoinette, ihre beiden Kinder sowie Bruder und Schwester des Königs.

5 **Methode:** Untersuche die Karikatur M5 mithilfe der Arbeitsschritte S. 65. Nutze zur Deutung den Darstellungstext S. 70, Z. 1-4.

Kapitel 3: Längsschnitt: Die Entstehung des deutschen Nationalstaats

zu S. 94/95:

4 Analysiere, welche Fraktionen aus dem Parlament sich durchgesetzt haben. Vergleiche dazu M4 und M5 mit den Zielen der Fraktionen (M1).

5 Die Paulskirche wurde oft als „Professorenparlament“ verspottet. Überprüfe anhand von Schaubild M6, inwiefern das der Realität entsprach.

M 6

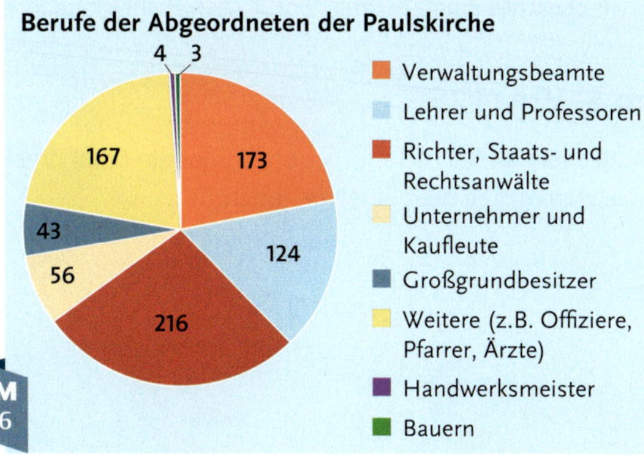

zu S. 98/99:

M 4

Badisches Wiegenlied von Ludwig Pfau (1849):

(Refrain:) Schlaf ', mein Kind, schlaf ' leis,
Dort draußen geht der Preuß '!
Deinen Vater hat er umgebracht,
Deine Mutter hat er arm gemacht,
Und wer nicht schläft in guter Ruh',
Dem drückt der Preuß ' die Augen zu.
Der Preuß ' hat eine blut'ge Hand,
Die streckt er über's bad'sche Land,
Und Alle müssen wir stille sein,
Als wie dein Vater unter'm Stein.

Zit. nach www.liederlexikon.de/lieder/schlaf_mein_kind_schlaf_leis/editiona (Stand: 31. 04. 2016).

M 5

„Frühling – Sommer – Herbst“, Karikatur auf die Revolution von 1848, zeitgenössischer Holzstich.

5 Untersuche M4 und beschreibe die Stimmung, die in Deutschland nach der Revolution herrschte.

6 Interpretiere die Karikatur M5 vor dem Hintergrund des Revolutionsverlaufs 1848. Nimm Stellung zu ihrer Aussage.

Kapitel 4: Das Kaiserreich – der erste deutsche Nationalstaat

zu S. 120/121:

5 **Recherche:** Finde heraus, wofür Max Planck und Robert Koch den Nobelpreis bekamen (Darstellungstext).

zu S. 124/125:

7 **Recherche:** Suche Informationen über die Frauenrechtlerinnen aus dem Darstellungstext. Erstelle eine Kurzbiografie über eine von ihnen.

zu S. 126/127:

M 5

„Vom Geier zum Meier (nach Darwin)", antisemitische Postkarte aus der Kaiserzeit

5 Untersuche die Postkarte M5 und arbeite ihre Aussage heraus. Nimm anhand des Darstellungstextes von S. 126 Stellung dazu.

Kapitel 5: Industrialisierung und Soziale Frage

zu S. 156/157:

M 4

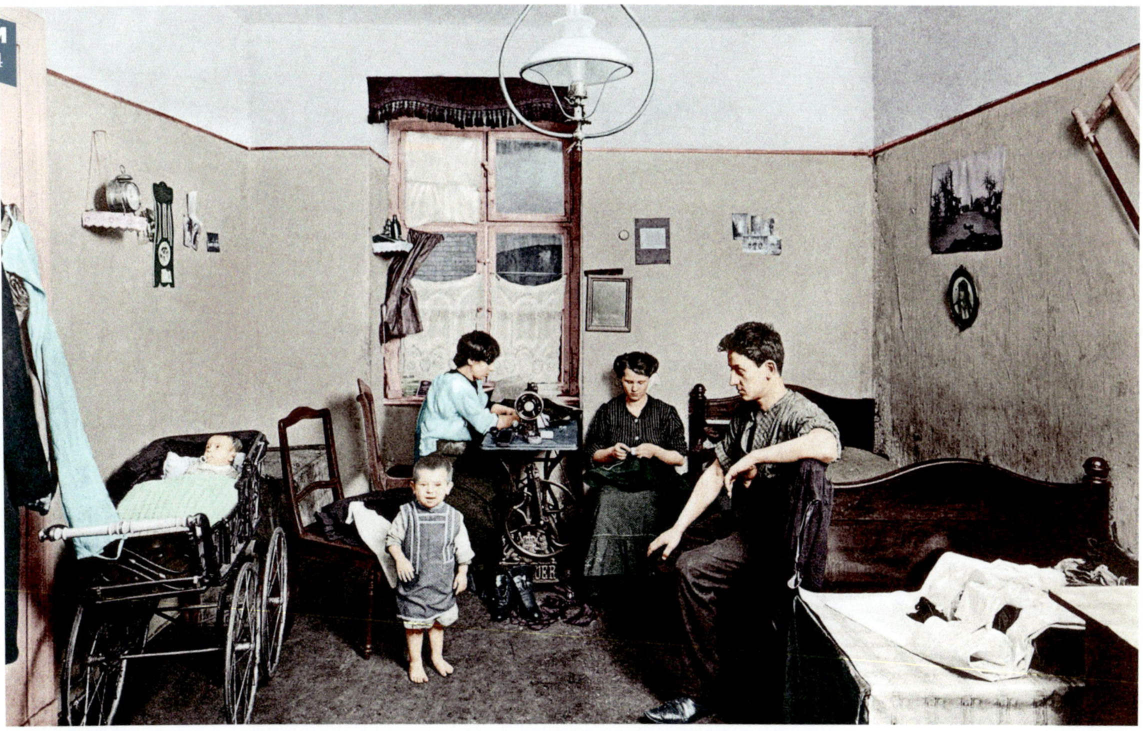

Wohnstube einer Familie in Berlin-Kreuzberg, Foto, 1913. Die Stube diente gleichzeitig als Arbeitsraum zur Herstellung von Wäsche. Sie hatte keine Heizvorrichtung. Die Farben im Bild wurden nachträglich digital eingefügt.

5 **Methode:** Untersuche Foto M4 nach den Arbeitsschritten auf S. 157.

zu S. 160/161:

4 Unternehmer wollten die Soziale Frage auch im eigenen Interesse lösen. Stelle Vermutungen darüber an, inwiefern Urlaubstage, Arbeitsschutz oder Werkswohnungen auch den Unternehmern nützten.

Kapitel 6: Imperialismus und Erster Weltkrieg

zu S. 189:

M 4

August Bebel (1840–1913), der Führer der Sozialdemokraten im Kaiserreich, sagte 1889 im Reichstag:

Nun, wer ist denn diese Ostafrikanische Gesellschaft[1]? Ein kleiner Kreis von ... Bankiers, Kaufleuten und Fabrikanten, ... von sehr reichen Leuten, deren Interessen mit den Interessen des deutschen Volkes gar nichts zu tun haben, die bei dieser Kolonialpolitik nichts als ihr eigenes persönliches Interesse im Auge haben, die ... gegenüber einer schwächeren Bevölkerung sich auf alle mögliche Weise ... bereichern. ... Im Grunde genommen ist das Wesen aller Kolonialpolitik die Ausbeutung einer fremden Bevölkerung ... Wo immer wir die Geschichte der Kolonialpolitik in den letzten drei Jahrhunderten aufschlagen, überall begegnen wir Gewalttätigkeiten und der Unterdrückung der betreffenden Völkerschaften, die nicht selten schließlich mit deren vollständiger Ausrottung endet. Und das treibende Motiv ist immer, Gold, Gold und wieder Gold zu erwerben. Und um die Ausbeutung der afrikanischen Bevölkerung im vollen Umfange und möglichst ungestört betreiben zu können, ... soll die Ostafrikanische Gesellschaft mit den Mitteln des Reichs unterstützt werden, damit ihr das Ausbeutergeschäft gesichert wird.

Zit. nach Stenographische Berichte über die Verhandlungen des Reichstags. VII. Leg. Per. IV. Sess. 188/89, Erster Band (Druck und Verlag der Norddeutschen Buchdruckerei und Verlags-Anstalt), Berlin 1889, S. 628.

[1] *Die Deutsch-Ostafrikanische Gesellschaft wurde 1884 in Berlin gegründet. Sie hatte das Ziel, deutsche Ackerbau- und Handelskolonien in Übersee zu errichten.*

3 **a)** Fasse die Aussagen August Bebels (M4) in eigenen Worten zusammen.

b) Vergleiche seinen Standpunkt mit denen der Historiker auf S. 189 (M1, M2).

zu S. 194/195:

5 Stell dir vor, du schreibst an einer Biografie Bismarcks. Formuliere eine schriftliche Beurteilung seiner Außenpolitik.
Tipp: Entscheide dich zwischen folgenden Wörtern: Eskalation – Vernunft – Risiko – Voraussicht – Gerissenheit.

zu S. 196/197:

7 Bewerte anhand deiner Erkenntnisse die Aussage der Karikatur M3 auf S. 179.

Lösungshilfen zu den Seiten „Kompetenzen prüfen"

Kapitel 1: Der Fürstenstaat in der Frühen Neuzeit (S. 38/39)

M4: Richtig ist 1e), 2d), 3b), 4a), 5c).

M5: Richtig sind 2., 3. und 4.

1 Nutze dazu die Arbeitsschritte 1–4, 7 und 8 auf S. 23.
Webcode: FG450068-217

2 Das Bild zeigt eine Szene in einem Raum mit Webstühlen; drei Personen: Eine schaut in die Luft, eine ist sehr beschäftigt, sie verkörpern wohl Faulheit und Fleiß (Bildunterschrift!); eine dritte wacht mit einem Stock; wahrscheinlich handelt es sich um eine Manufaktur, der rechte ist ein Aufseher; das Bild soll dem Betrachter wohl zeigen, dass Fleiß sich mehr lohnt als Faulheit. Es passt in den Kontext von Merkantilismus und Regulierung des Lebens durch die Obrigkeit …

3 In M1 beschreibt Ludwig XIV. seine Rolle als König und vergleicht sich dabei mit dem Kopf, der den Körper (das Volk) lenkt. Er behauptet, seine Macht nur für ihr Wohlergehen zu nutzen (z. B. durch Gesetze) und will als „Vater" gesehen werden. In M2 erfährt man, dass Ludwig Mitglieder der Ständeversammlung entlässt und ins Gefängnis wirft, weil sie seine Steuer nicht bewilligen.

4 Falsche Aussagen: 2. Durch den Westfälischen Frieden entstanden z. B. die Niederlande neu, die deutschen Fürsten bekamen mehr Macht gegenüber dem Kaiser. 5. Im 18. Jahrhundert gab es in Frankreich ein Ständegesellschaft (Klerus, Adel, Bürger), die sehr ungleich war, siehe S. 28/29. 6. Die Landesfürsten versuchten, das Leben der Untertanen durch Verordnungen und Gesetze zu regulieren, sie schrieben ihnen z. B. sogar Kleidung vor (siehe S. 32/33).

5 **Ziele:** Machtausbau der Landesfürsten auf Kosten des Adels und der Kirche, Schaffung eines zusammenhängenden Territorialstaats; **Methoden:** geordnete Verwaltung mit Beamten, Erhebung von Steuern, Aufstellung stehender Heere mit Berufssoldaten; Repräsentation und Selbstdarstellung als Herrscher von Gottes Gnaden.

6 **Heiliges Römisches Reich:** Territorialisierung seit dem Spätmittelalter, Rationalisierung, Bürokratisierung (Fürsten versuchen ihre Macht und ihren Einfluss zu vergrößern und zu verdichten). Seit der Reformation nehmen die Fürsten auch Einfluss auf die Glaubenszugehörigkeit ihrer Untertanen. Westfälischer Frieden: Fürsten gewinnen noch größere Unabhängigkeit im Reich. Lies nach auf den Seiten 16/17 und 22/23.
Frankreich: weitgehend geschlossenes Herrschaftsgebiet seit dem Mittelalter, Bevölkerungsreichtum, keine Versorgungsprobleme, 16. Jahrhundert: Aufbau starker Königsherrschaft, lange Regierungszeit des Sonnenkönigs Ludwig XIV. (54 Jahre), Ergebnis: Absolutismus (siehe S. 24/25).

7 **a)** Mögliche Wertung: Während Ludwig sich in M1 selbst als fürsorglichen Herrscher beschreibt, dem das Wohl der Untertanen am Herzen liegt, erkennt man in M2, dass er rigoros gegen Gegner seiner politischen Entscheidungen vorgeht. Er handelt also wahrscheinlich nicht nur zu deren Wohl, sondern vor allem zu seinem eigenen …
b) Als Grundlage für die Flugschrift kannst du die Ergebnisse von a) nutzen. Zusätzlich kannst du noch M2 und M3 von S. 25 miteinbeziehen: Mit dem teuren Bau und Unterhalt von Versailles und dem stehenden Heer stürzte Ludwig Frankreich in hohe Schulden. Seine Aussage als fürsorglicher „Vater" widerspricht auch seiner Selbstdarstellung als unerreichbarer „Sonnenkönig" (M3, S. 25).

8 Mögliche Beurteilung: Die Aussage stimmt insofern, als in der Frühen Neuzeit zusammenhängende Staatsgebiete mit einer geordneten Verwaltung entstanden. Steuern wurden erhoben, die Untertanen kontrolliert etc. – Allerdings waren die Fürstenstaaten damals noch keine Demokratien (die Bürger durften nicht mitbestimmen). Heute haben wir ein anderes Verständnis von einem Staat als damals.

Kapitel 2: Die Zeit der Aufklärung und der bürgerlichen Revolutionen (S. 78/79)

1 **Ständegesellschaft:** Im Mittelalter und in der Frühen Neuzeit gehörte jeder Mensch von Geburt an einem Stand an. Den ersten Stand bildete die Geistlichkeit (Klerus), den zweiten der Adel. Zum dritten Stand gehörten alle anderen Menschen vom reichen Bürger bis zu den Bauern. Die Stände waren durch rechtliche Bestimmungen und Vorrechte klar getrennt.

Aufklärung: Geistige Strömung, die sich von Frankreich aus um 1750 in vielen Ländern Europas ausbreitete. Vernunft sollte das Leben und Handeln der Menschen bestimmen. Beobachtung und Experimente wurde zur Grundlage der wissenschaftlichen Arbeit. Die Aufklärer forderten Freiheit und Gleichheit aller Menschen vor dem Gesetz und Toleranz in Fragen der Religion; **Konstitutionelle Monarchie:** Staatsform, in der die Macht des Königs durch eine Verfassung beschränkt wird; **Republik:** Staatsform, in der alle Gewalt vom Volk ausgeht; **Zensuswahlrecht:** Wahlrecht, bei dem nur derjenige wählen kann, der ein bestimmtes Steueraufkommen, Grundbesitz oder Vermögen nachweisen kann. Das Zensuswahlrecht der Französischen Revolution beschränkte das Wahlrecht auf Männer über 25 Jahre mit einem bestimmten Steueraufkommen („Aktivbürger"); **Allgemeines Wahlrecht:** sieht vor, dass jede Bürgerin und jeder Bürger ab einem bestimmten Alter eine Stimme besitzt. Es ist ein bedeutendes Merkmal der modernen Demokratie; **Schreckensherrschaft:** Zeit während der Französischen Revolution zwischen Anfang Juni 1793 und Ende Juli 1794. Der von Maximilien de Robespierre geleitete Wohlfahrtsausschuss ließ brutal alle verfolgen, die verdächtigt wurden, die Ziele der Revolution nicht aktiv zu verteidigen.

2 Alle drei Stände sollen…: Aus den Beschwerden der Bauern, S. 61, M3; Freiheit, Gleichheit, Brüderlichkeit: Motto der Französischen Revolutionäre, S. 62; No taxation…: Motto der britischen Siedler in Nordamerika, S. 55; Es gibt in jedem Staat…: Montesquieu, S. 45 M2; Alle Menschen sind …: amerikanische Unabhängigkeitserklärung, S. 55, M2; Verdächtig sind alle…: Gesetz des Wohlfahrtsausschusses, S. 71, M3.

3 Robespierre tritt mit beiden Füßen jeweils auf ein Exemplar der Verfassungen von 1791 und 1793 (andere Interpretationen: zwei Exemplare von 1791). Er trägt die vorrevolutionäre Kleidung des Bürgertums mit Kniebundhose und Hut. Auf der Spitze der Pyramide sieht man eine aufgespießte Jakobinermütze. Die Inschrift „Cy gyt toute la France" bedeutet „Hier ruht ganz Frankreich". Robespierre wird als Zerstörer der Revolution gezeigt, der mit seiner unnachgiebigen Verfolgung aller abweichenden Meinungen das Land zugrunde gerichtet hat.

4 Französische Offiziere, die auf der Seite der Amerikaner im Unabhängigkeitskrieg gegen die Briten gekämpft hatten, brachten die Ideen der Amerikanischen Revolution mit nach Europa. Diese jungen Offiziere begeisterten sich für die neuen Ideen und fühlten sich nicht mehr an alte Gewohnheiten und Vorurteile gebunden.

5 a) Jefferson stellt seine Haltung im letzten Abschnitt dar. Dort äußert er wenige Monate vor Ausbruch der Revolution die Überzeugung, dass sich in Frankreich „die Rechte der Nation" durchsetzen werden und der „natürliche Verlauf der Dinge" zu einer Verfassung führen wird, durch die Frankreich seine Freiheit erlangt.
b) Jefferson zeigt sich in mehreren Abschnitten seines Briefes als Anhänger der neuen Freiheiten und ist davon überzeugt, dass Frankreich zum Verfassungsstaat wird. Damit erweist er sich als Anhänger der Ideen der Aufklärung und der Gewaltenteilung.

6 A = falsch
B = richtig
C = falsch
D = richtig

Kapitel 3: Längsschnitt: Die Entstehung des deutschen Nationalstaats (S. 112/113)

M2: Restauration = Wiederherstellung eines alten Zustandes, z. B. der Fürstenherrschaft nach dem Wiener Kongress (S. 86/87); **Vormärz** = die Zeit zwischen Wiener Kongress 1815 und Märzrevolution 1848, Zeit der Verbreitung liberaler und nationaler Ideen, aber auch Unterdrückung in Deutschland; **Nationalismus** siehe S. 88; **Sozialismus und Klassengesellschaft** siehe S. 100.

M3: Richtig sind 1c), 2c), 3b), 4a).

1 M1 zeigt Friedrich Wilhelm IV. in zwei Situationen: links im März 1848, als die Gefallenen der Revolution in Berlin vor dem Schloss aufgebahrt wurden. Damals zwang ihn die Menge, sich zu verneigen (S. 92/93), deshalb auch die Unterschrift „Hut ab". Das zweite Bild zeigt ihn im Februar 1849 – die Revolution war inzwischen gescheitert und die Macht der Fürsten wieder gefestigt. Deshalb kann er befehlen: „Hüte ab!". Friedrich Wilhelm hatte inzwischen die Kaiserkrone abgelehnt, die das Parlament ihm angeboten hatte (S. 98/99). Während links unten Bürger und Revolutionäre zu sehen sind, stehen rechts vor allem Offiziere und verneigen sich.

2

siegreiche Germania	trauernde Germania
stolzes Emporhalten der lorbeer-umwundenen Krone	trauerndes Senken des Lorbeerkranzes
Standort: weithin sichtbar über dem Rhein	Standort: in der Zurückgezogenheit eines Friedhofs
Erinnerung an die Reichsgründung 1871 → Nationalstaats-gründung „von oben"	Erinnerung an die Freiheitskämpfer der bürgerlichen Revolution → Reichsgründungs-versuch „von unten" durch Revolution
Finanzierung und Orga-nisation über den Reichstag	Finanzierung rein aus privaten Mitteln
offiziell staatlich → Nationaldenkmal im Sinne der Obrigkeit → national	initiiert von Angehöri-gen der gefallenen Frei-schärler und Veteranen → oppositionell, Kritik am 1871er Reich → liberal

3 Als Grundlage könnt ihr S. 86–95 und S. 102–105 nutzen. Wichtige Stationen: Wiener Kongress und Gründung des Deutschen Bundes; Vormärz, Hambacher Fest, Maßregeln zur Unterdrückung der Freiheits- und Einheitsbewegung (M4 S. 91), Barrikadenkämpfe und Gründung der Frankfurter Nationalversammlung; Verfassung der Paulskirche und kleindeutsche Lösung; Ablehnung der Kaiserkrone durch den preußischen König; Reichseinigung durch die Kriege Bismacks; Ausrufung des Kaisers in Versailles, Obrigkeitsstaat.

4 Lies nach auf S. 102–105; Reichsgründung von oben deshalb, weil nicht Bürger oder Revolutionäre einen deutschen Nationalstaat gründeten, sondern Bismarck und der Kaiser. Der neue Staat war keine Demokratie, wie vom Parlament der Paulskirche vorgesehen, sondern ein Kaiserreich. Die neue Verfassung von 1871 wurde vorgeschrieben und nicht von Volksvertretern (Abgeordneten) erarbeitet.

5 Mögliches Urteil: Die Revolution ist zwar gescheitert, aber nicht aus Unfähigkeit der Revolutionäre. Sie schuf trotzdem die Voraussetzung für die Entstehung politischer Parteien. Gründe des Scheiterns: Das Parlament der Paulskirche musste gleichzeitig eine Verfassung schaffen und das Staatsgebiet festlegen (schwierige Doppelaufgabe); Unterschiede zwischen den deutschen Teilstaaten; die Abgeordneten waren politisch gespalten (Liberale, Konservative ...), hartes Vorgehen der Fürsten und Ablehnung der Kaiserkrone und Verfassung durch den König von Preußen.

6 Die Paulskirche hat zwar eine Verfassung ausgearbeitet und ein Staatsgebiet festgelegt, sie scheiterte aber am Widerstand der Fürsten. Außerdem war die Einigung sehr langwierig, weil schwierige Fragen zu lösen waren und die Abgeordneten unterschiedliche Ziele hatten ...

7 Je nachdem, wofür du dich entscheidest, musst du eine unterschiedliche Haltung einnehmen. Lies zunächst nochmals auf S. 104/105 nach. **a)** Ein Anhänger des Kaisers wird die Gründung wahrscheinlich feiern und froh sein, dass endlich ein deutscher Nationalstaat entstanden ist. **b)** Ein liberaler Demokrat wird die Staatsgründung „von oben" und die fehlende Mitbestimmung des Volkes kritisieren, außerdem die fehlenden Grundrechte in der Verfassung (Meinungsfreiheit etc.). **c)** Ein Kommunist wird zusätzlich noch kritisieren, dass keine soziale Gleichheit geschaffen wurde. Wählen dürfen z. B. nur Männer mit Besitz, keine Arbeiter.

Kapitel 4: Das Kaiserreich – der erste deutsche Nationalstaat (S. 134/135)

M3: Nationalismus: die eigene Nation für überlegen halten, andere abwerten; **Militarismus:** Uniformen, Drill und militärische Erziehung; **Antisemitismus:** Judenfeindlichkeit aus rassistischen Gründen; **Kulturkampf:** Kampf zwischen Bismarck und den Katholiken um den Einfluss des Papstes und der Zentrumspartei; **Germanisierung:** Versuch des Deutschen Reichs, nationalen Minderheiten (z. B. Polen) deutsche Sprache und Kultur aufzuzwingen; **Obrigkeitsstaat:** Gesellschaft, in der Bürger nicht mündig sind (= nicht politisch entscheiden), sondern Entscheidungen „von oben" kritiklos gehorchen.

M4: Realgymnasium siehe S. 120, Kanzelparagraf, staatliche Versicherungen, Zivilehe: siehe S. 122/123, Frauenvereine siehe S. 124, Rassenlehre siehe S. 126, „vaterlandslose Gesellen" siehe S. 122.

1 Die Autorin freut sich über die Reichsgründung. Sie sieht Deutschlands Zukunft als ein mächtiges, bedrohliches Reich, hofft aber auch auf „Bildung und Geist" als „segensvolle Früchte". Sie spricht von einem „Reich des Lichts" und der „christlichen Gesinnung".

2 Die Karikatur zeigt Menschen, die unter eine preußische Pickelhaube gezwängt werden – ein Zeichen für Militarismus und die Vorherrschaft Preußens. Die Überschrift „Deutschlands Zukunft“ erweckt den Eindruck, dort herrsche vor allem Zwang und Drill.

3 Nutze die Arbeitsschritte S. 65. M5 spiegelt die Haltung vieler Männer im Kaiserreich wieder: Frauen erkämpften sich damals erstmals das Recht, zu studieren und unabhängiger zu sein; dabei wurden sie oft belächelt und gehindert.

4 Lies nach auf S. 124/125: Frauen durften nicht wählen, verheiratete nur mit Zustimmung des Mannes arbeiten, wurden schlechter bezahlt, durften keine politischen Vereine gründen usw. Allerdings gab es einen Unterschied zwischen Rollenbild und Wirklichkeit: Alleinstehende Frauen mussten oft arbeiten …

5 Nützliche Internetadresse: **Webcode:** FG450068-220

6 Mögliches Urteil: Das Kaiserreich war zwar ein Obrigkeitsstaat und geprägt von Militarismus (vgl. M2), aber es gab auch große Fortschritte im Bereich der Bildung und Wissenschaft, auch Frauen erkämpften sich langsam Rechte; Nichtdeutsche im Reich wurden dagegen unterdrückt…

7 Lies nach auf S. 124 (Darstellungstext); du kannst z. B. argumentieren, dass Frauen gleichgestellt sein sollten und das Recht auf Bildung haben, sehr viele Frauen schon arbeiten usw.

8 Lies nach auf S. 122/123 und 126/127. Alle drei Gruppen waren Anfeindungen, teilweise auch Verfolgung ausgesetzt, allerdings in unterschiedlichem Maße: Sozialisten und Katholiken wurden aus politischen Gründen verfolgt (Gesetze Bismarcks und Kulturkampf), Juden aus gesellschaftlichen Gründen (Antisemitismus, Rassismus …). Nicht alle wurden ständig verfolgt, Bismarck z. B. arbeitete später mit der katholischen Zentrumspartei gegen die Sozialisten zusammen. Außerdem gab es auch erfolgreiche Menschen jüdischer Herkunft (z. B. Albert Ballin, Walter Rathenau).

Kapitel 5: Industrialisierung und Soziale Frage (S. 174/175)

1 **M2:** Datum unbekannt, Einblick in die Küche eines Zigarrenmachers, Kinder helfen bei der Arbeit; Auftraggeber und Adressat unbekannt; Fotograf steht nah, sodass man Details der Küchenausstattung erkennt. Küche schlicht eingerichtet, schmal, kaum Platz für weitere Personen. Wohn- und Arbeitsbereich der Familie ist nicht getrennt. Alle Familienmitglieder müssen zum Verdienst der Familie beitragen. Kein Hinweis auf Größe der Wohnung, auch nicht, wie viele dort wohnten (z. B. Mutter, weitere Kinder).
M3: um 1890, Einblicke in Produktion und Arbeitsverhältnisse der Firma AEG um 1890; Auftraggeber und Adressat unbekannt; Fotograf scheint das Bild von einer erhöhten Position aufgenommen zu haben, sodass man bis ans Ende des Saales blicken kann. Das Bild erweckt den Eindruck, dass die Frauen gleichförmige Arbeitsschritte ausführten. Kapazitäten des Saales sind voll ausgenutzt. Die Fotografie zeigt, dass eine große Anzahl an Frauen außerhalb der traditionellen Arbeitsbereiche (Haus, Hof) tätig war. Akkordarbeit und Massenproduktion scheinen ihren Alltag bestimmt zu haben. Kein Hinweis auf die Gesamtgröße der Fabrik und Zahl der Arbeiter.

2 Du kannst das Plakat z. B. nach den Energiequellen untergliedern: Muskelkraft in der Antike, Wind und Wasser im Mittelalter, Holz(-kohle) in der Frühen Neuzeit, fossile Brennstoffe seit der Industrialisierung, heute Klimawandel, Energiewende, Nutzung erneuerbarer Energiequellen.
Du kannst z. B. einen Zeitstrahl gestalten.

3 Das Gemälde zeigt eine aufgebrachte Gruppe Arbeiter, die sich vor der Villa des Fabrikbesitzers versammeln. Der Fabrikant, der Frack und Zylinder trägt, hört den Arbeitern zu, neben ihm steht sein Dienstbote. Der Wortführer der Arbeiter bringt seine Argumente gestikulierend vor. Von der Fabrik kommen weitere Arbeiter hinzu. Eine Frau scheint ihren Mann davon abhalten zu wollen, sich den Streikenden anzuschließen. Einer der Arbeiter bewaffnet sich bereits mit einem Stein. – Unsichere Arbeitsplätze, harte Arbeit, niedrige Löhne, schlechte Wohnverhältnisse, Kinderarbeit und fehlende soziale Absicherungen gehörten zum Alltag der Industriearbeiter und ihrer Familien im 19. Jahrhundert. Durch Protest und Arbeitsniederlegung versuchten die Arbeiter ihren Forderungen nach höheren Löhnen, Beschränkungen der Arbeitszeit und Verbesserung der Arbeitsbedingungen (Unterstützung bei Krankheit, Unfall und Arbeitslosigkeit) Nachdruck zu verleihen. Im 19. Jahrhundert entstanden Gewerkschaften, eine „Arbeiterkultur“ und Arbeiterparteien (siehe S. 100/101).

4 Bevölkerungswachstum, Wirtschaftsliberalismus (Abschaffung der Zölle ...), technische Innovationen (Spinnmaschine, Dampfmaschine ...), Neuerungen in der Arbeitsorganisation, billige Rohstoffe aus Kolonien, gute Infrastruktur

5 siehe S. 140 ff., S. 158, S. 160 ff.

6 **a)** und **b)** individuelle Lösung

7 Aussage des Historikers: Zusammenhang zwischen der Erweiterung der Bildungsmöglichkeiten und dem Wirtschaftswachstum. **Pro:** zunehmende Verwahrlosung von Kindern → Entstehung von Einrichtungen zur Betreuung/Bildung; Bildung → Befähigung, technische Innovationen zu entwerfen und herzustellen.
Contra: Armut der Familien → Kinder werden vorzeitig von den Schulen abgemeldet, da die Volksschule Schulgeld kostete und die Familie Arbeitskräfte benötigte.

8 Mögliche Lösung: nur durch gemeinsamen Streik haben die Arbeiter genug Gewicht, um gegen den Fabrikanten etwas zu bewirken; Streik ist besser als Gewalt usw.

9 **a)** und **b)** Hier solltest du zuerst wiederholen, welche Energiequellen es seit der Antike gab (siehe Aufgabe 2), dann solltest du den Begriff „nachhaltig" klären (siehe S. 166 ff.). Überlege jeweils, ob die Gewinnung und Nutzung der Energiequellen schonend war und wie stark der Mensch dabei in die Natur eingegriffen hat.

Kapitel 6: Imperialismus und Erster Weltkrieg (S. 208/209)

M6: siehe S. 194/195 (Zweibund-Dreibund); S. 180 (Sozialdarwinismus); S. 183 (Zivilisierung); S. 200/201 (Stellungskrieg); S. 186 (Kolonialwaren); S. 185 (Wirtschaftsliberalismus).

1 **a)** und **b)**: Cecil Rhodes rechtfertigt den Imperialismus damit, dass die (weißen) Europäer den Völkern der Kolonien aufgrund ihrer „Rasse" überlegen seien. Sie seien von Gott auserwählt, ihre Herrschaft würde den unterdrückten Völkern „Gerechtigkeit, Freiheit und Frieden" bringen. Rhodes nutzt ein rassistisches Argument, er sieht die Engländer aber auch als „Kulturbringer" und rechtfertigt ihr Handeln religiös.

2 Das Bild M2 widerspricht teilweise den Aussagen von Rhodes, teilweise bestätigt es sie: Die weiße Kolonistin lässt sich als überlegen und höherstehend darstellen (sie wird getragen). Andererseits widerspricht das Bild unserer heutigen Vorstellungen von „Gerechtigkeit, Freiheit und Frieden" – das sollen die Kolonisten laut Cecil Rhodes (M1) ja angeblich den kolonisierten Völkern bringen.

3 Aussage **M5:** euphorische, festliche, triumphierende Stimmung, jubelnde und stürmende Soldaten, Eichenlaub, Adler und Sonne mit „schwebender Krone" (= Symbol des deutschen Kaisers), Aussage: Deutschland wird siegen, der Sieg ist „hehr und rein"; **M7:** düstere, bedrohliche, unwirkliche Atmosphäre, Soldaten in zerstörter Landschaft mit Knochen und Dreck; Aussage: Der Krieg ist nicht „hehr und rein", sondern eine gewalttätige, schmutzige Sache.

4 individuelle Lösung

5 Flottenbauprogramm, Streben nach Weltmacht und Größe für Deutschland (inklusive Kolonien), Verzicht auf die Fortführung der Bündnisse Bismarcks, dadurch außenpolitische Isolation ...

6 Lies nach auf S. 202/203; „modern" war am Ersten Weltkrieg z. B. die Nutzung neuer Techniken wie Eisenbahn, Massenproduktion von Waffen, Ausrichtung der ganzen Gesellschaft auf den Krieg, Einsatz zerstörerischer Waffen wie Panzer, Maschinengewehre, Giftgas; Materialschlachten, Schützengräben.

7 individuelle Lösung. Berücksichtige bei **a)** die nationale Begeisterung und Herabwürdigung des Gegners (z. B. Frankreich), die Hoffnung auf schnellen Sieg; bei **b)** die Erfahrungen des „modernen Kriegs", die empfundene Sinnlosigkeit des Sterbens etc.

8 Mögliche Stellungnahme: Aus heutiger Sicht ist es bemerkenswert, dass sich Bismarck für Frieden einsetzt. Mit seiner Befürchtung, dass Deutschland eingekreist wird, hat er ja recht behalten; allerdings muss man seine Motive und sein Verständnis von „Frieden" heute kritisch sehen; außerdem hat Bismarck selbst ja viele Kriege geführt (z. B. 1870/71) ...

9 Wilhelm setzt sich in M4 für das Flottenbauprogramm Deutschlands ein; die „Ehre des Reiches" ist ihm wichtiger als Frieden. Er will Kolonien als Absatzgebiete für die Industrie. – Im Vergleich zu Bismarck legt er also keinen großen Wert auf den Erhalt des Friedens. Bismarck hatte eher versucht, Bündnisse zu schließen und war anfangs nicht auf Kolonien aus (siehe S. 187).

10 individuelle Lösung

Übersicht der Fachmethoden aus Band 5, 6 und 7/8

Die Seitenzahlen in diesem Inhaltsverzeichnis verweisen auf den vorliegenden Band. Darunter sind die Methoden-Arbeitsschritte aus Band 5 und 6 abgedruckt.

Informationen beschaffen und Orte erkunden *Seitenzahlen in diesem Band*

Das Internet nutzen 222
Eine Exkursion durchführen 222
Ein Denkmal interpretieren 106
Kriegerdenkmäler erkunden 204

Texte, Bilder, Karten, Kunstwerke untersuchen

Einen Sachtext lesen und verstehen 223
Eine schriftliche Quelle analysieren 223
Schriftliche Quellen vergleichen 223
Philosophische Textquellen erarbeiten und vergleichen 46
Kontroverse Texte untersuchen 130
Eine Bildquelle auswerten 224
Bilder vergleichen 224
Ein Kunstwerk entschlüsseln 224
Eine Flugschrift untersuchen und deuten 224
Eine Geschichtskarte auswerten 225
Historische Karten lesen und vergleichen 225
Eine Karikatur analysieren 64
Eine historische Fotografie analysieren 156

Informationen auswerten und darstellen

Ein Schaubild auswerten 225
Ein Verfassungsschaubild auswerten 68
Eine Statistik auswerten 144
Werturteile erkennen 225
Informationen präsentieren 20

Methoden aus Band 5 und 6

• Das Internet nutzen

Suche beginnen
1. Welche Suchmaschine wähle ich aus?
2. Welche Internethinweise gibt das Schulbuch?

Suchabsicht festlegen
3. Welche Suchwörter helfen mir zur Beantwortung meiner Fragen weiter?

Überblick über das Suchergebnis bekommen
4. Welche Links sind interessant und brauchbar?
5. Welche Links stammen von glaubwürdigen Anbietern?

Ergebnisse ordnen
6. Wie gehe ich mit den Informationen einer Webseite um?

Informationen sichern und auswerten
7. Wie halte ich die gefundenen Informationen fest?

• Eine Exkursion durchführen

Informationen beschaffen
1. Besorgt euch Infomaterial von der Sehenswürdigkeit, z. B. bei der Verwaltung.

Organisieren
2. Ermittelt Termin, Fahrzeiten und Preise und stellt die Gesamtkosten zusammen.

Themen in der Schule vorbereiten
3. Sichtet Informationsmaterial und entscheidet über die Arbeitsschwerpunkte.
4. Teilt die Themen auf und bereitete sie vor der Fahrt vor, z. B. in Gruppen.
5. Überlegt euch Fragen zur Sehenswürdigkeit.

Vor Ort Entdeckungen machen
6. Verschafft euch einen Überblick (z. B. Führung).
7. Fertigt Notizen, Skizzen, Fotos oder Videos an oder führt ein Interview mit Museumsmitarbeitern.

Befunde auswerten und dokumentieren

8. Wertet eure Arbeitsergebnisse aus und präsentiert sie.
9. Dokumentiert eure Ergebnisse: z. B. Exkursionsbuch, Wandzeitung, Reportage für die Schülerzeitung, Film.

• Einen Sachtext lesen und verstehen

Ersten Überblick verschaffen

1. Welche Überschrift hat der Text?
2. Wie ist der erste Eindruck vom Inhalt und Aufbau?

Fragen stellen

3. Was weiß ich schon über das Thema?
4. Wer kommt im Text vor?
5. Wo und wann findet das Dargestellte statt?
6. Worum geht es?
7. Welche Fragen bleiben offen?

Schlüsselwörter klären

8. Welche schwierigen Wörter oder Unklarheiten muss ich klären?
9. Welche Schlüsselwörter hat der Text?

Textaufbau erfassen

10. In welche Abschnitte lässt sich der Text gliedern?
11. Welche Überschriften passen dazu?

Inhalt wiedergeben

12. Gib mithilfe der Überschriften und Schlüsselwörter den Inhalt des Textes wieder.

• Eine schriftliche Quelle analysieren

Quelle und Verfasser einordnen

1. Wann und wo wurde die Quelle geschrieben? (zeitlicher und örtlicher Abstand zum Ereignis)
2. Wer ist der Autor? War er Augenzeuge? In welcher Beziehung steht er zu beschriebenen Personen oder Ereignissen?
3. An wen ist der Text gerichtet?

Textinformationen entnehmen

4. Welche Begriffe muss ich klären?
5. Wie ist die Quelle aufgebaut? Finde Abschnitte und gib ihnen Überschriften.
6. Welche Schlüsselbegriffe werden verwendet?
7. Was ist die Hauptaussage? Fasse sie in ein bis zwei Sätzen zusammen.

Tatsachen von Meinungen unterscheiden und selbst Stellung nehmen (urteilen)

8. Welche Aussagen des Textes sind historisch zuverlässig, welche sind individuelle Meinungen des Autors? Prüfe Textaussagen mithilfe anderer Informationsquellen (z. B. Schulbuch, historisch zuverlässige Texte im Internet, Fachbücher).
9. Welche Meinung vertrittst du zum Thema der Quelle? Wie erscheint dir das Ereignis aus heutiger Sicht?

• Schriftliche Quellen vergleichen

Den ersten Eindruck festhalten

1. Wie ist dein Eindruck nach dem ersten Lesen beider Quellen?

Informationen zu Verfassern und Texten sammeln

2. Wann wurden die Texte geschrieben?
3. Wie groß ist der zeitliche Abstand zwischen Ereignis und Bericht?
4. Waren die Autoren Augenzeugen? Wenn nicht: Wen geben sie als Informanten an?

Inhalt vergleichen

5. Gib Hauptaussagen und Schlüsselbegriffe der Texte wieder und vergleiche sie im nächsten Schritt.
6. Welche Informationen stimmen überein?
7. Gibt es Einzelheiten, die nicht in den Texten erscheinen, die unterschiedlich genau oder ausführlich wiedergegeben werden?
8. Was wird berichtet, ist es logisch oder enthält es Unstimmigkeiten?
9. Ist ein Urteil oder eine Meinung der beiden Verfasser zu erkennen?

Weitere Informationen sammeln

10. Ziehe weitere Informationen hinzu, z. B. aus Sachbüchern, dem Schulbuch oder dem Internet.

Ergebnisse formulieren

11. Vergleiche die Notizen aus den einzelnen Arbeitsschritten miteinander. Formuliere eine eigene Meinung.

• Eine Bildquelle auswerten

Einzelne Elemente beschreiben
1. Was ist dargestellt (Personen, Gegenstände)?
2. In welchen Positionen (Haltungen), in welchen Bewegungen sind sie zu sehen?
3. Wie lässt sich die Situation beschreiben?
4. Was erscheint merkwürdig?

Zusätzliche Informationen hinzuziehen und Bedeutung der Bildelemente entschlüsseln
5. Welche Hinweise gibt die Bildunterschrift?
6. Welche Bedeutung würdest du heute der entsprechenden Geste, Gebärde, Handlung oder dem Gegenstand zuordnen?
7. Recherchiere Hintergrundinformationen zu den Symbolen (Bibliothek, Internet …).
8. Welche Einzelaussagen ergeben sich aus den Symbolen und Gesten?

Bildaussage formulieren
9. Welche Gegenstände oder Handlungen scheinen besonders wichtig für die Aussage des Bildes? Woran erkennst du das?
10. Welche Gesamtaussage lässt sich formulieren? Gibt es mehrere Deutungen?

• Bilder vergleichen

Einzelheiten der zu vergleichenden Bilder erfassen
1. Welche Personen sind dargestellt?
2. Welches Verhältnis zwischen den Personen wird angedeutet?
3. Ist es eine naturgetreue, eine stilisierte oder eine vereinfachte Darstellung?
4. Beschreibe Kleidung, Aussehen, Hintergrund, Bildrahmen.

Zusätzliche Informationen heranziehen
5. Ist der Titel der Bilder bekannt? Gibt es eine Bildunterschrift?
6. Wann sind die Bilder entstanden?
7. Wer sind die Künstler?
8. Sind Auftraggeber bekannt?

Bildaussage erkennen
9. Welchen Zweck verfolgt die Darstellung (z. B. Erinnerung, Erhöhung, Kritik, Veranschaulichung, Verschleierung …)?

Bilder vergleichen
10. Welche Gemeinsamkeiten lassen sich erkennen?
11. Wie unterscheiden sich die Bilder in Aufbau, Farbgebung, Gestaltung?
12. Wie lassen sich besondere Unterschiede, aber auch besondere Gemeinsamkeiten erklären?

• Ein Kunstwerk entschlüsseln

Einzelne Elemente beschreiben
1. Welche Art von Kunstwerk liegt vor?
2. Was ist dargestellt (Personen oder Gegenstände)?
3. Welche Einzelheiten sind zu erkennen? (z. B. Körperhaltung, Gesichtsausdruck, Kleidung, Frisur …)
4. Was erscheint dir merkwürdig oder fremd?

Bildunterschrift auswerten und weitere Informationen hinzuziehen
5. Welche Hinweise gibt die Bildunterschrift?
6. Welche Kenntnisse habe ich bereits über Entstehungszeit, -ort und das Dargestellte?
7. Welche weiteren Informationen brauche ich?

Das Kunstwerk deuten
8. Um wen handelt es sich bei den dargestellten Personen? Welche Bedeutung haben die Gegenstände?
9. Welche Gesamtaussage lässt sich formulieren?
10. Welche Fragen bleiben offen?

• Eine Flugschrift untersuchen und deuten

Einzelheiten des Bildes erfassen
1. Wer wird dargestellt?
2. Wie wird die Person dargestellt (Kleidung, Gesichtsausdruck, Körperhaltung, Farbgebung)?
3. Wie sind Umgebung und Hintergrund gestaltet?
4. Gibt es einen Titel, eine Bildunterschrift, einen Flugschrifttext?
5. Wie sind die Einzelheiten des Bildes aufeinander bezogen?

Symbole deuten und auf den historischen Hintergrund Bezug nehmen
6. Welche Symbole werden zu welchem Zweck eingesetzt (z. B. Darstellung von Personen als Tiere, Dämonen, Heilige)?
7. Welchem Zweck dienen diese „Verkleidungen"?
8. Auf welche Ereignisse oder Entwicklungen spielt die Karikatur an?

Aussageabsicht des Künstlers deuten

9. Ist der Künstler bekannt?
10. Wo wurde die Flugschrift hergestellt?
11. Wie hat die Flugschrift wohl auf Zeitgenossen gewirkt? Wie wirkt sie auf dich?
12. Welchem Zweck diente die Flugschrift?

• Eine Geschichtskarte auswerten

Den Kartentitel auswerten

1. Welche Informationen kannst du dem Kartentitel entnehmen?

Die Kartenlegende entschlüsseln und den Maßstab feststellen

2. Wofür stehen die Symbole der Legende?
3. In welchem Maßstab ist die Karte angefertigt?

Die Karte lesen

4. Was ist die Hauptaussage der Karte?
5. Welche weiteren Fragen ergeben sich?

• Historische Karten lesen und vergleichen

Formale Aspekte

1. Wann und wo ist sind die Karten entstanden und veröffentlicht worden?
2. Wer sind die Kartografen?
3. Ist ein besonderer Anlass für die Zeichnung der Karten bekannt? War es eine Auftragsarbeit?
4. Woher stammt das Wissen der Kartografen?

Inhalt erschließen

5. Was ist das Thema der Karten? Gibt es eine Bildunterschrift?
6. Was ist dargestellt?
7. Ist die Welt maßstabgetreu dargestellt?
8. Welche Besonderheiten sind in den Karten eingezeichnet (z. B. Symbole, Beschriftungen, landschaftliche Merkmale wie Flüsse, Berge …)?
9. Wie sind die Karten eingerahmt?
10. Welches Weltbild kann man aus der Kartendarstellung herauslesen?

Gemeinsamkeiten und Unterschiede im Vergleich zu anderen Karten

11. Welche Gebiete/Kontinente werden dargestellt?
12. Wie unterscheiden sie sich in Symbolik und Einrahmung?
13. Welcher Unterschied besteht in der Gesamtaussage?

• Ein Schaubild auswerten

Einzelne Elemente des Schaubildes erfassen

1. Welche Fachbegriffe werden verwendet, wie sind sie zu klären?
2. Welche Bedeutung haben Farben und Pfeile?

Den Aufbau des Schaubildes untersuchen

3. Wie ist das Schaubild zu lesen?

Inhalt erschließen und bewerten

4. Welche Aussagen werden im Schaubild getroffen?
5. Sind die Aussagen historisch korrekt?

Historischen Zusammenhang einbeziehen

6. Welche weiteren Informationen zur Einordnung und Bedeutung des Schaubildes sind notwendig?

• Werturteile erkennen

Klären, worauf sich das Urteil des Verfassers oder der Verfasserin bezieht

1. Welche Haltungen werden beurteilt?
2. Welche Handlungen werden beurteilt?

Den Maßstab erkennen

3. Lässt sich das Werturteil auf Sachwissen zurückführen oder ist es unsachlich?
4. Wird deutlich, welche Kriterien für die Bewertung verwendet werden? (z. B. religiöse Sicht, Standpunkt der Menschenrechte, tolerante Grundeinstellung …)
5. Lassen sich Informationen dazu finden, warum ein bestimmter Standpunkt vertreten wird?

Zu einem eigenen Urteil gelangen

6. Wie bewerte ich selbst den Sachverhalt?
7. Wie ist meine Position gegenüber dem Werturteil, das ich erkenne?
8. Wie urteilen andere Menschen darüber?

Unterrichtsmethoden

1 Die Kugellager-Methode

- Bei der Durchführung sitzt oder stellt ihr euch paarweise in einem Innen- und einem Außenkreis gegenüber.
- In einem vorher festgelegten Zeitrahmen tauscht ihr euch mit eurem Gegenüber über ein vorher festgelegtes Thema aus.
- Auf ein vereinbartes Zeichen der Lehrkraft dreht sich der Innenkreis im Uhrzeigersinn zwei Plätze weiter. Dort findet der Austausch mit dem neuen Partner statt.
- Für einen erneuten Partnerwechsel dreht sich auf das Signal der Lehrkraft der Außenkreis gegen den Uhrzeigersinn zwei Plätze weiter.
- Nach mehreren Runden könnt ihr eure Ergebnisse gemeinsam auswerten.

Tipp: Schafft genug Platz, sodass ihr einen gewissen Abstand zu den anderen Paaren habt. Dafür könnt ihr Tische und Stühle an den Rand schieben oder vielleicht auf den Schulhof gehen.

2 Einen Kurzvortrag halten

- Vorbereitung: Sammle und ordne alle Informationen zu deinem Thema in einer Mindmap.
- Entwickle eine Gliederung für deinen Vortrag: Lege zu jedem Hauptpunkt eine Karteikarte mit den wichtigsten Informationen an und nummeriere die Karteikarten in einer sinnvollen Reihenfolge.
- Überlege dir einen interessanten Einstieg und Schluss für deinen Vortrag.
- Versuche, möglichst frei vorzutragen. Sprich laut, deutlich und nicht zu schnell.
- Schau dein Publikum an. So siehst du auch, wenn es Zwischenfragen gibt.
- Unterstütze deinen Vortrag durch Anschauungsmaterial (Bilder, Grafiken, Gegenstände).

3 Ein gutes Lernplakat gestalten

- Verwende für das Plakat mindestens die Größe DIN A2, besser DIN A1 (= 8 DIN A4-Blätter).
- Beschränke dich auf die wesentlichen Informationen.
- Die Informationen auf dem Plakat müssen sachlich stimmen (z. B. richtige Jahreszahlen).
- Das Thema des Plakats muss deutlich zu lesen sein.
- Schreibe in Stichpunkten oder in kurzen Sätzen.
- Unterstreiche Schlüsselbegriffe oder rahme sie ein.
- Verwende für die Schrift einen schwarzen oder dunkelblauen Stift. Andere Farben eignen sich für Pfeile, Linien oder Hervorhebungen.
- Achte auf die Lesbarkeit der Schrift (Größe und Ordnung). Du kannst Hilfslinien mit Bleistift zeichnen und später wegradieren.
- Gliedere deine Informationen durch unterschiedliche Schriftgrößen. Verwende Ordnungszahlen, wenn du eine bestimmte Reihenfolge darstellen möchtest.

4 Ein Rollenspiel durchführen

- **Ausgangslage festhalten:** Fertigt eine Situationskarte und mehrere Rollenkarten an.
- *Situationskarte:* Kurze Beschreibung, welche Situation nachgespielt werden soll. Welche Probleme sind zu lösen?
- **Rollenkarte:** Je eine für die dargestellten Personen und für die Beobachter. Auf den Karten sind Tätigkeit, Eigenschaften, Verhalten und die Ziele der Personen notiert.
- **Rollen verteilen:** Vorgaben der Rollenkarten beachten, eigene Vorstellungen dürfen aber auch eingebracht werden.
- **Spiel vorbereiten:** Die Spielerinnen und Spieler heften sich ein Schild mit ihrer Rollenkennzeichnung an. Sie besprechen die Situation (Situationskarte) und die Rollen (Rollenkarten) untereinander.
- **Spiel durchführen:** Spielbeobachter machen sich während des Spiels Notizen zu den einzelnen Rollen.
- **Spiel auswerten:** Die Beobachter bewerten das Spiel und begründen ihre Meinung. Wurden die Rollen glaubhaft gespielt? Welche Argumente wurden genannt? Passten sie in die Situation und die Zeit? Was war gut, was könnte verbessert werden?

5 Ein Standbild entwickeln

In einem Standbild stellt ihr eine bestimmte Handlung oder eine Szene aus einem Bild nach. Dafür benötigt ihr: einen oder *mehrere Standbildbauer, einen oder mehrere Darsteller, Zuschauer.*

- Der Standbildbauer formt durch Anweisungen und Vormachen das Standbild. Er/sie gibt dabei möglichst viele Einzelheiten vor, z. B. Körperhaltung, Gesichtsmimik, Gestik der Hände. Die Darsteller verhalten sich hierbei wie „lebendige Puppen" und folgen, ohne zu sprechen, den Anweisungen.
- Es ist auch möglich, dass jede Rolle doppelt besetzt wird: Ein Darsteller nimmt die Position einer bestimmten Person ein, der andere steht dahinter und sagt laut, was diese Person in dieser Situation vielleicht denkt.
- Die Zuschauer beurteilen im Anschluss das Standbild und können Veränderungen vorschlagen.
- Zum Abschluss berichten die Darsteller über ihre Wahrnehmung.

Tipp: Entwickelt mehrere Standbilder zu dem gleichen Thema, dann wird es noch interessanter, und ihr könnt im Anschluss die verschiedenen Blickwinkel miteinander vergleichen.

Lexikon

Im Lexikon findest du Fremdwörter, historische Begriffe und Ereignisse, die in den Texten dieses Buches vorkommen. Viele sind vorne mit einem * versehen und werden hier erläutert. Bei Fachbegriffen, die vorne in Begriffskästen erklärt werden, findest du einen Verweis auf die entsprechende Seite.

A

Absolutismus (lat. legibus solutus = losgelöst von Gesetzen), Regierungsform im 17. und 18. Jh. Der Monarch beanspruchte die uneingeschränkte Macht ohne Mitwirkung der Stände, weil er sich als Stellvertreter Gottes auf Erden sah (Gottesgnadentum). Er leitete die Verwaltung, gleichzeitig gingen von ihm die Gesetzgebung und die Rechtsprechung aus.

Alldeutscher Verband, politische Bewegung, die Ende des 19. Jh. gegründet wurde. Sie vertrat ein starkes Nationalbewusstsein und imperialistische Ziele. Aggressiver Nationalismus sollte die Bedeutung Deutschlands steigern.

Ancien Régime (franz. „alter Staat"), absolutistische Regierungsform in Frankreich unter der Herrscherfamilie der Bourbonen, zu denen Ludwig XIV. gehörte. Nach der Französischen Revolution bekam der Begriff einen negativen Beigeschmack.

Anglikanische Kirche, durch König Heinrich VIII. von England ab 1529 geschaffene Kirche Englands, die protestantische mit katholischen Glaubensgrundsätzen vereint. Sie erkennt den Papst nicht an.

Antisemitismus, neue Judenfeindlichkeit seit dem 19. Jahrhundert. Sie stützte sich nicht mehr auf religiöse Gründe wie im Mittelalter, sondern auf pseudowissenschaftliche Theorien. Juden wurden als minderwertige „Rasse" diskriminiert. Oft war Antisemitismus mit Nationalismus verbunden.

Arbeiterbewegung, Gesamtheit der Organisationen der Industriearbeiter. Sie entstanden während der Industrialisierung im 19. Jh. Die Arbeiterbewegung entwickelte sich zu einer Massenbewegung mit Arbeiterparteien und Gewerkschaften. Hauptziele waren die Verbesserung der wirtschaftlichen und sozialen Lage der Arbeiter und politische Mitsprache.

Aufklärung, Geistesbewegung, die sich ab etwa 1700 in ganz Europa ausbreitete. Vernunft bestimmte das Denken und Handeln der Menschen, nicht mehr Glaube und Überlieferung. Beobachtungen und Experimente dienten als Grundlage wissenschaftlicher Forschung. Aufklärer forderten politische Freiheit und Gleichheit des Menschen vor dem Gesetz, religiöse Toleranz und wirtschaftliche Freiheit.

B

Bill of Rights (England) (dt.: Vorlage der Rechte), englisches Gesetzesdokument von 1689, das die Rechte des Parlaments sicherte. Der König musste es regelmäßig einberufen und u. a. bei Erhebung von Steuern befragen.

Bill of Rights (USA), Katalog von Bürgerrechten, die 1791 der amerikanischen Verfassung hinzugefügt wurden. Sie sicherten z.B. Religionsfreiheit und Besitz der Bürger, aber auch das Recht, Waffen zu tragen.

Bourgeoisie, im 19./20. Jh. Bürger mit Besitz und wirtschaftlichem Einfluss, also Kaufleute, Unternehmer oder Bankiers. Der Begriff taucht oft in den kommunistischen Schriften von Karl Marx auf und bildet dort den Gegensatz zum Proletariat (den besitzlosen Arbeitern).

Bundesstaat, siehe S. 87

Bündnissystem, Abkommen und Verträge, die dazu dienen, Kriege zu verhindern oder Bündnispartner zu Hilfe oder Neutralität verpflichten. Berühmt wurde das Bündnissystem des Reichskanzlers Bismarck, das aus wechselnden Bündnissen mit verschiedenen Nationen bestand. Bismarck wollte damit einerseits die Macht des Deutschen Reichs sichern, andererseits den europäischen Mächten die Angst vor einem erstarkten Deutschland nehmen.

Burgfrieden, ursprünglich Bereich um eine Burg, in der keine feindseligen Handlungen ausgeführt werden durften. Im Ersten Weltkrieg stand der Begriff für die Forderung an die deutschen Parteien, ihre Konflikte untereinander zurückzustellen – zugunsten eines gemeinsamen Ziels, nämlich den Feind zu besiegen. So gab z. B. die SPD ihre antimilitaristische Haltung auf und unterstützte den Krieg. Daher stimmte sie auch den Kriegskrediten zu.

Bürger, im Mittelalter und in der Frühen Neuzeit vor allem städtische Kaufleute und Handwerker. Im 19. und 20. Jh. Angehörige einer Bevölkerungsschicht, die bestimmt wird von Besitz, Bildung und gemeinsamen Einstellungen. Sie hebt sich von Adel und Klerus, Bauern und Unterschicht ab. Neben Besitz- und Wirtschaftsbürgern (Bourgeoisie) gibt es Bildungsbürger (z. B. höhere Beamte, Leute mit freiem Beruf) und Kleinbürger (z. B. Handwerker, Händler, Wirte).

C

Code civil, französisches Gesetzbuch von 1804, nach seinem Auftraggeber auch „Code Napoléon" genannt. Es garantierte wichtige Errungenschaften der Französischen Revolution, wie persönliche Freiheit und Gleichheit vor dem Gesetz, und beeinflusste viele bis heute gültige Gesetzbücher, z. B. das Bürgerliche Gesetzbuch der Bundesrepublik Deutschland.

D

Demokratie, Staatsform, bei der die Macht vom Volk ausgeht (Volkssouveränität). Gewählte und vom Volk kontrollierte Vertreter (Abgeordnete) lenken den Staat.

Deportation, Zwangsverschleppung von Menschen, z. B. feindlichen Bevölkerungsgruppen oder politischen Gegnern. Ein Beispiel war die Deportation der Herero durch deutsche Truppen in Südwestafrika.

Deutscher Bund, Zusammenschluss der deutschen Staaten. Zentrales Organ war die Bundesversammlung in der Frankfurter Paulskirche, wo Gesandte aller Bundesstaaten zusammenkamen.

Deutscher Flottenverein, 1898 gegründeter Verein; trat für Weltmachtpolitik Deutschlands ein und versuchte die öffentliche Meinung dafür zu gewinnen. Der Verein war überzeugt, dass eine starke Flotte wichtig sei für nationale Größe, militärische Stärke und wirtschaftlichen Wohlstand.

Deutscher Zollverein, Zusammenschluss fast aller deutschen Länder ab 1834: Wirtschaftsgebiet ohne Handelsschranken; einheitliches Maß- und Gewichtssystem; Sicherung der Vormacht Preußens gegenüber Österreich. Ein einheitliches Währungssystem fehlte.

Diktatur, Herrschaft einer Einzelperson (Diktator) mit unumschränkter Macht, die sich auf das Militär oder eine Partei stützt.

Diskriminierung (lat. discriminare = abgrenzen, unterscheiden), Benachteiligung und Herabwürdigung von Gruppen oder Personen. Gründe dafür sind z. B. Hautfarbe, Geschlecht, Religion, Abstammung („Rasse"), politische oder sexuelle Orientierung, soziale Herkunft. Benachteiligungen können auf allen Ebenen des Lebens stattfinden, z. B. bei der Teilnahme am öffentlichen Leben, Ausbildung, Berufsausübung oder Entlohnung.

F

Fabrik, siehe S. 141

Feudalismus/Feudalrechte, → Lehnswesen

Fraktion (lat. fractio = Bruchteil), Zusammenschluss von Abgeordneten in einem Parlament. Seit Entstehung der Parteien Ende des 19. Jh. gehören Fraktionsmitglieder meist derselben Partei an.

G

Generalstände, in Frankreich vor 1789 die ständige Vertretung des Königreichs durch die drei Stände (Geistliche, Lehnsfürsten und Abgeordnete königlicher Städte). Ihre wichtigsten Aufgaben waren Steuerbewilligung und Vorlage von Beschwerden.

Generalstreik, schärfste Form des Streiks. Durch Arbeitsniederlegung aller oder der meisten Arbeitnehmer wird das wirtschaftliche Leben eines Landes lahmgelegt. Dadurch wird der Streik zu einem wirkungsvollen politischen Druckmittel.

Gewerbe, selbstständige, auf eigene Verantwortung betriebene Arbeit, bei der etwas hergestellt wird. Meist werden damit Handwerks- oder Industriebetriebe umschrieben.

Gewerbefreiheit, Freiheit aller, jedes Gewerbe zu betreiben. In vorindustrieller Zeit wurde die gewerbliche Produktion vor allem durch die Zünfte geregelt. Die Gewerbefreiheit wurde in Europa im 18. und 19. Jh. schrittweise eingeführt. Die wichtigste Maßnahme war die Aufhebung der Zünfte.

Gewerkschaften, Zusammenschlüsse von Arbeitern mit dem Ziel, ihre soziale Lage zu verbessern. Ziele waren geringere Arbeitszeiten, höhere Löhne und bessere Arbeitsbedingungen. Ein beliebtes Mittel zur Durchsetzung waren und sind Streiks.

Glaubenskriege, aus religiösen Gründen geführte Kriege. Im engeren Sinn die Konfessionskriege im Europa des 16. und 17. Jh. und der Dreißigjährige Krieg (1618–1648).

Glaubensspaltung, Spaltung innerhalb einer Kirche. Damit verbindet man häufig die Zeit der Reformation 1517 bis zum Ende des Dreißigjährigen Krieges.

Gottesgnadentum, Legitimation zu regieren, gründend auf der Überzeugung, dass die Herrschaft von Gott auf den Herrscher übertragen wurde.

großdeutsch → kleindeutsch/großdeutsch

Grundherrschaft, Herrschafts- und Wirtschaftsverhältnis in Mittelalter und Früher Neuzeit: Ein Adliger oder Geistlicher überließ abhängigen Bauern Land zur Bewirtschaftung. Für den Schutz, den der Grundherr gewährte, waren die Hörigen zu Abgaben und Frondiensten verpflichtet. Gänzlich unfreie Bauern (Leibeigene) arbeiteten auf dem Land ihres Grundherrn.

Grundrechte, Rechte, die den Bürgern eines Staates durch die Verfassung garantiert werden, z. B. das Recht auf Freiheit. Diese Rechte kann der Bürger vor Gericht einklagen.

H

Heiliges Römisches Reich, Bezeichnung für den Herrschaftsbereich der deutschen Könige und Kaiser vom Mittelalter bis 1806. „Römisch" hieß es, weil man an die Tradition antiker Kaiser anknüpfen wollte, „heilig", weil der Kaiser sich als gottgewollter Herrscher sah.

I

Ideologie, Lehre und Weltanschauung, die gesellschaftliche und politische Verhältnisse und historische Entwicklungen deutet. Ihre Deutung ist durch Interessen bedingt und daher einseitig und verzerrt; sie soll bestehende Herrschaftsverhältnisse begründen oder rechtfertigen.

Imperialismus, Herrschaft eines industrialisierten Staates über weniger entwickelte Länder. Als Epoche des Imperialismus bezeichnet man die Zeit zwischen 1880 und dem Ersten Weltkrieg 1914. Sie war bestimmt vom aggressiven Nationalismus und Expansionsdrang der Großmächte. Imperiale Herrschaft wurde „direkt" oder „indirekt" ausgeübt (Besetzung oder Kontrolle eines Landes).

Industrialisierung, Veränderungen der Wirtschafts-, Arbeits- und Lebensweise seit Anfang des 19. Jh. Ursachen waren u. a. Erfindungen wie die Spinn- und Dampfmaschine und eine neue Wirtschaftspolitik. Wichtige Merkmale: Einsatz von Maschinen, Arbeitsteilung und Massenproduktion in Fabriken.

Industrielle Revolution, Anfangsphase der Industrialisierung in England – man spricht von Revolution wegen des schnellen Verlaufs und der drastischen Veränderung der Arbeits- und Lebensweise vieler Menschen.

Investition, Aufwendung finanzieller Mittel, um die Wirtschaft anzukurbeln und den Gewinn zu steigern.

J

Juden(tum), Bezeichnung für die jüdische Religion, Tradition, Philosophie und die Gesamtheit der Juden; erste monotheistische Religion. Die Heilige Schrift der Juden ist die Thora (hebr. = Lehre). Das sind die fünf Bücher Mose, die dem Volk der Juden von Gott übergeben wurden. Der Ort des jüdischen Gottesdienstes ist die Synagoge.

K

Kapital, Kapitalismus, Kapitalisten, siehe S. 101

Klasse, große Gruppe einer Gesellschaft mit jeweils übereinstimmenden Chancen in der Lebens- und Arbeitswelt, z. B. Arbeiter.

Klassengesellschaft, siehe S. 101

kleindeutsch/großdeutsch, Bezeichnungen für das Staatsgebiet des Deutschen Reichs, die 1848 diskutiert wurden. Die kleindeutsche Lösung umfasste das Gebiet ohne Österreich. Sie wurde 1871 verwirklicht.

Kleriker, Klerus, in der katholischen Kirche Amtsträger; alle Personen, die durch eine kirchliche Weihe in den Dienst der Kirche getreten sind (Geistliche). Die Geistlichen waren ein eigener Stand und besaßen bis ins 19. Jh. Vorrechte.

Kolonialismus, Einrichtung von Handelsstützpunkten und Siedlungen in wenig entwickelten Ländern, vor allem außerhalb Europas, sowie deren Inbesitznahme durch überlegene Staaten seit dem Ende des 15. Jh. Die überlegenen Staaten verfolgen dabei vor allem wirtschaftliche und militärische Ziele.

Kolonien, auswärtige abhängige Gebiete eines Staates ohne eigene politische und wirtschaftliche Macht. Im Zeitalter des Imperialismus war die Gründung von Kolonien ein wesentliches Instrument zur Machtausdehnung europäischer Staaten.

Kommunismus, siehe S. 101

Konfession, anfangs ein Glaubensbekenntnis, später eine (christliche) Gruppe mit gemeinsamem Bekenntnis, z. B. Lutheraner, Calvinisten, Katholiken.

konservativ/Konservatismus, politische Anschauung, die stark darauf abhebt, traditionelle Werte und die Gesellschaftsordnung zu erhalten.

konstitutionelle Monarchie, siehe S. 53

Kulturkampf, Bezeichnung des liberalen Abgeordneten Virchow (1873) für den Konflikt zwischen dem Deutschen Reich unter Reichskanzler Bismarck und den Katholiken. Dabei ging es um die Neubestimmung des Verhältnisses zwischen Staat und Kirche. Bismarck scheiterte am Widerstand der Katholiken.

L

Landesherr, Herrscher über ein festes Territorium im Heiligen Römischen Reich. Er sah das Land als sein Eigentum und seine Bewohner als Untertanen.

Legitimation/Legitimität, Rechtfertigung der Ausübung von Macht, z. B. durch Anerkennung durch das Volk, adlige Geburt oder göttliche Fügung (Gottesgnadentum).

Lehnswesen, politisches und wirtschaftliches System im Mittelalter, das auf persönlichen Bindungen basierte. Der Lehnsherr vergibt Land an den Vasallen, der ihm dafür Rat und Hilfe leisten muss. Das Lehnswesen bezeichnet man auch als Feudalismus (lat. foedus = Lehen).

Leibeigene/Hörige, große gesellschaftliche Gruppe in Mittelalter und Neuzeit. Sie war persönlich abhängig von ihrem Herrn, konnte ohne dessen Zustimmung nicht heiraten oder umziehen und musste eine jährliche Kopfsteuer entrichten. In Deutschland begann die Abschaffung der Leibeigenschaft im 18. Jh.

Liberale/Liberalismus, siehe S. 89

M

Manufaktur, siehe S. 31

Marxismus, Lehre von Karl Marx, ihre Auslegung und Weiterführung. → Sozialismus, Kommunismus

Mechanisierung, Einsatz technischer Hilfsmittel, um anstrengende oder gefährliche Arbeiten durch Maschinen ausführen zu lassen und mehr zu produzieren. Menschliche Arbeitskraft wird ersetzt durch Maschinen.

Menschenrechte, Rechte, die jedem Menschen allein durch seine Geburt zustehen, unabhängig von Herkunft, Stellung, Gesellschaft, Familie, Beruf, Religion und Kultur. Menschenrechte sind auch unabhängig von Hautfarbe, Geschlecht und Sprache.

Merkantilismus, siehe S. 30

Militarismus, siehe S. 119

Missionierung, Verbreitung einer Religion; in der christlichen Religion zumeist durch Mitglieder von Mönchsorden. „Missionieren" bedeutet übertragen: jemanden mit Eifer zu etwas bekehren wollen.

Mittelalter, Epoche zwischen 500 n. Chr. und 1500 n. Chr., zwischen Antike und Neuzeit in Europa. Sie endete um 1500 durch die Renaissance, wichtige Erfindungen und Entdeckungen (1492 Amerika) und religiöse Umwälzungen (1517 Reformation).

Monarchie, von griech. monos (ein) und archein (herrschen), Herrschaft eines einzelnen Adligen. Der Herrscher erbt seinen Titel oder wird gewählt. Das Gegenteil einer Monarchie ist eine Republik.

Monopol, wirtschaftliche Situation, bei der es nur einen Anbieter für ein bestimmtes Produkt gibt. Er kann den Preis vorschreiben.

Mythos (Pl. Mythen), Erzählung, in der wahre und erfundene Ereignisse verknüpft sind.

N

Nation, Nationalismus, Nationalstaat, siehe S. 89

Neuzeit, in der Geschichte Europas die Epoche von etwa 1500 bis zur Gegenwart. Die Abgrenzung zum Mittelalter wird mit dem grundlegenden Wandel begründet: Humanismus, Renaissance und Reformation.

O

Obrigkeitsstaat, siehe S. 119

Oktoberedikt → Preußische Reformen

P

Panslawismus, Bewegung im 19. Jh., die den kulturellen und politischen Zusammenschluss aller slawischen Völker anstrebte. Russland nutzte den Panslawismus, um seinen Einfluss auf dem Balkan auszuweiten.

Parlament, siehe S. 53

Parlamentarische Monarchie, Staatsform, bei der ein König das Staatsoberhaupt ist, aber praktisch wenig zu sagen hat. Er unterzeichnet z. B. Gesetze, darf aber die Regierung nicht kontrollieren oder auflösen. Die Staatsgeschäfte leitet eine gewählte Volksvertretung.

Partei, (lat. pars = der Teil) politischer Zusammenschluss von Menschen mit ähnlichen Zielen und Wertvorstellungen, die sie gemeinsam durchsetzen wollen, z. B. Liberale oder Sozialisten.

Patriotismus, Vaterlandsliebe, Stolz auf das eigene Land.

Pauperismus (lat. pauper = arm), Massenarmut in der ersten Hälfte des 19. Jh., hervorgerufen durch schnelles Bevölkerungswachstum, langsam steigende Nahrungsmittelproduktion und Mangel an Arbeitsplätzen und Verdienstmöglichkeiten.

Petition of Right, Bittschrift des englischen Parlaments von 1628 an den König, in dem es die Sicherung seiner Rechte forderte und sich gegen königliche Willkür wehrte.

Pogrom, gewalttätige Ausschreitung gegen eine Minderheit, besonders Juden, die oft mit Mord und Plünderung einhergeht.

Pressezensur → Zensur

preußische Reformen, siehe S. 85

Privilegien, Sonderrechte, die ein Herrscher oder Staat Einzelpersonen oder Gruppen verleiht. Dazu gehören z. B. Steuerbefreiung, hohe Posten in Heer, Verwaltung oder Wirtschaft.

Proletarier/Proletariat, durch Karl Marx geprägter Begriff, er meint die Klasse der Lohnarbeiter in einer industrialisierten Gesellschaft. Sie besitzen nichts außer ihre Nachkommen (= lat. proles), verfügen über keine Produktionsmittel wie Maschinen oder Fabriken und müssen vom Verkauf ihrer Arbeitskraft leben.

R

Rassismus/Rassenlehre, Theorie aus dem 19. Jh., die behauptet, biologische Merkmale wie die Hautfarbe würden die Eigenschaften und den Wert eines Menschen bestimmen. Meist wird die eigene „Rasse" verherrlicht und andere werden abgelehnt. Der Begriff der „Rasse" ist wissenschaftlich nicht haltbar. → Sozialdarwinismus

Reform (lat. re = zurück, formatio = Gestaltung), Umgestaltung der politischen Ordnung durch gezielte Maßnahmen. Im Gegensatz zur → Revolution ist eine Reform meist nicht gewaltsam und will die Verhältnisse nicht grundlegend umstürzen.

Reformation, religiöse Erneuerungsbewegung der Frühen Neuzeit, die eine Reform der katholischen Kirche anstrebte. Daraus entstand die evangelische Kirche. Kerngedanke war die persönliche Beziehung zu Gott, wichtige Figuren waren Martin Luther, Ulrich Zwingli und Jean Calvin.

Republik, Staatsform, bei der die Macht vom Volk oder von Teilen des Volks ausgeübt wird. Der Gegensatz ist die Monarchie.

Restauration, die Zeit nach 1815, in der monarchische Kräfte in Europa versuchten, die Ergebnisse der Französischen Revolution zu blockieren. Sie hielten an der Auffassung fest, der Landesherr sei der Souverän und in seiner Machtausübung nur Gott verantwortlich.

Revolution (lat. revolutio = Umwälzung), ein grundlegender, absichtlich durchgeführter, oft gewaltsamer Wandel der politischen und gesellschaftlichen Ordnung, der sehr schnell vor sich geht.

S

Säkularisierung (lat. saecularis = weltlich), Enteignung und Verstaatlichung von Kircheneigentum durch einen Herrscher oder Staat (z. B. Landbesitz).

Schutztruppe, Bezeichnung der militärischen Einheiten in den deutschen Kolonien („Schutzgebiete") 1891–1918.

Sendungsbewusstsein, Glaube an die Vorzüge der eigenen Kultur. Die eigenen Wertvorstellungen, die politische oder soziale Ordnung oder der Lebensstil sollen auch anderen Völkern vermittelt werden und für sie verbindlich sein. Sendungsbewusstsein kann als Rechtfertigung für Krieg und Unterdrückung dienen.

Souverän, siehe S. 16

Sozialdarwinismus, Lehre basierend auf den Erkenntnissen des britischen Naturforscher Charles Darwin (1809–1882). Sie übertrug seine Theorien auf das menschliche Zusammenleben: Alles sei ein „Kampf ums Dasein", bestimmt von natürlicher Auslese. Nur stärkere Völker oder Rassen setzten sich durch. Der Sozialdarwinismus wurde benutzt, um soziale Ungleichheit und Rassismus zu rechtfertigen.

Sozialismus (lat. socialis = gemeinschaftlich), politische Lehre, die danach strebt, die Lebens- und Besitzverhältnisse im Staat zu ändern. Produktionsmittel (Kapital) sollen gemeinschaftliches Eigentum aller Menschen werden, die Ausbeutung von Arbeitern abgeschafft werden.

Staat, ein Gebiet mit festgelegter Grenze, in dem ausschließlich der Regierung die Ausübung von Gewalt und Verwaltung übertragen ist. Der moderne Staat entstand in Deutschland am Ende des Mittelalters mit der Stärkung der Landesherren (Territorialisierung).

Staatenbund, siehe S. 87

T

Telegrafie, Übermittlung von Nachrichten durch elektrische Signale über Leitungen und Funk.

Territorium/Territorialisierung, Herausbildung von Landesherrschaft, besonders in der Frühen Neuzeit; damit einhergehend ein langfristiger Machtverlust des Königs/Kaisers. Der entstandene Flächenstaat (Territorium) wird von einem geistlichen oder weltlichen Fürsten regiert und von Beamten verwaltet.

Toleranz (lat. tolerare = ertragen), Duldung fremder Ideen und Meinungen, auch wenn sie der eigenen Überzeugung widersprechen.

Triple Entente, Militärbündnis zwischen Großbritannien, Frankreich und Russland (1907). Es entwickelte frühere Bündnisse weiter: die Entente cordiale zwischen Großbritannien und Frankreich (1904) und den Zweiverband zwischen Russland und Frankreich (1894). Im Ersten Weltkrieg war die Triple Entente der Gegner der Mittelmächte.

U

Untertan, siehe S. 16

Urbanisierung, siehe S. 158

V

Verfassung, Gesetzesdokument, das den Aufbau eines Staates festlegt. Die Verfassung bestimmt über Machtverteilung im Staat, Staatsgebiet, Rechte und Pflichten der Bürger. Eine Verfassung steht über anderen Gesetzen und ist oft nur schwer änderbar.

Verlag, Wirtschaftsunternehmen der Frühen Neuzeit, bei der ein Verleger den Heimarbeitern Rohstoffe zur Verfügung stellt. Er sammelt die hergestellte Produkte ein (z. B. Textilien) und verkauft sie weiter.

Veto(recht) (lat. veto = ich verbiete), Einspruchsrecht, um bestimmte Entscheidungen zu verhindern oder aufzuschieben.

Volkssouveränität, Grundprinzip der Legitimation demokratischer Herrschaft, nach dem alle Staatsgewalt vom Volk ausgeht. Durch Wahlen und Abstimmungen bestimmt es die Politik.

Vormärz, siehe S. 89

Wahlrecht, Recht des Volkes, in regelmäßigen Abständen durch Wahl von Abgeordneten an Herrschaftsausübung im Staat teilzunehmen und sie zu kontrollieren. Unter passivem Wahlrecht versteht man das Recht, als Abgeordneter wählbar zu sein, unter aktivem Wahlrecht das Recht zu wählen.

W

Weltkrieg, der Erste Weltkrieg (1914–1918) unterschied sich grundlegend von bisherigen Kriegen durch die Zahl seiner Opfer, das Ausmaß der Zerstörung, die Ausdehnung, den Einsatz von Millionenheeren und eine gewaltige Militärmaschinerie. Unmittelbarer Kriegsanlass war das Attentat auf den österreichischen-ungarischen Thronfolger in Sarajewo. Ursachen des Krieges lagen in machtpolitischen Gegensätzen und Interessenskonflikten im europäischen Staatensystem und Rivalitäten, die sich aus der imperialistischen Politik jener Zeit ergaben.

Wirtschaftsliberalismus, siehe S. 185

Z

Zensur, Einschränkung der Rede- und Pressefreiheit durch Organe des Staates oder der Kirche, z. B. durch Verbot bestimmter Bücher. Sie soll die Ausbreitung als gefährlich angesehener Meinungen verhindern.

Zeremonie, feierlicher Akt mit festgelegtem Ablauf und bestimmten Symbolen, oft vor Publikum. Ein Hofzeremoniell regelt z. B. das Auftreten eines Herrschers und die Kommunikation mit seinen Untertanen.

Zünfte, Zusammenschluss von Handwerkern im Mittelalter. Nur wer in einer Zunft war, durfte das entsprechende Handwerk ausüben. Zünfte regelten z. B. Warenpreise, Arbeitszeiten und Ausbildung.

Register

Die mit einem * versehenen Begriffe werden im Lexikon näher erklärt.

A
Abgaben 16, 60
Absatzmärkte 178, 182, 192, 206
Absolutismus*/absolute Monarchie 14, 24, 28 ff., 36 ff., 42, 45, 48 f., 50, 60, 66, 76
Adams, Abigail u. John 58
Adel/Adlige 14, 18, 24, 28, 42, 50, 60, 63, 66, 75 f., 95, 100, 116, 132, 160
Afrika 178, 182 f., 186 f., 189 ff., 196, 200, 208
Alldeutscher Verband* 196
Allegorie* 106 f.
Alleinherrschaft 72 f.
Allgemeiner Deutscher Arbeiterverein (ADAV) 101
Alliierte 200 f.
Ancien Régime* 42, 77
Angestellte 116, 121
Antisemitismus* 126 f., 133 f.
Arbeit 100, 138 ff., 152, 154 f., 172 f.
Arbeiter-
-bewegung* 101, 160 f.
-klasse 100
-parteien 101
Arbeits-
-bedingungen 101, 120 f., 125, 152, 155, 160, 173
-losigkeit 138, 144, 153, 160, 170
Archimedes 163 f.
Armut 37, 63, 66, 100, 123, 133, 137 f., 150, 153, 157, 159, 170
Asien 150, 153, 172, 178, 184, 188, 196
Aufklärung* 41 ff., 44 ff., 48 f., 60 f., 64, 66 f., 68, 71, 74, 76, 78, 82
Augsburger Religionsfrieden (1555) 14, 16, 18, 22
Auswanderung 158 f., 172, 180

B
Bagdadbahn 192, 206
Balkan 108, 194 f., 197, 198, 207
Ballhausschwur 62, 68, 76
Banken 143, 201
BASF 160, 162
Bastille 41, 43, 62 f., 76 f.
Bauernbefreiung 42, 74, 76, 85, 96
Bayern 87, 90, 103 f.
Beamte 14, 16, 18, 24 f., 28, 32 f., 36, 48, 60, 62, 68 f., 72 f., 76, 104, 118 f., 130, 151, 206
Bebel, August (1840–1913) 123 f.
Befreiungskriege 88 f.
Belgien 178, 198, 200 f.
Bergbau 138 f., 143, 146, 151 f., 164, 166, 172 f.
Berlin 81, 84, 92 f., 98 f., 117, 120, 143, 152, 156, 158, 170 f., 174, 186, 201
Berliner Kongress (1878) 194
Beschwerdehefte 61
Bevölkerungswachstum 120, 132, 140, 142, 149, 150, 158, 166 ff., 171 f., 180, 194, 206
Bibel 50
Bildung 44, 72, 125, 134, 152,
Bildungsbürger 42
Bill of Rights*
-englische (1689) 52 f., 76
-amerikanische (1791) 57, 76
Bischöfe 50 f., 122 f.
Bismarck, Otto von (1862–1898) 102 ff., 107, 111 ff., 116 f., 122 f., 128, 132 f., 161, 173, 178, 187, 194 ff., 206 f.
Borsig, August (1804–1854) 143
Bosch, Robert (1861–1942) 143
Boston Tea Party 54
Bourgeoisie* 100, 111
Brest-Litowsk, Frieden von (1917) 200 f., 207
Bündnis 18, 56, 72, 103, 194 ff., 198, 206
Bürgerkrieg 50, 52, 56, 58
Bürgerrechte* 42, 55, 56 ff., 59 f., 66 f., 70, 77, 85, 110
Bundesstaat* 59, 87, 89, 91, 94, 103 f., 107, 111
Burgfrieden* 200
Burschenschaften 88

C
Café Milani 94
Calvin/Calvinisten 22
Casino 94
China 150 f., 168, 172, 183 f., 186, 188
Christen(tum) 161
Code civil* 72 f., 77
Cromwell, Oliver (1599–1658), 50

D
Daimler, Gottlieb (1834–1900) 143
Dampfmaschine 120, 140 f., 146, 163 ff., 167
Demokratie* 47, 55, 58, 130
Denkmal 106 f., 113, 118, 204 f.
Deportation* 190
Deutscher Bund* 87, 103, 110, 142
Deutscher Flottenverein* 196
Deutsch-Französischer Krieg (1870/71) 103, 116
Deutscher Hof 94
Deutscher Zollverein* 142, 172
Deutsch-Ostafrika 189, 208
Deutsch-Südwestafrika 190 f.
Diktator* 51, 52
Diskriminierung* 59, 134
Dreikaiserabkommen (1873) 194
Dreißigjähriger Krieg (1618–1648) 14, 18 ff., 36
Dritter Stand 41, 60 f., 62, 64 f.

E
Eisenbahn 104, 139, 142 ff., 146, 148 f., 158, 171
Elsass(-Lothringen) 34, 118, 128 f., 133
Emanzipation 85, 99
Emigranten/Emigration 158
Energie 163 ff.
- erneuerbare 169
Energiewende 163, 169
Engels, Friedrich (1820–1895) 100 f., 111, 138
Entente cordiale (1904) 197
Erfinder/Erfindung 140, 143, 146, 163 ff.
Ernährung 33, 48, 140, 142
Ernst August, Kurfürst 96 f.
Erziehung 119, 130
Exekutive 45., 57, 68, 95, 105
Expansion 189 f., 194, 206

F
Fabrik* 30, 37, 100 f., 116, 124, 132, 137, 140 f., 146 f., 148 f., 150, 152 ff., 156, 171, 172 f., 181, 185
Ferdinand II., Kaiser (1619–1637) 18
Feudalismus 66, 92, 100, 146
Flotte 28, 184, 185, 187, 188, 196, 199, 200, 207
Flucht/Flüchtlinge 48, 59, 66
Fortschritt 120, 130, 133, 140, 150 f., 160, 165, 167, 193, 206
fossile Brennstoffe 163
Franz Ferdinand (1863–1914) 198
Frauen 20 f., 55, 58, 61, 73, 120, 124 f., 129, 132, 135, 155, 202
Freischaren 109
Friedrich II. „der Große", preuß. König (1740–1786) 44, 48 f., 76
Friedrich Wilhelm IV., preuß. König (1840–1861) 92, 98
Frondienst 60
Frühe Neuzeit 14 ff., 36
Fürsten 14, 16 f., 18 f., 48, 50, 76, 81, 86, 88, 92, 98, 104, 132

G
Gagern, Wilhelm Heinrich von (1799–1880) 92 f.
Geistliche 42, 123
Gemeinde 61, 96, 147, 158
Generalstände* 60 f., 62, 76 f.
Germania* 106 f., 113
Germanisierung 128 f., 133
Gesellschaftsvertrag 44 ff.
Gesinde 17, 49, 101, 155
-ordnung 101
Gewaltenteilung 44 f., 56 f., 67, 69, 74, 76 f., 89
Gewerbe* 28, 32, 49, 147, 152, 166, 172
Gewerkschaft* 101, 111, 160, 173
Girondisten 70
Glaubenskrieg* 23, 34
Gleichberechtigung 58, 74, 124, 126, 188
Glorious Revolution 52 f., 76
Gottesgnadentum* 24, 45
Göttinger Sieben 96
Großbritannien siehe England
großdeutsche Lösung* 94 f.
Gründerjahre 116, 132
Grundbesitz 60, 66, 128, 146 f., 165, 170
Grundherrschaft 61, 74
Grundrechte* 76 f., 95, 98, 104, 110, 130, 132
Guillotine 71
Gymnasien 120, 153

H
Habsburger 22, 34, 108 f.
Hambacher Fest (1832) 90 f., 110
Handel/Händler 28, 30 f., 34, 49, 73, 140, 142, 148, 150, 182, 184 ff., 188, 193
Handelsgesellschaft 140, 186
Handwerk(er) 15, 30, 32, 60, 100, 140, 161
Hannover 96 f., 120, 146 ff., 159
Hardenberg, Karl August von (1750–1822) 84 f.
Hargreaves, James (1720–1778) 140
Heeresreform 102
Heiliges Römisches Reich* 14, 19, 23, 77, 84, 86
Heimarbeit 100, 124 f., 148, 152
Heimatfront 202 f., 207
Herero und Nama 190 f., 206
Hindenburg, Paul von (1847–1934) 200
Hunger/Hungersnot 60 f., 63, 121, 158, 173, 201 f.

I
Ideologie* 72, 189
Import 143, 150 f., 186
Indianer siehe Ureinwohner
Indien 148, 168, 172,183
Italien 108 f., 178, 191, 195, 197, 201

J
Jakob I. Stuart, engl. König (1566–1625), 50 f.
Jakobiner 70 f., 74 f., 77
Japan 181, 206
Juden(tum)* 66, 74, 85, 118, 126 f., 133
Judenemanzipation 85
Judikative 45, 57, 68, 95, 105
Jugend 17, 152
Julikrise (1914) 207
Julirevolution (1830) 88

K
Kaiser 16, 18, 22 f., 36, 72, 83, 94, 98, 103 f., 115 f., 188, 196 ff.
-reich siehe Deutsches Reich
Kant, Immanuel, Philosoph (1724–1804) 44 f.
Kapital/Kapitalismus* 100 f., 111, 141, 172, 181, 192
Karl I., engl. König (1600–1649) 50
Karlsbader Beschlüsse (1819) 88, 110
Katholiken 16, 18 f., 22 f., 36, 48, 50 ff., 72, 118, 122 f., 128, 133, 160 f.
Kaufleute 28, 30 f., 37, 187, 190
Ketteler, Wilhelm Emmanuel von (1811–1877) 160 f.
Kinder/Kindererziehung 16, 28 f., 33, 44, 58, 67, 105, 119, 124, 152 f., 160
Kinderarbeit 139, 147, 152, 173
Kirche 16, 18, 22 f., 33, 36, 44, 60 f., 72, 122 f., 128, 160
Klasse* 100, 111
kleindeutsche Lösung* 94, 102, 108, 111
Klerus* 14, 28, 42, 50, 60, 160
Klöster 16, 63
Kolonialismus* 180, 183
Kolonialmächte 178, 181, 188, 206
Kolonien* 54, 66, 76, 126, 141, 150, 178 f., 180, 183, 185 ff., 191, 192, 198, 200, 206
Kolping, Adolf (1813–1865) 160
Kommunismus*/Kommunisten 100 f., 111, 200
Konfession* 18, 22 f.
konservativ* 94, 103, 120, 126
Kontinentalsperre 73
Kotzebue, August von (1761–1819) 88
Kriegswirtschaft 202
Kulturkampf* 122 f., 132 f.
Kurfürsten 16 f., 18, 48, 74

L
Landesausbau 166, 173
Landesgesetz 17, 51
Landesherr/Landesfürst 16, 18, 22, 32, 49, 74 f., 165
Landwirtschaft 30, 49, 128, 140, 142, 146 f., 155
Lassalle, Ferdinand (1825–1864) 101, 161
Lebensbedingungen 14, 59, 77, 111, 138, 160, 172 f.
Legislative 45., 57, 68, 95, 105
legitim/Legitimation* 16, 47, 86, 94, 98
Lehnswesen* 16
Leibeigene/Leibeigenschaft* 74 f., 84, 100, 142, 146, 172
liberal 75, 88 f., 90, 92, 94, 96 f., 99, 102 f., 108 f., 110 f., 118, 126
Liga 18
Locke, John (1632–1704) 45, 46, 76
Löhne 30, 100 f., 120 f., 124, 148, 152, 154 f., 160 ff., 173
Ludwig XIV., frz. König (1643–1715) 13 f., 24 f., 26 f., 28, 30, 34, 36, 44
Ludwig XVI., frz. König (1774–1793) 60, 62, 77
Luther, Martin (1483–1546) 16, 22

M
Mainzer Republik 74
Manufaktur* 28, 30, 37, 141
Markt/Märkte 101, 141, 143, 146 f., 150, 169, 172, 178, 180, 182 f., 185, 192, 206
Marokko 183, 191, 207
Marx, Karl (1818–1883) 100 f., 111
Massenproduktion 140, 149, 172
Materialschlacht 202, 207
Menschenrechte* 46, 58, 66, 76, 110
Merkantilismus* 24, 30 f., 37
Metternich, Klemens Wenzel (1809–1848) 86 f., 88, 92
Militarismus*/Militarisierung 118 f., 132
Militärparade 15, 118
Minderheit 116, 118, 128 ff., 133
Missernten 60, 100
Mittelmächte 201, 207
Monarchie* 28, 52, 68, 82, 88, 94
- konstitutionelle* 52 f., 96, 109, 110
Montesquieu, Charles de (1689–1755) 45, 76

N
Nachhaltigkeit 166 ff.
Napoleon Bonaparte (1769–1821) 72 ff., 77, 82, 84 f., 86, 88, 108, 110
Nation(alstaat) 56, 64, 66 f., 72, 78, 82 f., 92 f., 96 f., 98, 102 ff., 108 ff.
Nationalismus* 88, 118, 126, 128, 180, 188, 196, 198

National-
-konvent 70 f.
-versammlung 62, 66 ff., 70, 82, 89 ff., 92, 94, 98
Neuer Kurs 178, 196 f., 206
Newcomen, Thomas (1664–1729) 139
Niedersachsen 32 f., 74 f., 96 f., 146 ff., 159, 204 f.
Norddeutscher Bund 102 f.
Nordischer Krieg 34

O
Oberhaus 50
Oberste Heeresleitung (OHL) 201 f., 207
Obrigkeitsstaat* 104, 115 f., 118, 122, 132
Osmanisches Reich 192, 194, 198, 201, 207

P
Panamakanal 193, 206
Panslawismus* 198
Papst(tum) 22 f., 52, 72, 109, 118, 122, 132, 160
Parlament 50 ff., 56, 76, 83, 87, 92, 94, 96, 98, 101, 120
Patriotismus* 84, 90, 110
Paulskirche (Frankfurt) 83, 92, 94 f., 98, 110 f., 132
Pauperismus* 100
Petition of Right* 50 f.
Pfälzer Erbfolgekrieg 34
Philosophie/Philosoph 41, 44 f., 46 f., 48, 61, 76, 78, 140
Pogrom* 126
Polen 88, 90, 108, 128, 132
Politik der geschlossenen Tür 150
Politik der offenen Tür 185, 206
Prager Fenstersturz 18, 36
Pressefreiheit 57, 89, 95
Pressezensur* 72, 75, 88, 96
preußische Reformen* 85
Priester 65, 122, 128, 133, 160
Privilegien* 51, 60 f., 66, 77, 92, 120
Proletariat/Proletarier* 100
Protestanten 16, 22, 36, 44, 52 f., 66, 122

R
Rassen 126, 178, 180, 182 f.
Rassismus* 178
Raubbau 166
Reform* 44 f., 49, 60, 72, 84 f., 96, 146, 160 f.
Reformation* 14, 16, 36
Reichs-
-fürsten 16, 18, 22, 34
-kanzler 103 f., 122, 187, 194 ff.
-regierung 95, 105, 122, 128
-stadt 22
-stände 22
-tag 95, 104 f., 120 f., 122, 124
Reichstagswahlen 123, 133
Religion 16 ff., 44, 52, 57, 66, 122
Religionsfreiheit 56 f., 66 f.
Republik* 46, 51 f., 55, 68 ff., 72, 74, 76 f., 94, 98, 109
Residenz 24 f., 32 f.
Restauration* 86, 110
Revolution* 62
-Amerikanische 54 f.
-englische siehe Glorious Revolution
-Französische 62 ff., 74, 85, 86, 109
-von 1848/49 92 ff., 98 f., 102
Rhodes, Cecil (1853–1902) 193, 208
Risorgimento 109
Robespierre, Maximilien de (1758–1794) 71, 72, 77
Rohstoffe 31, 138, 141, 150, 163, 166, 172, 178, 180 f., 192, 206
Roosevelt, Theodore, amerik. Präsident (1858–1919) 185
Rousseau, Jean-Jaques, Philosoph (1712–1778) 41, 45, 46, 76
Royalisten 50 f.
Rückversicherungsvertrag (1887) 195 ff.
Rüstungsindustrie 202
Rüstungswettlauf 207

S
Sand, Karl Ludwig (1795–1820) 88
Sansculotten 70 f., 77
Sarajewo, Attentat von (1914) 198
Schlacht
-an der Marne (1918) 200 f.
-bei Tannenberg (1914) 200
-von Sedan (1870) 102, 117, 118
Schlieffenplan 198
Schreckensherrschaft 70 f., 77
Schule 33, 58, 68, 119, 120, 122 f., 124 f., 128 f., 130, 132 f., 152 f., 200
Sendungsbewusstsein* 180, 206
Serbien 198 f.
sesshaft/Sesshaftigkeit* 138, 164, 184
Siebenpfeiffer, Philipp Jakob (1789–1845) 90 f.
Siemens, Werner von 143, 160
Sklaven/Sklaverei* 58 f.
Smith, Adam (1723–1790) 140
Soldaten 15 f., 18 ff., 24, 32, 48 f., 72, 74, 92, 98, 179, 200 ff.
Söldner 18 f., 20
Souverän*/Souveränität 16, 67, 86, 89
Sozialdarwinismus* 180, 206
Sozialdemokraten/SPD 101, 111, 122 ff., 133, 177, 200, 206
Soziale Frage 160 ff., 173
Sozialgesetzgebung 122, 133, 161
Sozialismus* 100 f., 122 f., 124
Sozialistengesetz* (1878) 122 f., 133
Spanischer Erbfolgekrieg 34
SPD siehe Sozialdemokraten
Spinnerei 32, 137, 140 f.
Staat* 14, 16, 22 f., 24, 30, 45, 48, 55 f., 66, 72, 77, 84 ff.
Staatenbund* 86 f., 110
Staatsform 53, 56, 68, 82, 94
Staatsstreich* 51, 72, 130
Stadt 16, 28, 32, 62, 85, 116, 140, 156 ff., 170 f.
Stände 28, 41, 53, 60 ff., 76 ff., 93, 95
-gesellschaft 44, 60 ff., 76, 85
-verfassung 87
Steinkohle 139, 143, 167, 172 f.
Stellungskrieg 200, 202, 207
Steuben, Friedrich Wilhelm von (1730–1794) 54
Streik 66, 101, 160, 173, 175
Studenten 83, 88, 96, 110

T
Tagelöhner 28 f., 32, 60, 92, 147, 155, 159
Technik, Technisierung 120 f., 130, 138, 140, 143, 146, 150 f., 154, 160, 167, 202
Territorium* 16, 48, 59
Territorialisierung* 16, 36
Terror 70 f., 72
Textilindustrie 138, 149, 155
Toleranz* 23, 44, 48, 76, 130
Treibhauseffekt 168
Triple Entente* 196, 207

U
U-Boot-Krieg 200, 202, 207
Unabhängigkeitserklärung 55 ff.
Union 18
Universität 58, 74, 85, 88, 96, 120 f., 132
Unterhaus 50 ff.
Unternehmer 30, 60, 100 f., 121, 138, 142 f., 152, 160, 173, 185, 188
Untertanen* 14, 16 f., 24 f., 33, 38, 45, 48 f., 51, 53, 75, 119, 120, 130
Urbanisierung* 28, 158, 170 f.
Ureinwohner, amerikanische 58 f.
Utrechter Frieden 34 f.

V
Verdun 201, 202
Vereine 90 f., 96, 101, 123, 124, 128, 133, 160 f., 170 f.
Verfassung* 45, 53, 62, 66 f., 75, 76, 87, 89, 92, 96 ff., 120, 130, 132
-des Deutschen Reichs (1871) 104
-Frankreichs 68
-der Paulskirche (1848) 94
-der USA 56

Verkehr 104, 120, 142, 168, 170 ff., 185, 192
Versailles 24 ff., 28, 60, 62, 66, 103 f., 111
Verwaltung 14, 16, 24, 28, 32, 68, 72, 84, 96, 103 f., 120
Veto* 68 f., 94
Vielvölkerstaat 111, 198
Völkermord (Genozid) 190 f.
Völkerschlacht bei Leipzig (1813) 84
Volks-
-souveränität 67, 86, 94, 110
-versammlung 91, 93
Vormärz* 88 f., 110

W
Waffenstillstand 200 f., 207
Wahlrecht 58, 66, 68, 70, 94 f., 105, 124, 132, 161
Wallenstein, Albrecht von (1582–1634) 18, 20, 37
Wartburgfest (1817) 83, 88
Washington, George (1732–1799) 54
Watt, James (1736–1819) 140
Westfälischer Frieden (1648) 18, 22 f., 24, 36 f.
Wichern, Johann Heinrich (1808–1881) 160
Wiener Kongress (1814/15) 82, 85 ff., 88, 110 148
Wiener Schlussakte 89
Wilhelm I., dt. Kaiser (1871–1888) 83, 102 f., 104
Wilhelm II., dt. Kaiser (1859–1941) 115, 124, 127, 179, 188, 196 f., 199, 206 f.
Wilhelm III. von Oranien (1650–1702) 52
Wilson, Woodrow, US-Präsident (1856–1914) 200 f.
Wirtschaftsliberalismus* 140, 185
Wohlfahrtsausschuss 70 f., 77
Wohnen 137, 170
Wirth, Johann Georg August (1798–1848) 90
Wissenschaft 42, 44, 47, 120 f., 126, 146, 166, 180, 189
Wohlfahrtsausschuss 71, 77
Württemberger Hof 94

Z
Zehnt 142
Zensur* 72, 75, 78, 88, 93, 96 f., 110, 130
Zensuswahlrecht 68
Zentrum (Partei) 133, 177
Zivilbevölkerung 19, 202, 207
Zivilehe 68, 122 f., 133
Zivilisation/Zivilisierung 163, 173, 180, 182 ff., 189, 206
Zoll 16, 31, 37, 54, 140, 142, 148, 151, 172, 182, 183, 185
Zünfte* 85, 140, 172
Zweibund 195,197

Bildquellen

Abbildungen

3 ob. bpk/RMN – Grand Palais/Angèle Dequier; 3 un. akg-images; 4 ob. picture-alliance/dpa; 4 un. akg-images; 5 li. akg-images; 5 ob. © Bibliographisches Institut GmbH, Mannheim; 6 un. Picture-alliance; 6 li. Deutsches Historisches Museum, Berlin; 12/13 Auftakt © Bridgemanimages; 15 M3 © Bridgemanimages; 15 M2 Corbis; 15 M4 bpk; 19 M4 bpk/Deutsches Historisches Museum/Arne Psille; 20 M1 akg-images; 20 M3 akg-images; 22 M1 akg-images; 24 M1 © Bridgemanimages; 25 M2 Interfoto/ IFPAD; 26 M1 mauritius images/ United Archives; 26 M3 ASTERIX®-OBELIX®/ © 2016 LES EDITIONS ALBERT RENE/GOSCINNY – UDERZO; 27 M4 bpk/ RMN – Grand Palais/Angèle Dequier; 28 M1 akg-images; 29 M3 Interfoto/Granger, NYC; 30 M1 © Bridgemanimages.; 31 k Wunderlich, Hans, Berlin; 32 M1 bpk | Bayerische Staatsgemäldesammlungen; 33 M4 Herrenhäuser Gärten, Hannover/ © COPTOGRAPH; 35 M2 li. National Maritime Museum, Greenwich, London; 35 M2 re. National Maritime Museum, Greenwich, London; 36 ob. li. bpk/Deutsches Historisches Museum, Berlin/Arne Psille; 37 ob. re. © Bridgemanimages; 38 M3 Interfoto/ Granger, NYC; 40/41 Auftakt akg-images; 43 M3 action press/Photo Josse Christophelaction press; 43 M2 Interfoto/Granger, NYC; 43 M4 imago sportfotodienst/imago stock&people; 44 M1 bpk; 46 M2 bpk; 46 M1 IAM/akg-images; 49 M2 akg-images; 50 M1 akg-images/Jan Luyken; 50 M2 © PjrTravel/Alamy Stock Photo; 52 M1 mauritius images/ United Archives; 53 M4 picture alliance/ AP Photo; 54 M1 akg/North Wind Picture Archives; 56 M1 IAM/akg-images; 58 M1 akg/North Wind Picture Archives; 59 M3 Shutterstock/Everett Historical; 61 M2 akg-images; 62 M1 picture-alliance/akg-images; 63 M3 picture-alliance/Mary Evance picture library; 64 M1 © bridgemanimages; 65 M2 akg-images; 66 M1 epd-bild/akg-images; 67 M3 © UNICEF; 67 M2 akg-images; 70 M1 bridgemanimages; 71 un.li. Interfoto/PHOTOAISA; 71 M2 akg-images; 72 M1 akg-images; 74 M1 akg images; 76 ob.li. IAM/akg-images; 76 Mi.ob. picture-alliance/akg-images; 77 ob.re. picture-alliance/akg-images; 78 M1 akg/North Wind Picture Archives; 78 bridgemanimages; 78 Interfoto/PHOTOAISA; 78 picture-alliance/Costa/Leemag; 79 M3 akg-images; 80/81 Auftakt bpk/Dietmar Katz; 83 M2/83 M3 akg-images; 83 M4 © Bridgemanimages; 84 M1 action press/ullstein - Archiv Gerstenberg; 87 M2 bpk/Kunstbibliothek, SMB/Dietmar Katz; 88 M2 bpk; 88 M1 bpk/Staatsbibliothek zu Berlin; 89 M3 akg images; 90 M1 akg images; 91 M6 imago/; 92 M1 bpk/Staatsbibliothek zu Berlin; 94 M2 Historisches Museum Frankfurt, Frankfurt am Main; 96 M1 akg-images; 98 M1 Historisches Museum Frankfurt, Frankfurt am Main; 100 ob.re. akg images/imagno; 101 M2 bpk; 103 ob.re. bpk; 104 M1 akg/IAM; 105 M3 bpk; 106 m1 mauritius images/Chris Seba; 110 ob. re. akg-images; 110 ob.li. action press/ ullstein – Archiv Gerstenberg; 112 M1 action press/ ullstein – Archiv Gerstenberg; 113 M3 Kai Willig, Bischheim; 114 Auftakt bpk; 117 M2 bpk; 117 M3 picture-alliance/dpa; 117 M4 Histrorische Bibliothek des CHISTIANEUMS; 118 M1 picture-alliance/IMAGNO/Austri; 119 M2 bpk/© VG Bild-Kunst, Bonn 2016; 119 M3 Interfoto /TV-Yesterday /; 120 M1 © bridgemanart; 121 M2 Interfoto/Friedrich;122, 132 M1 Action Press/ullstein – Archiv Gerstenberg; 124 M1 bpk/Georg Buxenstein Co; 125 M3 akg-images; 126 M1 bpk; 127 M4 ullstein bild; 128 M2 Museum okr gowe w Toruniu (Poland); 129 M3 Photo Musées de Strasbourg/A. Plisson; 131 M3 Interfoto/Pulfer/ © VG Bildkunst 2016; 133 ob. bpk/Georg Buxenstein; 134 M2 bpk; 135 M5 bpk/ Dietmar Katz; 136 Auftakt © Corbis; 139 M4 bpk; 139 M3 bridgemanart; 139 M2 akg-images; 140 1 akg/North Wind Picture Archives; 140 IAM/akg-images; 143 un. picture-alliance; 143 ob. akg-images; 143 Mi. Corbis; 146 M1 © picture-alliance/akg-images; 148 M1-M2 Stadtmuseum Nordhorn; 150 M1 picture-alliance; 150 M2 picture-alliance; 152 M1 bpk; 152 M2 bpk/Gustave Marissiaux; 156 M2 bpk/Heinrich Lichte; 156 M1 bpk; 158 M1 Sammlung Rauch /; 159 M5 ddp images; 160 M1 bpk; 162 M4 picture-alliance/dpa/ dpa-bildarchiv; 162 M5 CV Archiv; 163, 164 ob. © The Granger Collection, New York/The Granger Collection; 163 re. © Bibliographisches Institut GmbH, Mannheim; 164 M2 © picture alliance/united archiv; 164 M1 Thomas Binder; 165 M3 akg-images/British Library; 166 M1 imagebroker.com; 166 M1 © Jochen Tack/Alamy Stock Photo; 167 M1 ddp images; 169 M1 imagebroker.com; 170 M1 akg-images; 171 M4 Vintage Germany; 173 ob. bpk; 173 li. bpk/Gustave Marissiaux; 174 M3 bpk/ Georg Buxenstein Co; 174 M2 picture-alliance; 174 M1 Stiftung Stadtmuseum Berlin, Reproduktion: Hans-Joachim Bartsch, Berlin; 175 M4 akg images; 176 Auftakt Deutsches Historisches Museum, Berlin; 179 M2 Action Press/ullstein – Archiv Gerstenberg; 179 M3 akg-images; 179 M4 Corbis; 182 M2 Kunstbibliothek, SMB/ © VG Bild-Kunst, Bonn 2016; 183 M2 akg-images; 185 M2 bridgemanart; 186 M1 Deutsches Historisches Museum, Berlin; 187 M2 akg-images; 188 M3 Interfoto/ Archiv Friedrich/; 189 M3 ddp images/ddp images; 190 M2 ullstein bild; 191 M4 picture alliance/dpa; 192 M3 akg-images; 193 M7 Interfoto/ Mary Evans; 194 M1 Sammlung Rauch/; 196 M1 Interfoto/Sammlung Rauch/; 197 ob.li. Sammlung Rauch/; 198 M1 akg-images; 199 3 akg-images; 199 M4 akg-images/Imagno; 200 M1 ullstein bild – The Granger Collection; 202 M2 akg-images; 202 M1 Scherl/ Süddeutsche Zeitung Photo; 203 M5 akg-images; 203 M3 akg-images; 204 M1 Otwin Skrotzki; 204 M2 CV Archiv; 207 1 doppelt; 208 M2 bpk; 209 M7 akg-images/© VG Bild-Kunst, Bonn 2016; 209 M5 Heimatwissenschaftliche Zentralbibliothek des Landkreises Bad Kreuznach (HWZB); 210 M5 Interfoto/Sammlung Rauch; 210 M4 action press/ Photo Josse Christophel; 211 M1 bpk; 212 M5 akg-images; 213 M5 akg-images; 213 M6 CV Archiv; 214 M5 bpk; 215 M4 akg-images;

Elisabeth Gallas, Bad Breisig:
60 M1; 68 M1; 95 M5; 100 M1; 105 M2; 143 M3; 144 M1; 154 M1; 180 M1; 188 M4.

Carlos Borrell Eikötter, Berlin:
8 ob. li.; 9 ob. li.; 14 M1.; 17 M1.; 19 M3; 23 M3; 42 M1; 48 M1; 57 M2; 59 M5; 73 M3; 82 M1; 86 M1; 95 M4; 97 M3; 102 M1; 108 M1, M2; 109 M3; 116 M1; 128 M1; 138 M1; 141 M4; 142 M1; 149 M4; 178 M1; 184 M2; 191 M5; 192 M1; 193 M5; 195 M3; 197 M5; 201 M3; 207 ob. li.; Vorsatz S2, S3, S6, S7.

Erfurth Kluger Infografik GbR, Berlin:
10 u. re.; 29 M4; 32 M2; 45 M3; 168 M1, M2.

Hans Wunderlich, Berlin:
8 u. re.; 31 M2.

So löst du die Arbeitsaufträge in diesem Buch:

(Fortsetzung der vorderen Umschlagklappe)

Arbeitsauftrag = Operator (alphabetisch) AFB	Das tust du:	Tipps und Formulierungsvorschläge:
deuten II, III	Du untersuchst eine Quelle (z. B. Text, Bild, Denkmal) hinsichtlich ihrer Aussage und erklärst, welchen Sinn du ihr beilegst. siehe **analysieren** und **herausarbeiten**	
diskutieren III	Du notierst zu einer bestimmten Fragestellung Argumente (pro und kontra) und gewichtest sie innerhalb einer schlüssigen Argumentationskette. Am Ende formulierst du eine eigene begründete Bewertung.	*Gegen diese Argumentation spricht …* *Am meisten/Am wenigsten überzeugt mich …*
einordnen **zuordnen** II	Du arbeitest Informationen aus Materialien heraus und setzt diese miteinander oder mit anderen Sachverhalten in Beziehung.	
erklären II	Du stellst einen historischen Sachverhalt oder einen Fachbegriff in einen schlüssigen Zusammenhang.	*Besonders diese beiden Ereignisse führten zu …* *Deshalb spricht man von …*
erläutern II	Du verdeutlichst einen historischen Sachverhalt mithilfe von Beispielen oder Belegen aus einem Material.	*An dieser Stelle des Briefes wird deutlich …* *Wie der letzte Satz der Rede zeigt, …*
erörtern III	Du formulierst zu einer vorgegebenen These oder Problemstellung eine eigene Stellungnahme, nachdem du Pro- und Kontra-Argumente miteinander verglichen hast.	*Dafür/Dagegen spricht …* *Insgesamt gesehen …*
gestalten III	Du versetzt dich in eine Person hinein, die in der Vergangenheit gelebt hat. Überlege, wie die Person in ihrer Zeit vermutlich gedacht, gehandelt, gefühlt oder gesprochen haben könnte. Erstelle aus ihrer Sicht z. B. einen Brief, ein Flugblatt, eine Rede.	**Tipp:** Berücksichtige die Lebensumstände der Person, in die du dich hineinversetzt (Geschlecht, Alter, Wohnort, Beruf, arm/reich, frei/unfrei, gebildet/ohne Schulbildung).
herausarbeiten II	Du entnimmst einem Material (Text, Abbildung) alle Informationen, die zu einer vorgegebenen Fragestellung passen. Manchmal musst du etwas nachschlagen oder berechnen.	*Zu den wichtigsten Ergebnissen gehörte …* *Die Hauptaussage des Verfassers lässt sich so wiedergeben: …*
interpretieren I, II, III	Du analysierst einen historischen Sachverhalt und bewertest ihn auf der Grundlage deiner Ergebnisse.	

Technik- und Bergbaumuseen in Niedersachsen

Karte 4: Bergbaumuseen und begehbare Stollen (rotes Symbol), Technik- und Industriemuseen (lila Symbol).

Mitteleuropa zwischen 1866 und 1914

Arbeitsauftrag = Operator (alphabetisch) AFB	Das tust du:	Tipps und Formulierungsvorschläge:
nennen I	Du trägst in knapper Form und unkommentiert einzelne Begriffe und Informationen aus einem Material zusammen, z. B. als Liste oder in einer Tabelle.	*Folgende Gründe werden im Text genannt:* – – ...
recherchieren III	Du suchst gezielt nach Informationen über ein historisches Ereignis oder einen Sachverhalt (Schulbuch, Sachbücher, Internet).	**Tipp:** Nutze die Methodentabellen S. 222
ein Rollenspiel durchführen III	Ihr spielt eine historische Situation in einer Szene nach und wertet sie aus.	**Tipp:** Nutze die Anleitung S. 227
ein Standbild entwerfen III	Ihr stellt einen historischen Sachverhalt in einem „lebendigen Bild" dar und wertet ihn aus.	**Tipp:** Nutze die Anleitung S. 227
Stellung nehmen III	Du formulierst deine eigene Position zu einem historischen Sachverhalt. Siehe auch **beurteilen** und **bewerten**	*Ich finde, dass ... richtig/falsch gehandelt hat.* *Mich überzeugt (nicht), ...* *Meiner Meinung nach ...*
ein Streitgespräch entwerfen III	Du versetzt dich in zwei historische Personen hinein, indem du ihre damaligen Möglichkeiten, Ziele, Rechte und Pflichten prüfst. Formuliere in direkter (= wörtlicher) Rede.	**Tipp:** Notiere zu Beginn die möglichen Argumente der Personen. *Was du sagst/was Sie sagen, überzeugt mich nicht, weil ....* *Da gebe ich dir/Ihnen Recht, aber ...*
überprüfen III	Du stellst anhand eines Materials fest, ob eine Aussage oder eine Behauptung zu einem bestimmten historischen Sachverhalt passt oder nicht.	*Diese Behauptung widerspricht/passt zu der Aussage im Darstellungstext.*
untersuchen II, III	siehe **analysieren**	
vergleichen II	Du stellst Gemeinsamkeiten und Unterschiede gegenüber und formulierst ein Ergebnis. Wichtig: Nenne die Gesichtspunkte, unter denen du vergleichst.	**Tipp:** Du kannst eine Tabelle anlegen. *Im Vergleich mit ...* *Die Entwicklung verlief ähnlich wie/anders als in ...*
wiedergeben I	Formuliere einen Sachtext oder eine Textquelle in deinen eigenen Worten. Berücksichtige alle wichtigen Textaussagen.	
zusammenfassen I	Du gibst die wesentlichen Informationen aus einem Text knapp und mit eigenen Worten wieder.	*In dem Text geht es um ...* *Die wichtigsten Gründe waren ...* *Der Verfasser/die Verfasserin nennt ...*